企业管理咨询

高 凯 ◎ 主 编

上海财经大学出版社
SHANGHAI UNIVERSITY OF FINANCE & ECONOMICS PRESS

图书在版编目(CIP)数据

企业管理咨询/高凯主编.—上海:上海财经大学出版社,2024.7
ISBN 978-7-5642-4359-3/F·4359

Ⅰ.①企… Ⅱ.①高… Ⅲ.①企业管理-咨询 Ⅳ.①F272

中国国家版本馆 CIP 数据核字(2024)第 073585 号

□ 责任编辑　杨　闯
□ 封面设计　张克瑶

企业管理咨询
高　凯　主编

上海财经大学出版社出版发行
(上海市中山北一路 369 号　邮编 200083)
网　　址:http://www.sufep.com
电子邮箱:webmaster@sufep.com
全国新华书店经销
上海天地海设计印刷有限公司印刷装订
2024 年 7 月第 1 版　2024 年 7 月第 1 次印刷

787mm×1092mm　1/16　17.25 印张　442 千字
定价:68.00 元

前　言

随着社会的快速发展和技术的不断进步,组织面临着前所未有的挑战和机遇。这要求管理者具备更高的能力和素质,以应对复杂多变的商业环境,在此背景下,管理咨询作为企业决策的重要支撑和战略伙伴,其地位和作用日益凸显。党的二十大报告指出,要"完善中国特色现代企业制度,弘扬企业家精神,加快建设世界一流企业"。这一重要论述为企业发展指明了方向,也为管理咨询行业提出了更高的要求。在面对需要管理人才具备更高能力及素质的背景下,本教材旨在为读者提供全面、系统、实用的管理咨询知识和技能,帮助读者深入理解管理咨询的内涵、原则、流程和方法,提升解决实际问题的能力。

教育是国之大计、党之大计。在教育建设方面,党的二十大报告发出"统筹职业教育、高等教育、继续教育协同创新,推进职普融通、产教融合、科教融汇,优化职业教育类型定位"以及"加强基础学科、新兴学科、交叉学科建设,加快建设中国特色、世界一流的大学和优势学科"的号召。本书通过典型案例引入、系统知识讲解、引发学生思考等方式,增强学生的学习兴趣,让学生在学习的过程中提升将理论应用于管理实践的综合能力,真正做到学以致用。

一、本教材的基本架构

本教材的基本框架共设置十四章,分为四部分。第一部分(第一章)为绪论,包括管理咨询概念的引入以及管理咨询的价值特点;第二部分(第二、三、四章)为程序及方法,包括管理咨询的诊断过程和方法、管理方案的设计、方案实施的过程;第三部分(第五章到第十二章)为咨询内容,主要包括企业战略管理、组织管理、人力资源管理、财务管理、市场营销管理、项目管理、品牌管理、电子商务管理等按照模块划分的管理咨询内容;第四部分(第十三、十四章)为成果展示,主要包括管理咨询项目成果的验收以及管理咨询的创新性。

教材的章节结构完整,每章之前都设有引入案例,激发学生兴趣并导入本章的学习;每章结束都设有本章小结以及思考题,在总结本章重点知识的同时,启发学生深入思考,让学生在加深知识记忆的同时,设身处地思考如何将所学内容运用到实际生活中。第五章到第十二章为本教材的重点内容,聚焦于核心咨询模块中常用的咨询工具与方法。这些内容将涉及战略咨询、组织咨询、人力资源咨询、营销咨询等不同领域,旨在帮助读者更好地理解和应用管理咨询的理论与实践。

二、本教材的特色与亮点

1. 理论与实践相结合

本书不仅介绍了企业管理咨询的基本理论和方法,更结合大量实际案例,深入剖析了企业管理咨询的实践操作和具体应用。通过理论和实践的结合,读者可以更好地理解并掌握企业管理咨询的精髓。

2. 内容全面且系统

本书内容涵盖了企业管理咨询的各个方面,从战略咨询到组织咨询、从人力资源咨询到营销咨询,都有详尽的阐述。同时,各章节之间逻辑清晰,形成一个完整的体系,有助于读者系统地学习和掌握相关知识。

3. 关注新趋势与新方法

在全球化和数字化的大背景下,企业管理咨询的方法和工具也在不断更新。本书特别关注这些新的趋势和新的方法,及时将这些内容纳入教材之中,使读者能够紧跟时代步伐,掌握前沿知识。

4. 注重能力的培养

本书不仅注重知识的传递,更注重能力的培养。通过大量的案例分析和实践操作练习,帮助读者培养解决实际问题的能力,提升其在实际工作中应用所学知识的能力。

5. 案例真实且具代表性

本书所引用的案例均为知名企业的真实案例,这些案例具有很高的代表性和参考价值。通过分析这些案例,读者可以更好地理解企业管理咨询的实际操作过程和方法,从而更好地应用到自己的工作中。

6. 语言通俗易懂

在保证专业性的前提下,本书力求用通俗易懂的语言阐述复杂的理论和方法。通过深入浅出的方式,帮助读者更好地理解和掌握相关知识。

7. 互动性强

本书在每章结尾都设计了思考题和讨论题,鼓励读者积极思考和讨论。此外,还提供了丰富的参考文献供读者深入学习和研究。希望通过学习本教材,读者能够掌握管理咨询的基本知识和技能,提升解决实际问题的能力。同时,也希望本教材能为我国企业管理实践提供有益的启发及借鉴。

目 录

第一章 管理咨询绪论 /1

　第一节　引入案例 /1

　第二节　管理咨询概论 /2

　第三节　管理咨询的价值及特点 /5

第二章 管理咨询的诊断过程与方法 /14

　第一节　引入案例 /14

　第二节　发现问题的方法 /16

　第三节　解决问题的策略选择 /19

　第四节　诊断阶段的任务及步骤 /23

　第五节　调查阶段 /26

　第六节　分析阶段 /31

第三章 管理咨询改善方案的设计 /36

　第一节　引入案例 /36

　第二节　改善方案的构思 /41

　第三节　方案的设计要点 /42

第四章 改善方案的实施 /48

　第一节　引入案例 /48

　第二节　方案实施过程中的角色定位 /52

　第三节　方案实施过程中的管理 /53

　第四节　方案实施中的技巧 /55

第五章　企业战略管理咨询与诊断/58

第一节　引入案例/58

第二节　战略管理的基本理论/62

第三节　企业战略管理的调查与分析/72

第四节　企业战略的制定/81

第五节　企业战略的控制/86

第六章　企业组织管理咨询与诊断/89

第一节　引入案例/89

第二节　组织管理/95

第三节　企业管理咨询与诊断/98

第四节　企业组织管理咨询与诊断的方法/102

第七章　企业人力资源管理咨询与诊断/105

第一节　引入案例/105

第二节　企业人力资源管理咨询与诊断/115

第三节　企业人力资源管理咨询与诊断方法/122

第四节　人力资源管理咨询与诊断项目运作/130

第五节　人力资源管理咨询与诊断成果/133

第八章　企业财务管理咨询与诊断/136

第一节　引入案例/136

第二节　企业财务管理咨询概述/137

第三节　成本管理咨询与诊断/143

第四节　全面预算管理咨询与诊断/149

第九章　企业市场营销管理咨询与诊断/155

第一节　引入案例/155

第二节　企业市场营销管理咨询与诊断概论/159

第三节　企业市场营销管理咨询与诊断的方法/160

第四节　企业市场营销管理咨询与诊断程序/181

第十章　企业项目管理咨询与诊断/185

　　第一节　引入案例/185
　　第二节　项目管理咨询/186
　　第三节　项目管理的可行性分析/191
　　第四节　项目竣工工作/205

第十一章　企业品牌管理咨询与诊断/211

　　第一节　引入案例/211
　　第二节　品牌管理概述/217
　　第三节　企业品牌管理咨询与诊断/221

第十二章　企业电子商务管理咨询与诊断/228

　　第一节　引入案例/228
　　第二节　电子商务管理咨询与诊断/233

第十三章　管理咨询项目成果的验收与管理/240

　　第一节　引入案例/240
　　第二节　咨询方案成果管理/240
　　第三节　咨询方案有效性的评估/243
　　第四节　咨询方案的调整与优化/245
　　第五节　咨询方案成果的交付与验收/249
　　第六节　管理咨询是一个动态过程/250

第十四章　管理咨询需要有创新性/254

　　第一节　引入案例/254
　　第二节　管理咨询的外源性挑战/258
　　第三节　创新咨询模式/260
　　第四节　以服务为导向的管理咨询/262
　　第五节　新时代管理咨询的机遇与挑战/264

第一章 管理咨询绪论

第一节 引入案例

A公司是一家2002年成立的民营企业。该公司从事的业务是开发基础教育辅导教材,并与出版社合作发行。截至2006年年底,公司员工从初期的15人发展到210人,出版教育类图书700余种,建立全国销售代理网点800余家,年发行图书销售收入近3亿元人民币。公司在4年多的创业发展历程中,始终紧跟国家教育改革的趋势和潮流。为全方位提高图书的品位与品质,公司还积极引进国外多名专家参与教材的研发工作。在图书销售渠道方面,公司设有销售部,拥有自己的销售队伍,采用直销(教育局系统)、代销(新华书店系统)、包销(其他出版社)、发展民营书店、个人代理商等多种销售方式,促进了公司的快速发展。

公司积极探索和创新,建立了责任编辑负责制和"三审制",缩短了编审的工作流程,大大提高了图书出版的质量。公司刘董事长今年50岁,军人出身,工作雷厉风行,有很强的经济头脑和市场意识,喜欢独断专行。经过多年在市场上的摸爬滚打,刘董事长积累了较丰富的市场经验,建立了广泛的社会关系,公司许多项目的成功离不开他的精心策划和组织。公司实行"超扁平"的组织管理模式。为了全面掌握销售渠道和客户关系,把握有价值的信息,及时做出决策,刘董事长规定在所有销售代表的名片及所有对外的宣传资料上都印有他的联系方式和电话。至今他仍坚持战斗在市场的最前沿,他大部分时间出差在外,往返于不同地区、不同客户之间,员工称他为公司最忙的业务员。公司设有董事会,董事会由刘董事长、其妻子和女儿等组成,其弟弟担任监事,刘董事长兼任公司总经理。刘董事长在公司掌握着包括人事、财务、采购、编辑、营销等各个方面的绝对决策权。在决策前,刘董事长有时也听一听相关员工的意见,一般不进行正式讨论,对不同意见常常听不进去,决策经常是"朝令夕改",随意性很大。公司办公室仅有1人,由总经理助理兼任;该部门没有会议管理、公文管理、工作督办和检查等职能,所有证照印章均由财务部管理;总经理助理的日常工作主要是协助总经理处理有关编辑的工作。公司共有4名司机,1人归前台调配,其他3人与库房人员共同办公,出车任务由司机之间相互协调。公司设有语文、数学、英语、物理、政治5个编辑室和1个美编室,共有编辑人员110名。整个编辑系统由总经理助理和总编辑室主任共同负责,即便如此,还是有许多事情管不过来。各编辑室工作忙闲不均,有的编辑室加班加点工作,有的编辑室常常无事可做,因为没有建立一套有效的考评制度,难以准确评价编辑部门和编辑人员的工作业绩,在一定程度上抑制了编辑人员的积极性。由于美编室未设主管负责人,图书封面设计、美工设计、编录等工作均由各编辑室直接安排。公司众多事情均由刘董事长一人包办,员工之间的问题、部门之间的协调均需要刘董事长出面。如果刘董事长需要开会,就临时通知有关部门;如果刘董事长看到员工工作不够努力,便直接过问;如果需要制定管理制度,刘董事长便亲自起草,打印后张贴在墙上。刘董事长一旦出差,整个公司几乎处于"无政府状态"。公司没有专门的人力资源管理部门,新员工无人培训和指导,员工流动率很高。刘董事长的用人原则是"忠诚第一、能力第二",公司保留下来的老员工事事都请示刘董事长,完全根据刘董事长的指令行事,一旦遇到新问题或突发事件,往往手足无措。近70%的员工反映:公司的事业前景非常好,具有很强的吸引力,但公司"待遇不留人""管理不留人""氛围不留人"。公司每年盈利多少、亏损多少,哪个项目盈利、哪个项目亏损,新项目的投资成本和收益预测等问题都没有准确的数据或报表。刘董事长逐步认识到,公司规模越来越大、事情越来越多,对很多事情和问题的处理自己已力不从心,如得不到及时解决,会严重制约公司的进一步发展,于是请来了咨询公司。

思考题:
1. A公司创业期快速发展的主要原因是什么?
2. A公司目前存在的主要问题是什么?

第二节 管理咨询概论

一、管理咨询是什么?

"咨询"一词,拉丁语意为商讨、协商。在中国古代"咨"和"询"原是两个词,"咨"是商量,"询"是询问,后来逐渐形成一个复合词,具有询问、谋划、商量、磋商等意思。咨询作为一项具有参谋、服务性的社会活动,在军事、政治、经济领域中发展起来,已成为社会、经济、政治活动中辅助决策的重要手段,并逐渐形成一门应用性软科学。

对于管理咨询,企业界、学界以及管理咨询行业从业者都有其各自的理解。例如,英国管理咨询协会(MCA)对管理咨询的界定是:"针对有关的管理问题提供独立的建议和帮助。它一般包括确定和考察相关的问题以及机会,推荐合适的行动方案,并且为所提出的建议提供帮助。"

英国管理顾问协会则定义为:"合格的独立人员或者人员小组为企业、公益组织或其他事业提供有关服务,确定和考察有关政策、组织和程序方法的问题,推荐合适的行动方案,并且为所提出的建议提供帮助。"

美国哈佛《企业管理百科全书》中对管理咨询是这样描述的:"对目前经营的事业实行确实的诊断,进而针对经营环境之变化,确立目前经营事业的基本方针与有关未来的事业结构的方法,然后根据方针来厘定计划并确实执行。"

美国管理咨询公司协会在《管理百科全书》中对管理咨询进行了如下描述:"由独立的和外部的专职人员,或组成咨询公司的一群人员,为了一定的费用而提供的服务,他们帮助经理分析与诊断管理和经营中的问题。"

在日本,企业管理咨询更多地被称为经营诊断,日本经营学家占部都美在《经营学辞典》中是这样对企业经营诊断进行界定的:"所谓经营诊断,是指调查企业的实际经营状态诊断经营方面的问题,提出具体的改善建议,或者在此基础上对改善建议的落实给予指导。"

国内学者较为一致的观点是:"管理咨询是帮助企业和企业家,通过解决管理和经营问题,鉴别和抓住机会,强化学习和实施变革,以实现企业目标的一种独立的、专业性的服务。"

综合前人的一些观点,我们对管理咨询定义如下:所谓管理咨询(management consulting),是由具有丰富经营理论知识和实践经验的专家,与企业有关人员密切配合,根据客户的需求,运用科学的方法,到企业进行实地调查研究,找出企业管理中存在的问题及其产生的原因,有针对性地提出科学的、切实可行的解决方案,并指导方案实施,以提高企业绩效的智力服务过程。

二、对管理咨询的理解

管理咨询行业是属于知识密集型的生产者服务业,它的服务对象是**企业或企业家**,管理咨询公司以创造性的知识和智慧产品去满足客户的需求。在对管理咨询内涵的理解中,我们应该充分理解服务性产品所具有的特点,着重把握以下几个观点:

(一)管理咨询是由管理咨询专家和企业有关人员共同参与的活动

管理咨询作为一项知识密集型的服务,服务的提供和交付必须要有顾客的参与。因此,管理咨询服务提供的全过程中,咨询顾问和企业管理者都必须共同参与,咨询顾问要多次深入企业与企业管理人员进行访谈和交流,而企业管理人员也必须给予咨询小组密切的配合,才能保证管理咨询项目的顺利完成。

(二)管理咨询是"一把钥匙开一把锁"的过程

大家都知道,生活中锁和钥匙是高度匹配的相关关系,一把钥匙只能开一把锁。服务产品通常具有高度个性化和定制化的特点,作为知识密集型服务企业的管理咨询公司,其提供给客户的咨询方案同样应当是高度个性化和定制化,咨询项目小组要针对企业所存在的具体问题提出非常有针对性的解决方案,就好像中医给病人看病,一定要通过望闻问切,才能开出对症的药方。

(三)管理咨询公司为客户提供的是专业化的智力服务,而不是中介机构

管理咨询公司作为高度专业化的知识密集型服务企业,为顾客提供的是专业化的智力服务,它不是中介机构,它要求咨询顾问具有扎实的管理理论基础和丰富的行业管理经验,能采用科学的分析方法帮助企业找出经营管理中存在的问题,分析产生问题的原因,并提出改进的解决方案。当企业接受改进方案后,咨询顾问还要负责为企业培训人员,帮助指导企业实施改进方案。因此,管理咨询公司所提供的专业化智力服务贯穿管理咨询活动的全过程,具体如图1-1所示。

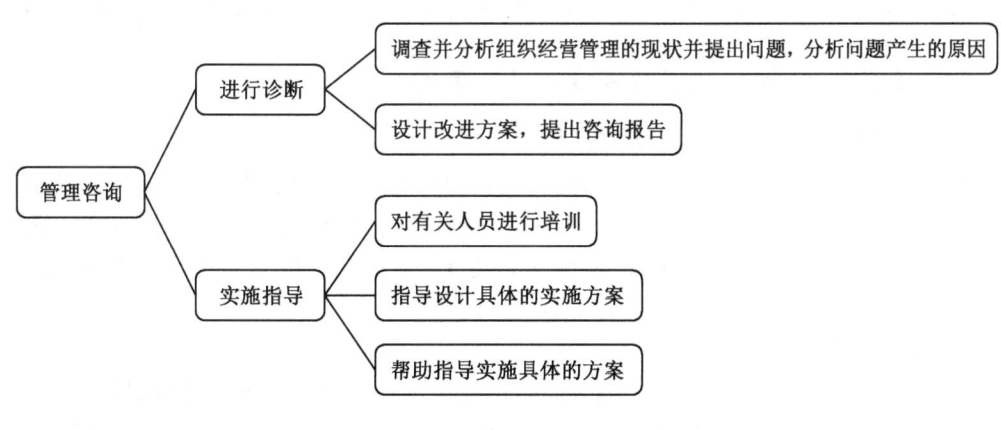

图1-1 管理咨询含义示意图

三、管理咨询的分类

管理咨询可以按照以下不同的依据，分为不同的类型：

(一)按照咨询对象性质划分

管理咨询按照咨询对象的不同，可以分为企业管理咨询、事业单位管理咨询、社会团体管理咨询和政府机构管理咨询。每个对象内部又有不同的类别，如企业里面又可以按照行业的不同，分为制造业、批发零售业、服务业、金融保险业等咨询。

(二)按照咨询时间长短划分

管理咨询按照咨询项目持续的时间长短，可以分为中长期咨询和短期咨询。中长期咨询通常是指管理咨询机构对客户连续进行一年以上的管理咨询活动；而短期的管理咨询则是指一年以下的管理咨询活动。

(三)按照咨询人员和企业的关系划分

管理咨询按照咨询人员与企业的关系，可以分为外部专家咨询和企业内部自我咨询。外部专家咨询是指聘请外部咨询公司顾问对企业管理存在的问题进行诊断和咨询；内部自我咨询是指企业内部管理人员对企业管理中存在的问题进行自我分析并提出改进方案。

(四)按照咨询涉及的业务广度划分

管理咨询按照涉及的业务广度，可以分为综合咨询、专题咨询和微咨询。综合咨询也称为全局性咨询，是对企业的总体情况进行综合咨询。专题咨询也称为单元型咨询，是对企业的某一方面管理职能进行具体咨询，如战略管理咨询、人力资源管理咨询等。近年来还逐步兴起一种微咨询，它是以众包的方式来完成的第四代管理咨询，是管理咨询的新模式。微咨询是针对更具体的单一问题，借助专家经验与洞察，通过面对面或远程交流而实现的小型管理咨询服务。

(五)按企业内部价值链的环节划分

管理咨询按照企业内部价值链环节，可以分为产品开发与设计、物资采购、生产加工、仓储储运、销售和服务等环节的咨询。

(六)按照管理职能和业务进行划分

管理咨询按照管理职能和业务的不同，可分为经营战略咨询、组织结构咨询、制度体系咨询、商业模式咨询、营销管理咨询、生产管理咨询、质量管理咨询、业务流程咨询、薪酬绩效管理咨询、企业文化咨询、集团管控咨询、企业并购与重组咨询以及企业电子商务与信息化咨询等。

四、管理咨询、管理诊断以及管理培训的异同

(一)管理诊断与管理咨询的联系和区别

当谈到企业诊断时，一般认为企业诊断就是企业咨询，两者没有多大的区别。这是因为，我国的企业管理咨询概念最早是在改革开放初期从日本引进，而在日本，企业管理咨询活动都被称为"企业诊断"，与"企业管理咨询"从概念上没有什么不同。但其实管理诊断与管理咨询并不完全是一回事，它们既有联系，也有明显的区别。

1. 管理诊断与管理咨询的联系

管理咨询的规范程序包括进入阶段、诊断阶段、提出建议和解决方案阶段以及实施阶段。管理诊断只是整个管理咨询过程中的一个阶段，但同时也是非常重要的一环。管理诊断是寻找病症的过程，管理咨询则是开药方和治疗的整个过程。医生给病人看病必须"对症下药"，才

能做到"药到病除";同样管理咨询师在为企业做管理咨询时也必须先通过管理诊断寻找病症,然后才能在此基础上提出解决方案和辅导实施。所以,管理诊断是整个管理咨询过程的基础和依据。

2.管理咨询与管理诊断的区别

由于管理诊断是管理咨询中的一个环节,所以二者存在明显的差异。首先,二者的最终目的不同。管理诊断的目的是发现问题,而管理咨询的目的是解决问题。管理诊断只是管理咨询工作的一个环节,除了管理诊断以外,管理咨询工作还包括提出建议和辅助实施等环节。管理诊断只需要找出企业的问题,而管理咨询在找出问题后还要负责解决问题。其次,管理诊断与管理咨询在工作内容和重点方面也是不同的。管理咨询是一个完整的过程,它包括深入企业现场,运用各种科学方法,找出企业存在的主要问题,进行综合分析,查明问题的根源,提出切实可行的改善方案,进而指导实施,以改进企业经营等多个环节。而管理诊断只涉及查找问题、分析问题、查明问题原因并提出初步改进建议等步骤。从工作重点方面来说,管理诊断的核心任务是找出企业的问题。而管理咨询除了要找出问题,还要分析问题并找出解决方案,同时还要监督实施,确保改善方案能够充分发挥作用。

(二)管理咨询与管理培训的联系和区别

由于很多管理咨询公司会为客户提供培训服务,而很多培训公司也通常注册为"管理咨询公司",因此很容易让人误认为管理咨询就是管理培训。虽然大多数管理咨询公司有管理培训的业务,但其实管理咨询和管理培训有很大的不同。打个简单的比方,管理咨询扮演的是医生的角色,需要根据病人的病症进行诊断并开出药方,其最终目的是治病救人、救死扶伤;而管理培训则扮演的是制药商角色,通常只负责制药和卖药,至于病人应该吃什么药、这个药是否对症以及是否能治好病,则不是制药商的职责范围。

管理培训是以管理理念为主,解决管理中存在的共性问题;而管理咨询是以实操为主,针对企业实际情况解决管理中的个性问题,而且是系统地解决问题。与培训相比,管理咨询作为一个项目,通常具有更多的项目管理要求,如管理咨询项目具有更为明确的项目目标,必须为企业解决具体的问题;管理咨询是一个持续的过程,需要经历现状调研、方案设计、推行实施三个阶段,通常一个管理咨询项目历时三个月以上,而培训项目的周期一般都比较短;管理咨询项目通常需要组建项目组,明确分工,紧密合作。管理咨询过程中会含有管理培训活动,但培训的作用在于导入理念、达成共识、讲解方案。管理咨询不仅要帮助企业解决问题,还要通过培训来训练管理人员培养解决问题的方法和技能。

第三节 管理咨询的价值及特点

一、企业为什么需要管理咨询

企业在发展过程中,很难保证一帆风顺,总会遇到各种各样的管理问题和发展困惑,这时通常会想到请管理咨询公司为企业提供咨询和诊断服务。那么企业为什么要请咨询公司呢?其实,企业的生存和发展就好像我们每一个人,也会有生命周期,也会有生老病死。人如果生病了,首先想到的就是要去看医生,医生会根据你的病情作出诊断并开出药方,给你提供对症的治疗;同样,企业如果出现问题,尤其是管理体系的问题,也同样需要看医生,这是同一个道理。

企业出现管理问题时,有的企业说,我偏不去看医生,让它自愈,但实际上往往会使病情加重,一旦病入膏肓可能连华佗也医治不了;有的企业认为,我自己买药吃,去听一次专家讲课或者请人培训一下,或者仿照别的企业进行改革。买别人吃过的药,有可能治好病,但还是很危险,如果药不能对症,可能会导致病情加重,延误了治疗机会,还可能产生副作用。所以当企业出现管理问题时,考虑请管理咨询公司进行管理咨询和诊断,让外脑及时介入,实为明智之举。

企业需要管理咨询公司为其提供咨询和诊断服务,主要有以下几方面的原因:第一,企业改革需要强大的推动力,单靠企业内部力量难以达成,需要引入外部的推动力量;第二,"外来的和尚好念经",外脑的中立立场使其提供的建议更有说服力;第三,很多企业的管理者并没有经过系统的管理理论知识学习和技能培训,而外部的管理咨询专家通常都是管理专业领域的学者,具有更为丰富的理论和实战经验,能更专业地提出改进方案,改革的效率也更高,企业可以少走弯路;第四,企业内部管理人员忙于日常事务,很难有时间去考虑完善管理体系的事,就算去做了,也因存在个人爱好的趋避和利益的纠葛,从而导致改革的成效打折,甚至失败,这时就需要引入外脑,帮助企业渡过难关。

二、管理咨询的价值

管理咨询行业是一种典型的知识密集型生产者服务行业,为企业提供的是一种智力服务。对于企业来说,聘请管理咨询顾问为企业出谋划策,是一种投资行为。企业希望通过管理咨询公司提供的服务,帮助企业提高管理水平,从而提升企业的运营效益。既然是投资,就要计算投入和产出,只有产出大于投入,才值得投入,否则就是"不值"。一般来说,管理咨询带给企业的价值产出应是咨询费用(投入)的三倍以上,才可称为"值"。那么管理咨询对接受咨询的企业方的价值体现在哪里?归纳起来,主要体现在以下四个方面。

(一)方案价值

管理咨询的最终成果往往是以咨询报告和解决方案等形式体现出来,这也是大多数咨询公司与客户约定的咨询项目的主要目标。咨询顾问根据客户实际情况,运用其专业知识和经验,为客户提供有针对性的咨询报告和解决方案,进而帮助客户企业提高经营绩效。

(二)传递知识和经验

在管理咨询项目实施过程中,除了咨询方案的提出,咨询顾问还会通过对被咨询企业员工的课程培训、访谈、会议、日常沟通等方式,给客户企业传递一些先进的管理理念、管理方法和管理工具等,因此对管理知识和经验的传递也是管理咨询公司为客户带来的价值。

(三)人才培养

在管理咨询项目实施过程中,咨询公司与客户企业会有密切的合作,帮助客户管理团队接受所提出的先进的管理理念、管理方法和管理方案等,从而提升客户企业的管理人员技能和素养,为客户企业进行管理人才的培养。

(四)咨询业绩效果

企业管理咨询并不是终止于管理咨询报告和解决方案的提出,还需要在项目实施过程中,对企业进行持续的指导和跟踪,最终帮助企业顺利完成管理的变革,实现经营绩效的提升。因此,管理咨询项目会直接或间接为客户创造价值,提升企业的绩效。

管理咨询行业或企业的存在价值正是源于企业对管理咨询的需求以及对管理咨询产品价值的认知。对于企业而言,管理咨询的直接价值取决于为企业解决的是怎样的问题,企业通过管理咨询公司的咨询和诊断,获得了解决当前管理问题的具体方案和实施步骤,同时在咨询方案的实施过程中,通过员工培训和辅导,也会掌握很多管理的工具和方法,这就是企业通过管理咨询所获得的长久价值。中国的古话"授人以鱼,不如授人以渔"讲的就是这个道理。以上四个方面的价值,最能直接衡量的是咨询业绩效果,这也是咨询项目最终和最主要的价值体现。

三、管理咨询的特点

管理咨询行业作为一种专业技术性较强的知识密集型服务行业,其所提供的管理咨询服务具有较为典型的智力型服务产品特点,具体包括以下几个方面:

(一)科学性

科学性是管理咨询赖以生存的根本。管理咨询的科学性主要体现在三个方面:其一,整个咨询过程都是遵循管理科学和其他相关学科的基本原理,因此作为管理咨询顾问,必须拥有扎实的管理理论基础作为知识储备。其二,管理咨询的诊断过程符合由表及里、去伪存真、由局部到全局的事物认识过程,管理咨询顾问必须采用严密的逻辑思维能力来对问题进行分析和归纳。其三,在管理咨询过程中需要采用科学的咨询和诊断方法及工具来进行资料的收集以及问题的分析,如我们在咨询中经常采用的访谈法、问卷调查法、观察法等资料收集方法以及头脑风暴法、决策树法、鱼骨图等问题分析方法。

(二)创新性

创新性是管理咨询生命力和活力的源泉。纵观管理理论的发展历程,很多先进的管理理论和管理方法最早是由管理咨询公司和业界实践者提出。例如,经典的波士顿矩阵、德尔菲法、麦肯锡 7S 分析框架、企业流程再造等管理理论和方法都是由管理咨询公司提出并命名。管理咨询的创新性主要体现在以下两个方面。首先是改善方案的创新,咨询人员从管理理念、管理体制和机制、管理方法等角度,多层次地提出有益于客户提高绩效的方案。其次是诊断方法创新,咨询人员在提供管理咨询服务时,不断地运用新的思维方式、新的观点去观察新的客户,采用不同的方法和工具分析其存在的问题及原因,以创新精神去设计切实可行又有所突破的咨询方案。

(三)有效性

有效性是管理咨询存在的基础和前提。咨询人员为客户所提供的管理咨询方案,应确保其质量和有效性。管理咨询公司存在的价值就在于能够给客户提供有效的管理解决方案,帮助客户提升经营绩效,实现企业价值的最大化。同时,管理咨询改善方案遵循"一把钥匙开一把锁"的原则,具有很强的针对性和有效性。

(四)独立性

管理咨询人员作为企业外部的专家顾问,应该保持客观、中立的态度来看待和思考客户存在的问题,并提出自己独立的见解。管理咨询人员的这些见解,应该是依据深入的调研、科学的分析得出的结论,而不应被企业领导人的意见或企业员工的情绪所左右,更不应受企业外部其他因素的影响而轻易改变。

(五)合作性

在整个管理咨询过程中,都需要咨询项目组成员与客户建立良好的合作关系。一方面,咨询项目组成员之间需要相互协作,发挥各自的专长,形成团队优势,保持团队的一致性;另一方面,咨询项目组和客户各有关人员之间也要保持密切配合,相互沟通,相互信任。良好的合作性是管理咨询项目取得成功的必要条件,也是对咨询人员素质的基本要求。

(六)建议性

通常一项管理咨询活动最终是以咨询报告和诊断解决方案作为成果呈现,尽管咨询顾问为企业作出了专业的咨询和诊断,但是否采纳和实施咨询解决方案,决策权还在于企业,管理咨询公司仅仅具有建议权。企业是否采用咨询公司的方案或如何推行管理的变革,完全由企业管理者自主决策。当然,在方案实施过程中,咨询公司还应当继续为企业提供支持和辅导。

四、管理咨询发展现状

管理咨询是一个非常古老的行业。早在春秋战国时期就有很多知名的咨询人士,比如当时的商鞅、孙武、管仲、孙膑、范蠡等。以商鞅为例,在秦孝公时代,商鞅从魏国来到秦国,给秦国出了很多主意,比如重商、重农的方案,秦国实施后很快富强起来。虽然商鞅后来担任了官职,但担任官职之前所做的这一切,都属于咨询工作。在秦汉三国时代,如范增、张良、陈平、诸葛亮、鲁肃、郭嘉等都是咨询人士。在《三国演义》里,特别提到了曹操的著名谋士郭嘉,曹操对于要不要北伐袁绍一直犹犹豫豫、难下决心,因为袁绍的实力非常强,曹操不得不有所忌惮。郭嘉就给曹操做了一个利弊分析,说"操有十胜,绍有十败",从十个方面以对比方式进行利弊权衡,对于强化曹操北上的决心起到了非常大的作用。在清代,咨询行业发展成为一个行业组织,如曾国藩的湘军幕府、左宗棠的楚军幕府、李鸿章的淮军幕府等。地方官府一般情况下都设有一个职位,叫作师爷。

需要指出的是中国古代的管理咨询师,无论是个别的管理咨询人士,还是作为组织存在的咨询组织,由于处于封建社会体制和自然经济模式的大背景下,与现代咨询业相比,其一,他们大多是为了政治信仰或个人仕途,不是为了商业价值而工作;其二,他们服务的对象主要是官府、政治家而非经济组织。这与市场经济模式下的现代管理咨询业有着本质的区别。

(一)当代管理咨询发展

现代管理咨询业可以追溯到1926年,芝加哥大学的詹姆斯·麦肯锡成立了一家会计与管理工程事务所,后来马文·鲍尔买下了麦肯锡的事务所,把它改造成现代管理咨询公司。1973年,威廉姆·贝恩离开了波士顿咨询公司(BCG)成立了贝恩公司。由此形成了三大咨询公司:麦肯锡、波士顿、贝恩。这三家公司在发展过程中形成了两大门派,一派强调做咨询一定不要过多地插手客户内部的事务,以麦肯锡为代表;另一派强调咨询与实施相统一,也就是关系咨询法,以贝恩为代表。当今世界上管理咨询业的主要代表有:IBM全球企业服务部、埃森哲、毕博、凯捷、麦肯锡、波士顿、罗兰·贝格、贝恩、博思、德勤等。

除了这些国际咨询巨头以外,中国本土的管理咨询业发展也非常快。据《企业管理》期刊介绍,2012年,经中国企业联合会管理咨询委员会主任委员工作会议研究决定,每年组织开展"中国管理咨询机构50大"名单发布与分析研究工作。2019年4月,在连续7年发布"中国管理咨询机构50大"名单的基础上,中国企业联合会管理咨询委员会向各省市管理咨询业协会、企业联合会和全国广大管理咨询机构发布了《关于申报2019年中国管理咨询机构50大的通知》。经全国管理咨询机构自愿申报、地方管理咨询协会或地方企业联合会推荐,截至2019年年底,共计收到近100家管理咨询机构的申报资料和年度财务审计报告等证明材料。经中国企业联合会管理咨询委员会秘书处审核、专家委员会审定,排出2019年"中国管理咨询机构50大"名单。2019年"中国管理咨询机构50大"共实现业务收入59亿元,与2018年相比增长23%,是2012—2019年连续8年的最高值。2019年"中国管理咨询机构50大"平均每家机构的年营业收入为1.18亿元,首次突破亿元大关,其中,机构业务收入过亿元的达18家,业务收入在0.5亿~1亿元的机构达20家,均创历史新高。2019年"中国管理咨询机构50大"排名前5家机构分别是:北京华夏基石企业管理咨询有限公司、北京信索咨询股份有限公司、上海君智企业管理有限公司、上海华彩管理咨询有限公司、广州市中大管理咨询有限公司。

(二)中国管理咨询行业发展现状

从19世纪末期和20世纪上半叶开始,管理咨询行业不断发展、日臻成熟,形成巨大的市场体量和产业辐射面,成为西方发达国家服务业的重要组成部分。管理咨询是提高组织经营管理能力、提升政府行政效能的重要环节,被人们形象地比喻为企业和政府的"外脑"。据中为咨询网2016年统计数据,美国75%的企业与咨询公司有业务合作,日本50%的企业在咨询顾问的帮助下改善了自身管理。

我国的管理咨询起步于20世纪80年代初期的信息服务公司和市场调研公司。随着经济体制的改革,经过30多年的发展,我国咨询业已具备一定规模。进入21世纪,我国管理咨询业市场规模以30%的年增长率快速发展,目前已形成包括各类外资、合资、本土咨询公司,以及开展咨询业务的高等院校和研究院所等各类专业机构上万家。2013—2015年间,行业市场总量达2 000多亿元人民币,年均产值增长近600亿元人民币。

近年来,我国宏观经济持续快速增长,市场竞争日益激烈,国内企业对管理咨询的需求增长迅速,我国管理咨询服务行业稳步发展。目前国内有1.1万多家管理咨询公司注册登记,专职管理咨询人员20万余人,管理咨询行业的服务范围涵盖战略、财务、人力资源、信息管理等类型,包括项目前期、中期和售后服务以及从业者规程等流程内容,覆盖领域极广。

在快速发展的同时,与国外发达国家相比,我国的管理咨询行业还是有着明显的差距。目前外资咨询机构营业额已占到中国管理咨询市场份额的一半,且多为高端市场,他们具有良好的服务理念、严格的管理制度、完善的信息系统。我国管理咨询机构的规模明显落后于国际知名咨询公司,多数本土管理咨询机构缺乏核心竞争力,管理咨询从业人员专业水平不高,本土管理咨询机构品牌效应弱,管理咨询市场不够规范。这些问题导致本土管理咨询机构难以涉足高端、大额咨询业务,既不利于管理咨询机构自身资源的积累与壮大,也难以树立管理咨询的品牌形象。因此,不断提高服务质量、增强服务能力,是管理咨询行业的发展趋势和必然要求。

五、管理咨询的内涵

(一)管理咨询的任务及使命

管理咨询的任务和使命是什么?咨询人员在委托者提出要求的基础上,深入对象组织,与对象组织的管理人员密切结合,应用科学的方法,找出对象组织存在的主要问题;进行定量和确有论据的定性分析,找出存在的问题及其原因;提出切实可行的改善方案;进而培训对象组织的人员,指导实施方案;使对象组织的资源配置和要素耦合更加合理,运行体制、运行机制和运行制度得到改善,从而提高对象组织的管理水平和运作效益。

对这段文字进行解析,主要涉及管理咨询这个行为是怎么被触发的、其行为过程是什么样的、这种行为输出的是哪些东西。

第一,咨询人员在委托者提出要求的基础上来做咨询。管理咨询一定是需求导向或服务导向,是在委托者有要求的基础上做事情,不能是咨询公司自己的产品导向或方案导向。

第二,咨询顾问要深入对象组织,与对象组织的管理人员密切结合。管理咨询从来都不是单方面的行为,只靠管理咨询师,不论其知识经验多么丰富、咨询的技能和手法多么熟练,这个咨询行为也不可能成功。必须要和对象组织的管理人员密切结合。没有合作就没有成功,管理咨询一定是一个双方相向而行、密切结合、通力合作的过程。

第三,应用科学的方法,找出对象组织存在的主要问题。找到真正的管理问题是管理改善的最重要前提。找问题的过程,一定要应用科学的方法,找不到真正的和主要的问题,管理咨询就无的放矢、无从展开。

第四,要进行定量的和确有论据的定性分析,找出存在的问题及其原因。在进行分析的时候,能定量的一定去定量。在不能定量的情况下,要做确有论据的定性分析,即分析过程要经得起推敲。经过分析,查出问题的原因,在查问题原因的时候,基本的要求是去伪存真。

第五,要提出切实可行的改善方案。在上一节提到,由麦肯锡和贝恩分别代表的两个咨询流派,后一种咨询流派强调规划和实施的一致性。当然这种一致性在不同的阶段,其表达是不一样的。在规划阶段,它可能是分离的;但是在实施的时候,又要求它是一致的。

第六,强调培训对象组织的人员来指导实施方案。在实施的时候由谁来实施呢？一定是对象组织的人员;也就是说,如果面向企业进行咨询的话,是由企业的人员去实施,而不是由咨询公司的咨询师去实施。管理咨询过程中有一个逃不掉的事情,就是必须要对企业的人员进行培训,通过培训来指导方案的实施。

第七,要使对象组织的资源配置和要素耦合更加合理,运行体制、运行机制、运行制度得到改善。咨询层级越高,解决问题的效率和效果就越好。

第八,要提高对象组织的管理水平和运作效益。这是管理咨询的最终输出。管理咨询的最终输出是要能够有量化的与显示化的管理水平和运作效益的提高。

(二)管理咨询的原则

管理咨询有很多原则。这些原则是管理咨询公司、管理咨询师从很多管理咨询案例中总结提炼出来的,都是非常宝贵的经验。

原则一,管理咨询具有有限性。即有所为、有所不为,也就是说,咨询的范围、咨询的目标、参与的程度一定是有限的。要把这个限度充分描述出来,甲乙双方认可这样的有限性。只有有限,才有重点;只有有限,才能突破。把管理咨询的范围定成无限的,通常是做不到的,也是完不成的,效果也是好不了的。

原则二,管理咨询具有客观性。管理咨询师应该聚焦于问题和解决方案,确保解决方案合理、缜密,由对象组织自行决定方案实施的时机、步骤、力度和角度。

原则三,管理咨询具有选择性。在从问题到分析再到解决方案的咨询路径中,思维模式是不断地先发散、后收敛,再发散、再收敛。在这个过程中,存在着多个目标效价和多种路径,事实上是在不断地做选择。

原则四,管理咨询具有妥协性。在必要性与可能性、长远目标与阶段目标、理想模型与约束条件之间,要不断地寻找平衡点。不可能完全偏向某一个方面,要有效地管控咨询的主客体之间(即咨询公司和对象组织之间)以及决策层和执行层之间、不同的部门之间的这种矛盾。在管理咨询活动中,矛盾是广泛存在的,甲乙双方之间有矛盾,上下层之间有矛盾,部门之间也有矛盾。管理咨询是一个妥协的过程,要面对这些矛盾整合分析。当然,所谓的妥协不是和稀泥,重要的原则是不能妥协的,在坚持大原则的前提下,在一些无关紧要的细节问题上,可以采取一些灵活的态度和灵活的处理方式。

原则五,管理咨询具有辅助性。对象组织既是管理咨询的委托者,也是咨询结果的采纳者,是咨询方案的实施者和咨询结果的风险承担者。作为管理咨询师,应该尽力协助对象组织,对这个"协助"一定要认识清楚,咨询师要帮助对象组织、帮助企业,而不是越俎代庖。真正的实施主体是企业、是对象组织,而管理咨询师、管理咨询公司只起到辅助作用。

(三)管理咨询的主客体关系及责任

管理咨询的主体是咨询者,其职业被称为管理咨询师。对于管理咨询师的素质要求,以临床医师来做类比,有以下要求:

第一,管理咨询师要具有深厚和宽广的知识基础。其知识面必须是宽广的,知识的厚度是足够深的,否则他应对不了复杂的场景,应对不了复杂的关系。

第二,管理咨询师要具有丰富的管理实践经验。管理咨询师不能只是一个理论工作者,更要把深厚和宽广的知识基础与现实中的管理实践结合起来。丰富的管理实践经验或咨询阅历是非常重要的。

第三,管理咨询师要具有经验知识化和知识集成化的能力。这一条特别重要。积累的丰富经验应该被咨询师条理化、系统化,进而使之成为知识,不同领域的知识应该兼收并蓄,为了共同的解决目标集成在一起。临床医师必须能够把原来掌握的各种知识在实际的病案中体现出来,要把不同科别的知识和经验在一个治疗过程中统一起来。

第四,要具有好学、务实、严谨、细致的工作作风,要重视来自一线的事实、数据和各个层次的声音。咨询师必须重视这些最本源、最客观的东西。

第五,管理咨询师要尊重委托者,尊重同行,尊重同事,遵守与委托方达成的保密协议,诚实守信,善于与各个方面合作。

第六,管理咨询师还要具有系统思维,能够自顶向下地进行规划和设计,能够自底向上、由点到面地协助甲方实施方案。规划时一定是俯视,自顶向下,这样的规划才具有全局性;实施时则是自底向上,由点到面,这样的实施才能一步一步地落实、落细、落地。

第七,管理咨询师要尊重科学、实事求是,要重视科学方法、科学工具的使用。要敢于面对不尊重事实的任何压力。在管理咨询中,经常会遇到来自各个方面的压力、干扰,作为管理咨询师必须不屈吾道。

管理咨询的客体称为对象组织。如果管理咨询的客体或对象组织是企业,那么管理咨询具体就是指企业管理咨询。

管理咨询师有哪些责任呢?具体来说,有以下两个方面:

第一,要协助委托人认识发展中的各种矛盾和它的运动规律。怎么来认识?通过培训、辅导来认识企业发展中的各种矛盾和运动规律。例如,技术开发中有什么矛盾和运动规律,质量控制中有什么矛盾和运动规律,成本控制中有什么矛盾和运动规律等。在主要矛盾周期的不同阶段,要协助企业分别采取系统预防、系统预警、系统辨识和系统处置的方式,最大限度地保障企业的利益,使企业得以持续和健康发展。

第二,要以委托人的长远利益为目标,逐步培育其自我诊断和自我修复能力。

1941年5月,毛泽东在延安高级干部会议上做《改造我们的学习》的报告,标志着在中国共产党历史上具有深远历史意义的延安整风运动拉开了序幕。在这篇文章中,毛泽东讲解了正确的学风来自对客观实践的认识。管理咨询师需要接受系统专门的管理理论和管理方法教育,但其管理实践的经历绝对不可替代。经验知识化、知识集成化是管理咨询师成长的必经之路。

对管理咨询的客体,也有一些要求:一是对象组织不得讳疾忌医,不得以虚假的事实和资料误导咨询者。对象组织必须有意愿寻求并且接受管理咨询,深信管理咨询可以促进组织变革,促进组织发展;如果委托者对于管理咨询的效果是怀疑的,那么这个过程很难进行。由于对象组织是变革的主体,必须设定变革的愿景,对象组织必须明确通过管理咨询的实施能够达到何种未来状态,主动以高层领导团队参与的方式接受管理咨询。二是对象组织不能违反咨询程序,将主观意志强加给咨询者。这一条要特别注意,有很多企业在接受咨询时违背这一条。为什么呢?他们以为自己是甲方,甲方付了钱,让你说什么你就说什么,让你做什么你就做什么,这是违反咨询程序的。三是不能得病乱求医,或者良莠不分,或者断章取义,或者盲从咨询建议。负熵流的不当导入不但不能给系统带来创新和发展,还有可能使系统加速崩溃。

六、管理咨询过程

(一)企业问题的诊断

以医生和病人之间的关系来做类比,管理咨询的学习者要明确诊与疗的关系。企业诊疗的步骤,本书中称为诊疗五部曲。

第一步,数据收集、分析与望闻问切。通过数据收集、分析与望闻问切,确认病因,分析研判企业到底患了什么病。

第二步,总体规划、制订咨询计划。如果已经确认病种,接下来要对整个咨询过程做一个总体策划,对于组织、人员、进度、资金,以及每个阶段的质量指标,都要有一个确定性的设想。

第三步,要分析主要问题,并且研究解决方案。企业中问题非常繁多,对所有问题都深入分析是不可能的,只能分析主要问题,并且只针对主要问题研究解决方案。当然,对影响主要问题的非主要问题,或者可能转化为主要问题的非主要问题也不能掉以轻心。

第四步,要培训队伍,授人以渔。

第五步,选择试点。对于解决方案,通过试点的实施,来发现这个方案的适用性和不适用性;根据实际情况修正方案,并且获得局部的实施经验以后,在全系统进行推广;通过总结,全面地收获咨询的成果。

(二)管理咨询的阶段

管理咨询可分为以下五个阶段:

第一阶段是接洽咨询阶段,第二阶段是预备咨询阶段。这两个阶段,实际上更多的是管理咨询这个商业行为的商务过程。在初步接洽时,对象企业要向管理咨询公司表达有何需求,了解管理咨询公司的商业意愿;管理咨询公司研究以后回复,或进行深入的商谈。预备咨询阶段要做预备性的调研,要做竞标和商务谈判,商务谈判中包含合同的指标、报价、实施期限等。商务沟通结束后,商务接触阶段的最后产出是签订一个管理咨询的服务合同。至此商务阶段结束,进入正式咨询阶段。

第三阶段是正式咨询阶段,包括以下环节:一是深入调查,以获取充分的信息;二是确定问题,并且分析这个问题的影响因子;三是拟订解决方案,即针对前面确定的问题,拟订解决方案;四要根据拟订的解决方案,提交咨询报告。通常咨询报告中不止一个解决方案,一定要给企业提供备选的解决方案。针对不同的情形,给出不同的备选解决方案。

第四阶段是方案实施阶段,主要有两项工作:一是培训人员,二是指导实施。需要再次强调的是,我们不赞成咨询与实施相分离的主张。咨询和实施是一体化的、一致化的。

第五阶段是后续服务阶段,主要做两件事:一是回访,定期联系,了解实施的效果到底怎样;二是方案实施以后,对象组织还会遇到很多问题,要解答实施以后遇到的问题。这既是一种售后服务,也是在培育客户黏性,是对于新的咨询项目进行孕育的过程。

将管理咨询比喻为医患诊疗,看看在管理咨询过程中矛盾的动态性和认识的层次性。"诊"与"疗"有三种关系:

一是先诊后疗。医生在诊断的时候要辨识并且确定问题,绝不能"情况不明决心大,问题不清办法多"。通过去粗取精、去伪存真来辨识到底有什么问题。然后对问题进行分析,弄清问题的形成机理、发展机理是什么。在分析问题时,医生的分析是由表及里、由此及彼的。分析问题之后是解决问题。解决问题时,"三种情况三种打法"(解放战争时期四野的战术思想之一):能直接治本的就治本;暂时不能直接治本的,就用治标来控制问题的范围、规模、程度,为寻求治本的方案争取时间;在能力和成本允许的情况下,标本兼治。

二是诊中有疗。在诊断的过程中,可能就要进行方案的初步构思了。因为有些事可能比较急,也可能比较重,要及时地控制问题的进程和危害,在诊断过程中,该止血的就要止血,该清创的就要清创,要低成本地解决能够解决的问题。在诊断过程中进行治疗是一种低成本的解决问题的方式。但是关于诊中有疗,要注意是诊中的疗,本阶段的主要矛盾不是疗,本阶段的主要矛盾是诊。

三是疗中有诊。疗中有诊指的是新的问题总是层出不穷,矛盾是连续的、多发的,摁倒葫芦起来瓢。在企业中解决了这个问题,可能会冒出来别的问题。另外,由于认识问题的环境、手段、方法变化了,深层次问题的可认识性提高了,原来没发现的一些问题,可能现在会被发现。这也是疗中有诊的一个原因。

针对上述情况,要从复杂的现象中,正确地辨识真正的问题。某些技术问题必须使用技术手段进行解决。某些管理问题也可以用技术手段解决。例如,在仓储管理中使用物联网技术可以对物料进行精准定位、精准定量,在技术上可能用很小的成本就可以解决,而采用管理手段可能要花很大的管理成本。在问题辨识中,还需要弄清楚是独立系统的问题,还是关联系统的问题。例如,医生经常需要判断,这是一个单科诊断,还是一个需要多科医生的会诊才能确定的问题。

思考问题
1. 什么是企业管理咨询?
2. 企业管理咨询的特点和作用是什么?
3. 企业管理咨询的顾客是谁?它向顾客提供何种产品与服务?
4. 企业为何需要管理咨询?

第二章 管理咨询的诊断过程与方法

第一节 引入案例

案例一：战略，要还是不要？

杨先生是一位年轻的创业者，他的公司是做排课软件的。任何培训机构，如钢琴、舞蹈、书法、美术等培训机构，都需要这套软件。杨先生和公司的两个联合创始人都是腾讯的离职员工。他们不甘心在大公司里当"码农"，于是选择创业。这款软件大大提高了培训机构的管理效率，因此受到很多客户的喜爱。这些客户大多拥有数家连锁培训门店的公司，采购软件的力度很大。这让这家小小的公司很快就盈利了。但三位创业者希望能将公司做大，因此来寻求战略咨询。不过，除了杨先生之外的两位创始人认为，目前公司的销售额才100多万元，根本不适合做战略，也无需战略。

"在腾讯上班的时候，公司曾经组织过一些战略培训，旨在提高员工的战略思维。说实在的，那些课讲得非常精彩，但我们实在是找不到这些课程与日常工作有什么相关。似乎授课的老师把简单的事情复杂化了。因此，我们要先弄明白一个问题，是不是小公司根本不需要战略？希望这个问题不冒犯您！"

"这是个好问题，不会冒犯我，很多创业者有这个疑问。不过，在回答这个问题之前，我希望能对你们的工作有一个全面的了解。日常工作中，你们分别负责什么？"

"我负责给公司的软件寻找客户，然后进行合同谈判。因为我们采用的是SaaS技术，软件服务器布局在云服务器上，所以无须客户自建机房。我们的收费又合理，所以合同谈判的工作不难。只要能接触到客户，基本上就能拿下。因此，我对战略能否帮助我持怀疑态度。"小张是这家公司负责产品销售的联合创始人，他先回答了我的问题。

小李是公司的技术合伙人，他说道："我的工作一开始就是编写软件、测试软件。现在的工作主要是迭代软件，使之成为能满足更多需求的产品。其实，我是这个产品的系统构架师和产品经理，关于程序模块，我们有程序员来实现。还有一部分工作就是修改软件的程序错误（Bug），以确保用户使用不出现问题。"

小杨是公司的CEO，他的工作当然是考虑整个公司的发展问题，他说："我就负责给公司招人、寻求融资及设计市场拓展方案。"由此可见，小杨的工作性质，让他模模糊糊地感觉到公司需要有一个清晰的发展战略，否则，他很难让自己的工作有清晰的目标感和路径感。其他两位同事觉得每天都被具体的工作所累，根本无暇也不需要做出战略上的思考。

等他们说完,我问:"你们觉得公司为什么会一开始就赚到钱?"

"我们的软件做得好,针对性强,客户都需要。"技术合伙人小李说。

"我认为是这款软件找到了客户的痛点。所以,在销售谈判时,只要我们将软件的功能演示清楚,客户都很感激我们开发了这套软件,自然很好签单!"销售合伙人小张说道。

"我觉得可能是我们发现了一个以前不太被重视的市场,并且采取了新的 SaaS 技术。大的软件公司根本看不上这些给培训机构设计的软件市场。我们的客户大多数是一些在全国仅有数十家店面的小机构。而大机构为了保存自己的客户信息,比如新东方,都有自己的软件部门,定制了自己的软件。规模小的培训机构如果定制自己的软件,一次性投入和维护费用高昂,得不偿失。但这么复杂的店面管理的确需要一款软件来提升管理效率。在没上软件之前,培训公司的老板根本不知道每家店里的每位老师有多少时间在上课、有多少时间闲着。师资是培训机构最大的支出之一,培训公司对老师的工作都无法有效管理,怎么能经营好?很多培训公司的老板知道这些困难,但依靠自己的力量无法解决问题。我们的软件刚好帮他们解决了上述难题。老板端有个可视化的管理窗口,具体到每家店,甚至每位老师的实际工作时间、效益的来源、受喜爱的课程和老师等关键信息,管理者一目了然。软件的费用又不高,每月仅收 1 000 多元,培训公司的老板当然接受了!"CEO 小杨说道。

"那么,下面我们来思考几个问题。在你们的回答中,我发现公司之所以赚钱,实际上是因为采用技术创新,让软件的使用可以覆盖到之前无法采购软件的细分市场。我们采用 Saas 技术,这大大降低了客户使用软件的成本,所以客户的接受程度很高。之前,这些客户都是想要用软件,但是不会用也用不起。既然如此,你们有没有想过,你们的软件给客户带来了卓越的价值——可以提升公司的管理效率。这才是他们付费的真正原因,是不是?"

三个人点点头,表示同意我说的。

"那么,问题来了。除了能提供软件已经实现的管理效率提升的价值,我们下一步还要不要考虑为客户提供更多、更深入的价值?"三个人面面相觑,显然,他们并没有思考过这个问题,但根据直觉,他们回答肯定要给客户提供更多更深入的价值,否则公司就无法持续盈利。

我紧接着再问:"那么,你们想好了如何做到为客户提供更多的价值吗?"

他们愣了一下,都缓慢地摇摇头。

"好,既然你们一时半会儿没有答案,那么我们换个问题。公司现在有没有像样的竞争对手?"

"目前还没有,假如公司规模越做越大,我相信一定会有的!"小杨说道。

"这款软件的技术门槛并不高,只是市面上的大型软件公司根本没注意到这个市场。所以,假如市场有潜力,肯定会有竞争对手的。"技术合伙人小李同样认为,公司遇到竞争在所难免。

技术合伙人小张点了点头,认可两位联合创始人的观点。

"好,看来我们在这个问题上达成了一致:公司一定会遇到激烈的竞争。既然如此,是不是就应该在竞争对手发现我们之前,又好又快地占据市场份额呢?这种管理软件很有黏性,客户一旦养成使用习惯,就不会轻易更换。"

"没错!我们就是想要快速地占据市场。"小杨说。

"那么,你们能想象,如果有实力雄厚的玩家,比如你们原来工作的腾讯公司,想要进入这个市场发起竞争,他们会怎么干吗?"

他们想了一会儿,几乎异口同声地说:"免费!"

"目前客户采购软件的定价是怎么来的?"

"我们根据租赁服务器的成本和工资成本计算而来的。"

"这就是所谓的成本—价格法定价。根据你们的描述,你们面对的是一个软件零消费的市场。按照成本—价格法定价,是不是所有的客户都认为很低?"

"我们完全可以将价格提高一些。目前,竞争对手还没有关注这个市场,客户对我们的软件需求很大。最关键的是,公司未来非常有可能会遇到激烈的竞争——免费软件。如果我们仅关注目前公司的成本,而没有赚取足够多的利润,那么当竞争发生时,该怎么办?可提高价格,但会不会减缓销售的速度?所以,我们要找到一个合适的价格,既让客户觉得便宜好用,又能提高公司的收入,为公司积累足够的实力,对吗?"

"是的。"三个人又异口同声地说道。

"好了,下面我解释一些战略的功效。战略大致为公司解决两类问题:一是帮助企业寻找为客户和公司的其他利益相关者创造价值的方法;二是积累企业的竞争优势。到这里,你们认为,公司到底要不要做一些战略上的思考?"听我这么说,三个人沉默了一会儿,然后重重地点了点头。

案例二:美光机械公司的困扰

美光机械公司是一家由国有企业改制而成的公司制企业,国有股占70%,由汉江集团持有。公司下设铸件厂、柴油机厂和农用车厂三个生产厂。公司的柴油机采用德国专利技术生产,产品技术含量高、质量好,在国内市场中享有较高的信誉,尽管售价比市场上同类产品的价格高10%~20%,但仍供不应求,是公司利润的主要来源。而农用车市场因为近些年农民收入增长缓慢,农民的购买力不强,销量趋于下降,导致生产厂家纷纷降价,市场竞争日趋激烈。该公司农用车的市场占有率虽然一直位居全国前10名以内,但销量仅维持在每年1.2万辆左右,而公司农用车的生产能力为5万辆。铸件厂除为本公司柴油机厂和农用车厂提供铸件外,还为汉江集团其他生产厂家生产铸件,盈利能力总体而言并不强。公司外协件约50%是由汉江集团其他生产厂家提供的。铸件厂、柴油机厂、农用车厂之间有很强的协作关系。例如,柴油机的30%是供应给农用车厂的,铸件的65%是供应柴油机厂和农用车厂的,其余35%的铸件则供应汉江集团。而且3个厂生产所需的原材料和外协件有近一半是从汉江集团采购的。虽然3个厂在产品上有一定的关联性,但相对独立性仍然十分明显,公司的供应、生产和销售环节常常脱节。其中,柴油机厂现在是盈利大户,农用车厂现在盈利较少。部门的技术人员不足80人,新产品开发进展慢,研究设施也很落后,而且数量也不足。

公司目前有7 600多人,管理人员却高达1 600多人,比例超过21%,去年的管理费用高达4 000多万元。包括党团和工会组织,公司有近30个处级单位,但办事效率并不高,相互扯皮和"踢皮球"现象经常发生。像幼儿园、附属小学、医院、老年活动中心、食堂等机构,实际上承担着本应由社会承担的一些职能,按照国家经济体制变革的精神,这些社会职能应从公司中剥离出来。公司的农用车厂是按4万辆车配备的生产人员,而现在产量仅有1万多辆,所以人浮于事的现象也很严重。

第二节 发现问题的方法

一、比对法

在管理咨询中,可以用比对法发现企业中存在的各种不正常。诊断中的"诊",就是获取对象系统的外溢信息。对象系统总是要展现出某些外部特征,例如企业的产品产量或者销量、大致的交货周期、客户的主要类型等。对这些外溢信息进行处理,包括整算、分析,然后运用管理咨询师个人、团队乃至整个咨询组织的专业知识,对对象系统的需求或者非正常的特征进行属性判断,在此基础上才能提出有针对性的解决方案。

有两种比对方法。第一种比对方法是横向比对。一般情况下,如果对象企业处于成熟行业,可以选取行业内做得特别好的企业作为模板或者作为比对对象。有时咨询师也可以根据自身的知识和经验,建构一个行业的理想企业模型。横向比对法适用于重复性比较好的专项咨询。

如图 2—1 所示,图中有一个对象组织和一个标杆组织。对象组织是要接受咨询的企业;标杆组织或者是我们在行业内找到的标杆,或者是咨询师根据经验建构出来的标杆。咨询师通过对比、计算、模拟,把实际系统和理想系统相对照,找到不同点。

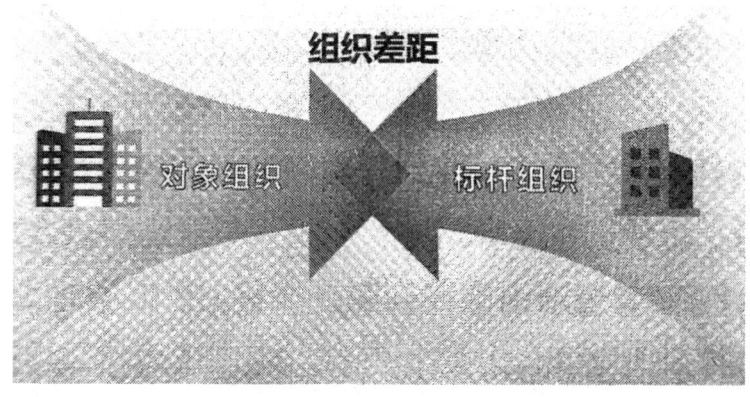

图 2—1　横向比对示意图

第二种比对方法是纵向比对。咨询师在明确了对象组织的发展目标、愿景、使命以后,以组织现状和期望状态做对比,进而找到差距、发现瓶颈。如图 2—2 所示,上面是企业的现状,下面是对于企业未来的憧憬,企业未来是什么样子,从未来回看现在的企业,这项工作就是需求分析和概念辨识。与未来的目标相比,现在还缺什么、短什么,瓶颈就找到了。

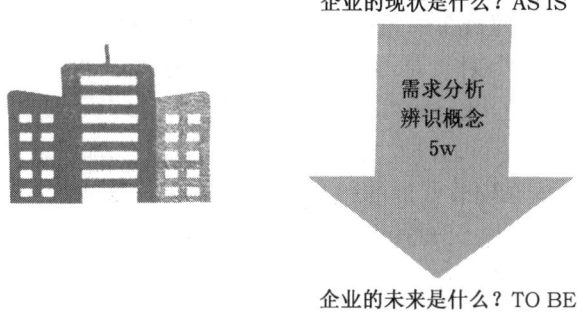

图 2—2　纵向比对示意图

下面举一个例子来对比对法进行说明。

杭州某食品公司是 T 集团在杭州设立的生产经营方便食品的企业。公司建立之初,急需实施一套符合公司技术特点、生产特点、市场特点以及当地地域特点的薪酬体系。事实上,T 集团在北方某大城市已经设立了类似的经营方便食品的企业,且已有 6 年的运行经验,其薪酬体系运行是非常平稳的,可以作为杭州公司薪酬体系的比对模板。受杭州公司的委托,咨询师将两家公司进行了比对,包括两家的组织结构、运营模式、职位的设置方案、职位说明书、薪酬绩点和计酬方式等。通过比对,共发现了975个不同点。考虑到杭州公司所在地域的薪酬水平、不同职位人才的市场竞争程度等因素,对于上述不同点进行筛查,最后确定了116个不正常的点,把这116个不正常的点归纳为17个问题,着重针对其中的5个问题进行了重新设计。

二、演绎法

演绎法通常用在何处呢?如果没有经验可循,咨询师可以对实际系统中的特征关系进行逻辑梳理。这些特征关系需要咨询师自己去提取、抽象、逻辑梳理,然后进行演绎分析,通过演绎分析就能够找到不合理。

应用演绎法的前提是存在着已知的推演逻辑。假如存在两个相互独立的可加项A和B,如果A是正数,B也是正数,逻辑上,A加上B应该大于A,A加上B也应该大于B。但如果在实际观察中,你发现不是这样的,这就是不合理。

在浙江那家生产窗帘拉杆的五金企业的咨询案例中,咨询师使用了演绎法。

供应链管理理论告诉我们,由于供应链需求具有不确定性、不稳定性,供应链存在着牛鞭效应。牛鞭效应会导致供应链各个相关环节的存货水平不断增加,降低资金的流动性,甚至导致因为流动资金枯竭而把企业置于死地。这种情况在各种制造供应链中广泛存在着。某空调配管制造企业,由于下游的空调整机装配商经常变单,使得上游的供应商存货越来越多,也是牛鞭效应的一种表现。

这家五金企业为欧洲某大型家居用品零售商供应窗帘拉杆和配件,长期以来被客户的变单所困扰,企业在制品库存不断增加,经营状况越来越差。咨询师应邀到企业去进行诊断,考察了企业的制造现场,测算了各个工艺环节上的生产能力、库存水平、生产周期,查阅了订货台账和销售台账。经过简单计算,给企业提供了这样一些数据。

在过去这一年里,企业的平均交货周期是60天,共发生了56件变单(包括改单、退单),约占总订单81件的69.14%。也就是说,接近70%的订单曾经改变过。由于变单造成的在制品库存和产成品库存达到8 700万元,占年度销售收入3.48亿元的25%。根据经验,在这8 700万元库存中将会有1 200万元成为损耗,占年度毛利润的32.4%,比例非常高。

变单事件在时间上是如何分布的呢?0~20天有1件变单,21~30天有2件变单,31~40天有5件变单,41~50天有29件变单,51~60天有19件变单。可以看到,变单大致有一定的规律性,就是随着时间的流逝,变单的可能性越来越大。0~20天,变单频次占整个变单量的1.79%;接下来是3.57%、8.93%、51.79%、33.93%。我们可以做一个直方图,用一个纵轴描述件数和频次,另外一个纵轴描述累加的频次。51~60天的累加频次是33.93%,41~50天的累加频次是85.72%,31~40天的累加频次是94.65%,21~30天的累加频次是98.22%,0~20天的累加频次就是100%了。

企业在制造准备环节采购钢管,然后验收入库、设备检修,在制造环节把买来的钢管切管、套扣、酸洗、水洗、磷化、电镀或烤漆;接着做两个堵头的铁艺加工、酸洗、水洗、磷化、电镀或烤漆;对固定的翼板冲压成型、毛边处理、酸洗、水洗、磷化。还有一些铁环或者塑料环的加工。最后包装集运。在各个加工环节都可能存在出入库,有滞留,也有等待。

以上问题可以考虑用价值流图进行分析。价值流图可以提高整个工艺流程的流畅性,减少物料的滞留,降低流动资金的占用,缩短工期,平衡各个工作的中心生产能力,提高工作的中心的效率。

在 51～60 天、41～50 天这两个时间区间，变单的频次非常高。可以假设一下，制造准备周期和制造周期加起来能不能降到 20 天以下？总工期能不能降到 30 天以下？事实上，像这么简单的一个工艺路线，完全可以把总工期降到 30 天乃至 20 天以下。

如前所述，并不是所有的不正常都要去处理。要善于发现关键问题。怎样找到关键问题呢？

第一步，从很多杂乱的现象中归纳若干种"问题"，把具有同一种属性的现象放在一起。所谓"问题"，就是对于属性相同的现象进行的具有一般性的抽象描述。在描述问题时，要注意问题的结构，例如问题的分布、问题的层次关系、问题的关联关系、问题的因果关系等。

第二步，要辨识居于关键位置的问题（关键问题可能不止一个），以及关键问题中的主要问题。

第三步，要发现主要关键问题其特殊性中的一般性。即从个案中找到科学问题。科学问题是具有一般性的。

如何快速寻找关键点？在不同的情境中，关键点可以分别是热点、痛点、兴奋点、临界点。

第一，如何寻找热点。要根据企业表现出来的特征，对比行业规律和企业生命周期规律显示出的常见病、多发病的特征进行筛查。分析新企业容易出现什么问题、传统企业容易出现什么问题、炼化企业容易出现什么问题、食品企业容易出现什么问题、汽车企业容易出现什么问题等。

第二，如何寻找痛点。寻找或者确认企业自我感受严重受挫或者发展严重受制的问题。如前所述，浙江这家五金企业的董事长感觉非常受挫的问题，就是与客户沟通始终没有成效。表现出来的痛点和实质的痛点可能还不是一回事，事实往往隐藏在现象背后，"难以沟通"的背后是持续性的频繁"变单"，难以适应"变单"的背后是"交货期过长"。

第三，如何寻找兴奋点。寻找对于实现企业最期盼的目标有重要促进作用的问题或者企业有浓厚兴趣的问题。某特大型城市的地铁公司一直在强调"轨道"＋"物业"的发展战略，但是该公司长期以来只有"轨道"而没有"物业"。如果此时咨询公司提供一种解决方案，使其能够并购某大型地产企业，进行战略性资产重组，就找到了这家地铁公司的兴奋点，有可能实现其朝思暮想的"轨道"＋"物业"的发展战略。

第四，如何寻找临界点。对问题的规模、层次、功能进行分析，判断这个问题是不是处于整体与局部、长期与短期、外部与内部的临界点。

第三节　解决问题的策略选择

一、企业主要问题的五个维度

进行咨询诊断时，要根据问题的属性来决定采取何种解决方案。而问题的属性通常有五个维度——"重、急、大、难、新"。展开说，就是重要性、急迫性、影响性、复杂性、经常性。管理咨询要抓主要矛盾，抓主要矛盾的着眼点就是这五个方面。企业诊断的产出是什么？就是找到并确定了问题——系统性或局部性的各种企业问题。诊断之后，咨询公司要提出解决方案。前述各种各样的问题，既是企业诊断这个环节的产出，也是解决方案这个环节的输入。企业问题的属性不一样，类别不一样，对于资源的要求就不一样，对于咨询效果的影响就不一样，设计和实施的方法也不一样。构思和策划解决方案的基础，是对于问题的属性作出判断。从哪五个方面来进行分类呢？第一个方面是重要性。抽象成一个字，"要"——要事；第二个方面是迫切性，"急"——急事；第三方面是影响性，"大"——大事；第四方面是复杂性，"难"——难事；第五方面是经常性，"新"——新事。

针对这五个方面，有三种不同的策略。第一种策略是头痛医头。成语"头痛医头，脚痛医脚"，多为贬义。在管理咨询公司的咨询策略中，"头痛医头"也是一种策略选择。用先表后里的方式，先把症状控制住，先做功能改善，然后再做结构改造。这种策略成本低、入手易，但是时间可能比较长。第二种策略是直达病源、正本清源。这是根本性的解决办法，花费的时间很短，但是对咨询双方的管理实力、投入程度、组织实施等要求较高，对被咨询企业的承受能力有要求，实施风险比较大。第三种策略是内外双修、表里兼顾。这种策略往往说起来容易、做起来难，对于企业的管理基础和实施团队都有比较高的要求。

（一）关于"要"事

管理咨询师应该首先要弄清楚什么是企业改善中的重要问题。有几个判断的准则：第一，从影响力上来判断，影响全局、影响久远、影响深刻的事，肯定是重要问题；第二，从事件链的节点属性去做判断，在路径上的瓶颈点、性质上的转化点、程度上的转折点、结构上的分叉点上的问题，一般情况下都是重要问题。

怎么来对待重要问题呢？通常，要把重要问题置顶，要进行最深入的分析和最充分的解决方案的设计，要选派有全局观的最得力的咨询师团队，要为这个问题的解决配置最有力的资源。重要的问题，必须放在咨询公司领导的可视和可控的范围之内。

（二）关于"急"事

首先，要看什么是急迫的问题，在企业发展中，机不可失、时不我待、时不再来的问题都是急事；其次，对于后续的重要工作具有先决性影响的事，如果这件事不做，后面很多重要的事都会被影响，也是急迫的事。

咨询师对待急迫的问题有三种应对方法：第一种叫急事急办，第二种叫急事缓办，第三种叫缓事急办。

第一种情况，急事急办。旨在通过治标为治本赢得时间。在急事急办中又有三种策略，分别是急事先办、急事快办、急事特办。

第二种情况，急事缓办。即事虽急，但乱不得、错不得。在这种情况下，反而要慢慢地、细致地办，谨慎地、耐心地去处置。有些事既来之则安之，得病如山倒，去病如抽丝，欲速则不达，只能一点儿一点儿地办。

第三种情况，缓事急办。一些细琐的问题，如果不及时处理，就会积压、积累、演化，通过量变引起质变。缓事急办的思想就是通过及时处理这些有可能演化成大事的小事，清理外围、减轻正面问题的压力。

重要性和急迫性有时是相联系的。在医院里也有这样的概念叫"急重症"。对象组织遇到险境或者比较严重的困境，迫切寻求外援，如销售断崖式的下滑、成本失控、人才加速流失、产品质量失控等。某大型空调企业，产能无法支持销售，在空调销售的旺季错失市场机会，严重影响企业的利润和企业的商誉。管理咨询师去企业考察后，经过访谈确定了问题——设计产能是够的，但是设计产能没能释放为实际产能。确定了问题，不等于明确了问题产生的原因和机制。这种问题已呈显性状态，大家都明白是这个问题，通过对象组织人员的自述抽象提取，非常容易辨识。但由于企业人员自身的局限性，在咨询师介入前，大家莫衷一是，一直找不出系统性的解决方案，企业果断决定由外援介入解决。

(三)关于"大"事

对于大问题的处置,策略一是抓大放小。在资源有限、精力有限的时候,只做大事,做出显示度、做出影响。有时大问题的解决,会使小问题更容易解决。在某大型空调企业的生产线平衡项目中,咨询师先做其柜机厂,然后再做其分体机车间,最后才做其窗机车间。因为在产品的产量结构中,柜机占的比重最大,其次是分体机,窗机占的比重非常小。解决了柜机的问题,就把企业最关注的问题的一大半基本上解决完了。而且从原理上看,产品复杂程度也是按照柜机、分体机、窗机降序排列的。解决了柜机的问题,窗机、分体机相比而言要简单得多。策略二是大事化小。把一个大事转变成小事去处理,其中又有几个具体的方法。第一个方法是分解,把具有可分解性的大问题转化成若干小问题分别去解决。如快递公司最主要的问题是什么?是要解决速度问题,解决其生产周期的问题。这个问题进一步细分,包括交通工具的问题、通信工具的问题、包装工具的问题、材料的问题、表单设计的问题、传递的问题等。这样就把一个大问题变成若干小问题。第二个方法叫化解法,对于不具有可分解性的问题逐层解决,先表层后里层,一点儿一点儿地去解决,逐渐把问题的规模变小,直到彻底解决。

(四)关于"难"事

管理咨询师在对待复杂问题的时候,中国智慧显得特别重要。图2—3所示的是传统中华文化的五行图。五行之间是什么关系呢?图中分别用外部箭头和内部箭头描绘其彼此之间的关系,外部箭头表达的是相生的关系,金生水,水生木,外围讲的都是相生的关系。内部箭头表达的是相克的关系,金克木,水克火。这在企业管理咨询中给我们什么样的提示呢?复杂矛盾都是相生相克的关系。

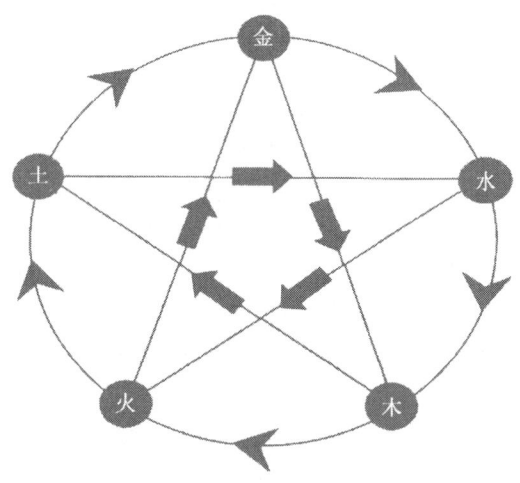

图2—3 五行图

结合我们熟悉的案例进行理解。浙江萧山那家五金企业的董事长的难事是什么?咨询师的解决方案又是什么?针对复杂问题可以有很多策略,咨询师给出的方案实际上是"外病内治"。该公司董事长一直认为,这个难题是企业无法与下游企业沟通导致的变单问题,但管理咨询师给出的解决方案是通过内部改进以缩短制造周期,进而缩短交货周期。

解决难题的时候,还可以应用避实就虚策略——"围魏救赵"策略,明明现在很着急解决的是赵国的问题,但是我不针对赵国,我去把魏国围起来,客观上达到救赵的目的;可以采用猛攻策略,把所有或很大一部分资源投在一点上来解决难题;可以采用固守待变策略,如果一筹莫展、什么都做不了的时候,我就固守,时间的推移会使矛盾发生变化。

企业中的难题,有时难就难在有并发症的发生。对象组织存在着多个相互交织、相互影响的问题,可能是并行的问题,也可能是某一个问题的继发或者衍生问题。例如某企业产能不稳定、供应商的供货不稳定、销售不稳定,这一下子就存在了好几个问题,到底哪一个是主要问题、哪一个是源头上的问题、不同的时间段哪个问题比较严重等,乍一看比较棘手,往往难以判断问题之间的主从关系或因果关系,或者问题之间的关系本身就是彼此交互影响、动态演化的。

有时,难题表现在企业得了慢性病。对象组织长期以来就存在这样的问题,久拖不治或者一直以来浅治、短治,治标不治本,最后久拖难治,甚至已经成为组织文化固化于组织之中了。例如供应商供货质量长期不稳定,但是属于渠道供货,多次整改也解决不了根本问题。长此以往,大家就习以为常了。问题人人皆知,天天讲、月月讲,但耐药性严重。有时决心容易下,但办法找不到;有时因为利益关系复杂,投鼠忌器,或者后果的危害性被掩盖了。

(五)关于"新"事

与新问题相对应的是老问题。老问题是经常发生的问题、过去已经发生过的问题。作为咨询师,要了解是不是已经存在有效的经验模式。把过去的经验模式优化,把经验知识化、程序化,在解决方案中把老问题列入程序性决策,把它分配到企业的作业级、中低管理级去解决,或借助信息系统、专家系统去解决。新问题指的是什么? 过去没有发生过的事。作为咨询师,可以提出初步的解决方案,继而穷尽可能性来推演不同情境下的后续解决方案。解决新问题的时候,一定要在解决方案中把新问题列入非程序性的决策,分配至战略级和中高管理级来解决。

二、企业中的小病

除了"重、急、大、难、新"这五个方面以外,还有两个方面是不能忽略的。一是小病。企业患了微不足道的小病,对此,管理咨询公司不能忽略、不能置之不理。二是企业现在可能没有患病。这两种情况下,管理咨询公司是不是就可以无所作为了呢? 是不是就没有用武之地了呢? 不是。

其一,要正确认识并妥善处置"小病"。战略上,小问题是不能被忽视的。那么战术上,咨询师对小问题怎么进行处置呢? 策略一是"以小见大"。当能力、时间和资源不足以直接去应对大的对象系统的时候,只能以比较短的时间、比较少的资源,先去做一些小事。成语里有这样一句话,"不积跬步,无以至千里"。不停地做小事,实际上就是积跬步以至千里,积小流以成江海。做小事,事实上是解剖麻雀、做示范工程。比如前面提及的空调企业咨询案例,当时间、资源不足以去做所有产品的时候,能不能每一种产品只做一两个示范机型? 在20世纪70年代的国际外交史上,发生过一个非常轰动的"小球推动地球"的故事,讲的是中国利用中美乒乓球运动交流推动了国际关系格局的改变,中美两个大国走在了一起。类似地,咨询师选取一个小的切入点,谋的可以是大事。策略二是"小题大做"。丰田汽车公司从2010年到现在,在全世界范围内召回了超过2 000万辆的汽车,这几乎是丰田两年的产量。导致丰田召回事件的主要质量问题是什么? 多数是机油软管、电动雨刷、脚踏板、脚垫、电动车窗等"小事"。小事真的不重要吗? "细节决定成败""千里之堤,溃于蚁穴",小事会演变成大事。咨询师必须小题大做、防微杜渐。对象组织在不同时期,总有一些小的坎坷或者疏漏,可能看不到体制性或者结构性的问题。如某特大型城市的某条地铁线路,因为废弃的塑料袋飘挂在接触网上,导致地铁停运30分钟,这可能是个偶发事故,但是这个偶发事故真的是"偶发"的吗? 有没有系统性的防错机制呢？对于小问题，既不能小病大修，消耗或者占用过多的管理资源，也不能对一些潜在的系统性风险掉以轻心。小病往往是大病的先兆、预兆。管理学有一个著名的理论叫作"冰山理论"，即如果在水面以上看到一座冰山，实际上能看到的只是这座冰山的很小一部分，在水面以下，还有很大一部分是没看到的。水面以上的这部分，就是我们所说的小病。咨询师一定要想一想，小问题的背后是不是存在着一个很大的问题。

其二，正确认识并妥善处置"未病"。"未病"是什么？就是还没有发展、演化成"病"的内在问题。任何组织，在其生命周期中都可能处于从健康状态到亚健康状态的进程之中。通过对环境和管理策略的考察，可以预判在特定的地域、特定的行业、特定的发展阶段、特定的管理模式下，对象组织可能会出现什么问题。

从健康到疾病要经过很多环节。前期可以进行前摄性的管理，也就是进行生活方式的管理。前期管理做得好，就不会进一步恶化。到了逐渐加重的时候，用生活方式管理就已经无法控制了，必须用疾病管理的方式。"治未病"，指的是对对象组织可能出现的问题进行前期管理。通过生活方式管理，尽量保持健康状态。

以华为为例。20世纪90年代中后期，华为处在快速发展阶段，蒸蒸日上、日新月异，每年两位数的增长。一片大好形势下，任正非多次写文章或发表讲话，向全体员工发出警示。他写过《华为的冬天》《狼来了》《下一个倒下的会是华为吗》等文章，不断地发警告。这就是关口前移，变事件应对型的管理为风险前摄型的管理。要做到"治未病"，需要超脱的站位、战略性的视野、敏锐的洞察力。

"未病"在中医学的经典理论著作《黄帝内经》中早已论及："上医治未病，中医治欲病，下医治已病。"最好的医生是在还没病的时候来治病。管理咨询师不是简单地模仿医生，管理咨询师要做企业的健康管理师。

管理咨询师在问题的发现、辨识阶段，其面对的问题包括急迫而重要的问题、复杂交织的问题、久拖难治的问题、貌似小事的问题、没有问题的问题等。必须要提示大家，这些问题很少被咨询人员恰好遇到，需要通过调查、透过现象看本质地去发现。对于不同的组织，以及组织的不同发展阶段，咨询师需要面对不同类型的问题。咨询行为过程因问题而异，不宜机械、简单地去区分"上医""中医""下医"。

第四节 诊断阶段的任务及步骤

一、管理咨询师的诊断任务

一般情况下，管理咨询的项目周期可分为三个阶段：第一个阶段是诊断，第二个阶段是设计并提出解决方案，第三个阶段是指导实施或辅导实施。诊断又可分为三个阶段：调查、分析、判断。

诊断三部曲和诊断目的是有关系的。诊断目的：一是如何治病，二是如何保健，三是如何帮助企业成长。

诊断目的之一，如何治病。管理咨询师要去分析、判断企业存在什么主要问题或短板，这种问题或者短板可能会导致什么后果，问题的主要原因和演化机理是什么。例如，咨询师面对这样的问题：对某空调企业进行观察和测量，发现其生产现场工艺秩序、物流秩序、劳动组织等比较混乱，产能瓶颈导致其生产效率比较低。企业需要咨询师帮助解决这一问题。这就是"治病"的需要。

诊断目的之二,如何保健。管理咨询师要去分析和判断企业存在什么可能的困扰与威胁,面对这些困扰和威胁应该采取什么优化措施、改造措施、改善措施或预防措施。例如,咨询师面对这样的问题:某工程机械代理商受到国外品牌制造商和施工企业(工程机械的用户)两端的挤压。这种趋势还在发展,威胁着代理商生存。尽管该代理商仍然处于正常的经营状态,但如果不未雨绸缪、不进行经营调整和管理改进,很可能好日子不多了。

诊断目的之三,如何帮助企业成长。管理咨询师要关注企业存在着哪些可能的发展机会、应优先建设或优先发展的领域有哪些、这些领域或者项目的发展前景如何。如前所述,某特大城市的地铁公司,既要从事地铁运营,又要进行新线路的建设。作为地方国企,当城市地铁建设基本饱和以后,能否走出自己的城市,向全国乃至全世界发展?这是成长的问题,而不是治病或者保健的问题。孤立封闭的发展是不可持续的,这是咨询师给这家地铁公司的意见。

企业诊断与企业中常见的质量体系审核、质量管理评审之间,有些相同点。

质量体系审核指的是确定质量活动和有关结果是否符合计划的安排以及这些安排是否有效地实施,并且适合于达到预定目标的系统且独立的检查。而质量管理评审,是由最高管理者就质量方针和目标对质量体系的现状与适应性进行正式的评价。质量体系审核、质量管理评审与企业诊断的共同点都是要通过调查、评价来提出问题,促使企业改进管理工作、提高管理水平、增强企业的素质。两者最大的不同点在于其检查评价、管理工作的范围和要求是不一样的。质量体系审核、质量管理评审的检查评价范围,仅仅限于企业质量方针和质量管理方面,其范围比较窄,而企业诊断则包括企业经营战略和生产运营的全部范围。对于企业诊断来说,其任务是运用通用或者专用的诊断工具,对企业进行全面深入的调查和评价,进而得到企业诊断的结论。

有时咨询师面对的诊断需求不是增长的需求而是成长的需求,是针对未来的发展进行问题的发现工作,即上文所说的第三个诊断目的。这种咨询已经超越了传统文化中"治病"的前摄型思维,即咨询师不是为了治病,而是为了健身提出解决方案。

图2-4进一步解读了管理咨询的第三种诊断目的。图的左边是企业现状,右边描述的是企业的未来。从企业的未来回看企业的现状,可以找到现在企业有哪些不足、短板、缺陷、问题。这就是箭头标注的思维模式,叫作需求分析或者概念辨识。从现状出发指向未来的箭头是解决方案,是企业改造的技术路线图,要解决的是怎么做的问题,用到的是改造方法学。第三种诊断不是对现状的纠正,而是对基于现状、面向未来发展的展望、规划和设计。

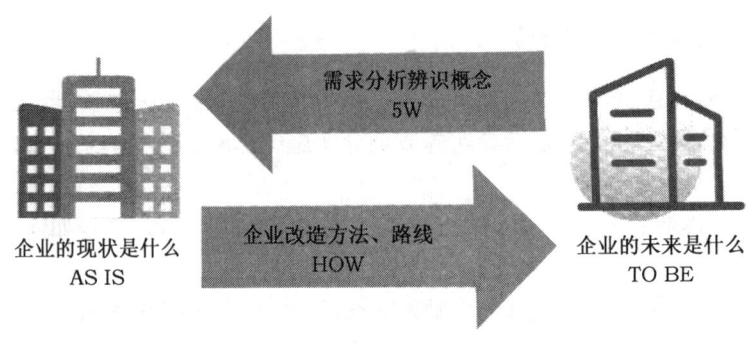

图2-4 第三种诊断目的的示意图

二、诊断步骤

李瑞环同志在其著作《学哲学,用哲学》中写道:有些干部,情况不明决心大,问题不清办法多,这些人害人害己、耽误事。诊断的三部曲调查、分析、判断,就是针对这个问题的。

诊断三部曲不是简单的序贯关系。不是先做调查,调查完了去做分析,分析完了去做判断。虽然有一个前后的顺序关系,但是在进行分析的时候,有可能继续回去补充调查;在进行判断的时候,也可能继续回去做分析甚至重新做调查。例如,在分析阶段,如果认定数据或者事实不充分,需要补充或者更新数据,就要回到调查环节;如果在判断时发现判则不适用,需要修改,或者发现判据不足需要补充或者更新,都要回到分析这个环节。三个环节中,调查贯穿于发现问题的全过程,因为对任何问题的抽象都必须以事实和数据为基础。对于事实和数据,要求尽量保障真实、可靠、充分、及时、关联度高。对于二手数据,要尽量进行双渠道或多渠道比对核查,或闭环、多次核查。有时在调查时,发现资料不完整,甚至是破碎的,如果必要,就使用多源数据,即通过多个来源的数据相互进行印证,力争还原事实。进入分析乃至判断环节以后,仍然应该继续更新和补充数据。

咨询师应按照专业的咨询程序和方法进行调查。仅仅有数据是不够的,数据必须转化为有意义的信息才能成为判据。将数据转化为信息,需要用专业的工具。在这个过程中要做三件事:一是数据的形式化,指的是把所有的数据变成一致的、可理解的表述;二是数据的有序化,指的是数据的分类、排序、截面要符合一定的规则;三是数据的结构化,指的是要找到数据和数据之间的关联关系或者因果关系。在分析时,可能要对大量甚至海量的数据进行挖掘,才能得到更有价值的信息。

在处理数据时,通常分三步走:第一步是数据信息化,即对数据的形式化处理、一致化处理等;第二步是信息知识化,即把有含义的数据变成知识、变成一般性的东西;第三步是知识智慧化,即把知识变成可以自动判别的准则。

实证分析或者是逻辑演绎的方法不仅用于数据处理,也可用于判则的建立和修订。在判断时,第一种判断方法是实证判断。在信息不充分时,为了尽快收敛分析结果,通常会先进行假设,即"问题是什么";然后通过统计学工具获取合理的样本数据,对假设进行证实或证伪。如果被证伪了,要重新进行假设。第二种判断方法是逻辑判断,即通过事实进行逻辑推演,得出"问题是什么"或"问题不是什么"的结论。例如,咨询师在对浙江萧山这家五金企业进行分析时,通过一系列的数据计算,得出问题是"交货期长于 30 天导致高频变单,不是客户沟通不畅"的结论。如果总是无法解释事实的逻辑,就有理由怀疑判据,通过专业的分析寻求判据的合理性。

某空调企业曾发生过这样一件事。在产品的某个检验工序,用专门用于检测制冷剂泄漏的仪器进行检验,每一台都进行了很细致的检验,泄漏率等于 0。但是,产品运输到某个中间节点时总是能够发现有一定比例的泄漏率。经过过滤式的排查,排除了运输过程损坏产品的可能性。这个事件就不合理了,无法解释了。此时开始怀疑判据检验的仪器和检验的工艺。果然如此,原来是检验的仪器长期未经校验,其性能已经不正常了。

以调查和分析为主要内容的企业诊断,在企业咨询项目周期中,要求高、工作量大、视图维度多、工具丰富。

第五节 调查阶段

一、获取资料

资料是事实和数据的表现形式。咨询工作必须以事实或者数据为依据,不能凭主观臆断或是凭经验估计。

资料收集的策略,第一是索取资料。索取资料有很多技能或者技巧。例如如何罗列资料清单、如何完善资料清单、如何向委托方提交资料清单等,目的都是索取资料。第二是访谈调查,其中也有一些技能,例如如何设计以及如何推演访谈的提纲。第三是问卷调查,例如如何确定问卷调查的对象,如何设立抽样方法,如何设计、发放和回收以及处理问卷等。获取资料后,管理咨询师必须做一致性审核,鉴定所获得资料的质量。在调查时,总是希望资料质量比较高,但实际工作中往往需要平衡,应在确保一定质量水平的基础上,兼顾调查效率和调查成本,不能只强调质量。如果只强调质量,可能使调查变得旷日持久,企业有时不允许等那么长时间,要考虑效率问题。还要考虑为了使资料达到一定的质量水平,需要花多少钱,调查的预算是否支持。必须确定一个可以接受的质量水平,以此为前提,尽量提高调查效率、降低调查成本。

对企业进行调查时所需的资料,有各种分类。不同类型的资料对于管理咨询师来说有不同的意义。以原始资料和加工资料为例,原始资料的好处是真实程度比较高、不会走形,加工资料有可能在加工时添加了加工者的主观意识,或者在加工的过程中有遗漏、错失。但是原始资料数据量庞大,而加工资料在经过加工后缩小了范围、提高了针对性,后者可能有助于调查效率的提升。再以公开资料和内部资料为例,公开资料比较容易获得,内部资料不太容易获得;公开资料的真实程度可能比较高,但是内部资料可能揭示一些公开资料里没有的东西。作为管理咨询师,要处理好这些不同类型的资料的平衡问题。

对象企业的信息可以分成两大类:一类叫作一般性信息,另一类叫作专门性信息。管理咨询师在获得专门性信息之前,应该先行获得对象组织的一般性信息,这些信息通常可以通过公开渠道获得。例如企业类型、发展历史、规模、坐落地点、产品以及用途、供应商、下游用户以及相关的行业信息(行业的技术特点、经济特点、市场特点、人员特点、组织结构、文化特点等)。如同医生对患者进行常规体检,了解患者的体温、血压、心率,无论要看什么病,医生都要了解这些常规性身体指征。不要认为一般性信息不重要,这些信息有助于咨询师作出正确的判断。当然也必须作出提示,这些信息有可能因为咨询师的主观取向而被遗漏或者被歪曲。

对一般性信息的分析有助于深化理解专门性的信息。仍然以前面引述的浙江五金企业为例。在一般性信息的获取中,可知这家五金企业的客户属性信息(欧洲最大的家居超市),在分析阶段就可以深刻地理解交货期及其影响因素。如果客户是欧洲最大的家居超市,那么一个小五金企业与客户对弈所处的地位是不言而喻的。五金企业董事长设想通过沟通使得客户今后不再变单,这个很难。一般性信息中有时有重要的线索。某建筑机械公司坐落在某大城市非常繁华的地段,这个信息或许就成为转型的一个重要的切入点。一般性信息在多数情况下构成方案的约束条件。但是一般性信息会随着视角变化显示不同的含义。例如某涂料公司,其产品库存管理比较混乱,不同批次的涂料运到成品库以后被随意堆放,库管员也很难清楚地掌握每一堆涂料的批号。从仓库出货的随意性很强,可能有一些比较早生产的涂料一直也没得到出货。在这种情况下,精益生产的专家看到的是精益化的机会,而信息化的顾问则看到了应用物联网技术进行管理的潜力。

咨询师应确定专门性调查的目的,据此设计调查的方向、方式。采集或者获取专门的信息,主要是通过有目的地研读对象组织的各种报表,例如销售报表、财务报表、各种物料或能源消耗的报告、采购报表、库存报表、生产报表等。这些报表对于咨询师而言,有些像医生给病人进行诊断时所需要的化验单、心电图、各种影像资料等。咨询师应确切地理解报表中每个字段的真实含义,理解不同的组织在编制报表时的注释或限制条件。不要因为含义不一样,或者主观、先入为主地假设了资料的含义,有时可能会错意。

咨询师是实践大师,而不是教条主义者。对于资料渠道、资料之间的关系,应采取务实的态度。咨询师还必须使被咨询者了解信息真实性的义务。虚假的或含混不清的信息可能误导咨询师作出判断,进而损害对象组织的利益。管理咨询师要有目的、有计划地去获取对象系统的信息,例如有针对性的实地考察、实地勘验,经过充分设计的问卷调查或者访谈等。这种方式很像中医诊病的时候所用的"望、闻、问、切"。专门性信息的获取也不局限于对象组织,可以通过供应商、客户乃至政府部门来获取一些专门性信息。

以上两种采集信息的模式,并不是截然分开的,可根据情况单独或者复合地使用。有时以一种方式为主而以另外一种方式为辅,目的是获取更全面、更准确的信息。专门性资料一般情况下不是一次能够完全获得的,可能在咨询分析中还要继续收集。

二、企业调查工具及模型

在企业诊断的过程中,需要采用特定的调查工具来发现问题和分析问题。实际上,管理咨询所用的工具,也是在管理的其他领域常用的工具,例如质量管理中的"老七剑""新七剑"以及散点图、排列图、直方图、控制图等,这些都是常用的获取和分析资料的工具。

大量的数据收集和整理,是发现问题的前提。企业存在着大量的数据,常用"5M1E"进行归类。"5M1E"是几个英文单词的首字母,即 man(人员)、machine(机械装置)、material(物料)、method(方法)、measurement(测量)、environment(环境)。有很多人习惯于以"人、机、料、法、环"来表达上述相似的要素。这些要素涉及的子要素种类繁多而且变幻莫测。在大多数情况下,数据收集和数据初步处理不是截然分开的。以检查表为例,这种工具既可以用于收集数据,通常也用于整理数据并做初步分析。

很多调查工具来自质量控制。"老七剑"有检查表、散布图、层别法、直方图、鱼骨图、帕拉图、控制图。

第一种工具是检查表。检查表是一种为系统地收集流程资料和积累数据而设计的表格或者图形。可以利用其对数据进行收集、整理和初步原因的分析。通常有两种用法:攻,可以用记录表收集数据;守,可以用点检表预防作业漏洞。检查表的应用不拘泥于固定的格式。有机会坐飞机旅行的同学,可以观察一下客机在起飞之前和降落之后开关飞机舱门的作业:通常由两名空乘并行操作,一个在前面直接操作相关的机具,另外一个手持作业卡片大声诵读作业内容。后面每念一个条目,前面就执行一个作业,这就是用来预防作业漏洞的点检表。按照规范要求,后面这个空乘在念作业内容时,眼睛必须注视前面空乘的操作是不是把这个动作完成了,动作完成后才可以去提示下一个作业。同样,高铁"复兴号""和谐号"的司机即使是独自工作,也要按照操作规范,"嘴到、眼到、手到",执行严格的点检。

表2—1就是一个检查表。在这个检查表里,把要检查的内容按照顺序一一排列。有时只需要在上面打个勾检查一下,有时需要给出评价。例如检查车间不同工作地的现场管理,分别

给出8分、9分、6分等。

表2—1 检查表

受检部门： 检查时间： 检查人： 受检部门负责人： 总分：

序号	检查内容	满分	得分	序号	检查内容	满分	得分
1	生产现场不应有不需要用、不急用的工具、设备；不允许有超限量的备品、备件物品；生产现场不应有与生产无关的物品，在产品直接接触区域不得存放个人物品	8		2	生产领料原则是每天用多少领多少，计划领料，剩余原料零头可以存放在现场，画线、定置定放，做好标识	4	
2	车间物品摆放整齐，存放区域整洁；用的工器具用后放在规定位置，保证与无用物品分开，不得混放；现场布局合理，确保安全生产；有用物品设备清洁	4		4	工作场所应洁净，无死角；设备表面器具、料车、铲刀等不用时保持清洁，关键岗位的清洁工具要做好标识，数量要登记	8	
3	生产过程的落地料与废弃物分开放置，废弃物送到垃圾场，每天完工后清理	4		6	生产过程的落地料及时收集，以免被踩在地上，在每个工段放置垃圾桶、落地料回收桶等，落地料不允许放入洁净料中	4	
4	操作台干净，无油污、灰尘、杂物；楼梯扶手应保持清洁，无油污、灰尘；窗台无灰尘	4		8	生产现场、休息室等无长明灯、无人灯、无长流水	4	
5	工作场所不准晾晒任何衣服、鞋类等杂物；工作场所不得随地吐痰、随手扔杂物，垃圾及时清理	4		10	更衣室保持清洁，物品不零乱，垃圾当天倒掉，鞋子等不允许放在更衣柜上	4	
6	现场物料标识清楚、清晰，投料准确，投料批号与领料单一致，物料与卡上的批号、数量一致	6		12	操作记录整洁，填写及时、完整，不弄虚作假，按照要求进行更改	6	
7	所有设备不允许带病运行，做好每天维护、保养记录；维修设备的器具、零部件及废料垃圾不能遗留在现场	4		14	设备、阀门、管线等按规定检查跑、冒、滴、漏；电源线、物料管线理顺摆放，不杂乱抛地	4	
	计量器具保养、维护，规范使用；检定标识清晰、有效	4		16	设备及工具牌、卡完好，字迹清晰，设备及工器具标识标准	4	
8	操作现场工人应穿戴好必需的防护用品，保证产品质量；生产现场不得吃饭、吃瓜子等带壳类零食；进入GMP的人员不得进行一切进食及嚼口香糖等行为	8		18	现场产品有效防护，预防外来杂质进入产品；螺丝、螺母不得脱落、松动；设备、工器具等不得有油漆、焊点、杂质脱落等；滤布、盖布、衣物等不得有毛线头脱落；进入GPM车间的维修工具要每次清点、记录	8	
9	生产食品添加剂生产场所的厂房、设施、设备、工器具等应该符合生产要求，定期检查、维护及进行修缮，发现有破损之处及时上报上级部门进行维护	4		20	其他	4	

第二种工具叫散布图(也被称为数点图,见图 2—5)。散布图是把两个可能相关的变量用点画在坐标图上,用来表示成对的数据之间是不是有相关性。这种成对的数据之间的关系,也许是特性和原因的关系,也许是特性和特性的关系,也许是原因和原因的关系。通过散布图的形状、趋势,有时可以推测两个变量之间的关系。

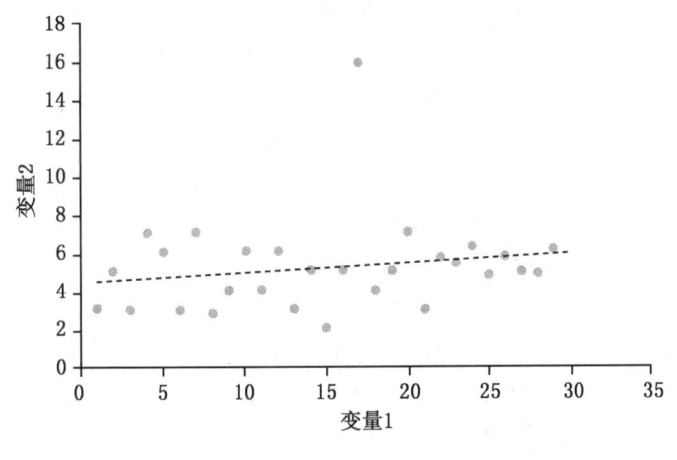

图 2—5 散布图

第三种方法叫层别法,也叫作数据分层法。其做法是把性质相同的或可以在同一条件下收集的数据归纳在一起,以便进行比较分析。例如可以按照不同的时间、不同的班次进行分层,可以按照使用设备的种类进行分层,也可以按照原材料的进料时间或者原料的成分进行分层,或者按照产品的批号进行分层、按照检查的手段进行分层、按照使用条件进行分层、按照不同的缺陷项目进行分层等。采取什么分层原则取决于研究需要,即咨询者想要得到什么东西。

表 2—2 是应用了层别法的列表,按照不同的作业工人(A、B、C)分别进行统计。

表 2—2　　　　　　　　　　　层别法(分层调查统计数据)

作业工人	抽检点数	不合格点数	个体不合格率(%)	占不合格点总数百分比(%)
A	20	2	10	11
B	20	4	20	22
C	20	12	60	67
合计	60	18		100

从调查方式的顺序来看,有"听""看""问""查"。"听"指的是诊断人员听取被诊断工作领域有关人员按照访谈提纲所进行的介绍。这些介绍应提供书面的支撑文件、资料或者记录。例如前述的浙江这家五金企业的案例中,咨询师要倾听企业各层次人员以及客户、供应商来介绍情况、描述问题,形成谈话纪要、会议纪要等。在这个基础上,咨询人员还要到企业现场去"看",查看与被诊断工作领域有关的现场、文件资料和实物。在查看现场时,要了解工艺路线的情况、现场物料情况、零部件情况、产品结构、库存水平等。"问"指的是诊断人员在听和看的基础上提出问题,然后请有关人员来解答。为什么把调查程序设定成这样呢?这是因为,在听和看的时候,诊断人员基本上是被动的,在这个过程中,咨询师有可能还有一些不了解或者不理解的问题,必须在被动环节之后设计主动询问的程序。最后一个字是"查",诊断人员根据听、看、问的结果顺藤摸瓜,除了核实听、看、问的实际情况,还要沿着线索进一步深化调查。在

这家五金厂,咨询师要查阅库存台账、生产台账、销售台账和订货台账等。

在调查深度上分三级:一是普查,二是细查,三是精查。

关于调查方式,最常见的是访谈式调查。在访谈式调查中有三种形式,分别是面谈、座谈和电话访谈。这种调查方式获取的是主观资料,缺点是耗时较长。进行访谈策划时,主要需要考虑以下几点:第一是访问者,谁去访问,助手要遴选谁。访问者和助手在调查之前要接受培训,内容包括:调查对象的身份、经历、性格特点,调查目的,调查策略等。把问题罗列成树形结构,最主要是弄清楚什么问题、与该问题有关的有哪几个子问题、在主要的子问题上还有哪些子子问题……一级一级地罗列出来。要进行问话设计,一类叫作开放式问题,另外一类叫作封闭性问题。还要构想如何营造谈话的氛围,访问者和助手之间如何配合、互补,如何与被调查者互动,如何引导被调查者,如何记录,如何进行场景模拟等。

访谈式调查有些常见的问题。第一个问题是冷场,访问者提出问题以后,被访问者沉默,这是我们最不想看到的一种情况。应对方式包括换时间或者换人,比如换访问者或换其助手,看看能否通过换人打破沉闷的气氛。第二个问题是被访者编谎话。如果发现被访者说谎,访问者要陈述访谈的目的,礼貌地提醒对方,实在不行换被访者。第三个问题是被访者持续地批评别人。在这种情况下,访问者应该适当缓和气氛,但坚决不参与这种批评。第四个问题是被访者戒备,对方警惕性很高、自我防卫意识很强。此时访问者要陈述访谈的目的、原则、立场,让被访者放松戒备或者解除戒备。第五个问题是被访者跑题,此时要及时用封闭式问题来进行纠正。第六个问题是被访者钻牛角尖,咨询师要适当地应用开放式问题,引导其从牛角尖里退出来。第七个问题是被访者语意模糊,搞不清他到底想表达什么意思,访问者要通过重述来加以确认。

除了访谈式调查以外,常见的调查方式还有问卷式调查。在问卷式调查中,一定要写好卷首语,写清楚调查的目的、意义和调查的主要内容,选择被调查者的途径和方法,对于被调查者的希望和要求,填写问卷的说明、回复问卷的方式和时间,然后还要强调一下调查的匿名和保密原则、感谢语以及调查者的署名等。在设计问题时必须简明扼要、含义清晰、没有歧义。如果是选择性问题,一定要穷尽所有的可能性。不能让填问卷的人感觉到你给的范围太窄,他想要回答的内容在你给的选择范围之外。为了方便后期的处理,通常我们要对问卷进行编码。在问卷中还要有问卷名称、被调查者编号、问卷的发放时间和回收时间、审核意见以及审核者等。

第三种调查方式是工作日写实式的调查。这种方法的要点是提前熟悉观察的现场以及要观察的主要对象。在去现场之前,一定要取得主管以及被观察者的信任,不能影响对方的正常工作。要尽可能利用特定的观察工具,专业地记录资料。

在上述调查作业完成后,要与主管讨论观察的结果。尽管咨询师得到了观察的结果,但观察结果如何解释?其限制条件是什么?咨询师可能对于现场的一些资料视而不见。另外,有时咨询师的存在改变了被观察者的行为。在企业特别是在车间调查时常遇到这样的情况。如果我们很显性地站在车间里,工人注意到有人在观察甚至记录,或者发现有人在拍摄他的作业模式,这时工人的动作或行为模式可能是变形的。例如,如果他认为咨询人员在测试他时,他可能会有意拖延时间。此时可以改变一下策略,例如站位更远一些,让被观察者感受不到有人在观察。

表2—3是工作日写实的调查表。在这些调查结束后,一项很重要的任务是进行资料评价,咨询的质量在很大程度上取决于所获取资料的质量。评价通常有三个方面:一是进行真伪评价,评价资料的真实性如何,通常要用一致性检验,例如根据经验进行比对,或者用逻辑验证;二是充分性评价,看看现在获取的资料数量上够不够、种类上全不全、范围上是不是已经包括了应调查的范围、时间跨度上是不是充分;三是有效性判断,无论是调查对象还是调查内容,

在结构上是不是合理、是不是适用、是不是准确、是不是及时以及是不是可靠。

表 2—3　　　　　　　　　工作日写实式调查表

深圳市××区疾病预防控制中心工作日写实记录单　共　页第　页

被写实单位联系电话_____

单位地址写实日期

评价单元	工作岗位	写实对象	工作任务1	工作时间	工作任务2	工作时间	工作任务3	工作时间	备注事项	防护情况

写实人：

陪同人（被写实单位）：

最后，不要忽略对于资料解释程序的评价。资料本身也许是没有问题的，但是如果资料的解释程序出了问题，得出的分析结论就靠不住了。对于资料解释程序的评价，主要有三个方面：一是解释程序的准确性，二是解释程序的时效性，三是解释程序的可靠性。

第六节　分析阶段

一、分析目标

（一）诊断性目标

确诊经营状况、财务状况和管理状况；确诊企业投资、经营和管理的有效性；确诊经营、管理和投资过程中的弊病。

（二）治理性目标

帮助企业改进经营决策和投资决策，改善企业经营状况和财务状况，提高企业创新能力、竞争能力和应变能力，挖掘潜力，充分利用和开发经济资源，制定新的经营目标和利润目标，发展生产，提高经济效益，增强经济实力。

帮助企业改进管理决策，完善内部控制制度和控制组织，提高对生产经营、财务和管理等活动的控制能力，提高经营管理水平。

帮助企业根治企业经营管理弊病。帮助企业消除弊病，摆脱困境，制定预防弊病发生的措施，保证企业健康生存和发展。

帮助企业提高人员素质，发挥积极性和创造性，增强责任心，提高员工的业务水平和工作能力。

二、常用的分析方法

（一）分析过程与分析方法（1）

解决方案的设计和实施一定要遵循问题导向原则，即所有解决方案都是通过调查、分析、判断所定性确定的问题而提出的。以中国革命和建设的曲折实践为背景,毛泽东曾经写下了著名的《实践论》《人的正确思想是从哪里来的》。这是关于马克思主义认识论的两篇代表性著作,对于管理咨询的分析也具有重要指导意义。本节主要介绍分析过程和分析方法。分析的过程,就是认识论里面的16个字:去粗取精,去伪存真,由表及里,由此及彼。

第一种分析方法叫"七何分析法",也叫作"5W2H"分析法。这种分析方法是第二次世界大战中美国陆军兵器修理部首创的。这种方法简单、方便,利于理解、易于使用,而且富有启发意义,广泛用于企业管理和其他的技术活动,对于决策和执行性的活动措施也非常有帮助。

"七何分析法"涉及以下概念。一是what,即研究对象是什么,调查目的、分析目的、诊断目的、咨询目的分别是什么,要做什么工作;二是how,即怎么做,如何提高效率、如何实施、方法是怎么样的,凡是和路径的选择、方法的选择、工具的选择有关的都列在这个条目下面;三是why,即为什么,为什么要这么做、理由是什么、原因是什么、造成这样的结果的原因是为什么,所有涉及内在原理或机理的东西都放到这个条目下面;四是when,即何时,什么时间完成,什么时机最适宜;五是和时间相对应的where,即何处,在哪里做、从哪里入手;六是who,即谁,谁来承担、谁完成、谁负责;七是how much,即多少,做到什么程度、数量如何、质量水平如何、费用和产出分别是多少。

在此有四个需要注意的地方:一是对象和对象属性,what,对象必须反复确认、非常清晰。在前面曾经提到,有一些人"情况不明决心大、问题不清办法多",指的就是在这个地方出了问题,只有通过反复确认对象,才能够避免"无的放矢",同时也避免在问题边界上混淆。二是对象属性,对象属性包括种类、外在的形态、结构形式、空间、时间、数量、质量与其他对象的关系等。不同的对象属性需要不同的管理策略。三是行为主体,即who,需要各相关行为主体明确角色及其责任、尽快进入角色、认领责任;四是why,必须探究系统的内在机理是什么。管理的有效性来源于对对象系统内在机理的充分认识和把握,尽管认识这种机理需要时间,但绝不是不需要弄清楚对象系统的"科学问题"。

还有一种被称为功能性分析的分析方式,该方式通常需要获取行业的经验数据,以经验数据来设定比照标准,用以测量、判断对象系统的相对水平。如何进行功能性分析呢?例如某家用空调制造企业在最近三个月的按时交货率一直低于70%,而行业的按时交货率一般能达到90%以上,如果没有其他的辅助信息,那么可以初步判断该企业生产系统存在着能力不足的问题。更具体地分析,有几种可能性,也许是生产系统设计产能不足,也许是设计产能足够但实际产能不足;也许是系统性的产能不足,也许仅仅是存在着产能瓶颈;还有一种可能,就是这个企业的市场能力大于生产能力,开发市场的能力超过了制造能力。

在这个例子中,可以增加信息的采集量,例如了解生产设施的技术和管理水平、物料的库存水平、采购物料的准时到货率;再扩大信息的采集范围,例如生产能力和市场能力的历史数据、对高管进行访谈等。随着信息灰度的减弱,可以通过排除法,进一步精准定位对象组织需要解决的主要矛盾以及问题背后的真正原因。假设原因是生产能力不足,那么生产能力不足也许归因于企业自身计划排产的方式问题,也许归因于生产能力的平衡问题,也许归因于供应商的管理问题,也许归因于物流保障的问题。跳出生产系统看,也许该企业是行业的技术领先者。技术领先者通常产品的批量比较小,总是出新产品,而新产品在市场上有一个被逐渐接受的过程。也许不止一个问题导致了这个结果,但在一个特定的阶段,不论存在多少个问题,一定存在着一个主要的问题。主导性问题的解决会大大地改善系统的运行状态。但是不要以为把这个主要问题解决了就可以高枕无忧了。这个主导性问题解决了,某个其他问题很快就成为新的主导性问题。管理也要动态跟进矛盾的转化和演进,因应管理对象、管理情境的变化而调整管理的目标、任务、组织。在企业诊断中,还大量地使用结构性分析方法。

先介绍两个相关概念。纵向数据指的是某一个观测指标的动态轨迹,如各月度库存量的动态轨迹。横向数据指的是某时点的截面数据,例如4月A空调企业库存量、B空调企业库存量、C空调企业库存量,将同一时间点不同厂商的库存量进行比对是能够研判出重要信息的。

当采集的信息足够多时,无论是同一数据项的纵向数据,还是不同数据项的横向数据,都可以用来进行结构性分析。结构性分析,指的是根据信息的关联特征进行分析。例如,如果某一种商品的销售量增加了,那么它的关联信息应该是销售收入的增加;可进一步观察销售量的增率和销售收入的增率,把这两个增率也作为观测变量。销售量增加导致销售收入增加是正常的情况,可是实际采集的数据如果不是这样,那就可能意味着赊销或者是低价促销。当然,还有一种情况叫作利润转移。销售量提高了,销售收入并没有提高或者销售利润并没有提高,可能有一部分利润转移给关联的供应商了,即通过物料采购价格的提高,把利润转移给供应商。只要进一步采集应收账、价格台账和关联企业的相应资料,就可以获得真相。图2—6是一张结构性分析示意图,从该图可以看到,横轴是沿着时间的一个纵向的趋势,纵轴是销售额及其增长率。

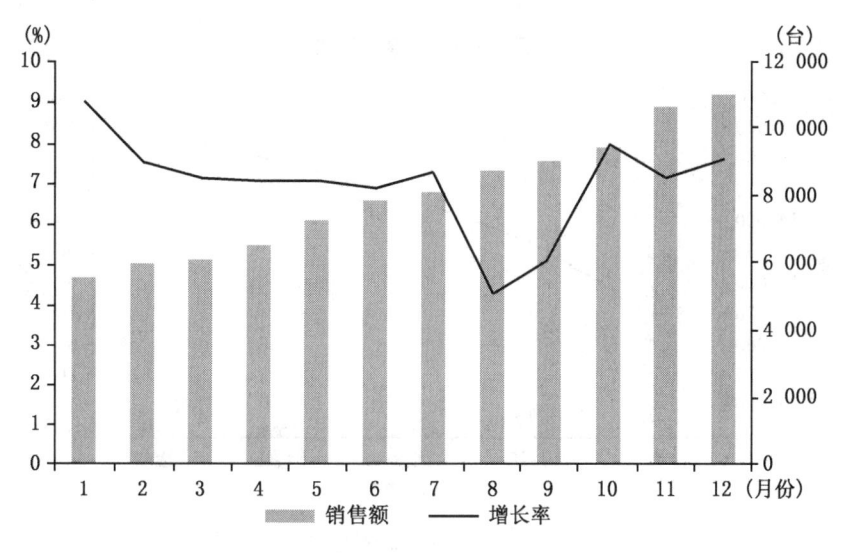

图2—6 结构性分析示意图(1)

结构性分析可以进一步分为动态结构分析和静态结构分析(见图2—7)。

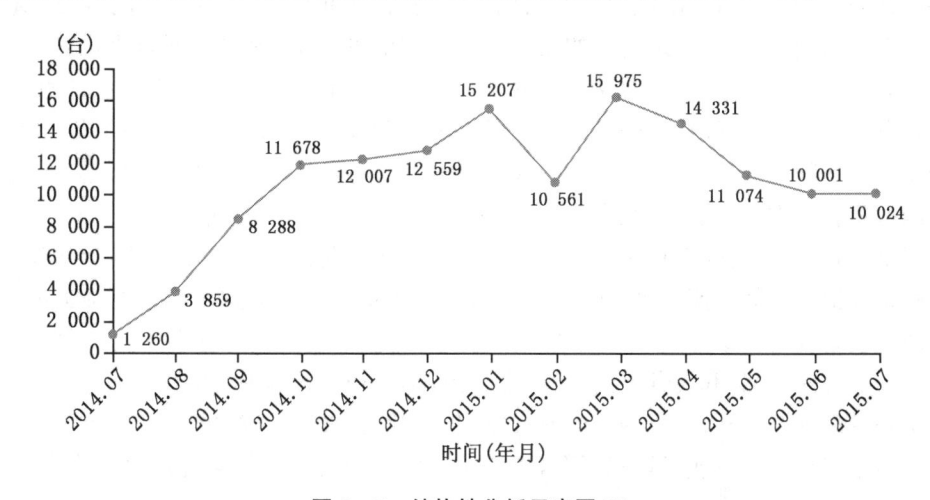

图2—7 结构性分析示意图(2)

(二)分析过程与分析方法(2)

本节主要介绍分析过程与分析方法中的另外两种方法:一是因果分析图,也叫作鱼骨图或者石川图,如图2—8所示;二是排列图,也叫作帕拉图、重点分析图、ABC分析图等,如图2—9所示。除了这两种工具外,还有直方图、散布图、控制图等。

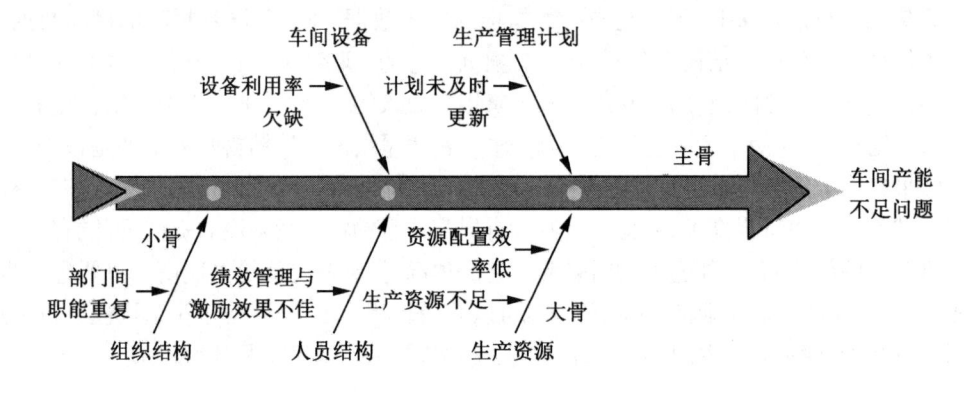

图 2—8 因果分析图

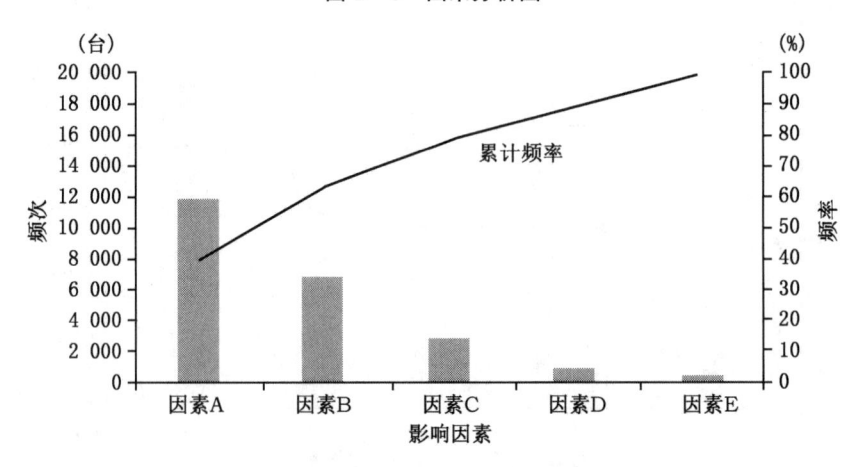

图 2—9 排列图

因果分析图是一种非常简洁实用、深入直观的分析工具。如前所述,问题的特性总是受到一些因素的影响。通过头脑风暴法可以找出这些因素,并且把这些因素及其特征值按照关联性一起整理为层次分明、条理清楚的图形。通过这张图可以看到影响该问题的各种因素。

因果分析图有三种主要类型:整理问题型鱼骨图、原因型鱼骨图、对策型鱼骨图。整理问题型鱼骨图,主要是把比较杂乱的内容按照层级关系和关联关系理顺。问题型鱼骨图中各个要素和特性值之间也许不存在因果关系,因此要解决的主要是结构上的构成问题。

原因型鱼骨图中,把鱼头画在右边,而对策型鱼骨图把鱼头画在左边。

原因型鱼骨图中,首先看鱼头和主骨。在这里要标出问题的特征值,如图2—8所示,标出来的问题特征值是车间产能不足;然后画出大骨,大骨指的是影响这个问题特征值的大要因,例如车间现场管理的五个方面——人、机、料、法、环。在大骨上画出小骨,即小要因。在画图时注意画图的方法,主骨和大骨之间呈60度夹角,小骨和大骨是平行的。

如果是管理问题,通常分析的维度或大要因,包括人、事、物、财、量、质、时、空。

排列图也叫作帕拉图或者帕累托图,是按照意大利经济学家帕累托的名字来命名的。排列图是一个双直角坐标系,左边的纵坐标表示频数,右边的纵坐标表示频率,图中的曲线表示的是累积频率,横坐标表示的是问题的各项影响因素,按照影响程度的大小,也就是说按照出现频数的多少,从左到右来进行排列。通过对于排列图的观察分析,可以发现影响质量或者影响问题特征值的主要因素。

某塑胶公司的注塑机换料停机时间比较长,每一次换料停机时间是750分钟,其排列图如图2—10所示。如前所述,左边纵轴表示的是频数或者频次,右边是频率,横轴是影响因素。柱状图是按照影响因素影响的频数的多少或者影响程度的大小来排列的:第一个因素是烘料时间,在750分钟的停机换料时间中占到79.5%,也就是说有596分钟是用于烘料的;第二个因素是清洁干燥剂,占98分钟。这两个因素叠加在一起,总的频率达到92.5%。第三个因素是清洁螺杆,占26分钟。前三个因素占到96%。第四个因素是开机调试20分钟。把前四个因素放在一起,占掉所有停机时间的98.7%。用这样的思想,就能够逐渐理出头绪了,如果只解决前两个主要的因素,可以解决92.5%的问题。

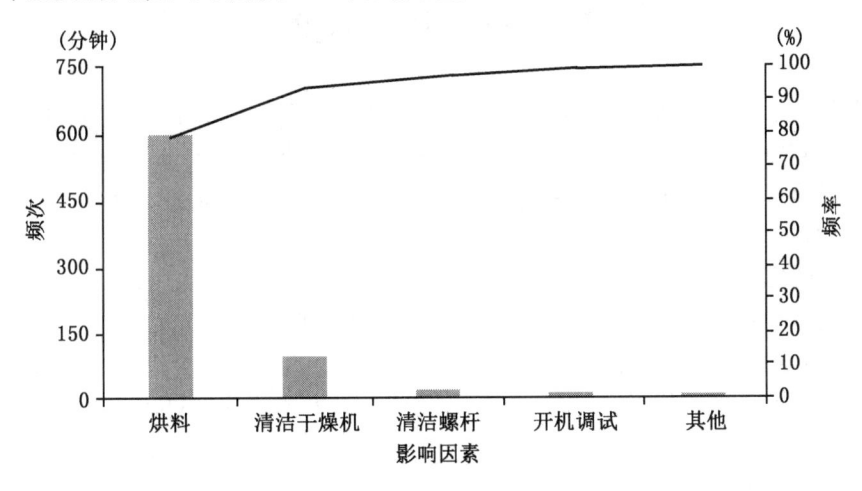

图2—10 影响换料停机时间因素排列图

思考问题

1. 企业运营中,怎么理解"小病拖大,大病拖难"?
2. 管理咨询并不总是去治已经有了的病,为什么要防患于未然?
3. 请列举使用比对法发现问题的案例,并尝试分析问题是什么。
4. 结合实例想一想资料评价的作用是什么。

第三章 管理咨询改善方案的设计

第一节 引入案例

一家传统服装加工企业，因近年来人才流失严重，希望聘请顾问来为公司做股权激励方案。然而，顾问了解了公司更多的信息后发现，公司的问题并不是一份简单的股权激励方案能解决的。公司真正需要的是战略和商业模式的升级；否则，股权激励会因为公司估值难以增长而变成一纸空谈。

◇ 令人才匮乏的传统行业

两位女士专程从嘉兴来到深圳，就为寻求一份合适的股权激励方案。

"我们的困难在于人才流失。公司是给欧美大型女装品牌做代加工，位于嘉兴。近年来，年轻人都通过读大学进入杭州、上海等城市，因此企业在本地很难找到合适的人才。"

此外，本地的经济发展不错，年轻人家庭条件较好，很少有特别努力工作的人。他们工作好像单纯是为了找件事情做，而不是为了升职、加薪，工作动力很弱。

"明年我准备退休了，将企业交给年轻人来操作。所以，特别需要一份有效的股权激励方案。"这位略微年长的董事长说道。她身边是一位年轻漂亮的总经理。

"您也这么看吗？"顾问问这位总经理。

"是的，老板说得没错。大家工作都懒洋洋的，连最基础的事情都拖沓，完全没有效率。"

"我补充一点，除了目前在公司上班的人，我们很难找到优秀的人才。一方面，我们这个行业利润微薄，给不起互联网公司、科技公司那种薪资；另一方面，嘉兴太安逸了，年轻人没有奋斗的欲望。"

"为什么不考虑将企业放在杭州这样的城市呢？"顾问问道。

"我们是生产加工型企业，如果将公司迁往杭州，成本很高。"总经理肯定地说。

事实上，很多规模较大的服装生产公司会将销售和管理办公室放在诸如上海这类超级大城市，将生产部门放在其他低成本地区。这样配置企业有诸多好处：一是可以解决人才的问题；二是对拓展海外客户有好处。海外，特别是发达国家的商人，更适应上海、杭州等大城市。同时，他们也知道，一家公司如果将自己的管理总部置于上海，可以证明这家公司有比较大的规模。

当企业做出一些不可撤销的投资时，其实相当于管理者和企业对客户做出了战略承诺。暗示客户相信企业是下定决心要扩大经营规模、重视自己的产品品质的。

显然,这两位管理者都对顾问的建议持否定态度。那么,是不是还有隐情存在?顾问相信在这一行业里经营多年的管理者,不可能不知道将公司管理总部配置在大城市的好处。她们只需要看看那些领先的同行的做法就知道了。

◇ **解决方案是错误的**

"既然公司不能将管理总部迁到较大的城市,就要想办法调动公司现有人员的积极性。所以,二位想到在公司实施股权激励方案,是吗?"

"是的!"

"二位是根据什么事实来确定一份优秀的股权激励方案能有效地激励现有人员的?"

"具体的事实证据,我们没有。我们上了很多企业管理的培训课程,几乎每位老师和教练都是这么说的。所以,我们决定尝试一下。"董事长回答得很坦诚。

从她的回答中,顾问发现公司的管理者似乎并没有正确地理解股权激励的作用,也没有深入分析,一家企业在什么情况下,才需要采取股权这种激励方式。

顾问决定,先让她们搞明白这个问题。

"我先说下股权激励到底是怎么回事儿。然后,我们再看看当下公司是不是要做一份股权激励方案及怎么来做这份方案。因为时间的关系,我们只能大概说一下这件事的逻辑框架、思考思路。所谓股权激励,一般是指公司的管理者将股权以某种方案分配给公司的核心或者全体员工。分配方式多种多样,但一般会以直接给股权或者按照期权的方式来分配。当然,股权又分为只有分红权与具有决策权两种主要形式。期权则是按照公司目前的股份估值定一个价格,作为员工以后购买公司股票的价格。同时,期权方案会限制员工购买股份的比例、购买的时间及卖出的时间。一般来说,期权方案里会有一套考核指标。也就是说,当员工在一定时间里,比如2~3年,做到他与公司约定的工作,考核达标,公司就要允许他以当初约定的股份价格来购买约定比例的股权,并享受股权对应的分红权。要采取期权这种激励方式时,有两个前提条件:第一,能对公司当前的股份价值做出估值。第二,要确保员工按照考核体系完成工作后,未来2~3年,公司的股份价值能够攀升。否则,没人会在约定的时间到期时,真的拿钱出来购买公司的股份。对于某些战略和商业模式清晰的公司来说,期权的激励方式是最好的。比如一家科技公司或者互联网公司,有着明确的上市预期,如果员工在早期获得了期权协议,就可以用很低的价格购买公司的股票。一旦公司上市,这些股票的价值就是巨大的,因此激励的力度很大。相反,如果公司没有清晰的战略和商业模式,或者员工不认同管理层给出的发展预期和目标,那么期权激励是无法起到真正的激励作用的。"

说到这里,顾问停了下来,让她们消化一下上述内容,然后问她们是否有问题,以确保她们搞明白上述内容。

"如果我们直接给员工股权呢?"

"直接给股权,也分为很多种情况。但大致要看您想给出的股权是用于给员工分红,还是希望员工对公司的发展做出决策。股权里有分红权和决策权。一旦公司的核心员工拿到了带有决策权的股份且持有一定的比例,他们在法律上就有参与公司重要决策的投票权,甚至主导权。这种情况下,要员工按照股权价值投资入股公司。如果仅仅是分红权,叫作虚拟股权。这种分配不需要员工按照公司股份价值出资,仅按照相关比例对公司的利润对持股人分红。这样不如干脆制定一个分红协议,不必实施股权激励。被广泛使用的股权激励方案还是以期权的方式来实施的。期权激励,合理、合规、合法。显然,公司需要拿出一个发展战略规划或者一个创新的商业模式,以确保公司的股份价值能够增值。"

"现在,公司有什么新的规划吗?"

她们沉默了一阵,互相看看对方,显然没有想到股权激励需要有一定的基础。

"如果没有新的规划,股权激励很难有效开展。现在,我们一起分析一下公司的战略和商业模式是否有机会升级,好吗?"

"好的,我们来谈谈这个问题!"董事长有些兴奋。顾问建议先休息一下,10分钟之后再谈商业模式的问题。

◇ **发现新的需求**

在实际的咨询工作中,经常会遇到这家企业遇到的情况。管理者一开始提出的问题并非公司当下有能力去解决、有需要去解决的。问题往往会在咨询过程中转化为更基本、更本质的问题。因此,实际的咨询工作对顾问的要求很高,优秀的顾问需要是一个通才。这意味着他不但要分辨出问题到底出在哪里,而且要对相关问题归因,并在更基本的层面上找出问题的解决办法。与此相反,如果是一个"专家版"的顾问遇到这样的客户,要么硬着头皮完成一个并不能起到激励作用的股权分配方案,要么干脆告诉客户公司目前的情况不适合做股权激励方案。通才,更有机会帮助企业找出问题的真正所在。找对了问题,再寻找解决方案就容易得多。

10分钟后,顾问和咨询者又坐下来,咨询工作才正式导向企业真正的问题。如果要帮助企业重新梳理商业模式,势必要先了解公司现有的利益相关者角色和交易结构。

顾问问客户:"公司目前的客户是什么样的角色?"

"我们的客户是加拿大、美国的一些服装品牌或者连锁服装店。客户提供所需的衣服版型,我们负责批量生产。最近,我们也尝试开始推出一些自己设计版型的服装销售给客户。毕竟我们在行业里积累了很多经验,推出的新版型,虽然没有大牌服装设计师那样备受瞩目,但也获得了青睐。"

"也就是说,我们的客户其实是海外的服装零售商。"

"是的。"

"我们的供应商是?"

"布料商、纽扣及蕾丝生产商及有闲置产能的工厂,这些都是我们的供应商。一旦我们确定了批量生产的技术指标,自己工厂的产能不够,也可以寻找第三方的闲置工厂来加工。"

"目前公司获取订单的最大障碍是什么?"

"主要是批量不匹配的问题。客户希望能够小批量、多款式交货,但我们的生产线更适合大批量、少款式的生产。"

"这个问题是制造业的共性问题,除了升级产线,别无他法。"

"说白了,是不是客户主要担心库存问题?"

"是的,您一下子就说到了重点。我们的客户是服装销售商。对客户的利润影响最大的就是库存问题。服装行业的成本价格差还是有空间的,一般都是数倍。这么高的利润空间,就是为了对冲库存造成的损失。结果,对冲下来,整体的利润空间就很低了。"

稍微有点服装行业企业服务经验的人都清楚,库存是服装品牌商和零售商最头疼的问题。鞋子、箱包等品类,都有同样的问题。库存大量积压,严重影响品牌商的利润。

"那么,作为生产商,我们没有考虑过客户的库存问题,是吗?"

"这个我们没法考虑。"年轻的总经理条件反射一般地回答。

"我们的利润很微薄。毛利仅有3‰,基本上3‰也就是覆盖了公司的运营成本,利润来自国家的出口退税。而客户的库存量很大,我们一点办法也没有。"

董事长对她的话也表示同意。

了解这些情况之后,顾问心里有了几个大致的方案。不过,在说出他的方案之前,顾问需要先听听对方的意见。

"情况我大概了解了,就像前面我们一起得出的结论那样,如果公司要寻找新的增长点,势必要先解决发展战略和商业模式的问题。关于这一点,我们是否已经达成了共识?"

对方点点头。

"那么,如果让二位来思考新的战略方向、新的商业模式,你们会有什么样的想法呢?"

"刚刚在休息的时候,我们就讨论了这个问题。关于商业模式设计,我们不在行,不过,要说公司的战略方向,我们觉得要是有希望自己做品牌,公司可能会发展得更好。"

这一答案并没有太大的惊喜。加工厂类型的企业,要想在整条产业价值链中上移,就要开发自己的品牌。他们对自己在产业价值链中所处的位置上微薄的利润,非常不满。在他们眼中,品牌商的利润丰厚,否则品牌商怎么会有那么多的钱让自己的广告铺天盖地呢?实际上,就像她们说的,品牌商往往承受巨大的库存成本压力。零售行业的竞争,目前基本上是供应链效率的竞争。就算是产品,你也可以将其视为供应终点上的一个要素。优质的、性价比高的产品会变成商品,被消费者买走,为公司带来利润。反过来,一些较差的产品则会变成库存。供应链效率要想提高,当然包括设计并制造性价比高的产品了。

"还有没有其他的可能?"

她们思考了一会儿,摇了摇头。

◇ 商业模式创新

"我提供几个思路,看看是否可能实现?"顾问说。"我提供三个方案,实现的难度分别为高、中、低。当然,越困难的越有价值。因为难度对任何人来说都是一样的,所以,我们觉得困难的事情,后面的竞争者和模仿者也会觉得很难。因此,一旦事情进展顺利,公司将有很高的竞争壁垒。首先说最难的,那就是我们直接以品牌商的身份进入同一市场。这意味着我们要和现在的客户竞争。之所以称为最难的,就在于此。我们和现在的客户直接竞争,先不说竞争的结果如何,一旦这么做,公司就会没有订单。如果事后我们的品牌运作失败了,那么公司就必须放弃这个市场。所以,我建议就算一定要做自己的品牌,也要避开客户的主要市场,从一些同质的边缘市场开始做起。但这件事很难。运作服装品牌非常难,影响成败的因素非常多,投入也大。一旦公司决定这么做,假如能取得成绩,股份的升值将是巨大的。因此,一个期权方案就会变得非常有激励性。这也是巨大的挑战,有挑战的事情才会吸引优秀的人才。"

顾问停了停,给对方一点时间消化。不多时,两位女士表示理解了我的意思,示意顾问继续说。

"当然,就算是做品牌,在销售渠道选择上也有很多办法。比如我们可以组建跨境电商团队,或者进驻目标市场的电商。这意味着我们将失去现有客户的订单。难度适中一点,就是帮助现有客户一起实施电商销售模式。比如我们组建团队做电商,然后将订单按照客户下单地址分配给零售商。零售商在我们这里订货是批发价,分给他们的订单是按照零售价销售的。这里就有了一定的利润,我们可以和客户一起按照某种比例分享这部分利润,用于维持电商团队。当然,也可以将这些利润完全交给客户,让他们更有积极性来配合我们。在这样的商业模式下,相当于我们将客户当成合作伙伴,改变了客户这一最大的利益相关者的性质。客户可能会配合我们,比如在店里推荐我们的产品,让到店的客户关注我们的线上零售店。这个线上零售,可以是我们自己开发的网上商城,也可以是亚马逊的店铺。我建议在亚马逊开店,更容易。这套商业模式中有一个基本假设,就是美国的线下零售店也和中国一样,在经历电子商务的挑战。真相很容易获得。据我所知,服装类目基本上是全球电商最大的类目,全球都一样。这就会对线下店铺产生极大的冲击。这种模式把现有的客户当成合作者,大家互相帮助。我们公司会持续获得来自老客户不断增长的订单,相当于投入低、风险小。加入电商环节,公司的收入增长还是会有一个井喷式的发展。稍后,我们可以一起深入分析为什么会如此。这是中等难度的变化。其难度在于,我们要找到优秀的电商运营团队。那么,最简单的办法呢?我认为,是想办法帮助客户解决库存,以这样的方式来调整利益相关者之间的关系,交易结构也发生了变化。"

说到这里,对面的两位女士瞪大了眼睛,她们似乎从没想过把库存这个大麻烦揽到自己的身上。

"我相信两位都知道唯品会吧?"

"您的意思是,我们做一个美国版的唯品会?"总经理问道。

"如果公司有这个能力,当然可以。不过,我的建议不是这样的。"

"我们关注一下唯品会商业模式的核心要素:低价的高品质库存。我们的客户也有库存。但客户 A 的库存,可能是客户 B 需要的。同样,客户 B 的库存,A 可能感兴趣,C 也可能感兴趣。只不过,这些服装零售商中间,没有人来协调这些库存。如果我们能把这么多年积累的不同客户信息汇总一下,投入一个小小的沟通团队,帮助客户消化掉一小部分库存。那么,我相信公司的客户不会不成为我们的铁杆客户。要实施这个办法,只需要对实际情况做一下调研,看看上述关于库存的假设是否真实。如果是真实的,那么这个模式是可以的。不过,我们可能还要投入一个更改品牌标签的二次服务。由于客户处理库存时的价格很低,公司也可以获得一定的利润覆盖掉成本。我认为,如果这个商业模式可行,是最简单、最容易实施的,也能以最快的速度给公司带来改善。公司一有改善,员工就会觉得有奔头,备受鼓舞。但这种方式的缺点也很明显,一旦我们取得成功,很快就会被竞争对手模仿。到时候,我们还需要找其他办法获得持久的竞争力。"

两位女士的表情已经告诉顾问,她们对这套方案最感兴趣,甚至很激动。她们忍住不打断顾问,让顾问说完。

等顾问示意她们可以发表意见时,董事长激动地说:"老师,您说的最后一个方法,极有可能给公司带来变化!"

总经理也赞同这个表述。

实际上,顾问觉得公司只有采取中等难度的那套方案,才会获得更持久的竞争优势。不过,她们对自己的企业更了解,认为第三个方案最有把握实现,也未尝不可。

商业模式是可以随着竞争环境迭代的。

◇ 后续进展

不知道是什么原因,咨询结束后,这家公司的管理者似乎并没有采取任何改变商业模式的行动。

事后,顾问有机会再次接触到那位年轻的总经理。她道出了实情。其实,她的兴趣并不在公司管理上,相比承担总经理的职务和责任,她更愿意成为一个简单的业务人员。

同时,公司的董事长必须花相当多的时间办理移民手续,很难亲自管理公司。

这个咨询方案给顾问最大的提示就是:没人领导,变革肯定不会自动发生。

◇ **管理提示**

（1）管理者往往会因为只关注表面现象而找错问题。而找对问题是解决问题的关键，建议管理者不要在找对问题这件事上花费精力和时间。

（2）商业模式的定义是利益相关者的交易结构。当一家公司在创新商业模式时遇到困难，十有八九是因为没有认真考虑过利益相关者的利益。如果我们能多考虑一下客户、供应商等利益相关者的收益，就很容易发现创新商业模式的机会。

（3）管理者应该多了解一些与商业模式相关的知识，这样就可以在决策时参考更本质的商业规律。

◇ **咨询提示**

（1）董事长和总经理一起参加的咨询，往往会造成一些有意或无意的信息隐匿。案例中，董事长在咨询现场，总经理自然不会提出自己对管理工作毫无兴趣。但这个关键信息的缺失，影响了咨询效果。

（2）优秀的咨询顾问，不是上来就为客户的问题提供答案的，他首先要和客户一起，找出正确的问题。

（3）战略顾问必须是通才，这一点毋庸置疑。通才意味着要求战略顾问要有多种战略分析工具，要了解影响战略落地的各种相关因素，如企业中不同角色的行动动机、企业组织结构对战略落地的影响等要素。

因此，优秀的战略管理者和战略顾问永远都是稀缺的、有价值的。

第二节 改善方案的构思

对于解决方案进行规划的思路是自上而下，在确认问题根本症结的基础上，针对问题提出系统性的解决方案。系统性视角特别强调的是整体——系统中所有的部分，它们以一定的结构形式连接成为一个整体。规划着眼于整体而不是局部，因为局部最优之和不等于整体最优。用静态结构累加的方式得到的不是整体的目标，因为成本分量和成本分量之间有交互影响，某一个成本分量下降可能会引起其他成本分量上升，而某一个成本分量上升也可能引起其他成本分量下降。如果某一个成本分量上升，带动了其他成本分量下降进而使成本总量下降，那么如前所述的局部成本分量的上升不但是可以接受的，而且是要鼓励的。

在策划解决方案时，要考虑几个主要的方面。一是长期目标与政策，企业向哪个方向发展、为什么，通过改善要达到的长期目标是什么，企业改善的长期政策是什么等，这是策划解决方案时首先要考虑的；二是关于工作结构及考核，企业改善的工作内容是什么，这些工作内容的相互关系是什么，这些工作的进度计划怎么样，采用的方法是什么，所期望的成果是什么，何时、何地要达到这些成果；三是要考虑控制，有哪些关键点、工作团队及其责任范围、什么人控制什么事、什么人应该对什么事负责任；四是预算，企业改善的预算以及其他所需要的资源范围多大、规模多大。

一般情况下，解决方案的模板有几个要素——需求分析、建议方案、方案实施的资源需求、方案实施的时间规划等。

需求分析包括必要性分析、合理性分析、合法性分析，在需求分析中要描述诊断过程采用了哪些诊断工具和方法。对资料的分析、关于问题本质的认识以及需求分析的结论需要解决的主要问题、核心问题、关键问题，最终的改进目标以及每一个阶段性的改进目标。

建议方案中,要给出可选的解决方案。不是一个方案,一定要有至少两个解决方案可以让企业进行选择。

方案验证性分析,主要指的是损益分析和风险分析。在方案实施的资源需求中,包括组织资源、资金预算、物质条件、外部环境等。在解决方案的构思与策划中,一定要分析问题的属性,问题的属性对于解决方案的构思和策划有长期与根本性的影响。分析问题、解决问题的系统视角,有助于管理咨询师理解局部视角与全局视角、短线思维与战略思维、静态策略与动态策略的差异。

解决方案应对企业进行总体把握。企业改善的总体目标和阶段性目标要明确,企业改善的总体约束和阶段性约束也要明确,约束一定要分别去描述,例如资源约束、时间约束和能力约束等。企业改善的总体策略和阶段性策略也要描述清楚,对于关键环节要进行专项治理,对于具有全局影响性或特殊性的关键点,要进行有针对性的、定制化的方案设计。解决方案必须重视关键点的能力建设和关键点的资源保障。

关于解决方案的认知,要注意对于动态交互的发展必须有前瞻性,不能只看静态情况,要考虑对象的变化趋势是什么、这个变化趋势是行业的趋势还是企业个体的趋势、对象内部的矛盾机制、对象之间的交互影响、对象和环境的交互影响等。

可以将企业解决方案的设计要点总结为四句话:看本质、想整体、判趋势、抓关键。

第三节　方案的设计要点

一、问题导向

本部分以问题为导向,讨论解决方案的认知问题。就解决方案的范围和深度来说,主要有五个方面的思考。一是"就事论事",二是"借事说事",三是"借事生事",四是"没事找事",五是"见机行事"。

"就事论事",指的是考虑解决方案的范围和深度时,要有限目标、有限范围,时间要短、定位要清晰。这种思考适用于专项咨询。

"借事说事",指的是通过解决方案对问题进行延伸。在问题判断阶段,例如判断的问题是Q1,根据问题Q1提出解决方案S1,在解决方案Q1的实施中延伸出了问题Q2,这样就带出解决方案S2。这就是所谓的"借事说事"。

"借事生事",指的是由此及彼、由表及里,认知的问题是Q1,然后延伸到或转移到问题Q2,由此提出解决方案S。

"没事找事",指的是现在所提出的解决方案不是针对现有问题的,是对于内部存在的潜在问题的防御性解决方案,或者是对未来的演化问题的防御性解决方案。如咨询师到某空调企业去解决生产线的平衡问题、产能的释放问题,但是咨询过程中牵连出MRP Ⅱ(制造资源计划)的维护问题。针对MRP Ⅱ的维护问题所做的方案,就是一个对于潜在问题的防御性解决方案。类似的还有对于干扰、风险、突发事件的防御性解决方案。

"见机行事",指的是对于当前无法预料的问题,要有情境应对型的解决方案。见机行事常用于针对突发事件的应急解决方案。企业在经营中会遇到外源性的风险,如自然灾害、经济环境或市场环境的剧烈变化、供应链的突然变化等,以及内源性的风险,如生产事故、运营停滞、产品事故等。企业要对风险有一定的认识,其演化过程大致为风险—干扰—危机—灾害—救治—恢复。

以航班延误或航班取消为例。航空气象部门注意到某个航班在其起飞机场到目的地机场之间的航路上出现了可能影响飞行的某种天气。如果此时只是看到有可能影响飞行的天气而未出现实质性影响,就叫作风险。但是随着时间推移,这种影响越来越严重,天气演化的过程越来越接近于要实质性地影响飞行了,可能导致不能按时起飞,这就形成干扰了。一旦真的不能起飞,甚至航班取消了,这时就形成危机了。如果有大面积的航班延误,机场堆积了大量的滞留旅客,就形成灾害了。到天气逐渐正常时,逐渐恢复航班,对聚集的人群进行疏散,对他们进行食物、饮用水的派发,这是针对灾害的救治。航班和机场完全回到正常情况,是灾害救治的恢复。

除了运营上的风险,常见的还有商业风险,面向风险的解决方案是什么呢？要编制风险清单,把可能的风险类型、规模、危害程度、范围、持续时间都罗列出来,根据风险清单来编制风险管理方案。针对哪些风险,要采取什么预防措施；针对哪些风险,要采取什么回避措施；如果既不能预防,又不能回避,那么这个风险能不能进行转移？如何进行转移,转移给谁？如果不能预防、不能回避、不能转移,能不能进行风险的分散？如果风险确实是不能回避、不能转移、不能分散的,它真实地发生了,则要考虑风险如何控制,控制其范围、程度、发展方向和发展趋势。

在对企业进行咨询时,很多问题是生僻的问题、新问题、非常规性的问题。对于这些问题必须反复确认,一是确认问题本身,二是确认采用的方法、路径和工具。

如图3-1所示,第一步和第二步就是一个问题的集合。第三步,消除非关键问题,在工具上可以采用漏斗法,把许许多多的问题输入进去,经过过滤得到关键问题,而把非关键问题清除掉。第四步,要制订详细的工作计划。第五步,要进行关键分析。第六步,综合结果并建立有结构的结论。第七步,把前面做的工作整理成一套有力度的文件,然后进行循环。这样把方案推敲得更完善、更具有可行性。

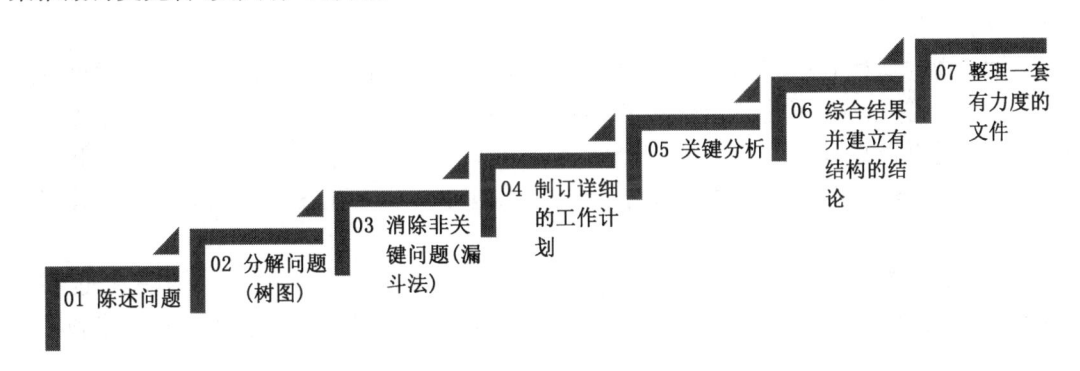

图3-1 解决方案形成过程

具体而言,方案是如何形成的呢？一定要以事实为依托。咨询师不可能是所有行业的行家里手,唯一的抓手就是事实,事实可以提高方案的可信度。二是要保留一块思想的空白区域,要把所有所谓的预见、先见去掉。

在方案形成过程中,要注意麦肯锡方法中有一个非常重要的法则是"相互独立,完全穷尽"(Mutually exclusive collectively exhaustive, MECE),该法则指的是对于一个议题,要做到不重叠、不遗漏地分类,并借此有效把握问题的核心,进而有效解决问题。

可以在确立主要问题的基础上,逐个向下、层层分解,直到所有的疑问都找到。通过问题的层层分解,可以分析出关键问题,得到初步解决问题的思路。也可以结合头脑风暴法找到主要问题,然后在不考虑现有资源限制的基础上寻找解决该问题的所有可能的方法。在这个过程中,要特别注意多种方法的结合,分析每一种解决方法所需要的各种资源。通过比较分析,从上述多种方案中找到目前状况下最现实、最令人满意的解决方案。

二、选好切入点

正确地选择切入点是非常重要的,制订方案时的切入点,可以是热点、痛点、难点、敏感点或关键点。

一般情况下,热点指的是行业的阶段性共性需求或企业阶段性的中心工作。解决方案既要立足于长期治本,也要策略性地治标,因而有时须迎合企业短期需要而进行项目规划和组织推进。热点项目在实施时必须速战速决,因为热点可能因时而异。企业在这个阶段的中心工作可能是销量问题,而下一个阶段的中心工作可能是质量问题。热点项目还必须立竿见影。咨询公司在热点上建立功绩、取得绩效可以提高声誉,有助于全面推进与被咨询企业的合作。在一般情况下,哪些项目可能成为热点呢?年初为"抓新"——新客户、新市场、新产品;年底为"冲量"——冲销量、保份额。在竞争白热化的状态下,要抓关键的竞争节点。

痛点一般指的是对企业负面影响大、刺激性强的点。解决方案从痛点切入,可以减缓疼痛或者止痛,但不一定能从根本上解决问题。企业的哪些地方可能成为痛点呢?某种资源或能力的突然短缺可能导致企业严重受创,或者竞争瓶颈点能力不足,或者突发了负面的舆情,或者反复发作的安全事故,或者质量缺陷,或者重要的项目长时间不能交工,这些都有可能是企业的痛点。

难点指的是久拖不决或者久治不愈的问题。敏感点指的是作用显著的点。局部问题要找到问题的发生、演化机理和关键的影响因素。全局性问题要根据问题属性选择切入点,例如全局性产能不足而引起的交货延误一般与系统性物流不畅有关,面向效率提升的精益改善往往有助于解决此类问题。

关键点指的是对于绩效影响处于系统的瓶颈位置或薄弱环节上的问题。在解决关键点问题时,通常的思路是从非关键点上获取冗余资源,配置到关键点上以获得关键绩效的改善。上述各点可能是重合的,问题可以既是热点也是痛点和难点。有很多问题混杂、缠绕在一起。选择切入点时需要经验积累,从什么地方着眼、从什么地方入手,因对象企业而异,因咨询团队、目标和咨询而异。

切入点的选择有三个重要的关联:既要与对象企业的管理基础、企业文化相联系;也要与自身团队的权威度或者影响力、对方案的实施能力相联系;更要与解决方案的设计策略和实施策略相联系。

三、改善方案的结构化

什么是结构化?结构化就是解析解决方案,既能够找到整体中的各个部分,也能够找到部分之间的相互关系。结构化思维的本质是逻辑。解决方案结构化的目的在于从不同的维度找到总体与部分、部分与部分之间的各种关联,使咨询师对于问题的思考更加完整、更有条理。

图3—2给出了解决方案的四个结构维度,分别是过程结构化、组织结构化、任务结构化和资源结构化。

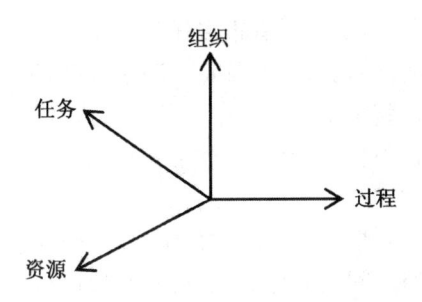

图 3-2 解决方案的四个结构维度

过程结构化指的是按照解决方案的生命周期来审视解决方案,分多少阶段或多少环节。其中,第一个环节是对在诊断过程中发现的企业问题进行描述,要凸显其中的主要问题以及这个问题的属性。第二个环节是在问题描述的基础上做问题分析,应用特定的分析方法找到问题的机理和主要的影响因素。第三个环节是方案的规划和设计,应用特定的设计方法来形成解决方案。第四个环节是方案评估,应用评估方法对于方案的可行性、风险性进行评估。第五个环节是方案的修正,根据可行性和风险性的评估结果来修正方案。方案修正之后,就进入方案实施阶段,责任主体按照进度计划,单独地或者协调地完成任务,有时责任主体是按照进度计划单独地实施方案,有时是多个责任主体按照分工协调地完成任务。最后一个阶段是方案的绩效评价与改进,对于方案本身以及过程进行评价,为后续的改进提供方向。过程结构化是解决方案四个结构维度中最重要的一个维度,过程结构决定着任务结构、组织结构和资源结构。

图 3-3 是组织结构化示意图。组织结构化是围绕着咨询项目的过程和过程属性,有四个主体。自上而下地看,最上面是决策主体,下面是执行主体,左边是监督考核主体,右边是咨询主体。对于对象企业来说,主要是纵向的维度,也就是决策主体和执行主体,而执行主体又包括职能型的组织群体或任务型的组织群体。任何组织在执行任务的过程中必须要有任务接口和资源接口,这关联到另外两个维度。在图 3-3 中,主要看各个主体以及组织和过程之间的关系、组织和任务之间的关系、组织和资源之间的关系。

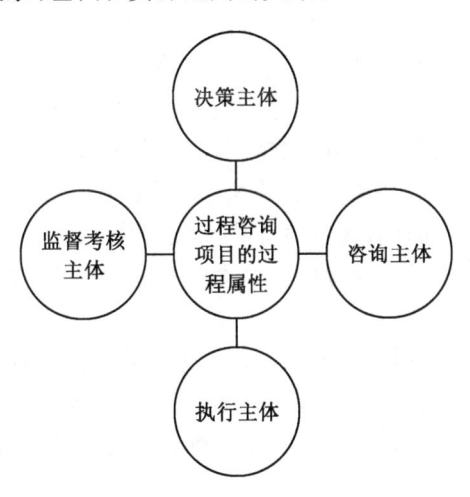

图 3-3 组织结构化

任务结构化首先要认识任务的过程属性。任务过程属性指的是任务的种类、任务的目的、任务的方法和任务的绩效标准。在任务结构化中,要注意多任务并行时其时间逻辑和时间负荷标准——通常不是一个任务,可能同时有很多任务。此时要弄清任务之间的时间逻辑(是时间上的并行关系还是时间上的前后关系)以及每一项子任务的时间负荷标准。对于每一个子任务而言,弄清其逻辑关系,也就是子任务和子任务之间的紧前与紧后关系。任务结构也有与资源的接口、与组织的接口,在项目管理中,工作分解结构(work breakdown structure,WBS)就是任务结构化的一种表述方式。

如何认识资源结构化呢?要根据资源的过程属性对资源(包括资源的种类、品质、属性、质量等级、资源数量、资源和资源之间的配比关系、资源的状态和时空位置的动态关系、资源的获得方式等)进行分析。关于资源状态的描述和资源方式的描述,分为在途、在库、在制,获得方式包括采购、配给、依法征用等。资源也有组织接口和任务接口。

对象组织的问题多是一团相互纠缠、纵横交织的乱麻,非常混乱和复杂,咨询师必须理清其内在的关系。"结构化"里面的结构不是解构,不是简单地拆开。结构化的思维不是对问题机械、简单地肢解,而是要帮助对象企业找到线头、理清思路,找到事物之间本来就有的相互联系。

解决方案的结构化,必须按照整分合原则来进行。在整分合原则中,整是前提,解决方案是一个系统、一个整体;分是关键,解决方案这个整体太庞大、太复杂,要把它分解开,也就是说,每一个部分要相互独立,所有的部分加起来要完全穷尽;合则是目标,最终还是一个整体。

四、方案设计过程中的"禁忌"

方案设计过程中的"禁忌"包括以下六点:

第一,管理咨询的解决方案不要逐项定制。在管理咨询市场上,对象企业的很多问题是相同或者相似的,绝大多数问题是常见病、多发病,大多数管理问题解决方案的共同点远远多于不同点。对于管理咨询公司来说,这意味着只需要很少的手段和方法就可以解决多数问题。

第二,不要相信直觉。有些问题虽然是相似的,但也要注意到细节上的差异,相似的问题不意味着有相同的解决方案。随着咨询师经验的积累,有些咨询师的直觉也许是对的,但是从理性上说,信任必须验证,必须花时间通过事实来验证方案。

第三,不要为已有的方案找"科学依据"。有时咨询师会作出特别漂亮的初始假设,这些假设有可能获得大家的鼓掌、喝彩,这些初始假设见解深刻、新颖独特。但必须有心理准备,时刻准备接受"你是错的"的事实。必须按照程序,要有一定的事实依据来提出初始假设,之后还要进行验证。千万不能把事实捣碎了硬塞进方案里。有些咨询师为了维护最初的假设,在没得到验证的情况下把事实扭曲了硬塞进去,这是注定要失败的。在现实生活中,有些管理咨询项目是违反咨询程序的,咨询公司往往是被企业找来"走程序"的,即企业已经决定要做什么事,咨询公司为了钱装模作样地为已经存在的方案进行"科学研究"、找"科学依据",这样做对双方都是十分有害的。

第四,不要不顾及客户的基础和实施条件。在进行管理咨询时,必须考察客户企业的基础和实施条件,包括客户企业的技术基础、管理基础、文化基础等各个方面,以及该企业是不是有实施方案的能力。如果客户企业没有能力去实施解决方案,一切美好的设计都等于空中楼阁。而能力附着于能力载体。

第五,不要过度论证。有些咨询师天天熬夜,要为已经足以证明的方案再找新的实施意义,总觉着需要再找一些事实来支撑方案。事实足以证明就够了,任何过度地寻找事实,都是在浪费弥足珍贵的时间和精力。任何人的方案都不可能做到完全充分,况且方案的实施时机稍纵即逝。有时解决方案的最优解并不存在。

第六,不要试图用新的错误掩盖已有的错误。对于客户和团队内部的伙伴,如果确实是咨询师错了,自己勇于承认缺陷的代价远远小于虚张声势的代价。如果发现自己的解决方案确实有一定的缺陷,要勇于承认而不要去遮掩这个缺陷,因为这种遮掩带来的后果可能会非常严重,最终是遮不住的,会给管理咨询的双方都带来巨大损失。

思考问题

1. 怎样理解在构思解决方案时的系统性思维?
2. 怎样理解解决方案结构化思维中的整分合原理?
3. 怎样理解形成解决方案时的 MECE 原则?
4. 解决方案可能直接针对问题,但也可能不直接针对问题。那么不直接针对问题的解决方案还能叫作问题导向吗?

第四章　改善方案的实施

第一节　引入案例

　　公司成立23年,一直采用传统的管理方法。员工待遇,除了工资,就是年终奖金。年景好的时候,大家的整体收入还过得去。如今,经济下行压力之下,员工收入锐减,年轻人不愿意来,有点本事的老员工跳槽,留下来的都是业绩差的员工。为了扭转颓势,吸引人才,公司斥重金做了一套股权激励方案。听了很多股权激励课程的管理者认为,若是将股权分配给相应的员工,肯定能激发大家的积极性。结果这套方案刚刚公布两天,管理者发现,不仅股权激励方案没起到激励作用,还引发对公司管理层的怀疑,甚至嘲笑。

　　◇ **难做的股权激励**

　　因此,两位公司的管理者参加了轻咨询活动。

　　"员工会将股权激励当成公司忽悠他们的又一个办法。不少员工不认同公司的股权价值,认为自己能得到的股权,极有可能是废纸一张。"管理者提起这些现象的时候,虽然面带微笑,但眼角下沉,透着一丝无奈。

　　"这样,我们先从最基本的聊起。您先介绍一下公司吧!"

　　说到这里,管理者的情绪稍微好一点,开始侃侃而谈。当说到自己辞职创办了这家纺织品外贸公司时,创始人掩饰不住骄傲。"我们很快就在浴巾、毛巾类纺织品外贸企业中脱颖而出。这主要是我们坚持生产高品质产品,并积极加大材料应用研发上的投入。所以,我们接到了很多海外零售商、酒店的OEM(代加工)订单。企业很快就做起来了。"

　　"不管是什么企业、多大的品牌,都不能抗拒性价比高的产品。"

　　"是的,您说得很对。那时候,我们接到一些大公司、大品牌商的电话或者E-mail,还以为对方是骗子。真的不敢相信这么大的公司能找到我们!后来,这些大品牌都成了我们的客户。多年经营下来,公司在行业里积累了很好的商誉。随着行业的竞争愈发激烈,OEM的订单利润变得极其微薄。产品提升遇到了理论上的天花板,新的纺织材料越来越少,棉丝的成本不断攀升。很多小厂开始用回收棉来压低价格,导致我们的订单流失,同时利润降低。行业中恶性竞争愈发严重。但我发现,终端消费者购买产品的价格并未降低。我们投入了几十万元做了一次海外和国内市场调查,调查报告显示,消费者在浴巾、毛巾等家用纺织品方面的支出,实际上是越来越高的。而且年轻的消费者不会把一条浴巾用很久,他们会定期更换老化的浴巾。简单来说,就是市场需求在提高,终端销售额、利润也在提高。根据这份报告,我们认为,这个行业有深耕的必要。但我们不是需要改变 OEM 的经营方式,而是要做自己的品牌。所以,公司董事会决定进行品牌转型。同时,因为电商在国内外的兴起,我们决定新品牌以电商为主要销售渠道,慢慢做起来。公司有投入、有耐心,却没有这方面的人才。我们在生产技术、材料应用等方面积累了大量经验,但缺乏懂品牌、懂营销及电商的人才。为了解决问题,我们管理层 5 个人到处学习。我参加了两个私董会,听了很多课后发现,如今这个时代,不实行股权激励的公司根本无法吸引人才。与公司所有的股东达成共识后,我们就开始寻找能够制定股权激励方案的第三方公司。最后,我们花了 140 多万元请了一家号称最专业的股权激励咨询公司为企业制定股权激励方案。他们派了 5 名顾问,在公司里待了 3 个多月,将方案制定出来了。这套方案的确非常专业、非常复杂,他们足足花了一天才向我们解释清楚。当我们信心满满地对全体员工公布方案的时候,大家不但没有按照预想的那样受到激励,反而对我们几个股东产生了怀疑。我亲耳听到,员工在私下嘀咕的时候,嘲笑这套方案不过是老板忽悠他们的新套路。这让我们股东很伤心!"

说完,他有点黯然神伤。我很想安慰他,却知道苍白的安慰是不会起到任何作用的。能起作用的是通过这次轻咨询,让他知道问题到底出在哪里。

◇ **员工不信任管理者**

"您有没有了解,为什么员工会那么说?"

听到这个问题,他愣了一下。"这个,我没有问他们。这不是很明显吗?员工产生了惰性,他们压根不相信努力会有回报。"

"您可以再想想!"我知道事情的发生缘于员工失去了对公司管理层的信任。但做咨询最重要的规则就是,尽量帮助接受咨询的人自己找出答案,而不是将你的答案强加给他。

"除了这个,我想不出还有什么原因导致他们产生了这种态度!"他回答得很干脆,拒绝继续思考这个问题。

我心里清楚,作为一个有着丰富经验的管理者,他肯定知道问题到底出在什么地方,只是不愿意面对罢了。既然如此,不如继续引导他正视自己的内心。"公司之前有没有推行过什么新政策?"我问道。

"有的,我们几年前在公司推行了新的管理制度。之后,在有了做品牌的打算之后,还搞了公司的内部创业。"

"效果如何?"

"很遗憾,可能是我们不太专业,这些改革后来都没带来特别大的改善。"

"您是否愿意再思考一下,为什么员工会对股权激励方案有这样的态度?"

他思考片刻,说道:"您是说员工因为过去的失败经验,对公司的管理层失去了信任?"

"您认为呢?"

"我曾经这么想过,但一直不敢肯定。今天听您这么一说,才发现员工的确有可能因为之前推行的项目失败而对公司的新制度产生怀疑!"他开始正面认识问题了。正面认识问题,不回避、不退缩,尽可能找到接近客观情况的原因,是解决问题的前提。

"好,我们假设您的结论成立。"我借此强调一下,这个结论是他得出的,而不是我强加给他的。"那么,您可以思考一下,为什么会出现这种情况?也就是说,为什么公司的员工会因为一两次制度推行的失败而对任何管理层想要推行的新措施产生怀疑?"

"这是人之常情。如果一个人总是失败,想让别人信任是很难的。我估计,员工们见到前几次制度推行没有带来好的效果,所以,对新思路也产生了怀疑。"他的回答开始有同理心了,他能想到员工不信任管理层,可能也有管理层的原因,而不仅仅是员工有问题。

"为什么会这样呢?"我继续帮他寻找问题的本质。

他摇摇头,表示自己不知道这个问题的答案。的确,对于行事风格较为固定的企业管理者来说,换个角度思考问题并非简单的事情。

"那我们退一步,您认为,前两次在公司推行新管理制度、内部创业做品牌失败的原因是什么?"我想到,应该用他切身的例子来引导他,效果可能会更好。

果然,说起这两件事,他的话匣子打开了,讲了足足30分钟。

"您说得非常全面,我来总结一下。第一,您认为公司制定新制度的时候,对管理制度和内部创业的制度建设并不专业,导致制定了错误的、漏洞百出的制度。这是失败的根源。第二,您认为在公司推行这两项制度的时候,全公司上下的执行力不够。大家没能遇到问题就解决问题,而是一味地回避问题。第三,您发现公司内部的沟通渠道并不顺畅。所以,很多问题出现以后,在相当长的一段时间里,管理层并不知晓。是这样吗?"我一边总结,对方一边点头表示赞同。

◇ 有必要征求员工的意见吗

"我再向您问一个略显尖锐的问题,您不要介意,好吗?"听我这么说,对方虽然嘴上答应下来,但他的表情告诉我,他还是感到了一定程度的尴尬。

作为咨询顾问,我不能为了维护客户的面子而不去引导他找到问题。为了让对方真正意识到所犯的错误,从而采取行动,就必须照顾对方的感受,不能引发逆反的情绪。因此,当不得不提一些尖锐问题时,和客户,特别是年长的管理者,提前打个招呼非常有必要。

"在推行任何一项新制度、新方案之前,您和公司的管理层有没有征求过员工的意见?"我问道。

"有必要吗?我们作为管理者,主要工作不就是为公司寻找新的方向、制定管理策略吗?这是我们的工作,还需要征求员工的意见吗?我认为,员工根本不会考虑这些问题。大多数员工脑子里想的是在公司工作能否升职加薪。至于新管理制度、内部创业这些战略层面的问题,员工很少会关注。他们只是希望公司的任何变化,最终能给他们增加收入。所以,我认为征求他们的意见没有太大的必要性!"

听到我的"尖锐"问题后,我发现,这位管理者还是产生了抵触情绪。我坚信他知道问题发生的原因,只不过他暂时被自己的主观意识左右了想法,或者他不肯面对实际情况,才找了上述理由,试图解释自己的错误做法。但只要仔细思考,就会发现上述回答对解决问题并没有帮助。此刻,如果咨询师缺乏经验,往往会采取两类行动。第一类是直接和客户冲突,拿出自己预备好的一大堆理论和观点,力争通过陈述来扭转客户的想法。这类行为的初心是好的,但一定会引起客户的抵触,不会给问题的解决带来任何好处。咨询师的第二类行为往往是唯唯诺诺地跟着客户的思路走了,立即投降。"您这么说也有道理!"这是他们的标准回答,然后绕开这个问题。上述两种做法都不能真正帮助客户。有经验的咨询顾问不会采用上述两种方法,而是另辟蹊径来启发和引导客户。另辟蹊径的方法就是:向客户呈现出按照他的想法采取行动的后果。只要这个后果呈现出来,接受咨询的客户就会开始反思。你根本不用提醒他,或者试图用自己的情绪、专业程度左右他。

"照您的意思,管理者试图让员工去执行一个他们根本就没有参与制定的制度,这个制度恰恰要求他们改变自己的习惯,是这样吗?"

听了我的话,他表情愕然,愣了一会儿,请我再重复一遍。

"您刚刚说过,管理者制定制度,无须参考员工的意见,我的理解没错吧?"我耐心地询问。

"没错!"

"公司里要遵守新制度的人主要是员工吧?他们也是改变自己的行为来满足新制度要求的主体,是吗?"

"对啊!"

"所以,这么做的结果就是:员工要改变自己的行为习惯,遵守一个他们不能提意见,或许不认同的新制度,不是吗?"

对方陷入了沉思。的确如此,公司管理层在要求员工付出巨大的努力执行他们有可能不认同的制度。这怎么能成功啊?没过多久,坐在我对面的管理者恍然大悟。他很激动,站了起来握住我的手说:"从来没有人告诉我这个道理,我一直都认为员工既然拿了工资,就要按照公司管理层的要求来做事。从未想到他们有可能不同意这个新制度,或者对新制度有看法。如今这个时代,人才的价值是无限的,我们怎么可能单纯靠给工资就要求他们做不愿意做的事情呢?"

我请他坐下后,继续说:"您想要进行制度变革的出发点,其实都是为了员工好。我相信,如果新的管理制度能在公司得到执行,那么相应的工作效率肯定会提高。内部创业就更不用说了。我看了您制定的内部创业制度,在这样的制度下,公司基本上是将积累了多年的资源,共享给了所有愿意挑战自己的员工。股权激励也一样,您和其他股东把珍贵的股份拿出来,做了详细的期权方案,这都是为员工着想。但为什么他们不领情呢?我觉得,他们可能是对新制度有意见。但我相信,这所谓的意见是由于他们没有真正理解新制度、对新制度有误解造成的。而我们的管理层没有在推行新制度前与员工进行充分的沟通,以确保他们理解公司管理层的真正想法,这可能是他们抵触新制度的原因之一。"

"对啊,这套股权激励方案这么复杂,我们要开一天的会才知道它的详细内容,员工怎么会清楚呢?如果他们不清楚这套方案,同时又怕影响他们未来的收入,就会认为公司管理层想尽办法来'忽悠'他们,情有可原。"他笑着对我说。我觉得,他开始明白问题可能出在哪里了。

◇ **动机+能力**

"当然",我继续说,"事前充分沟通,让员工理解新制度的意图,仅仅是制度执行不顺利的可能原因之一。但第一步没做,在这样的情况下,我们没有办法知道是否还存在其他问题。"

"是的!您说还可能遇到什么问题?"

"如果员工充分理解了公司的意图,感受到了公司对他们的善意,就有动机参与公司的变革。但凡事有动机是一回事儿,能做到是另一回事儿。比如一个人有动机去改变世界,但是做不到,您觉得可能哪里出了问题?"

"能力不够!"他不假思索地回答。

"正是如此!动机有了,我们还要看员工有没有变革的能力。在股权激励方案这件事上,就要看他们想获得公司的股权分红,要如何改变自己,要掌握什么能力,他们有办法提升能力吗?如果这些都没有,公司要做什么,比如提供培训、读书、实践、管理者指导等机会,才能让他们真的开始行动。当动机带来的尝试欲望大于能力欠缺带来的焦虑时,人们就会行动;否则,他们不会采取任何行动。"

"我明白了。看来是我们把事情想得简单了!我们以为管理制度也好、内部创业也罢,还有最近的股权激励方案,其实都是为了员工,无论是从能力上还是收入上都有提高,是公司对他们表达善意。既然如此,他们就该悉数接受,不应该有牢骚。经过您的分析,我发现管理层对员工的好，他们没有理解，因此产生了误解。而执行人毕竟是他们，这就相当于用强制力来逼迫员工去执行他们不理解的政策。误解让我们所有的努力都付诸东流。"

对此，我无须多言，只给了他一个微笑。

◇ **后续进展**

事后，我为这家公司做了股权激励的咨询项目。第一步就是打通上下级沟通渠道。当员工充分理解了公司管理层的真实意图之后，他们不但对整套方案表达了前所未有的支持态度，而且给管理层提了很多好的建议。

我们将这些建议融入股权激励方案，员工的积极性被充分调动起来，公司也开始吸纳所需的年轻人才。如今，他们已经在跨境电商平台上成功地打造了自己的品牌。

◇ **管理提示**

（1）任何方案，仅仅是实现企业变革目标的工具，是手段而非目的。变革要想成功，必须落实到改变行为这个层面上。行为的改变，又取决于人的思想，因此，实现变革的首要工作是统一思想。当思想统一了之后，企业管理者按照这个思想制定出来的方案，才是真正能被落地执行的；否则，再漂亮的方案，也仅仅是打扮艳丽的工具，不会给公司带来真正的改变。

（2）在公司发动变革的时期，沟通的重要性不言而喻。真正的对话，其实是共同的分析。当大家就一个问题贡献智慧、仔细分析时，才是真正有效的对话。变革时期，因为每个人都熟悉的规则、制度要发生改变，所以每个人都要改变自己的行为习惯来适应规则、制度的改变。这意味着，管理者要不断地接受被制度约束的员工的反馈，与他们开展真正的对话。唯有如此，才能真正找到制度难以落实的原因，从而找到解决问题的办法。

（3）大多数管理者是强势的，特别是曾经取得过令人瞩目成绩的公司管理者，他们很难看到自己的问题。但认清自己，是实现变革的第一步。因此，管理者在采取具体的行动之前，首先要认清自己，认清公司所处的环境和状态。如果自己做不到（这很难），可以找到信任的第三方来帮助你获得对自我的清晰认知。

（4）当管理者推广任何变革方案都遇到阻力时，换方案并不能解决问题。案例中，企业的管理者先推行全新的管理制度，后发动内部创业，再寻求股权激励。这些变革措施，无一顺利落地。换方案并不能帮你达到变革的目的，反思并寻找阻碍变革的原因，才是解决问题的出路。

第二节　方案实施过程中的角色定位

一、实施过程中的主客体关系

首先，要明确什么是主客体。主体是指具有思维能力、从事社会实践和认识的人，客体则是指主体实践和认识的任何对象，包括人、自然和社会。因此，一个方案在实施过程中的主客体关系，指的就是实施主体与实施对象之间的关系。主体与客体的关系，从根本上说是认识关系和实践关系。主体在认识和改造客体的过程中，在受到客体制约的同时，又能使主体自身得到发展，超越现实客体，从而使主客体同时得到改造、发展和完善。

其次，实施主体是具有思维能力、从事实践和认识的人，即方案的制定者和实施者。实施主体在实施过程中起着主导作用，他们需要明确实施的目的、意义和方式，并制订具体的实施计划和方案。同时，实施主体还需要具备一定的技能和能力，能够有效地组织和协调各种资源,确保方案的顺利实施。

再次,实施对象是主体实践和认识的任何对象,即方案的受众和受益者。在方案实施过程中,实施对象起着至关重要的作用。方案是否能够达到预期的效果,很大程度上取决于实施对象的态度和行为。因此,实施主体需要对实施对象进行深入的分析和了解,了解他们的需求、意愿和能力,以便制定更加符合实际需要的方案。

最后,主客体之间的关系是相互作用的。实施主体需要根据实施对象的实际情况来制定方案,而实施对象则需要积极配合和参与方案的实施过程。只有双方都发挥积极作用,才能实现方案的顺利实施和取得预期的效果。主体和客体相互作用过程的主要环节包括:确立实践目的和方案;实施方案,把方案变为实际的实践活动;通过反馈和调节,使实践目的、手段和结果按一定方向运行。

一个方案在实施过程中的主客体关系是密不可分的。实施主体需要制定方案并组织和协调各种资源,而实施对象则需要积极配合和参与方案的实施过程。只有双方都发挥积极作用,才能实现方案的顺利实施和取得预期的效果。

二、改善方案的推介

推介改善方案的重要性不言而喻。通过推介,实施主体能够让实施对象了解方案的目的、意义和内容,从而得到实施对象的支持和配合,确保方案的顺利实施。同时,推介还能够提高方案的知名度,扩大其影响力,使其得到更多的关注和支持。

改善方案的推介方式有很多种。第一,宣传推广活动。通过举办宣传推广活动,例如宣传讲座、展览会、交流会等,向实施对象介绍方案的目的、意义和内容,同时收集反馈意见和建议,不断完善和优化方案。第二,媒体报道。通过报纸、电视等媒体报道来宣传改善方案,提高方案的知名度和影响力,吸引更多的人关注和支持。第三,社交媒体推广。利用社交媒体平台,例如微博、微信、抖音等,发布相关内容和活动信息,吸引更多的关注和支持。第四,宣传品制作和分发。制作宣传品如海报、手册、宣传片等,并分发给实施对象,以便他们更好地了解和宣传方案。第五,口碑推广。通过实施对象的口碑推广,让更多的人了解和参与改善方案的实施过程。

改善方案的推介效果有很多方面。首先,推介能够提高方案的知名度和影响力,吸引更多的人关注和支持。其次,推介能够加强实施主体与实施对象之间的沟通和互动,提高双方之间的信任度和合作意愿。同时,推介还能够促进方案的顺利实施和取得预期的效果。

第三节 方案实施过程中的管理

一、方案实施的目标设定

目标设定是方案实施过程中的重要环节之一。目标是指方案实施所要达到的预期效果或结果,是方案实施的核心。目标设定需要具有明确性、可衡量性、可达成性、相关性和时限性,即 SMART 原则。

目标可以分为定性目标和定量目标两种类型。定性目标是指那些难以用具体数值衡量的目标。定性目标通常用来描述方案实施的质量和效果,例如提高公众环保意识、增强学生创新能力等。定性目标的设定需要通过深入了解方案实施的具体情况,例如受众的特点和需求、方案实施的具体环境等来确定目标的具体内容。例如,在环保宣传方案中,可以将定性目标设定为"提高公众对环保问题的关注度和参与度",以便更好地衡量和评估方案实施的效果。

定量目标是指那些可以用具体数值衡量的目标。定量目标通常用来描述方案实施的规模和数量,例如提高销售额、减少成本等。定量目标的设定需要通过分析历史数据、市场需求等来确定目标的具体数值。例如,在销售方案中,可以将定量目标设定为"在半年内提高20%的销售额",以便更好地衡量和评估方案实施的效果。

最后,目标设定需要综合考虑定性和定量两个角度。定性目标可以提供方案实施的方向和质量,定量目标则可以提供方案实施的具体数量和规模。只有将两者结合起来,才能更好地制定出具有可操作性和可衡量性的方案,实现预期的效果和目标。

二、过程管理方法——PDCA循环

PDCA循环是一种广泛应用于过程管理的管理方法,它代表计划(Plan)、执行(Do)、检查(Check)和行动(Act)四个阶段的连续循环。这个循环的目标是实现持续改进,以提高组织的效率和效果。

先了解每个阶段的含义和作用。

计划(Plan)阶段:在这一阶段,组织明确目标和相关要求,为实现这些目标制定详细的计划和策略。这包括制定过程流程、确定资源需求、制定时间表以及设定预期结果。计划阶段的重点是制定明确的目标并确定实现这些目标的方法和措施。

执行(Do)阶段:该阶段主要工作是根据制定的计划和策略,执行相关的任务和活动。这可能涉及资源的分配、人员的培训、过程的实施等。在执行阶段,组织将计划转化为实际行动,并记录执行过程中的关键数据和信息。

检查(Check)阶段:这一阶段的目的是评估和检查已执行的过程,以确保其符合预期目标和要求。在此阶段,组织会收集和分析数据,与制定的目标进行比较,并评估过程的有效性和效率。这可以通过各种评估工具和技术来完成,如统计分析、流程图等。

行动(Act)阶段:根据检查阶段的结果,采取必要的行动来纠正和改进过程。这可能包括调整计划、修改资源分配、改进工作方法等。此阶段的目标是通过实施改进措施来提高过程的绩效,以及确保在下一个循环中更好地实施。

PDCA循环的应用有助于组织实现持续改进。通过不断重复这个循环,组织能够不断改进自身的过程和绩效。以下是PDCA循环的一些应用:

质量管理:PDCA循环可以应用于质量管理中,帮助组织改进产品和服务的质量。通过制定质量目标、执行质量控制活动、检查产品和服务的质量,并采取改进措施,组织可以不断提高发展水平。

流程改进:PDCA循环可以用于改进组织的各种流程和操作。通过分析和改进现有流程,组织可以提高效率、减少资源浪费,并确保流程符合最佳实践。

项目管理:PDCA循环可以应用于项目管理中,帮助项目团队进行项目计划、执行项目任务、检查项目进展,并采取必要的行动来解决问题和改进项目执行。

PDCA循环的优势包括以下几个方面:

持续改进:PDCA循环是一个迭代的过程,通过不断重复循环,组织可以实现持续改进,不断提高过程和绩效。

问题解决:PDCA循环强调检查和行动阶段,帮助组织发现和解决问题。通过收集数据和分析结果，组织可以及时发现问题，并采取相应的行动来解决问题。

适应变化：PDCA 循环可以帮助组织适应不断变化的环境和要求。通过定期评估和调整计划，组织可以及时应对变化，并做出相应的调整。

总之，PDCA 循环是一种有效的过程管理方法，通过不断循环计划、执行、检查和行动四个阶段，组织可以实现持续改进，并提高自身的效率和效果。这个循环的应用广泛，可以适用于各种管理领域和项目，为组织带来许多好处。

第四节　方案实施中的技巧

一、方案实施过程中的有效合作

在方案实施过程中，有效的合作是确保项目成功的关键因素之一。它涉及不同团队成员之间的协调、沟通和协作，以实现共同的目标。

首先，建立明确的沟通渠道和协作机制是成功合作的基础。团队成员应该明确各自的角色和责任并了解如何与其他成员进行有效的沟通。定期召开团队会议、使用项目管理工具和技术、建立在线合作平台等都可以帮助团队成员进行顺畅的沟通和协作。

其次，建立相互信任和尊重的工作关系是实现有效合作的重要条件。团队成员应该相互尊重、欣赏彼此的贡献，并营造开放、诚实和透明的工作氛围。这可以通过互相支持、分享信息和知识、给予积极反馈等方式实现。

另外，明确的目标和共享的愿景对于团队合作至关重要。团队成员应该明确了解项目的目标，并理解个人和团队在实现这些目标中的角色和重要性。定期进行目标评估和跟踪，以确保所有成员都朝着共同的目标努力。

此外，合理分配任务和资源也是实现有效合作的关键。根据团队成员的技能和专长，合理分配任务和责任，确保每个成员都能发挥自己最大的潜力。同时，确保团队有足够的资源支持项目的实施，避免资源短缺或浪费。

有效的沟通和问题解决能力也是团队合作的核心要素。团队成员应该能够清晰地表达自己的观点和意见，并倾听和理解其他成员的意见。在决策过程中，团队应该鼓励各种观点和想法的讨论，并采取合适的决策方法解决问题。

最后，积极的团队精神和灵活性对于实现有效合作至关重要。团队成员应该鼓励和支持彼此，愿意共同迎接挑战并寻找解决方案。在遇到困难或变化时，团队应该保持灵活性，及时调整计划和策略，以适应新的情况。

总之，实现有效合作需要团队成员之间的良好沟通、相互信任和尊重、明确的目标和愿景、合理的任务分配和资源分配、良好的问题解决能力以及积极的团队精神和灵活性。通过营造良好的合作氛围和实施合适的合作措施，团队可以高效地协同工作，取得项目的成功。

二、方案实施过程中的知识转移

在方案实施过程中，知识转移是至关重要的环节。它可以将关键的知识、经验和信息从一个团队成员或部门传递给另一个团队成员或部门，以确保项目能够顺利进行并积累宝贵的经验教训。以下是关于如何实现有效的知识转移的详细介绍。

首先，建立明确的知识转移计划是至关重要的。在项目开始之初，团队应该确定什么样的知识需要转移以及谁来接收这些知识。这可以通过制定知识转移目标、识别知识的来源和接收者、确定知识转移的时间表和方式等来实现。明确的计划可以确保知识转移的有序进行,并避免重要的知识丢失或遗漏。

其次,选择适当的知识转移方式和工具是成功知识转移的关键。知识转移可以采用多种方式,包括面对面培训、工作坊、文档共享、经验分享会等。团队应该根据知识的性质和接收者的需求选择合适的方式。此外,利用现代技术和在线平台,如虚拟会议、协作工具和知识库,可以帮助实现跨地域和跨团队的知识转移。

第三,促进知识共享和交流是实现知识转移的重要手段。团队成员应该被鼓励和激励分享他们的知识、经验和最佳实践。可以通过定期组织经验分享会、提供机会让团队成员互相学习和交流,并通过专门的讨论平台或团队博客等方式促进知识的共享和讨论。此外,建立良好的沟通渠道和开放的工作氛围可以鼓励知识的积极传播和共享。

除此之外,培养知识传承的文化和机制也是实现知识转移的关键。团队应该重视知识的传承,并确保知识在团队内部和组织中得到持续积累和传递。这可以通过设立专门的知识管理岗位或团队、制定知识转移的奖励机制、建立知识库和文档管理系统等方式来实现。知识传承的文化和机制可以帮助团队实现长期的知识积累和持续的知识转移。

最后,评估和反馈是知识转移过程中的重要环节。团队应该不断评估知识转移的效果和成果,并根据评估结果进行必要的调整和改进。此外,接收者应该提供反馈和建议,以帮助团队改进知识转移的方式和质量。

总之,在方案实施过程中,知识转移是促进项目成功的关键环节。通过建立明确的知识转移计划、选择适当的转移方式和工具、促进知识共享和交流、培养知识传承的文化和机制以及进行评估和反馈,团队可以实现有效的知识转移,提高项目的执行效率和质量。

三、从试点开始实施

从试点开始实施方案有许多好处。

第一,风险控制和评估。从试点开始实施方案可以有效地控制和评估风险。试点阶段通常是在小范围内进行,这使得团队能够更好地预测和评估可能的问题和挑战。通过在试点中测试方案的关键组成部分,可以及早发现并解决问题,减少对整个项目的潜在影响。

第二,逐步改进和调整。试点阶段为团队提供了逐步改进和调整的机会。通过在小规模上实施方案,团队可以更容易地通过实际经验和反馈来识别和解决问题。这有助于指导方案的进一步推进,并使团队能够根据实际情况做出必要的调整和优化。

第三,有效利用资源。试点阶段可以帮助团队有效利用有限的资源。相对于全面实施方案,试点可以在小范围进行,这意味着可以更好地管理和控制资源的使用。这有助于减少资源浪费,并使团队能够更加关注试点阶段的成功和学习。

第四,学习和经验积累。试点阶段为团队提供了学习和经验积累的机会。通过实际实施方案并收集相关数据和反馈,团队可以获得宝贵的经验和教训。这些经验和教训可以用于改进方案的后续实施并推动整个项目的成功。

第五,推广和扩展。通过试点阶段的成功,可以更好地推广和扩展方案。试点的成功表明方案在小范围是可行的,这为后续实施提供了信心和动力。此外,试点阶段的成功经验可以用作在更大范围内推广方案时的参考和借鉴。

从试点开始实施方案具有风险控制和评估、逐步改进和调整、有效利用资源、学习和经验积累以及推广和扩展等多个好处。通过小范围试点实施,团队可以更好地管理和控制风险,优化方案,有效利用资源,并在后续实施中取得更好的结果。试点阶段的成功经验和教训也为项目的顺利推进提供了宝贵的指导和借鉴。

思考问题
1. 不同类型企业应当如何结合自身实际有效地设计并实施方案?
2. 企业实施方案时有哪些需要注意的点?实施过程中如何避免或应对方案中的不足?

第五章 企业战略管理咨询与诊断

第一节 引入案例

企业的发展战略要在保持战略定力和灵活度上达成平衡。一个清晰战略的执行需要较长的时间才能看到效果。执行期间,可能还需要不断磨合调整,需要坚持。同时,企业也有可能在一开始就选择了错误的战略,或者原来成功的战略不能适应新的环境。这种情况下,不仅不该坚持到底,还应该即时止损,寻找新的战略方向。那么,在保持战略定力和及时转型的决策上,我们该如何做出选择呢?

◇ 中介价值的消失

当互联网和数字化进入金融体系时,各大互联网公司都因为成功获取了用户的注意力,再通过平台的撮合打破了信息不对称,这让传统的中介业务受到巨大的影响。中介公司,无论是房地产中介、贷款中介还是保险代理人,其主要的价值贡献就在于用"撮合"的手段来打通信息传递的途径。金融行业利用互联网信息传递效率高、信息搜集成本低等优势,逐渐对贷款中介这一商业角色提供的价值产生了巨大的影响。

参与咨询的公司专门从事抵押贷款业务,企业管理者因业务下滑厉害,多方咨询相关商业顾问,得出的结论都是:这个行业不值得做了。我们问过很多人,包括一些特别著名的商业顾问。总之,观点都是这个行业不值得做了。但我们在行业里做了这么久,贸然放弃,真不知道还能做什么?虽然很多人说贷款中介必然消失,但我仍心有不甘。这次来深圳,就是想了解一下您怎么看这个问题?"

"在阐述我的观点之前,我想听听您对某一行业是否还能存在有什么理解。"

"我觉得,一个行业如果没有客户需求就会衰弱。比如以前农村有很多赤脚医生,专门为老百姓治疗一些头疼脑热的小毛病。如今,随着医院、医疗社区的普及,赤脚医生这个角色就消失了。小时候,还有卖货郎。如今网上下单这么方便,卖货郎也就消失了。所以,我咨询过的人认为,未来互联网和数字金融科技,势必会取代我们这个行业,而且变化会很快发生。他们认为,如果银行能用自己的手机网银直接接触贷款客户,根本就不需要中介。"

"您认为他们说得对吗?"我觉得公司管理者既然这么坚持,肯定有自己的道理。

"我认为大趋势一定是这样的,但有个问题。我们从接触客户到搜集资料、贷款签发,要走很多流程。不是每个客户的贷款资质都是良好的,有些客户的征信报告及资产情况是不适合贷款的。这么说吧,我们接触100个客户,最终能顺利被银行批贷的也就1~2个。其中,大量的客户要么流失了,要么随便打听一下,更多的客户是贷款资质不够。银行哪有人手来做这些事呢?即使做,银行的人员成本也会比我们高。所以,我觉得我们的工作还是有价值的。"

显然,企业管理者看到了业务的复杂性以及银行的高人力成本,但这些随着技术的进步都是可以克服的。只要相关的数据打通,业务的复杂性完全可以用数据分析算法来解决,而在人力资本时代,凡是被当作成本来看待的人力,都会被算法取代。不过,取代的过程要多久,这是一个值得思考的问题。

"能处理复杂的业务的确是有价值的。贷款事件的发生,从挖掘、筛选客户到资料提交及审核,在技术相对落后的情况下的确是非常复杂的。"

"但您有没有想到,技术的进一步发展可能会简化这个过程。区块链和大数据技术的发展,会不会大幅度降低客户筛选的难度?"

"这正是我们担心的,总感觉当下的业务模式,不知道什么时候就被颠覆了。"

"技术的普及是有时间的。一般新的基础技术从萌芽到实际产生有效的应用,要5~10年的时间。"

"此外,您还提到了我们公司能贡献价值的另一个原因是人力成本比银行低,这个您认为能持久吗?"

"这个我认为能保持相当长的时间。因为我们公司员工的薪资构成是底薪+提成制度。只要客户能够支付贷款服务的相关费用,虽然我们的员工底薪低,但总体收入并不低。"

"当然,最后事情没做成,贷款没批,公司也不会有太大的成本负担。"

"这样看来,目前让我们公司管理者产生危机感的主要原因是技术发展带来的未知。因为技术如果真的简化了贷款流程,客户自然不愿意支付相应的佣金了。这样,我们目前所拥有的低人力成本的优势也就没了。是不是这样?"

"没错,您说得对。人力成本的确不算优势,或者说这种优势依赖复杂的业务。如果业务真的简化了,就没有人力成本的优势了。"

"也就是说,公司目前能够贡献的唯一价值就是业务复杂性高,可以这样理解吗?"

"是的!"

"好,我们有没有什么办法能够提高业务的复杂性?这样即使区块链和数字金融真的实现了,还能保持高复杂性的业务模式。"

听我这么说,对面的企业管理者眼前一亮。

"让我想想!"

◇ 寻找新的价值点

以贡献卓越价值的战略思维抽丝剥茧,我们很快就能找到自己企业提供的核心价值。如果这个核心价值的基础被动摇了,那么其价值就会随着基础的消失而消失,企业当然不复存在了。要保留企业,其底层逻辑是要保留或者延伸甚至再造企业的核心价值。只有找到提供新价值的途径,才能让企业存在下去。

"老师,目前有个复杂的业务——中小企业的贷款对我们这些从业多年的人来说很复杂。很多银行虽然想做这方面的业务,但一样惧怕其复杂性。这部分业务无论是从国家政策还是实际需求的角度看,都非常旺盛。因为中小企业没有抵押物,所以银行担心自己的贷款收不回。此外,银行对中小企业的风控能力其实并不高。"

"因此,这个业务要比个人贷款复杂。虽然目前国家出台了一些相关政策,将给企业的贷款以经营贷的方式转化为企业主的抵押贷款,但这是远远不够的。"

"如果企业主早就因为缺乏经营资金而将房产出售了,就没有办法拿到低息的经营贷。有些公司,特别是科技类公司,发展前景巨大,但没有银行观念中的硬性抵押物,也很难通过贷款融资。"

"那么,银行会支持我们开展中小企业的融资业务吗?毕竟我们的资金来源要以银行审批为准。"

"据我所知,民生银行在这方面做得不错,也因为类似的业务赚到很多利润。"

"其余的银行应该还没有大幅度开展给中小企业的贷款业务。"

"但我认为,这是一个未来有机会的领域。就像您说的,这项业务十分复杂。区块链也好,数字金融也好,对企业的渗透应该没那么快。况且很多企业的运营很复杂,有些不良中介借助国家对中小企业的相关政策,套用经营贷给私人贷款,反过来进一步加剧了中小企业融资难的问题。如果我们能够深入研究中小企业,实地走访客户,说不定能够找到新业务的机会。"

"您能想到这个创新路径非常好!可是,要将这件事落实下去,您觉得还需要什么条件?"

"我们有丰富的客户资源。曾经有很多中小企业主来找我们寻求过贷款帮助,但那时候我们没有办法帮助他们。公司有个好习惯,我们会记录所有接触到的客户信息。此外,在客户宣传方面,我们也是有办法的。公司的大股东原本是银行的省级高管,对金融政策和公司金融思维的理解非常深刻。我们完全可以通过邀请中小企业主参加公司主办的金融相关的峰会来宣传。"

"目前我们缺乏的就是对企业融资、公司金融在执行层面上有深刻了解的专家。这类专家可以将业务人员搜集到的企业相关信息汇总,形成模块化的金融模型。然后我们就可以依据金融模型来创新金融产品,为客户提供综合的融资方案,不只是依赖银行。"

"老师,这是个不错的想法。我们可以做一些更复杂的事情,来提升我们的价值。"

"不过,提醒一下,公司当然可以研究诸如中小企业贷款、公司现金理财等方式。但中国的大部分金融创新产品都会受到政策的监管。因此,要想在这方面获得成功,不是一朝一夕之功。"

"公司势必要考虑在创新上的投入,还要考虑这些投入可能不会带来收益。那么,公司股东有没有想好如何确保持续投入呢?"

"新项目的投入,例如企业调研费用、金融创新费用应该不会太大。此外,我们现有的贷款业务还能给公司带来利润。但您说的是,任何金融创新产品都会受到监管,就算我们真的找到合适的模型,也未必能立即运作。"说到这里,他有些失落。

"我们回到最初,如今,您担忧的是公司未来的出路,而对我们现有业务影响最大的应该是技术创新给贷款行业带来的颠覆。现有的业务是公司的现金牛业务,而我们希望寻找新的增长点,但对新的增长点能否带来增长并不肯定。所以,此刻我们必须对现金牛业务进行分析,看看能否尽量延长它的衰退期,这样公司就能在寻找新的增长点时,持续投入资源。"

◇ **蜜糖模式和清水模式**

"一方面,你可以用波士顿矩阵分析公司现有的业务和一些你想开展的新业务。另一方面,我可以给你一个建议,技术的普及很可能是一种蜜糖模式而非清水模式!"

"我知道波士顿矩阵,蜜糖模式和清水模式是什么意思?"

"所谓蜜糖模式,就是假设你在一个水平的桌子上持续向下倒蜂蜜。蜂蜜在桌子上的扩散模式一定不是均匀的,你倒蜂蜜的那个点上肯定是最先有蜂蜜的。随着持续倾倒蜂蜜,它一点点地扩散出去,直到铺满整个桌面。清水模式则不同,如果我们倒出来的不是蜂蜜而是清水,那么很快水就会布满整个桌子。"

"这个比喻很形象,就像央行在给出金融政策,比如利用降准、降息来调节资金量时,作用也不是一下子就显现的,而是经过缓慢的过程,市场里的资金量才会增加。技术的推广也有这个特点,对吗?"

"没错。特别是当一项技术对原有成熟体系进行渗透和改革的时候,倒出来的蜂蜜相当黏稠。如果我们能现在刻意关注一些边缘市场,比如二三线城市,甚至较为发达的农村地区,可能就会延缓技术创新对业务产生的影响。"

"我明白了。您的意思是让我们用现有的模式,在竞争不那么激烈但有需求的、之前被我们视为边缘市场的地方贡献价值。因为高新技术的实践可能先在交易量大的城市推行,但没那么快推广到全局。"

"没错,这样我们就能延缓原有业务衰退的速度,支持我们研究和发展新的业务模式。"

"我觉得市场需求是有的。只不过这些需求曾经被一些非法贷款模式覆盖了,如果我们能够针对这些需求创造一些新的业务模式,也许能做成更大的事情。"

"是的,我相信金融绝不仅仅是目前这些形式,一定还有创新的机会。"

"只要我们能找到贡献价值的方式,就不应该放弃。反过来,如果我们在一个领域中无法贡献价值了,就应该果断放弃。"

◇ **后续进展**

公司专门成立了金融创新团队,开始接触中小企业相关的贷款业务。他们开创了一些新的业务模式,如为有确定回款周期的电商以及跨境电商企业提供低息资金周转业务,很快成了企业收入新的增长点。

◇ **管理提示**

(1)判断一件事能否坚持下去的标准是:它能否持续创造价值

为客户创造卓越价值,是战略思维中最重要的落点。当选择开展或终止一项业务时,我们要详细考察自己的工作能为哪些客户创造什么价值?我们创造价值的方式是什么?成本几何?效率如何?客户对价值的关切度如何?

认真回答这些问题,而不是死守自己拥有的优势,就不会被时代淘汰。

(2)管理者要对一些最基本的战略分析工具有所研究

案例中提到的波士顿矩阵,以及 SWOT、PEST 分析等工具,对企业管理者,特别是战略管理者来说都是非常重要的工具。

(3)当大部分人都否定你的时候,也许就是新机会来临的时候

案例中的企业管理者曾经被业内业外的很多资深人士否定,认为贷款中介公司是一个"有钱就快赚"的夕阳产业。

其实不然,永远有尚未被满足的需求,缺乏的是满足这些需求的好办法、好方式。

思考题:

1. 请用 SWOT、PEST 模型分析企业的现状。
2. 请用合适的模型分析企业现在的外部环境。

第二节　战略管理的基本理论

一、战略管理概述

"战略"一词,中国自古有之。《辞海》将其解释为"对战争全局的筹划和指挥"。"战略"源于希腊语 strategos,原意是"将兵术"或"将道"。"战略"一词引入企业管理已有几十年的历史。

(一)战略管理简述

1. 企业战略管理的定义

在战略几十年的发展历史中,很多学者、管理者从不同的角度对战略进行了探讨,提出了不同的定义。实际上,企业战略并不是一个简单的概念,也不能仅从某一个方面加以叙述。换句话说,理解企业战略这一概念需要多维的视角,它不仅要确定企业未来的方向和使命,还涉及企业所有的关键活动,同时需要根据内外部环境的变化不断加以调整,以期实现其确定的战略目标。企业战略由于其内涵非常丰富,因而在西方企业战略理论文献中尚不存在共同认可的定义,也正因为其丰富性,不同的学者与管理专家赋予企业战略以不同含义。总的来说,企业有两种意义上的战略:一种是广义的企业战略,即认为企业战略应该包括企业的目的和目标;另一种是狭义的企业战略,即认为企业战略不应该包括这一部分内容。

本书认为,企业战略是指企业为了满足未来持续经营的需要,在分析其拥有和控制的内部资源、能力以及所处的外部环境的基础上,决定企业的未来发展方向、目标与目的选择达到该目标与目的应遵循的途径(方针)和行动,并为实现这些目标与目的对企业重要资源进行配置,对目前与将来要从事的经营活动进行系统规划和安排。

2. 企业战略管理的特点

企业战略管理具有全局性、长远性、纲领性、风险性和创新性等特点。

(1)全局性。这是企业战略管理最根本的特点。企业战略管理是以企业的全局为研究对象来确定企业的总体目标、规定企业的总体行动和追求企业的总体效果。

(2)长远性。企业战略管理的着眼点是企业的未来,是企业谋取长远发展需求的需要;是为谋求企业长远利益而对未来较长时期内如何生存和发展的通盘筹划,其关注的不是眼前的利益。

(3)纲领性。企业战略管理确定了企业的发展方向和目标,是原则性和总体性的规定,具有行动纲领的意义,对企业所有行动(包括全体员工的行动)能起到强有力的指引和号召作用。企业战略管理是对企业未来的粗线条设计和对企业未来成败的总体规划,而不纠缠于现实的细枝末节。

(4)风险性。企业战略管理是对企业未来发展方向和目标的谋划,而未来是不确定的。因此,企业战略必然带有一定的风险性。

(5)创新性。企业战略管理是根据特定的内外部环境,对企业的发展方向、目标、模式和行动等做出的独特安排,是创新性的。

3. 企业战略管理的重要性

企业战略连接着企业的现在与未来,决定着企业的兴衰与成败,具有特别重要的意义。战略管理可以为企业提出明确的发展方向和目标;战略管理可以为企业迎接一切机遇和挑战创造良好的条件;战略管理可以将企业的决策过程和外部环境联系起来,使决策更加科学化和规律化。

4.企业战略管理的过程和层次

在明确了什么是企业战略管理之后,我们将从动态的角度分析企业战略管理的整个过程,从系统的角度考察企业战略管理在企业的不同层次上的特点及其相互关系。

(1)企业战略管理的过程模型。研究和实践探索的需要,有必要将其共性和规律性加以概括。企业战略管理的过程一般包括三个主要阶段:战略制订、战略实施、战略评价与控制(见图5－1)。从这个过程模型可以看到,战略管理过程包括从企业内部环境因素和外部环境因素的分析到对企业战略管理的结果进行评价和控制一系列相互联系的活动。

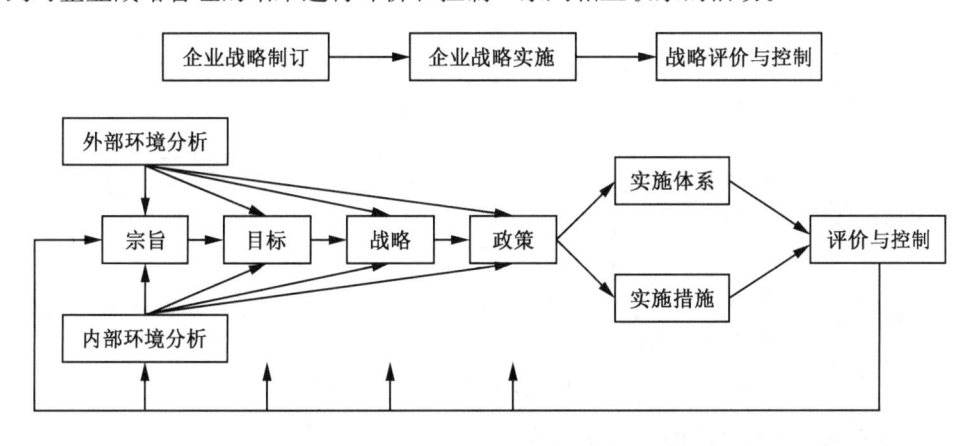

图5－1　企业战略管理的过程模型

(2)企业战略管理的层次结构。由于企业的规模、类型及结构是多种多样的,所以战略管理也就在企业内不同层次上实施。以目前流行的多事业部型企业或企业集团为例,它们通常有三种不同层次的战略及其相应的战略管理:公司层战略、业务层战略、职能层战略。不同层次的战略解决不同层面的问题,也有各自的特点。各层次战略如图5－2所示。

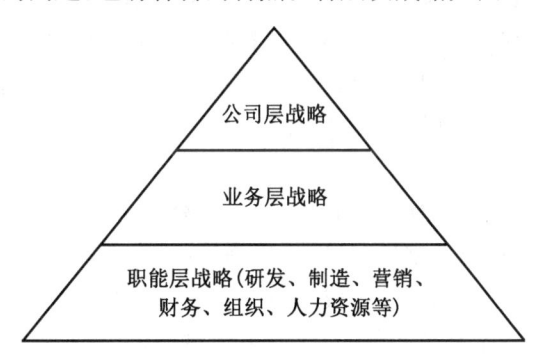

图5－2　企业战略管理的层次体系图

公司层战略是企业中最高层的战略,它根据企业的宗旨和使命确定企业的经营范围,合理配置经营所需资源。公司战略涉及企业所有机构,覆盖企业各项业务,内容涵盖组织结构、财务、资源配置、企业文化和价值观念等各个方面。对于多元化经营的公司来说,如何在各个不同的行业中确立企业的业务地位,以及采取什么样的行动和策略,改善企业不同业务群的业绩,是公司层战略中最重要的内容。

业务层战略是多元化业务公司各业务单位的战略,涉及的问题是:公司的管理部门应采取什么样的行动和策略,以在某一项具体的业务中产生什么样的业绩。业务层战略的核心问题是如何建立更加强大的长期竞争优势。

职能层战略又称战略措施,是管理者为特定的职能活动制订的策略规划。职能层战略涉及的问题是:制定一个管理策略规划,来管理某项业务中某项主要的活动或过程,如研究与开发、市场营销、财务、管理组织和人力资源等。

三种不同层次的战略构成了企业战略的层次机构。同一企业中三种不同层次战略之间的关系为,高一层次的战略总是低一层次战略的外部环境因素。如果我们把这种关系纳入动态的企业战略管理过程,就得到如图5-3所示的企业战略管理的层次结构图。图5-3揭示了一个大型企业集团在三个不同层次上进行的战略管理及其相互关系。

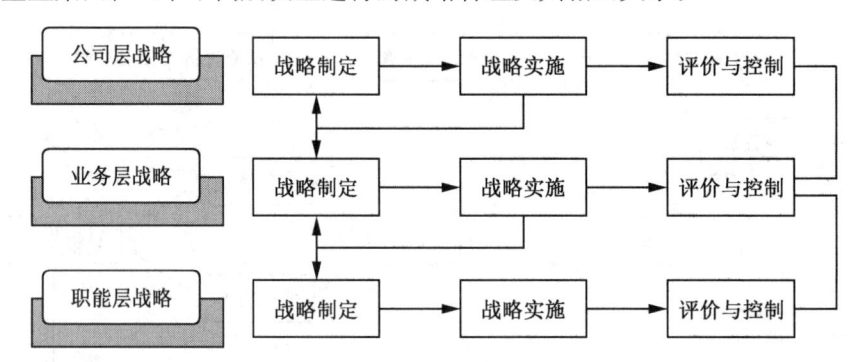

图5-3 企业战略管理的层次体系及其相互关系

(二)战略管理咨询与诊断的内容与体系

1. 企业战略管理咨询

战略管理咨询是咨询人员根据企业的要求,运用战略管理理论、知识、经验、技能、工具和方法,在对企业内部资源、能力以及外部环境进行深入分析的基础上为企业提供战略制定、改善、实施和培训等服务。

战略管理咨询服务的难度较大,需要咨询人员具备丰富的咨询经验(特别是战略管理和行业经验)、咨询技能和与高层沟通的技巧,同时从业风险较大。战略管理关系到企业的生存和发展。战略管理咨询的主要作用是:帮助企业对内外部形式进行客观分析和判断;帮助企业解决关系全局的重大问题;帮助企业有效实施战略。

2. 企业战略管理诊断

企业战略管理诊断是企业战略管理的重要组成部分。企业成长过程中,其内部条件和外部环境不断变化,从而可能对企业宗旨、目标和战略等产生这样或那样的影响。另外,企业战略实施过程复杂而漫长,其中任何一个组成环节的好坏、优劣都可能影响到企业战略的完成。对于条件环境变化而产生的不利影响和误差,如不及时加以识别、纠正,有可能酿成大祸。因此,企业战略管理诊断就显得十分重要。

根据企业战略管理诊断的意义,我们不难看出,其任务主要包括如下三个方面:根据内、外环境的变化,经常检查企业战略的根据或基础;经常比较战略实施的预期和实际进度或效果;及时采取纠正行动应急措施以保证目标或计划的实现。

3. 企业战略管理咨询与诊断的内容

(1)企业需求分析。和其他管理咨询的内容和程序一样,战略管理咨询开始阶段的关键任务,是完整准确地理解、把握和界定企业需求,并区分这些需求之间的关系。企业需求分析包括以下内容:其一,了解和分析企业信息;其二,辨别企业的真正需求;其三,界定企业的战略需求,确定战略咨询课题。

(2)战略管理诊断。在确定了战略咨询需求和课题后,首先要对企业的经营情况进行综合诊断,发现问题及其形成的原因和根源,然后对其中的战略问题进行进一步的分析诊断,为下一步提出战略咨询建议和解决方案提供依据。

(3)战略管理综合调查分析。战略管理综合调查分析包括以下内容:

其一,内部环境分析。企业内部环境分析是咨询人员对企业所拥有和控制的、能够实现战略意图的资源和能力进行分析和评估,从中发现企业的优势和劣势,确定其核心资源和核心能力,为下一步战略规划方案的制订提供依据。

其二,外部环境分析。企业外部环境分析是咨询人员对外界影响企业经营绩效的所有因素或力量的分析和评估,发现和辨识出企业外部的机会和威胁,为下一步战略规划方案的制订提供依据。通常是从总体环境、行业环境和竞争环境三个层次进行企业外部环境分析。

(4)战略方案制定。战略方案的制定包括以下几个方面:

其一,战略研究。战略研究是咨询人员在前述战略分析的基础上,运用一定的分析工具和方法,对企业的优势、劣势、机会和威胁开展进一步分析和战略匹配,确定战略规划方案的边界条件。

其二,战略假设。咨询人员与企业就战略问题取得一致认识后,咨询人员和企业对这些战略问题的解决会有不同的假设和思路,这些假设和思路就是战略构想,包括进行愿景分析,确定企业使命、业务范围、成长方式和战略备选方案等。咨询人员通过战略构想向企业提出战略规划备选方案建议。

其三,战略选择和确定。咨询人员备选方案经过定性和定量分析,进行比较、选择,最终确定最适合企业的战略方案。

(5)战略实施指导。战略实施指导包括两个方面:其一,帮客户拟定实施方案;其二,为企业提供实施培训服务。

4.企业战略管理咨询与诊断的体系

根据企业战略管理的过程模型,我们可以作出战略管理咨询与诊断的体系图,如图5-4所示。

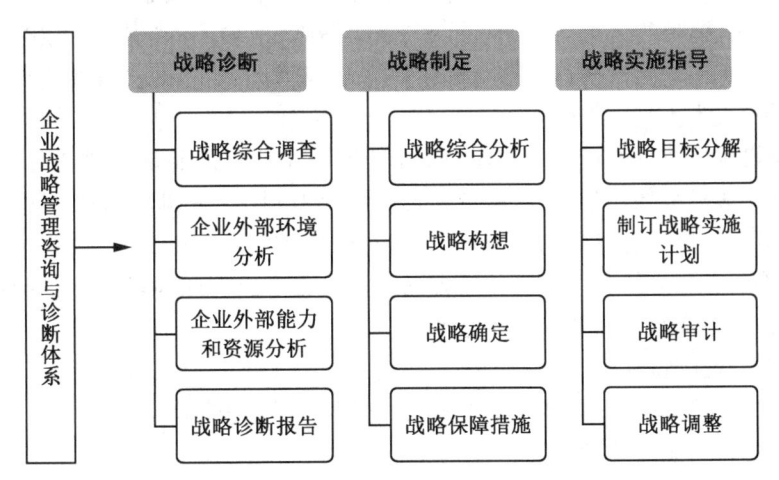

图5-4 企业战略管理咨询与诊断体系图

(三)战略管理咨询的假设

假设是管理咨询的一种重要方法,战略咨询更是经常使用这种方法。咨询过程就是不断提出假设、检验假设、排除或接受假设的过程,从而确定管理问题,分析问题原因,提出解决问题的思路和方法。可以说,没有假设就谈不上咨询,更谈不上诊断,一切咨询与诊断活动也无从开展。假设既是咨询人员的一种基本技能,也是咨询人员的一种思维方式。

1. 假设的概念

在战略咨询中,假设就是咨询人员根据所掌握的企业信息和市场信息,对调查对象关于经营、管理、发展相关的问题所做的推测或判断,由于这种设想在初期还未获得充分的证据,因此需要在调查研究中加以证明。比如在咨询过程中,如果咨询人员通过进一步对火力发电行业的发展现状、国家有关行业政策、主管单位管理模式、该类企业常见问题等情况的了解,确定了企业需要规模发展战略,那就需要进一步提出新的假设:最理想的生产规模;资源最佳整合方式;规模扩张的步骤。

这样一步步地深入下去,不断提出假设,就形成了一个假设集,假设集的各个假设之间有着密切的逻辑关系,并构建起一个完整而严密的体系。

2. 战略咨询假设的重要性

战略咨询假设作为咨询的一种思维方式和技能,无论是对于咨询人员还是对于企业都十分重要,其重要性主要体现在以下三个方面:

(1)战略假设是战略咨询的主要前提。制定战略的难点就是面对未来不确定的环境来制定今天的行动策略。为此,必须把不确定的东西"确定下来",这个确定的过程,就是不断提出假设、不断验证假设的过程。咨询人员通过对环境假设、目标假设以及企业优势假设等进行系统的统筹和安排,最终得到有利于企业持续发展的总体性规划。假设一旦提出,后续工作就围绕其展开,各项工作的目标和范围也就随之确定。一个假设集就搭建起了咨询工作的基本框架,指明了方向,所以说假设是战略咨询的前提。

(2)合理有效的假设将提高战略咨询的质量和效率。在战略咨询过程中,咨询人员的思考方式是从假设出发的,通过不断提出假设,收集事实,论证假设,寻找问题的症结所在。一方面,一系列的假设之间存在着或对立、或支持、或递进的复杂逻辑关系,因而,这种以假设为前提的关系和论证方法,使得咨询方案结构严密、条理清晰、逻辑严谨,保证了战略咨询的质量。另一方面,假设的提出确定了咨询的重点和主要方向,避免了工作的盲目性和片面性,可取得事半功倍的效果,大大提高工作效率。

(3)战略假设水平体现咨询人员的能力。由于对一个假设的验证需要花费大量的时间和工作量,一个好的假设就像一条捷径,能带领我们最快地到达目的地。在咨询过程中,如果高水平的咨询人员能提出一个较高水平的假设,就会很快抓住企业最关心、最关键的问题,并集中精力运用正确的方法去解决这些问题。咨询工作有难度也有风险,咨询人员的战略咨询假设水平是衡量自身咨询水平高低的重要标准。

3. 战略咨询假设的特征

一个完整的战略咨询过程会涉及很多假设,它们有不同的前提、不同的目的和不同的验证方法,但都具有一些明显的共同特性。

(1)战略咨询假设具有明确的目的性。战略咨询假设是咨询人员为了解决企业的战略问题,对企业的需求、企业存在的问题及原因、咨询的思路和方法、企业可能的战略以及战略实施所需要的前提等进行的假设,它具有明确的针对性和目的性。

(2)提出战略咨询假设需要具备一定的条件,不是任何一个人拍拍脑袋就能提出的,主要有四个条件:一是必须具备一定的理论基础;二是必须有一定的咨询经验;三是必须了解企业所处的行业情况;四是必须掌握企业的基本情况。

(3)战略咨询假设是一种推测。假设作为一种推测,不同于真实的情况,具有不确定性,要想将其作为制定和实施战略的根据,就必须在调查和分析中得到证实或证明。在假设的验证过程中,总有一些假设是正确的,而另外一些假设是错误的。只有被验证是正确的假设才能作为制定战略的依据。

(4)战略咨询假设贯穿于整个战略咨询过程中。从与企业开始接触,到与企业签订战略咨询合同、制订咨询计划、制定和实施战略,甚至到项目结束后,都需要假设。假设是在咨询过程中陆续提出的,并且随着咨询人员对企业情况和相关行业的不断深入调查分析而不断验证。这是一个持续不断的过程,假设贯穿于战略咨询的全过程之中。

(5)战略咨询假设随项目的进展而难度增大,风险也不断加大。随着战略咨询项目的进展,咨询人员面对的问题渐渐接近核心问题,问题的敏感性、复杂性、针对性逐步增强,解决的难度也随之加大。这就要求提出假设要更谨慎,也许前期工作中的一个错误假设只会带来几小时的浪费;但到了关键时刻,一个错误的假设可能会将整个战略咨询引入歧途。

(6)战略咨询假设必须具有可验证性。假设必须是可以验证的,如果假设无法验证,就无法为咨询人员所用,咨询也就无法进行下去。这就要求咨询人员在提出假设时,对假设的各种变量设定、分析验证方法,以及所需要的相关资料数据事先考虑,必须保证假设是可验证的。

二、战略管理咨询与诊断的内容

企业战略管理诊断是对企业长期发展的总体规划和战略决策所进行的诊断。它包括对企业战略目标、战略措施、战略步骤、战略环境等的评价与判断。具体来说,就是对战略目标、战略措施和战略步骤以及由这三部分有机构成的企业战略总体进行诊断,以发现问题,提出改进措施,使之达到科学化和合理化的标准。

(一)企业战略诊断的要求

企业战略在企业管理中的重要性和特殊地位,决定了对企业战略的诊断也相应地有着更高的要求。

首先,企业战略的长远性要求诊断工作应立足于经营环境变化和企业自身变革的长远发展,及早发现和掌握事物变化的规律。同时,还应注意在考察期向前延伸的情况下,企业发展会由比较确定向相对不确定转化。因此,诊断人员评价企业战略的标准不应僵化,要把考察标准侧重于合理性和可行性方面,而不是侧重于是否最优。

其次,企业战略的全局性要求诊断工作把企业作为一个整体来考察。诊断人员应从系统论的观点出发,不仅注意由企业战略所确定的企业内部各部门的发展情况,更应注意由这些部门的发展而形成的企业整体发展状况。从大的方面上说,经营战略全局性还决定了应将企业作为一个整体放在经营环境中考察,而更大环境提供给企业的发展选择余地是非常大的。这就要求诊断工作要涉及企业经营环境尽可能广泛的领域,以避免诊断工作的局限性。

最后,企业战略的竞争性表明了经营环境尤其是竞争者的情况对企业战略选择影响的重要意义。因此诊断工作必须时刻注意企业经营环境,尤其是竞争者的动向,及时根据这些动向来评价企业的经营战略及其实施工作,提出改进的意见。

从上述要求可以看出,企业战略的诊断人员应具备较高的素质,不仅应是某一方面的专家,还应具备多方面的知识;不仅要有企业经营管理的知识,还须对政治、经济、社会等各方面出现的变化具备相应的观察与判断能力。只有这样,诊断工作才能取得良好的效果。

(二)企业战略诊断的程序和内容

企业战略诊断所应遵循的程序和各步骤中的主要内容如下。

1. 预备诊断

在接受诊断任务之后,诊断人员首先要做的是收集、整理和分析与企业战略有关的大量资料。这些资料包括:①企业战略的资料;②企业经营环境方面的资料;③企业经营状况的资料。

2. 正式诊断

对企业战略的正式诊断即对战略本身内容及实施情况的诊断,一般分为如下几个过程:①战略目标诊断;②战略措施诊断;③战略步骤诊断;④战略目标综合诊断。这四个过程的有序性比较强。第一步诊断的结论若是否定的,则对于已被否定的战略目标来讲,以后几个过程的诊断就失去了必要性,整个诊断工作便须转到寻找制订战略失误的原因和修改战略的工作上来,以后几个过程的诊断结论若是否定的,也同样如此。

(三)企业战略目标诊断

企业战略目标是对企业在未来经济活动中经营活动状况的规定。它必须能够完整描述未来企业的经营状况,充分体现未来企业的经营特征,同时又稳妥可行。因此,对战略目标的诊断就包括对战略目标体系的完善性、对战略目标内容的合理性以及对战略目标指标数值的可靠性三个方面的诊断。但是,战略目标指标数值是否可靠,必须在对战略措施和战略步骤能否实现的结论得出之后才能确定。所以,对企业战略目标的初步诊断只包括对战略目标体系的完善性和战略目标内容的合理性两方面的诊断。

1. 战略目标体系完善性诊断

战略目标体系的完善性是指通过构成企业战略目标体系的各个目标项目,能够从不同侧面描述出企业未来经营活动的总体特征,反映出企业主要的战略要求。一般来讲,能够描述出企业未来经营活动状况的战略目标体系应包含如下内容:①企业的性质、主要的经营产品和服务项目。②目标市场及市场定位。③企业经营资产的规模和结构、营业总额、利润总额和利润水平、市场占有率。④企业组织形式和管理水平。⑤企业职工的工资水平和福利状况,以及企业对社会的贡献等。

对于以上目标项目,战略目标体系中还应做出主要目标项目和次要目标项目的区分,以明确反映企业通过实施经营战略所期望达到的主要战略要求,如规模要求、收益要求,或是经营安全性要求等。此外,对企业战略目标的实现程度和实现期限也应做出规定。

对战略目标体系完善性的诊断就是检查企业战略目标体系的规定是否满足上述要求,如果企业战略目标体系的规定出现缺乏应有的目标项目、主次不分等情况,就必然导致经营战略实施出现某一方面工作缺乏安排的漏洞,或是出现战略实施过程中轻重缓急不分、秩序颠倒的混乱情况,从而严重影响企业战略目标的实现。

2. 战略目标合理性的诊断

企业战略目标是否合理,取决于未来企业在战略目标所规定的状态下能否赢得与企业发展状况相称的消费者和市场占有率。为此,诊断工作需考察以下内容:①企业将要立足的行业、经营的产品与服务项目是否符合客户需求结构变化的有利方向,能否满足客户对服务水平的要求。随着生活水平的提高,客户对产品的需求会出现新的变化。②企业经营活动涉及的区域是否拥有或将会出现与企业在该地区市场扩展要求相对应的消费者群体。③企业管理水平与组织结构能否适应企业未来发展的要求。

企业战略目标合理与否是决定企业战略实施成败的首要因素。企业战略目标存在不合理现象,主要体现在:由战略目标规定的企业立足行业、经营产品和服务项目与市场需求构成变化的方向背道而驰,与客户对服务水平的要求存在差距;由战略目标规定的经营活动进入地区并不存在与企业发展状况相适应的客户群体;由战略目标规定的企业管理水平和组织结构不能适应企业发展的要求;等等。造成企业战略目标不合理情况的原因是多方面的,主要有以下几点:①战略制定过程中资料收集的范围过小,缺乏全面性或使用了不准确甚至错误的资料;②战略制订过程中对资料的应用不全,分析失当;③战略制定程序混乱,出现诸如先定目标,再找论据的错误做法;④战略制定的方式欠妥,不广泛征求意见,闭门造车;⑤战略制定者素质较差,业务能力低,不能对企业内部和外部经济活动的变化做出正确的判断。

对企业战略目标不合理状况的纠正需要重新拟订经营战略目标。为此必须重新审理并补充企业制定战略目标所依据的资料和分析结论;改变制定经营战略程序混乱的状况,改进制定经营战略的工作方式;帮助战略制定者提高业务水平甚至建议企业更换经营战略的制定者。

(四)企业战略措施诊断

企业战略措施是企业为实现战略步骤和战略目标而采取的根本性措施。企业实施战略的每一项战略措施都应取得预期的效果,否则便会影响企业战略的顺利实现。但是,企业战略措施能否取得预期的效果,主要是看它是否符合以下标准:一是措施的针对性标准;二是措施的可行性标准。前者是指企业在某一时期所采取的战略措施,必须与企业当时面临的主要问题相对应;后者是指实施战略措施的条件是否具备。对企业战略措施的诊断工作也主要从这两方面来评价企业的战略措施。

1. 企业战略措施针对性诊断

在实施企业战略的整个过程中,企业会遇到这样或那样的需要解决的问题。但在一定时期内企业所面临的许多问题中,起决定影响作用的主要问题却只有一个。企业在此时期所制定的战略措施能锚定这个主要问题,便抓住了解决一系列问题的关键。主要问题解决了,其他问题就能迎刃而解;反之,战略措施没能针对主要问题来制定,便会使企业实施战略的工作事倍功半,甚至使整个问题复杂化。对企业战略措施是否具备上述针对性要求的检查,必须从摸清企业当时面临的各种问题入手,仔细区分,发现并掌握各种问题之间的相互影响关系,找出主要问题,并将此结果与企业实施的战略措施所主要解决的问题相对照,即可判别该项战略措施针对性的优劣。

2. 企业战略措施可行性诊断

经营战略措施要能取得满意的效果,除了它应针对主要问题之外,还要看它的实施条件是否具备。若是实施条件还不具备,实施战略措施的难度就会较大,代价也会很大。对于这一问题,诊断工作需要检查以下情况才能做出结论。

(1)实施战略措施的企业外部条件状况,主要是看国家经济政策是否允许、利益相关群体是否支持、相关部门能否提供有利条件、经济发展状况所形成的市场变化是否有利等。

(2)实施战略措施的企业内部条件状况,主要是看企业领导班子意见是否统一、信心是否充足;企业绝大多数职工是否支持;企业各部门是否制订了积极可靠而又相互协调的工作计划;企业财力能否为战略措施的实施提供充足的支持并为可能出现的意外留下了回旋余地。

(五)企业战略步骤诊断

企业战略步骤是企业为最终实现其战略目标而对战略实施过程所做的阶段性规定,每一战略步骤都包含一至数个不等的战略措施。对战略步骤的规定应当符合阶段特点并划分明确,体现每一战略步骤的特点,同时在战略步骤的实施次序安排上又能达到有序的要求。对企业战略步骤的诊断,也主要针对以上要求来进行。

1. 企业战略步骤明确性诊断

在企业的每一个战略步骤中,通过构成该战略步骤的一系列战略措施的实施,要能够建立起企业经营活动在某一方面的战略优势,这是企业实施经营战略的目的,也是划分战略步骤的实际依据。企业战略步骤的明确性,即指通过对战略实施的阶段规定而形成的每一战略步骤,都必须体现出企业决心建立某一方面战略优势的意图。企业战略步骤划分是否符合明确性要求主要是看:①战略步骤的目标体系能否体现企业建立某一方面战略优势的意图;②构成战略的每一项战略措施对建立企业某一方面战略优势是否必要。

2. 企业战略步骤有序性诊断

企业战略步骤的有序性是指企业对战略步骤实施秩序的安排必须符合企业经营活动发展的内在要求。例如,混乱的基础管理工作是企业有效应用各种先进管理技术的障碍,企业无法有效利用各种先进管理技术,就难以提高经营活动的效率,而低效率经营的企业是不可能在竞争中取胜的。在这种内在关系制约下,企业要想实现在竞争中取胜的战略,就必须在战略步骤安排上首先实施提高企业基础管理工作水平的战略步骤,再考虑实施采用各种先进管理技术的战略步骤,循序渐进,才能最终达到在竞争中取胜的目标。诊断工作要判断企业经营战略步骤秩序安排是否恰当,关键在于仔细分析和把握企业发展中各方面工作的内在关系要求,以此对照企业战略步骤秩序安排所反映出来的各方面工作关系是否符合上述要求。

企业战略步骤规定不合理的状况主要体现为:战略步骤目标体系不能反映企业建立某一方面战略优势的意图;各个战略步骤内战略措施安排混乱;各个战略步骤之间应有的秩序关系颠倒;等等。造成上述失误的原因主要有以下几点:①企业经营战略的制定者,对企业划分经营战略步骤的意图未能认真理解和准确把握。②在制定战略的过程中,缺乏对每一项战略措施实施目的的认识和对战略措施实施结果的正确判断。③企业战略制定者未能正确掌握企业经营活动各方面工作之间的关系和企业发展对处理这些关系的内在要求。

纠正上述失误的主要途径是督促企业战略的制定者重新认识企业划分经营战略步骤的意图和战略步骤中每一项战略措施的目的,并对战略措施实施结果进行重新估价。同时,协助企业认真分析并掌握企业经营活动的状况和企业发展对企业各项工作安排秩序的内在要求等。

三、战略管理咨询与诊断的发展现状和趋势

(一)战略管理咨询的发展

战略咨询经历初创期、发展期和变革增长期三个发展阶段。

1. 初创期

从1926年美国麦肯锡会计与管理工程事务所创立到第二次世界大战前是战略咨询的初创期。此间,企业出现了对高层决策支持的需求,形成了一支高层管理咨询队伍,他们通过具有独立性和开创性的咨询活动,帮助企业经理做出客观、有利的选择,并向经理和委托人提供所需的目标及其实现方法。这一时期,由于战略管理还没有形成一门学科,咨询人员为企业提供的高层管理定位等服务,还不能被称为战略咨询,只能算是一种决策支持服务。

2. 发展期

第二次世界大战后,西方国家先后进入了经济发展的新时期。科学技术和工业生产迅速

发展,组织规模进一步扩大,企业间的竞争空前激烈,以用户为中心的买方市场逐渐形成,企业经营环境进一步复杂化。进入20世纪70年代以后,世界经济、科技、社会等方面发生了巨大的变革,给企业进一步成长带来严峻的挑战,同时,也为战略咨询业提供了更广阔的发展空间。

这一时期,由于战略理论逐渐发展起来,特别是以美国著名管理学家、哈佛大学教授迈克·波特(Michael Porter)的竞争战略理论为代表的定位学派的发展,给战略咨询提供了理论依据。这一时期具有开创性意义的是1965年波顿集团(Boston Consulting Group,BCG)的诞生和由其发展起来的企业战略咨询业务。这一时期的战略咨询的特点是咨询人员注重战略咨询工具、方法的开发和运用。

3. 变革增长期

自20世纪90年代以来,全球经济发生了更加深刻的变化,市场信息瞬息万变,经济和科技竞争日益加剧,信息流动速度不断加快,电子商务和网络组织如日东升,跨国经营迅速发展。这种变革不仅给社会进步和经济发展带来了巨大的影响,而且极大地促进了知识密集型产业战略咨询业的飞速发展。1995年全球咨询业的年收入已经超过500亿美元,在欧美一些主要发达国家,战略咨询业的年收入以20%～30%的速度增长。世界500强企业中,有50%左右的企业拥有自己长期合作的国际著名咨询公司,有100%的企业接受过多次战略咨询服务。这一时期战略咨询的特点是更加注重战略思想和理念的创新。

(二)战略管理咨询在我国的发展现状

20世纪90年代,我国进入市场经济的快速发展时期,同时由于经济体制转轨,许多企业需要咨询公司的帮助。在这一大背景下,许多跨国战略咨询公司进驻中国市场,如麦肯锡、罗兰贝格、波士顿等。这些公司凭借它们丰富的战略咨询经验,开始为许多转型中的中国企业解决战略管理方面的问题。战略咨询开始逐渐被接受,并成为许多留学人士回国创业的选择,国内的战略咨询公司如雨后春笋般发展起来。

进入21世纪以来,战略咨询在我国迅速发展起来,并占据了我国管理咨询整个市场份额的16%。特别是近两年来,战略咨询已经占据了31%的市场份额,成为我国管理咨询业的主要业务类型。

(三)战略管理咨询在我国的发展趋势

随着我国市场经济的发展及国际国内竞争的进一步加剧,中国未来的战略咨询业务将面临新一轮机遇和挑战。

1. 战略咨询行业内部的竞争将更加激烈

伴随中国企业战略管理意识的增强,企业对战略咨询的需求将持续升温,由此导致的战略咨询行业内部的竞争将更加激烈。

更多跨国咨询公司将会涌入中国为企业提供战略咨询服务,它们积极开发具有自身特色的战略咨询服务,并在中国进一步细分市场为顾客提供量身定制的服务。国内战略咨询公司之间的竞争也会更加激烈,越来越多的战略咨询公司打破原有的地域限制(以往许多战略咨询公司都只设在北京、上海、广东等地),将营业机构扩展到全国各大中小城市,旨在为全国的企业提供更为方便、快捷的服务,从而加剧地区间战略咨询服务的竞争。越来越多的高校和战略管理研究机构也将加入战略咨询的阵营。从现有的国内战略咨询公司来看,它们中许多具有高校背景,它们的成功示范将启发更多的高校研究机构和战略学者加入战略咨询,由专业人士成立的战略咨询公司将越来越多。

2. 品牌将成为优势

在日趋激烈的竞争中,品牌将会成为战略咨询公司的竞争优势所在。众所周知,外国大型战略咨询公司的品牌认知程度普遍高于国内公司,其收费也要远远高于国内公司。究其原因,外国咨询公司在多年的咨询工作中积累了丰富的经验,也树立了良好的品牌形象。在战略咨询的未来发展中,好的品牌就代表了成功的方法和经验,而这正是咨询客户最为关注的。

3. 本土化趋势在战略咨询发展中的地位将越来越明显

虽然对于外国战略咨询而言,它们有着丰富的行业数据与经验,也有着优秀的咨询专业人员和咨询工具,但如何将这些资源和方法有效地服务于中国企业将一直是它们不断探索的目标。事实上,国外的这些咨询巨头们早已意识到了这一点,都在致力开发适合中国企业的咨询方法、流程,从而确保它们提供的战略方案适合中国国情。

4. 战略咨询绩效评价越来越重要

随着客户预算控制的加强以及战略咨询行业竞争的加剧,战略咨询绩效评价将变得越来越重要。一方面,随着客户预算管理的完善,咨询项目也会和企业任何一项投资支出一样要进行咨询项目的投资收益分析,并以此来对该咨询项目进行绩效评价;另一方面,随着咨询业竞争的日益加剧,许多战略咨询公司纷纷制定咨询绩效评估程序以强化自身的管理,维持自身的行业竞争力。总之,战略咨询绩效评价可以在客户与咨询人员之间建立一种信任关系,促使管理咨询公司不断提升服务水平,从而更加有利于战略咨询的健康发展。

第三节 企业战略管理的调查与分析

一、战略管理综合调查

战略管理综合调查是指在战略咨询过程中,咨询人员将客观存在的与战略有关或者有用的各种信息,采取适当的方式方法有效汇集在一起的行为。战略综合调查的信息获取是信息处理的起点,也是后续战略决策选择和制订的重要基础。信息获取的方法主要包括资料收集、访谈和问卷调查。

(一)战略综合调查的内容

战略综合调查的内容分为企业内部信息收集和外部信息收集。

1. 内部信息收集的内容

内部信息收集是指对企业内部的生产、经营、管理活动的原始数据的汇集与初步加工。内部信息的来源主要有企业会议、决议文档资料、财务报告和统计报表、制度范本、现场观察记录以及有关的原始凭证和台账、企业问卷调查和员工访谈所得资料等。

内部信息收集内容主要包括:①历史沿革,指企业成立背景及发展史、目前概况,领导班子概况等;②重大会议相关资料,主要是年度工作报告、主要领导人重要讲话、董事会重大决策;③前一阶段发展规划及其执行情况及相关支持性文件;④股权结构及治理机构;⑤各项经济技术指标完成情况;⑥组织结构和组织管理信息,如组织机构图、部门负责人等;⑦人力资源状况,如员工数量、年龄结构、学历结构、职称状况、人力资源规划和人力资源管理制度等;⑧主要业务流程及生产技术状况等;⑨市场营销状况,如主要销售途径和销售策略、销售网络、主要客户信息等;⑩财务状况,如资产结构、赢利状况、资金运营状况等。

2. 外部信息收集的内容

外部信息收集是指对来自企业外部的相关数据的收集。外部信息的收集渠道主要包括查询咨询企业已有的数据库、国家或地方统计数据、专业杂志和期刊文章、外部专家访谈、市场调查企业报告和上网搜索相关资料等。

外部信息收集内容主要包括：①国家相关政策，主要是国家出台的相关法规和政策信息；②行业发展现状及趋势，主要是目前行业的供给和需求状况、市场中生产者的状况、国家相关政策对行业的导向作用等；③市场产品结构化概况，主要是市场产品的供给和需求状况，产品的发展趋势等；④市场（产品）竞争状况，包括主要竞争者、生产规模、技术工艺、核心竞争力、管理模式及其发展规划等，尤其要收集优势企业的相关信息；⑤技术和研发状况，包括行业主要生产技术发展情况、行业未来生产技术发展趋势、行业研发规模、结构等。

（二）战略综合调查的方法

战略咨询需要收集的信息量很大，战略综合调查的原则是：以第一手资料为主，尽可能多地收集一手资料；以二手资料为辅，使用二手资料时要尽量验证资料来源的真实性和可靠性。

战略综合调查是指对已经存在信息的收集整理，也就是案头调研，可从企业直接获得或从其他报纸、杂志、互联网等媒体获得。

资料收集的方法主要有：①向企业提供资料清单，要求企业按照资料清单提供资料；②利用互联网络收集资料，尽量从国家、地方或者行业协会专用网站收集，如国家和地方统计局网站，以保证资料的可靠性；③查询国家行业出版物，如国家年度报告、行业度报告等；④查阅专业杂志和期刊；⑤对企业人员进行访谈；⑥拜访行业内的专家，利用他们的专业背景探寻信息；⑦购买调查公司的调查报告。

（三）战略综合调查中的注意事项

①注意资料的审核与判定；②注意对信息资料的管理；③注意对资料范围的把握；④注意与企业协调、沟通；⑤尊重资料提供者的意见；⑥考虑收集资料的必要性和成本。

二、企业战略分析

（一）企业环境分析

企业是一个具有生命特征的开放系统，它与外部进行人员、能量、物质、资金信息等交换，在这个过程中无时无刻不受到客观环境的控制和影响。每个企业所处的外部环境不尽相同，因而对企业的生存发展的影响也不相同。在企业内部条件相同的情况下，环境的不同会导致企业的生存发展状态不同。因此，把握企业所处环境的现状及变化趋势，是企业谋求生存与发展的首要问题。企业环境分析对于制定企业战略乃至整个企业经营具有十分重要的意义。

1. 环境与企业

外部环境是存在于企业范围之外并能够影响企业的一切因素，如国家政策、经济形势、供给与需求、竞争对手、社会文化等。企业不能离开一定的环境而存在。孙子曰："知己知彼，百战不殆。"在企业的生存发展中，其"彼"就是外部环境。企业的外部环境不可能永远不变。这种变化具有动态性和差异性两个特征。企业的外部环境具有不断变化的动态性是指影响企业的环境因素并非一成不变，变化的环境因素会给企业带来发展的机遇或生存的威胁，企业必须与之相适应，抓住机遇、避开威胁，否则就会出问题。但是不断变化的环境因素在变化的程度上存在着差异性，即不同的环境因素的变化幅度、速度和范围不同，不能一概而论。认不清环境的特性，会导致企业举措失当：或当变不变、过于滞后，或变化过快、欲速则不达。

企业环境是一个多主体的、多层次的、发展变化的多位结构系统，由于研究环境的目的、任务、要求各不相同，因此对环境的分类也各不相同：①根据环境的范围和对企业影响的差异程度,分为宏观环境与微观环境;②根据人们对待环境的主观程度不同,分为实际环境与主观环境;③根据影响企业环境因素的多少及其确定程度,分为简单环境与复杂环境;④根据环境的变化程度高低,分为稳定环境与变动环境;⑤根据企业对外部环境的可控程度,分为垄断环境与竞争环境。

不断变化的环境既给企业带来威胁和挑战,也给企业创造了发展的机会。企业的生存与发展就是在外部环境的不断变化之中趋利避害。因此,企业分析环境、应对环境变化的能力至关重要,它决定着企业的生死存亡和兴衰荣辱。企业环境分析是企业制定战略、开展经营活动的首要前提。

2. 环境因素分析

环境因素分析是指对广阔的社会环境中影响企业的各种因素进行分析。

(1)环境因素分析的内容。总体环境分析的各种因素对企业经营绩效的影响程度是不同的,要搜索、监测、预测和评估那些最重要的影响因素。这些因素主要包括人口,经济,政治、政策和法律,社会文化,技术和全球环境六个方面。总体环境分析的内容如图5-5所示。

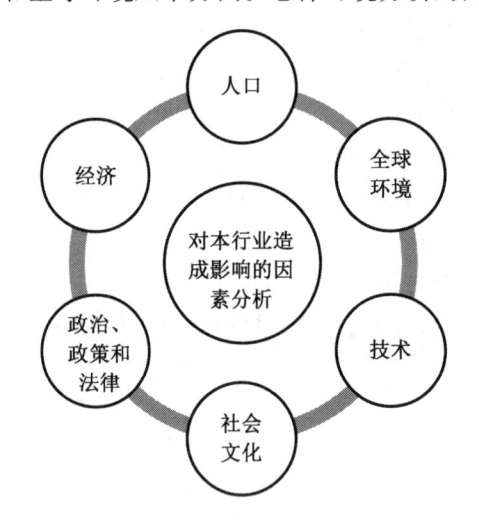

图5-5 企业战略管理环境因素分析内容图

(2)PEST分析法。PEST分析法是企业外部环境分析的基本工具,主要用于对企业所处的总体宏观环境中影响战略的因素进行分析。PEST分别代表四类影响企业战略制定的因素的英文首字母:P指代political,即政治法律环境,主要包括政府的目标、施政纲领和政策,国家法律和法规体系,外交方针与对外政策,政治经济管理体制,政治形势以及治安状况等,由于历史的原因,我国的政治对社会经济生活的影响既全面又深入。E指代economic,即经济环境,包括经济形势、国民收入、人民富裕程度及其购买力、商品化程度、物价水平及其变动、经济增长率、产业结构、税率变动、利率变动、汇率变动、投资动向、资本市场、国际融资、国际贸易等。S指代social,即社会文化环境,包括人们的生活方式、价值观、风俗习惯、宗教信仰、文化传统、社会舆论等。T指代technological,即技术环境,指技术的发展和运用状况。自20世纪80年代以来,以信息技术、生命科学、新材料新工艺为代表的技术革命浪潮,给人类社会发展带来了深刻的影响,并从根本上改变了整个世界。

3. 行业环境分析

行业是根据产品或服务的性质和类型来划分的,根据行业规模大小,有大行业、小行业之分。行业环境也称中观环境,企业处于哪一个行业,取决于企业经营哪一类产品或服务。行业的进入障碍、竞争程度、发展潜力、技术水平、利润潜力、生命周期等与企业的生存发展息息相关。行业环境决定企业的生存发展空间。

(1)行业环境分析的内容。行业发展阶段分析,即对企业所在行业的生命周期阶段进行分析。行业的生命周期可分为诞生、成长、成熟、衰退、消亡等阶段。

行业竞争结构分析,是指对行业中企业总数、产能、市场容量、市场进入障碍、竞争对手的分析。行业社会地位分析,是指对行业在国民经济中的重要作用、收入水平、人员素质、社会认可程度、发展潜力、社会预期等方面所进行的综合分析。行业特性分析包括两层含义:一是对行业业务的内容、性质和特点进行的分析;二是对行业投资的收益性、成长性、风险性及效率性的分析。行业技术水平分析,是指对行业产品或服务的新技术含量、工艺装备水平的分析等。行业关键成功因素分析在行业发展阶段和行业结构等分析的基础上,要总结出企业所处行业内企业实现成功竞争所必需的条件,即对行业内的关键成功因素进行分析。

(2)行业环境分析的方法——SCP 分析法。SCP 分析法是一种产业组织分析方法,也是进行企业外部环境分析的基本方法,主要用于对企业所处的产业、行业环境中影响战略的因素进行静态和动态分析。其中,S 指代 structure,即行业结构,以行业中的竞争者数量、产品的异质性以及进入和退出行业的成本为衡量标注。C 指代 conduct,即行业中具体的企业活动,包括价格接受、产品差异化、串谋和利用市场势力等。P 指代 performance,即绩效,具体指企业的绩效水平。

SCP 分析模型如图 5-6 所示。具体运用时可以对模型稍作变化,将其转换为动态模型,即产业结构的变化—企业行为的变化—企业绩效的变化。

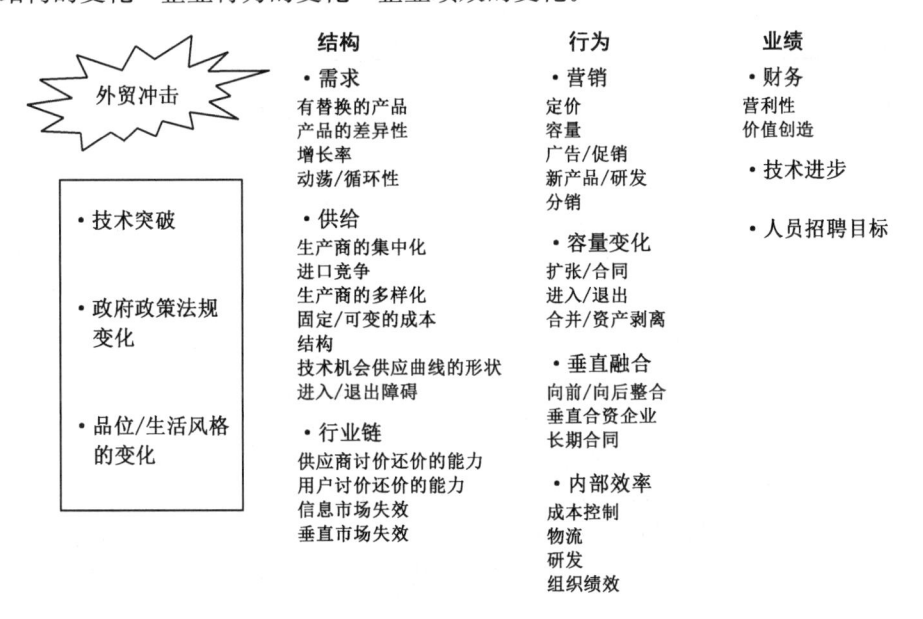

图 5-6 企业战略 SCP 分析模型图

SCP 分析法通过对行业结构中供给、需求和行业链的分析,对行业结构的变化做出评估;通过对行业中各战略群组企业的营销、容量变化、垂直整合情况和内部效率分析,对行业中各战略群组企业的行为做出评估;通过对各战略群组企业的财务、技术、人员等方面的分析,对绩效水平做出评估。经过上述评估过程,对客户所处行业和企业的现状已经有了一个基本判断,但还需要考虑行业结构的未来变化、战略群组、企业未来的行为变化和绩效水平的变化做出动态评估。

促使企业成功的关键因素是指有利于发挥企业特长、在行业中形成特色并使企业在竞争中占优势地位的条件、变量或能力。虽然影响企业的因素是多方面的,但是决定企业生存发展的关键因素并不多。寻找这些因素,并围绕其配置资源,以提高资源利用效率、形成竞争优势,是企业取得成功的关键。

行业关键成功要素是在竞争中取胜的关键环节。可以通过判别矩阵的方法定性识别行业关键成功要素。其具体操作过程是采用集中讨论的形式对矩阵中每一个要素打分,一般采用两两比较的方式,如果A要素比B要素重要则打2分,同样重要打1分,不重要打0分。在对矩阵中所有格子打分后,横向加总,以此进行科学的权重分配。一般权重最高的因素就成为行业关键成功因素。表5-1为运用判别矩阵方法设计的行业关键成功因素分析表。

表5-1　　　　　　　　　　　行业关键成功因素分析表

重要程度分析	技术	销售	市场推广	品牌	物流	售后服务	采购	产品价格	产品质量	资金	政府关系	生产能力	人力资源	总分
技术														
销售														
市场推广														
品牌														
物流														
售后服务														
采购														
产品价格														
产品质量														
资金														
政府关系														
生产能力														
人力资源														

4.市场和竞争环境分析

市场和竞争环境分析是外部环境分析极为重要的环节。

(1)市场和竞争环境分析的内容。行业是一个产出概念,而市场是一个需求概念。市场环境分析的内容有需求分析(明显需求与潜在需求、基础需求与派生需求)、市场细分、用户分析、竞争对手分析、市场规则分析等。

(2)市场和竞争环境分析的方法——SWOT分析法以及五种竞争力量分析模型。

SWOT分析法是一种综合考虑企业内部条件和外部环境的各种因素,进行系统评价,从而选择最佳经营战略的方法。

S指代superiority,即企业优势;W指代weaknesses,即企业劣势。优势和劣势是相对于竞争对手而言存在的,一般表现在企业的资金实力、人员素质、技术装备、研发能力、制造能力、营销能力、品牌商誉、决策机制、管理能力等方面。

O指代opportunities,即企业外部环境的机会,是指环境中对企业有利的因素,如政府支持、高新技术的应用、良好的购买者和供应者关系等。

T指代 threats,即企业外部环境的威胁,是指环境中对企业不利的因素,如新竞争对手的出现、市场增长率缓慢、技术落后等。

应用该方法首先应依据企业目标,将对企业生产经营活动及发展有着重大影响的内部及外部因素列出,并根据所确定的标准对这些因素进行评价,从而判定出企业的优势与劣势、机会和威胁。通常的方法是对所列因素逐项打分,然后按因素的重要程度加权求和,企业在此基础上进行判断,选择相应的战略(见图5-7)。

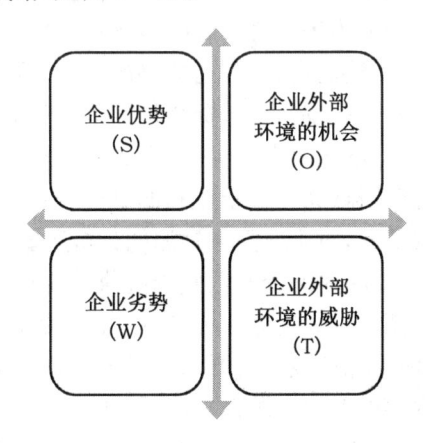

图5-7 SWOT分析图

环境对企业产生的影响程度的大小是很难量化的,而行业中竞争的根源在于其固有的经济领域,而各种竞争压力并不因某一行业中的竞争对手而转移。美国著名的战略管理学家波特提出,在一个行业中,存在着五种基本的竞争力,即潜在对手、替代品、客户、供应商和行业中现有竞争对手间的抗衡。企业的生存空间取决于与这五个方面的力量博弈的结果(见图5-8)。

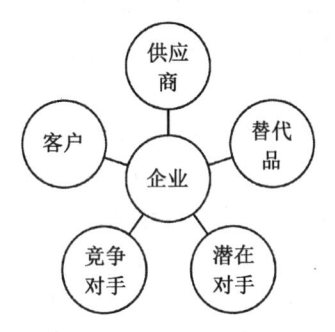

图5-8 五种竞争力量分析模型图

在一个行业里,这五种基本竞争力的状况及其综合强度引发行业内在经济结构的变化,从而决定行业内部竞争的激烈程度,决定着行业获利的最终潜力。

(二)企业内部资源与能力分析

对企业外部环境,尤其是对企业的市场竞争环境的分析是为了"知彼",对企业内部资源和企业机制的分析则是要做到"知己"。经济学的基本问题是如何合理有效地配置资源。对企业而言,其资源配置的有效性高低,决定了企业是否还有存在的理由。因此,开展企业资源分析,一是要分析企业拥有哪些资源,二是要分析企业资源的利用效率如何。企业的资源分为有形资源和无形资源两类。

1. 企业有形资源分析

企业有形资源通常包括人力资源、财务资源和物质资源三部分,它们比较容易识别和评估,并在企业的财务报表中有所反映。

(1)人力资源分析。人力资源是企业的核心资源之一。对人力资源的分析,一是分析企业拥有人力资源的数量,二是分析人力资源的素质和能力。结构分析是常用的方法。例如,通过年龄结构分析,可以了解企业的活力大小或经验多少;通过专业结构分析,可以了解企业的业务能力;通过学历结构分析,可以了解企业人员的基本素质和发展的后劲;通过职称结构分析,可以了解企业的技术水平和管理能力等。当然,这不是绝对的。

(2)财务资源分析。就企业战略而言,财务是战略的核心,因为对所有资源的整合都离不开价值要素,所以财务资源是企业的生命之源,资金是维持企业生命的血液。财务资源分析通常包括对企业资金来源及其结构、继续筹资的弹性、企业资金使用结构状况、现金流状况、企业总体财力、企业获利能力及经济效益的状况、企业利润分配、成本费用结构、股东资金、股利政策等重要方面进行分析。不仅如此,对企业财务资源的分析还要根据企业的战略目标来进行,分析企业为了达到战略目标,需要在时间上和数量上提供什么样的资金保证。战略财务资源分析的侧重点是分析企业中长期的财务优势和劣势以及长期的企业净收入趋势与总资产利用状况,同时计算企业在计划期内为保持战略所要求的增长率而必须进行再投资的数量,从而判断出企业能否单独依靠自己内部的财力资源来支持预期的增长。

(3)物质资源分析。企业物资资源包括企业拥有使用权的土地、设备、建筑、存货等。企业物质资源分析的内容包括土地、设备、建筑、存货等资源的拥有数量、分布状态、新旧程度、技术含量、价值高低以及结构等。

2. 企业无形资源分析

科技及社会的进步使得无形资源在企业的经营活动中发挥着越来越重要的作用,有时甚至会超过有形资源的战略作用。由于许多无形资源目前还无法通过企业的财务报告反映出来,所以对企业无形资源的分析就显得更为重要。企业的无形资源可分为无形资产、知识资本和企业文化三部分。

(1)无形资产。企业的无形资产包括企业专利、专有技术、特许资产使用权、商标、品牌、商誉、重要社会关系等。其中,技术专利、专有技术、特许资产使用权等可以纳入会计核算,在财务报表上有所反映;而商标、品牌、商誉等则未能纳入会计系统核算,其价值只能够在企业生产经营中体现出来。对企业无形资产分析,可以从技术和品牌两个角度考察。企业技术可以通过申请专利数量、出让专利的收入、拥有专有技术数量和技术水准、研发人员占总员工比例等方面进行分析。企业品牌则可以通过对品牌知名度、品牌重购率、员工满意度等指标来分析。同时,企业品牌的市场表现往往可以表现为其产品的价格是否有超额的部分,以及其产品的市场规模。企业品牌的价值还可通过资产评估公司来定期评估与发布。

(2)知识资本。知识资本是伴随知识经济而来的新概念,它是指所有权属于个人或公司,并且能够给公司带来收益的特殊资源,是与企业创造价值相关的知识、技能、经验、信息以及信息加工能力。

知识资本的分析内容包括企业积累的成败经验、技术文档、信息流量及其信息加工能力、信息沟通效率、重要信息采集能力、员工合理化建议的数量与质量等。随着知识经济的到来,越来越多的企业把企业员工以及管理者所拥有的知识技能作为衡量一个企业是否具有广阔的发展潜力的重要体现。

(3)企业文化。企业文化是企业家倡导、经企业员工在较长时期的生产经营实践中形成的企业使命、信念、共有价值观、行为准则、工作氛围、做事风格以及具有相应特色的行为方式和表现的总称。企业文化是形成企业机制(包括决策机制、激励机制、约束机制、执行机制等)的重要组成部分。因此,打造优秀的企业文化,实际上也是在锻造企业的核心竞争力。

3. 资源利用分析

对企业拥有资源内容的分析只是了解企业内部资源的一个方面,经济学的基本命题是如何合理有效地去配置资源。所以,对企业资源分析更重要的方面是分析资源的利用效率和效益。

三、企业战略管理诊断

(一)企业战略管理诊断方法

战略诊断的目的是明确最关键的战略问题,一般从以下几个方面考虑(以单业务公司为例):①客户现行战略运行的良好程度。②客户的资源优势和劣势、外部的机会和威胁。③客户的价格和成本是否具有竞争性?④客户的竞争地位如何?客户面临的战略问题是什么?详细分析如表5-2、表5-3、表5-4所示。

表5-2　　　　　　　　　　战略诊断分析表——战略业绩指标

业绩指标	20__	20__	20__	20__	20__
营业额					
增长率					
净利润率					
权益投资回报率					
其他					

表5-3　　　　　　　　战略诊断分析表——内部资源优势和竞争能力

内部弱势和资源缺陷
外部机会
外部威胁

表5-4　　　　　　　　　　战略诊断分析表——竞争优势评价

赋值:1=非常弱;10=非常强

关键成功因素/竞争优势指标	权重	公司A	公司B	公司C	公司D	公司E
产量/产品性能						
声誉/形象						
制造能力						
技术技能和诀窍						
特约经销商网络/分销能力						
新产品革新能力						
财务资源						
相对成本地位						
客户服务能力						
其他						
总评分						

(二)企业战略管理诊断报告

战略诊断报告是项目组对关键战略问题进行深入剖析和阐述的书面文件,需要反复与客户沟通、论证,最后形成双方一致的认识。

1. 战略诊断报告的重要性

(1)确定问题和原因。战略诊断报告要把确定企业战略问题和原因分析作为主要内容,向企业提供战略诊断报告是咨询过程的一个重要环节。

(2)增加客户信任度。战略诊断报告是展示咨询人员工作成果的机会,阶段性的成果展示是对企业配合工作的肯定,也可以促使他们紧跟项目进度,积极配合下一步的工作。如果他们对诊断结果满意,就会更放心地提供信息和发表自己的意见。

(3)衡量咨询水平。战略诊断报告的质量在很大程度上显示了咨询人员的洞察力和分析能力,表明了咨询人员的业务水平。战略诊断报告的水平影响并决定着咨询公司和咨询人员的信誉、形象及影响力。

(4)确定资讯内容。企业的经营管理者对企业自身问题往往把握不准确,许多时候把企业出现的问题都归并为战略问题。通过战略诊断工作,咨询人员会发现企业真正存在的问题是什么。本着对企业负责任的态度,咨询人员要向企业说明出现这种问题的原因并提出建议,与企业进一步沟通,明确咨询内容。

(5)确定咨询方向。在实践中,要在战略诊断和战略制定之间划分明确的界限是困难的,也是不恰当的。诊断不仅是为后续工作做好铺垫,更是定下了基调、确定了主题。没有正确的诊断,就没有一个正确的工作方向,错误的诊断会使后面的咨询工作建立在错误的基础上,从而无法达到企业满意的咨询效果。

(6)增强与客户的沟通。战略诊断报告是咨询人员以正式方式向企业全面展示自己对企业战略方面存在问题及其形成原因的分析,并公开接受企业的见识和质疑。这种正式的交流方式,可以弥补口头的、非正式交流的不足,更具有说服力。

2. 战略诊断报告的内容

(1)基本情况。首先,报告的第一部分应该简要而完整概括一下基本情况,包括企业的基本状况、项目的基本情况等。企业的经营管理者工作非常忙,他们没有时间通读长篇报告,因此,如何用简洁又准确的语言来表达是这一部分的关键。其次,对于那些企业早已熟知且对战略制定没有很大意义的一般信息可以一笔带过,不要过多关注。陈述的重点应该放在下面几个方面:①咨询人员所做的工作;②咨询人员首先发现的事实;③能带来新发现的已知事实。

(2)现行战略存在的主要问题及其原因。战略诊断报告是揭示企业所有问题的主要工具,企业需要通过这样的文件来清楚认识自己的处境和面临的机遇,同样,表达清晰和内容完整是基本的要求。

(3)解决问题的建议。战略诊断报告要指明今后的行动方向,因此,不仅要诊断出企业存在的问题,还要提出相应的解决方案。

3. 撰写战略诊断报告书注意事项

战略诊断报告书应注意以下两点:

(1)客户的现状要阐述清楚。只有深入调查了解客户现状,才能进行准确的战略诊断。只要全面深入认识客户现状,就能抓住客户的关键战略问题。

(2)战略问题要具体。很多时候容易犯的一个错误是提出的战略问题太广泛、内涵太大,看上去所有的企业都面临这样的问题,这种战略问题就属于无效问题。

第四节　企业战略的制定

一、构想企业战略

(一)企业战略的构想

战略诊断报告提出后,企业、咨询项目组对企业存在的一些战略问题,如愿景使命、业务范围、成长方式等都会有不同的假设和解决思路,这些假设和解决思路就是战略构想。下面具体阐述战略构想的内容和步骤。

1. 愿景分析

(1)愿景的含义。愿景是指对企业长期的前景和发展方向、目标、目的、自我设定的社会责任和义务的一个高度概括,是对企业实现了所定下的宗旨目标以后的那幅激动人心的、无比美好的未来远景的一种描述。愿景可以是在一个特定时期内实现的一种承诺。

(2)愿景的意义。愿景的意义有以下几点:①表明战略和组织的发展;②描述一个鼓舞人心的事实;③为内部人员提供指导。愿景增加了对企业进行系统化管理的可能性。如果缺乏愿景,企业将依赖于高、中级管理层中所有决策者良好的企业家技能,这是机会主义,而不是系统的成功。

(3)愿景分解。愿景分解建立企业文化和实施企业战略的过渡性步骤,是将文化战略实施以及将战略匹配到企业思维模式的必要过程。愿景草案提出后,咨询人员必须进行定性分析和定量分析,必须充分认识到前期沟通工作的重要性。

2. 确定使命

(1)企业使命的含义。企业使命是指企业在社会中借以存在的根据,或者说是企业在社会中所应担当的角色和责任。企业使命体现了企业总的发展方向、企业的长期目标和企业行为活动的总原则。企业使命包含四个主要要素:企业哲学、企业宗旨、企业形象、企业社会责任。

(2)企业使命的作用。企业使命的作用有以下几点:①决定企业发展方向,揭示自身的长期发展愿景;②是企业战略目标测定的前提;③是企业战略方案制定与选择的依据;④是企业分配资源的基础。

使命阐明了企业的基本性质和存在的理由,说明其宗旨、经营哲学、信念和原则等;使命为企业战略目标的确定提供依据。

(3)企业使命的内容。企业哲学又称企业经营哲学、企业经营思想或企业经营理念,是指一个企业为其经营活动方式所确立的核心价值观、态度、信念和行为准则,是企业在社会活动及经营过程中起何种作用或如何起这种作用的抽象反映。

企业宗旨。企业宗旨是指企业现在和将来应从事什么样的事业活动,以及应成为什么性质的企业或组织类型。确定企业宗旨应避免两种倾向:一是将企业宗旨确定得过于狭隘,二是将企业宗旨确定得过于空泛。确定企业宗旨必须看企业与顾客的关系,要回答两大问题:其一,现在我们的企业是什么,也就是分析现在的顾客;其二,我们的企业将来应该是什么,即要分析和确定潜在的客户。

企业形象。企业形象是指一个企业在社会公众心目中的总体印象和综合评价,它是衡量企业经营管理优劣的一把尺子,也是展现企业精神风貌的一面镜子。企业试图建立一个怎样的社会形象,是企业使命的一项重要内容。

企业社会责任。企业社会责任涉及员工、股东、用户、供应商、社会、政府、竞争对手、社会公众等。其中,所有者(股东)要求有好的投资报酬;用户要求提供满意的产品(服务);员工要求有良好的物质待遇和发展机会;供应商要求可靠的信用;政府要求纳税并遵纪守法;竞争对手要求公平和宽容;社会公众要求周围环境条件的改善以及支持当地社会的公益活动。

(4)企业使命的决定因素及其对企业使命的影响。决定企业使命的因素包括外部因素和内部因素。其中外部因素有政府、社区社会公众、供应商、顾客、竞争者和其他利益相关机构(如金融机构)等;内部因素有股东、董事会、管理层和员工等。

咨询人员帮助企业分析并确定其使命,要将上述影响企业使命的所有外部因素和内部因素综合起来考虑,并通过利益相关者矩阵等分析方法找出关键影响因素,以作为确定企业使命的依据。详细内容见如表5-5所示的利益相关者矩阵。

表5-5　　　　　　　　　　　　利益相关者矩阵

利益水平	低	高
低	A	B
高	C	D

3.确定业务经营范围

(1)业务经营范围的含义。业务经营范围是指在一定时期内,企业根据自己的技术特点、人才优势和资金实力等所确定的生产产品的种类或从事服务的领域。

企业战略的选择,必须明确企业的业务经营范围。一般来说,一个企业的业务经营范围具有一定的伸缩性。企业可以在这一经营领域选择一个、几个或一系列品种,也可以以原有的经营领域和经营品种为基础,根据市场需求,采用不同的策略扩大经营范围,由于企业的特点和内外部条件的差异,企业经营范围具有各自不同的特点。

(2)确定企业业务经营范围的主要考虑因素

在实践中,企业的业务经营范围一般是由以下因素决定的:

①企业的初始战略。当一个企业计划筹建时,企业高层决策者就已选择了企业的服务对象、经营规模等,企业的业务经营范围也已基本确定下来。企业业务经营范围是由企业当时的人才、技术和市场等特点决定的,企业要力求在自己的业务经营范围内发挥优势,并能长期保持这种优势。

②产品多元化的发展方向。在同行业企业之间竞争日益激烈,市场对产品的品种、花色、款式等需求不断增加的情况下,企业不会抱残守缺、墨守成规,必将努力开拓市场服务领域,实行多样化经营。产品多元化可以使企业在以其关键产品为主线的前提下,扩大原有的业务经营范围。

③产品市场的变化。在市场经济条件下,企业一般很难维持已经形成的垄断经营地位。一种产品在一定时期内具有较高的市场占有率和较大的销售量,其他企业的进入及该种产品社会保有量的增加,会使产品在需求上出现饱和,迅速进入成熟期和衰退期,生产企业将面对大量产品积压,价格迅速下跌,生产难以继续。在这种情况下,生产该种产品的企业将面对三种选择:一是维持原有产品的技术设备和生产工艺等基本不变,发展相关产品;二是对原有产品进行技术改造,提高其质量标准、规格和档次;三是彻底改造原有的技术设备,停止原来产品的生产,开辟新的经营领域。

④政治、经济形势变化。国家的政治、经济形势变化是企业发展变化的晴雨表,从而也会

直接或间接地影响企业的经营范围。国家改革开放的方针政策鼓励许多企业转向生产出口创汇产品,国际形势的缓和与稳定将使军工企业转向民品生产。

(3)确定企业业务经营范围的原则

经营范围是否合理,经营方向是否稳定,都会直接影响企业战略选择的正确性和实施的效果。因此,为了确定企业的业务经营范围,应遵循以下原则:

①集中优势的原则。企业资源的有限性,将使企业集中主要力量形成"拳头",寻求产品优势。如果企业的资源使用过于分散,就会使企业失去整体优势。因此,在确定企业经营范围时,必须注意利用有限资源,保持企业优势,避免将企业的业务经营范围扩展得过大。

②相对稳定的原则。相对稳定并不是需要产品几十年保持一贯,要避免产品范围的频繁变换而损伤企业元气。一般来说,小企业船小好调头,进行经营范围的调整相对来说比较容易,而大中型企业进行一次大的经营范围调整是相当困难的。所以,大中型企业的经营范围一经选定,为保证战略计划的实施,在计划期内不宜变动。

③合理性的原则。合理是指确定和调整企业经营范围一定要从企业实际出发,要保持企业优势。经营范围的选定要从企业技术力量、人才状况、资源潜力和现有市场及潜在市场的具体情况出发,把客观环境要求企业进行经营范围选择的必要性与企业内部实力的可能性结合起来。

4.选择成长方式

在企业层面的战略构想阶段,咨询人员帮助客户进行了愿景分析、明确了使命和业务范围后,还要为客户选择一定的成长方式实现企业的成长。一般有四种成长方式可供企业选择:集中型或密集型成长方式、一体化成长方式、多元化成长方式、联盟成长方式。

(1)集中型或密集型成长方式。集中型或密集型成长方式即在企业现有的业务领域寻找发展机会。有三种战略可以实现密集型成长,即市场渗透战略(设法在现有市场上增加现有产品的市场份额)、市场开发战略(为企业现有产品寻找新市场),以及产品开发战略(开发新产品)。

(2)一体化成长方式。一体化成长方式即建立或并购与目前企业有关的业务,包括纵向一体化战略(又可以区分为前向一体化和后向一体化)和横向一体化战略。其中,前向一体化就是通过兼并和收购若干个处于生产经营环节下游的企业实现的扩张和成长,如制造企业收购批发商和零售商;后向一体化则是通过收购一个或者若干个供应商以增加赢利或加强控制,如汽车公司对零部件制造商的兼并与收购。横向一体化就是对竞争对手的兼并与收购。

(3)多元化成长方式。多元化成长方式即寻找与企业目前业务范围无关的富有吸引力的新业务。多元化成长战略包括同心多元化(开发与企业现有产品线的技术或营销有协同关系的新产品)、水平多元化(研究开发能满足现有顾客需要的新产品),以及集团多元化(开发与企业现有技术、产品市场都毫无关系的新业务)。

(4)联盟成长方式。联盟成长方式即与其他独立组织在研究和开发、生产、市场营销和服务等多方面展开合作,通过优势互补寻求范围经济协同效应的成长方式。战略联盟可以采取股权联盟、非股权联盟和合资企业三种方式。企业通过联盟可以获得诸如开发范围经济、向竞争者学习、与合作者分担管理风险和成本、低成本进入新市场、低成本进入新行业和新行业环节、从行业或行业环节中退出和管理不确定性等好处。

选择成长方式要结合客户企业内部资源和能力及外部环境因素,在上述成长方式和成长战略中进行。

二、企业战略的制定及选择

在战略制定与选择阶段中,我们需对已提出的战略构想进行进一步的分类选择,在前面的战略构想梳理中,我们主要回答"客户目前处于什么位置,有哪些发展方向"的问题。在战略制定中,要回答的问题是"客户向哪个方向发展是可行的"。在战略选择中,要回答的问题是"客户向哪个方向发展是最优的"。战略制定是一个理性的过程,可以用大量的数字量化地说明问题,而战略的选择更多的是一个感性的过程。战略咨询顾问帮助客户选择了可行的战略方案,客户在进行战略选择时却经常会徘徊犹豫。客户内部的权力关系、管理层对风险的态度、相关利益团体的意向等都会影响客户的战略选择结果。

1. 战略制定与选择的内容

战略制定与选择的内容多种多样,无法一一列举,下面列出通常的一些内容:(1)是建立单业务组合,还是建立多元化业务组合?(2)是满足广泛范围顾客的需求,还是聚焦于某一个特定的市场?(3)是发展狭窄的产品线,还是发展广阔的产品线?(4)将客户的竞争优势建立于低成本之上,还是建立于产品质量优越性之上,抑或是建立在独特的组织能力之上?(5)如何对变化的顾客偏好做出反应?(6)覆盖多大面积的地理区域?(7)如何对新市场和竞争环境做出反应?(8)如何使客户在很长的时间内不断成长?

2. 衡量战略的指标

战略制定与选择的参考指标是指在选择战略时,根据备选战略对于指标的满足程度来考虑是否选择该战略。下面是一些常见的指标和方法。

(1)利益相关者的衡量。客户的许多利益相关者十分关心客户的经营活动和绩效。他们各自都有自己的判断标准,并用各自的标准来衡量客户的表现。我们应该根据每一类利益相关者的利益和要求来全面测定不同战略对每个利益相关者的满足程度。

(2)经济附加值。经济附加值(economic value added,EVA)是指客户经营结果高于客户债务成本及权益资本的那部分利润。确切地说,这个指标的定义是:

$$经济附加值=营业利润-所得税-债务成本-权益成本提留$$

对于不同的战略方案分别计算其对 EVA 的影响,作为战略制定与选择的依据。

(3)市场附加值。市场附加值(market value added,MVA)是指客户市场价值高于股东实际投入客户的总资本的那部分价值。

$$市场附加值=客户的当前股票价格×在外股票数-股东权益$$

同样,对于不同的战略方案分别计算其对 MVA 的影响,作为战略制定与选择的依据。

3. 战略制定与选择的流程

战略制定与选择的流程如图 5—9 所示。

4. 企业战略的规划

一个完善的战略规划体系包括以下四个方面,每个方面都包含战略目标、重要的战略举措、相关工作计划、与战略目标完成相关的奖惩机制:(1)整个公司和所有业务的战略(公司战略)。(2)公司多元化业务中各个业务领域内的战略(业务战略)。(3)各个业务领域中各个具体职能单元的战略(职能战略),每一个业务领域通常都有生产战略、市场营销战略、财务战略等。(4)在基本的经营运作单位还有一个更窄的战略——生产工厂、销售地区以及职能领域内的各个部门战略(经营运作战略)。

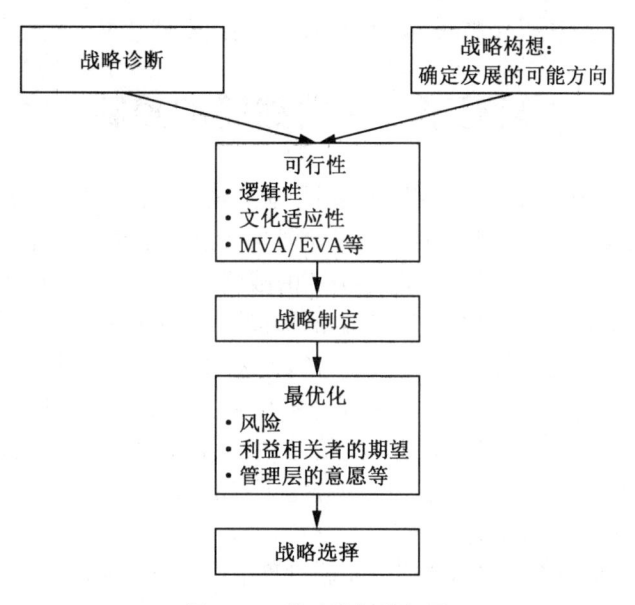

```
┌─────────┐              ┌──────────────┐
│ 战略诊断 │              │ 战略构想:    │
└────┬────┘              │ 确定发展的可能方向│
     │                   └──────┬───────┘
     └──────────┬───────────────┘
                ▼
       ┌─────────────┐
       │ 可行性      │
       │ • 逻辑性    │
       │ • 文化适应性│
       │ • MVA/EVA等 │
       └──────┬──────┘
              ▼
       ┌─────────────┐
       │ 战略制定    │
       └──────┬──────┘
              ▼
       ┌─────────────────┐
       │ 最优化          │
       │ • 风险          │
       │ • 利益相关者的期望│
       │ • 管理层的意愿等 │
       └──────┬──────────┘
              ▼
       ┌─────────────┐
       │ 战略选择    │
       └─────────────┘
```

图 5—9　战略选择流程图

5. 企业战略实施

战略实施的任务是将战略规划转变为行动和好的结果。实施战略与其说是科学，不如说是一门艺术。不幸的是，在完成这一任务时，没有现成的被证明有效的道路，也没有具体的准则，战略实施是战略咨询中最没有凭据可依、最不固定的部分。对于客户方来讲，它涉及大量的工作安排和资金，而且持续时间长、波及范围广，有时甚至需要客户全体总动员。战略实施要想取得预想的结果，除"人和"之外，还需要"天时""地利"。战略实施阶段经常遇到的问题有：(1)出现没有预料到的问题；(2)相关的人员能力不足；(3)出现突然的外部因素；(4)对于关键任务和活动缺乏支持；(5)实施要比原计划需要更多时间。

咨询公司应对以上出现的问题提供自己力所能及的帮助。战略实施是否成功的标准是，客户若干年后的实际业绩是否能够匹配或超越战略规划中的目标。达不到战略规划所预期的目标一般有两种原因：一种是战略规划无效；另一种是战略规划虽然有效，但战略实施出现了问题。

战略实施的首要步骤是组建一支有着适当的人员成分和技能组合的强大的管理团队。除非关键的职位上都配备了有能力的人选，否则战略实施要全速进行是很困难的。在这方面，咨询公司所做的工作，一方面是帮助客户推荐、寻找合适的战略执行人员；另一方面是培训教育企业现有的管理人员，提高其战略实施能力。这两点对于目前的中国企业来说尤其重要，因为中国企业普遍缺乏战略实施能力。

成功实施和执行战略涉及的其他工作通常还有：(1)建立一个有能力、有实力和资源力量以成功推行战略的组织；(2)制定预算，将主要的资源转移到对取得战略成功非常关键的价值链活动中；(3)建立支持战略的政策和程序；(4)推行最佳实践活动，促进价值链活动运作的持续改进；(5)将奖励和刺激手段及达到业绩目标很好地与实施战略联系；(6)创建一种支持战略的工作环境和公司文化；(7)发挥带动实施工作向前进展和不断改善战略执行状况所需的领导作用。

战略实施的挑战主要在于以下因素之间是否能建立一系列紧密的匹配关系：(1)战略和组织的能力与结构之间；(2)战略和预算分配之间；(3)战略和日常经营政策之间；(4)战略和内部支持系统之间；(5)战略和奖励结构之间；(6)战略和公司文化之间。

上述匹配关系越是紧密,战略的实施就越有力,实践中就越可能达到预期的战略目标。

第五节　企业战略的控制

正如船长一样,为驶向目标,企业家要随时控制方向,把企业详细的战略规划蓝图变成高楼大厦,而不是烂尾楼。企业战略管理中的一个基本矛盾是既定的战略与变化着的环境之间的矛盾。企业战略的事实结果并不一定与预定的战略目标相一致。产生这种偏差的原因很多,主要有以下三个方面:①制定企业战略的内外环境发生了新的变化。②企业战略本身有重大的缺陷或者比较笼统,在实施过程中难以贯彻,需要修正、补充和完善。③在战略实施过程中,受企业内部某些主客观因素变化的影响,偏离了战略计划的预期目标。

出现企业活动与预定的战略目标偏离的情况,如果不及时采取措施加以纠正,企业的战略目标就无法顺利实现。要使企业战略不断顺应变化着的内外环境,除了使战略决策具有应变性外,还必须加强对战略实施的控制。

战略控制主要是指在企业经营战略的实施过程中检查企业为达到目标所进行的各项活动的进展情况,评价实施企业战略后的企业绩效,把它与既定的战略目标和绩效标准相比较,发现战略差距,分析产生偏差的原因,纠正偏差,使企业战略的实施更好地与企业当前所处的内外环境、企业目标协调一致并使企业战略得以实现。

一、企业战略控制的内容及作用

(一)企业战略控制的主要内容

对企业实行战略控制的主要内容有以下几点:

(1)设定绩效标准。根据企业战略目标,结合企业内部人力、物力、财力及资讯等具体条件,确定企业绩效标准,作为战略控制的参照系。

(2)绩效监控与偏差评估。通过一定的测量方式、手段、方法,监测企业的实际绩效,并将企业的实际绩效与标准绩效对比,进行偏差分析与评估。

(3)设计并采取纠正偏差的措施,以顺应变化着的条件,保证企业战略的圆满实施。

(4)监控外部环境的关键因素。外部环境的关键因素是企业战略赖以存在的基础,这些外部环境的关键因素的变化意味着战略前提条件的变动,必须给予充分的注意。

(5)激励战略控制的执行主体,以调动其自控与自评价的积极性,以保证企业战略实施的切实有效。

(二)企业战略控制的作用

企业经营战略控制在战略管理中的作用,主要表现在以下几个方面:

(1)企业经营战略实施的控制是企业战略管理的重要环节,它能保证企业战略的有效实施。战略决策仅能决定哪些事情该做、哪些事情不该做,而战略实施控制的好坏将直接影响企业战略决策实施的效果好坏与效率高低。因此,企业战略实施的控制虽然处于战略决策的执行地位,但对战略管理是十分重要、必不可少的。

(2)企业经营战略实施的控制能力与效率的高低又是战略决策的一个重要制约因素,它决定了企业战略行为能力的大小。企业战略实施的控制能力强,控制效率高,则企业高层管理者可以做出较为大胆的、风险较大的战略决策;反之,则只能做出较为稳妥的战略决策。

(3)企业经营战略实施的控制与评价可为战略决策提供重要的反馈,帮助战略决策者明确决策中哪些内容是符合实际的、正确的,哪些是不正确的、不符合实际的,这对于提高战略决策的适应性和水平具有重要作用。

(4)企业经营战略实施的控制可以促进企业文化等企业基础建设的发展,为战略决策奠定良好的基础。

二、企业战略控制的方式

1. 从控制时间,企业的战略控制可以分为三类

(1)事前控制。在战略实施之前,要设计好正确有效的战略计划,该计划要得到企业高层领导人的批准后才能执行,其中有关重大的经营活动必须通过企业领导人的批准同意才能开始实施,所批准的内容往往也就成为考核经营活动绩效的控制标准。这种控制多用于重大问题的控制,如任命重要的人员、重大合同的签订、购置重大设备等。

(2)事后控制。这种控制方式发生在企业的经营活动之后,把战略活动的结果与控制标准相比较。这种控制方式工作的重点是要明确战略控制的程序和标准,把日常的控制工作交由职能部门人员去做,即在战略计划部分实施之后,将实施结果与原计划标准相比较,由企业职能部门及各事业部定期将战略实施结果向高层领导汇报,由领导者决定是否有必要采取纠正措施。事后控制的方法的具体操作主要有联系行为和目标导向等形式。

(3)随时控制。随时控制即过程控制。企业高层领导者要控制企业战略实施中的关键性的过程或全过程,随时采取控制措施,纠正实施中产生的偏差,引导企业沿着战略的方向进行经营。这种控制方式主要是对关键性的战略措施进行随时控制。

应当指出,以上三种控制方式所起的作用不同,因此在企业经营当中,它们是被随时采用的。

2. 从控制主体的状态,战略控制可以分为两类

(1)避免型控制。避免型控制,即用适当的手段,使不适当的行为没有产生的机会,从而达到不需要控制的目的。如通过自动化使工作的稳定性得以保持,按照企业的目标正确的工作;通过与外部组织共担风险减少控制,或者转移或放弃某项活动,以此来消除有关的控制活动。

(2)开关型控制。开关型控制又称为事中控制或行与不行的控制。其原理是:在战略实施的过程中,按照既定的标准检查战略行动,确定行与不行,类似于开关的开与关。开关控制法一般适用于实施过程标准化的战略实施控制,或某些过程标准化的战略专案的实施控制。

3. 从控制的切入点,企业的战略控制可以分为五类

(1)财务控制。这种控制方式覆盖面广,是用途极广的非常重要的控制方式,包括预算控制和比率控制。

(2)生产控制。生产控制,即对企业产品品种、数量、质量、成本、交货期和服务等方面的控制,可以分为产前控制、过程控制及产后控制等。

(3)销售规模控制。销售规模太小会影响经济效益,太大会占用较多的资金,也影响经济效益,为此要对销售规模进行控制。

(4)质量控制。质量控制包括对企业工作质量和产品质量的控制。工作质量不仅包括生产工作的质量,而且包括领导工作、设计工作、资讯工作等一系列生产工作的质量,因此,质量控制的范围包括生产过程和非生产过程的其他一切控制过程。质量控制是动态的,着眼于事前和未来的质量控制,其难点在于全员质量意识的形成。

(5)成本控制。通过成本控制使各项费用降低到最低水平,达到提高经济效益的目的,成本控制不仅包括对生产、销售、设计、储备等有形费用的控制,而且包括对会议、领导、时间等无

形费用的控制。在成本控制中,要建立各种费用的开支范围、开支标准并严格执行,要事先进行成本预算等工作。成本控制的难点在于,企业中大多数部门和单位是非独立核算的,因此缺乏成本意识。

三、企业战略的调整方法

(一)常规的战略调整

常规的战略调整是指企业为了吸引顾客或为自己的产品确定位置,而对战略进行正常调整。企业可以在正常经营活动中改变自己的广告和包装形式、使用不同的定价战略,甚至改变销售分配的方式进行常规的战略调整。

(二)有限的战略调整

有限的战略调整是指企业在原有产品系列的基础上向新市场推出新产品时做出的局部调整。产品更新的方式较多,调整的形式也较多。

(三)彻底的战略调整

彻底的战略调整是指企业的组织结构和战略发生重新组合的重大变化。这种调整基本上有两种形式:一种是当行业里的企业之间形成联合或兼并等变化时,作为一个新的联合体不仅要获得新的产品和市场,而且会遇到如何制定新的组织结构、形成统一的企业文化等问题,这些都将使战略调整复杂化;另一种是企业自身发生重大的调整时,特别是多种经营企业,如果企业高层对下属的经营单位采取大出大进的方式推进联合或出售,这种变化便格外明显。

(四)企业转向

企业转向是指企业改变自己的经营方向。这种变化也有两种形式:一是不同行业之间的企业进行联合或兼并所发生的变化。这种变化的程度完全取决于行业之间的差异或者相似程度以及新企业实行集中管理的程度;另一种是企业从一个行业中脱离出来,转到一个新的行业。例如,一个小型啤酒厂认识到自己在这个行业中没有发展前景而转向包装行业。这种转向使企业的使命发生变化,要开发新的产品技术和管理技能。在这种情况下,战略调整更为复杂。

四、影响企业战略控制的因素和趋势

在制定和实施战略的过程中,必须同时考虑现有的定量分析因素、资讯上的缺陷因素、不确定性因素、不可知的因素以及人类心理等因素。在这些因素中,有一些是企业内部的特点,正是这些特点才使统一行业中的各个公司有所差异。另一些因素由于受到行业性质和环境的制约,使一个行业中的企业战略较为相似。无论何种行业,尽管各种因素的影响力度不同,但影响战略控制的因素可以分为三类:需求和市场、资源和能力以及组织和文化。这三类因素在现代企业及当前的经营环境中呈现如下趋势:(1)更加重视质量、价值和顾客满意;(2)更加重视客户关系建设和竞争导向;(3)更加重视业务流程管理和整合业务功能;(4)更加重视全球导向和区域规划;(5)更加重视战略联盟和网络组织;(6)更加重视权势架构及其影响。

思考问题

1. 什么是企业的战略管理咨询?其核心要点是什么?
2. 企业战略管理咨询的目标是什么?
3. 企业战略分为哪几个层次?企业战略的制定包括哪几个步骤?
4. 企业战略管理咨询的主要工具及方法有哪些?

第六章　企业组织管理咨询与诊断

第一节　引入案例

案例一：员工都是天才，但精力从不用在工作上

企业花了大量的精力，参加著名高校校招、进行高端社会招聘、找了猎头公司，终于组建了一个"天才团队"。每当讨论社会上的一些新闻时，总有人能说出非常精辟的见解，有非常独特的视角。一旦谈起工作，这些灵气就消失了。这是怎么了？为什么这些精英员工从来不把自己的智慧和精力用在工作上？

◇ 优秀人才在一起，却不出成绩

"我们是一家在能源行业排名靠前的公司，多年来能取得持续的成功，基本上依靠优秀的人才。所以，公司招聘人才，在提供优厚待遇方面从来不吝啬。相比其他同行提供的薪资，我们往往会高20%左右。依靠这样的条件，我们吸引了来自全国985院校的高校毕业生。关键岗位上，还有具有"清北复交"背景的人担任中层领导，具有海外著名大学留学背景的人承担高管职责。这么优秀的团队，总感觉大家并没有将精力放在工作上。"

"您感觉大家没有将精力放在工作上，有什么具体事例吗？"

"事例很多。年轻人刚开始加入公司的时候，还比较谨慎好学。不久之后，这些人很快就掌握了工作方法，逐渐懒散起来。有人在上班时间玩手机，被公司禁止之后，这些人又凑在一起聊天。总之，就是不把精力放在工作上。之前，这种状态不影响工作任务的完成，我们也懒得管。如今，因为国家全面对节能减排、碳中和、碳达峰做出要求。电力产业是碳使用量的大户，在产电的同时，传输过程中电力消耗也是巨大的。为此，我们想要进行技术攻关，希望在超高压输电项目中取得一些配套产品的开发。这时候公司管理层才发现，由于多年来疏于管理，企业似乎形成了懒散的氛围。由技术攻关项目做出的产品，几次三番过不了国家相关的质量和安全检测，拿不到许可证和认证标志。"

电力能源等行业有非常独特的特点：相对日新月异的信息科技领域，电力能源行业技术相对稳定。一旦涉及变化，比如由高压到超高压传输，基本上就是复杂的系统性变化，需要发动长期的、复杂的技术攻关才能解决问题。

技术攻关涉及新的技术标准、生产标准、安全标准等。这意味着企业不但要从技术上改进，而且可能要投入新的生产设备，并申请新的安全认证标准。正所谓牵一发而动全身。一旦形成突破，后面就是漫长的产品技术复制销售阶段，盈利期长，变化小，有非常长的稳定期。

◇ 无效的激励措施

参加咨询的这位管理者提到的行业特点对人才保持警觉的确有客观上的影响。

"公司有没有采取什么措施来改变现状？"

"当然，我们为了激励团队，可谓费尽心思。先是大张旗鼓地搞了一次技术攻关动员会，公司所有股东都出席了会议，做了有关此次技术变革的必要性的讲话。然后，集团的人力资源宣布，报名参加技术攻关的个人，只要被攻关团队录用，就立即加薪、加奖金。总工程师将攻关的阶段性成果给大家做了介绍。每当取得规划中的阶段性成果的时候，就给全员发奖金，增加假期，甚至组织公费旅游。大家一开始很兴奋，报名者众多。但攻关团队工作了一阵子后，我们发现，这些人的激情很快就没了。又开始看到办公室里有人聊天、看手机。"

管理者开始抱怨。

◇ 亲自调查，立即带来改善

因为咨询项目涉及很多员工，虽然公司管理者讲述了他的视角中员工慵懒的症状，但要归因，势必涉及对员工的访谈调查。

我修改了调查程序，原因是管理者在企业顾问在场的情况下，有可能会受到干扰。于是，我告诉这位管理者，他需要帮我一个小忙，才能继续我们的咨询。

"因为涉及员工的工作情绪，所以，我必须想办法和员工接触一下。您帮个忙，给我一个临时身份，让我能够在公司的技术攻关团队活动的范围内自由走动，了解情况。这个身份最好是非正式的，不要以官方的身份宣布。"

两周后，我以新品供应商产线调查员的身份进入公司，获得了相应的权力。两天里，我和负责技术攻关的团队相处，在取得管理者的同意后，对我与员工之间的对话录了音。为避免录音对员工产生影响，将音频文件呈交给企业管理者时，我将录音进行了变声剪辑，确保管理者不知道和我对话的人是谁。其中，有两段录音文件颇具代表性。

第一段对话：

"麻烦您了，公司委派我来厂里进行调查，寻找以后互相配合的最好方式，我有一些问题想请教您。您觉得我们这项技术攻关要多久会有实质性的进展？"

"说实话，我估计很难按期完成。新技术升级是一个系统性的工作，而我们平时的工作是对原有技术的维持。如今要承担系统性的技术升级任务，总感觉心里没底。"

"公司没有为大家提供培训吗？"

"有的。但在实际工作中，培训的那些内容能解决的问题很少，内容过于理论化。我们在干活的时候，需要将理论上的知识转化为自己的行为，比如代码如何编写、硬件怎么搞、缆线粗细如何确定、升压方式和相关的方式方法该如何具体实施。这些我们都不知道。同时，电网对设备的要求也无法全面了解，电网派来的人也说不清楚具体要求。一切都在摸索尝试，所以，很难在短期内完成。"

第二段对话：

"真羡慕你们公司，为技术攻关团队提供了这么好的条件。我听说，工资和奖金都涨了不少。"

"那要拿得到才行啊！"

"为什么会拿不到呢？你看，看板上不是写清楚了阶段性任务吗？只要完成任务，就可以拿到奖金。难道厂里领导还能说话不算话？"

"领导当然是一言九鼎的。可是，任务给大家带来的挑战太多了，需要我们在短期内掌握很多全新的知识。总工程师和技术专家们又太忙,没时间指导我们。单靠我们摸索,我觉得没戏!"

从对录音的分析中不难发现,一线人员缺乏技术指导是一个影响工作进展的重要原因。为此,我特别向企业管理者申请,和总工程师及技术专家做一个面对面的访谈。

"我这几天在工厂走动,接触了一些员工,大家反馈,技术上的难度太高,虽然有培训,但还需要一些实际的在工作现场的技术指导。"

"我们还没来得及做。这次变化太大了,高压到超高压看似仅仅是提升了电压,但这是一次系统上、标准上的重大变革。我们现在还处于消化标准和技术要求的阶段。"

"也就是说,我们技术中心的准备工作还没完成,怎么安排技术实现团队现在就加入攻关呢?"

"需要给他们一些时间学习。公司不是提供了大量的技术培训吗?只有掌握这些培训内容,将来技术标准出来之后,他们才能快速理解新标准,并且付诸实施。"

"但员工反馈,他们无法找到目前的培训内容和未来实际工作之间的关系,也不明白这些培训的意义。他们还强调,现在的培训理论性太强,他们无法消化这些知识。"

"我不知道这些情况!我调查核实一下,如果确有其事,我们真的要采取一些行动了。否则,这些原本用于为转型升级打基础的时间可能被荒废。这样就麻烦了!本来提前攻关就是想尽早积累对新技术的理解,让公司的产品具有领先的竞争力,如果大家把这段时间荒废了,我们岂不是'起个大早,赶个晚集'?"

之后在培训中,每讲到一次理论知识,授课老师都会特别说明这个理论要求技术人员在实现应用时应注意哪些具体的细节。

两周后,我和公司的管理者再次举行了一次轻咨询。

"老师,太感谢您了!您去调研一番,总工程师说您反馈了一些信息后,他对培训做出了新安排。结果这两周,大家的积极性明显提高了。以前找理由不去的培训课,如今场场爆满。有很多员工听说了这事儿,还专门从分厂过来参加培训。您是怎么做到的啊?"

管理者对员工近期的改变很兴奋。

◇ **走动式管理**

"不客气,我也没想到大家竟然会在这么短的时间发生改变。不过,这次调研的确反映了公司存在的一些小问题。我想先请您听听录音,好吗?"

"好的。"他正襟危坐,对自己将要听到的内容有点紧张。这种紧张感,已经暴露了管理者平时对于一线员工的实际工作以及他们对公司的真实评价并不了解。

我播放了上面的录音。

"怪不得!原来如此!"企业管理者拍拍自己的头,似乎有所顿悟。

"您能再想想,为什么会出现这种情况吗?"

"上下级之间的沟通出了问题!"对方不愧是有经验的企业家,立即意识到了问题所在。

"如果员工愿意将问题反馈给总工程师,他早就做调整了。大家的积极性也会被调动起来。这些年轻人平日里活力四射、激情充沛,怎么会一遇到工作就失去了兴趣呢?"

"看来,我们坚持招聘优秀大专院校的毕业生或者其他优秀人才,是正确的!"

"您曾经质疑过这个措施?"我问道。

"是的。我看到这些年轻人在技术攻关工作中得过且过的样子,就很难受。要知道,电力行业工作相对稳定,有些行业人士在所有的工作时间里,都没有机会遇到如此重大的技术攻关项目。我们提供的设备是有严格的标准制约的,当产品符合标准后,任何一项改动都要经过层层审批。所以,大家在技术创新上并没有特别多的机会。平日里,他们也就是做设备安装、维护等工作。当我宣布公司要开展产品升级的技术攻关后,大家都很兴奋。但没多久,我就发现干劲儿没了。原来是沟通出了问题,我们根本不知道培训课程太理论化了,没有理论联系实际。"

"您的眼光非常犀利,的确,问题出在沟通上。您有没有想过,为什么沟通会出现问题?总工程师也好,您也好,性格都很随和。我在厂里走动的时候,经常看见在食堂排队打饭时,有年轻人拉着总工程师和其他技术专家开玩笑。"

"是啊,为什么沟通会出现问题呢?我们提供的沟通渠道还是很顺畅的,我和总工程师的办公室大门总是打开的,而且经常在大会小会上强调,员工要及时反映问题。"

"我问过一些员工,为什么不向自己的上级反映问题。他们的回答大致的意思是:第一,自己本身是学技术出身,对于技术问题习惯自己研究而不是遇到难题就找人求助;第二,大家和总工程师的关系比较好,知道他很忙,所以也不愿意麻烦他过问培训这种小事儿。"

"这事关技术升级和公司未来几十年的发展,哪里是什么小事儿!"

"员工暂时还不能像您一样能够综观全局。对他们来说,不合适的培训真的是件小事,但这件小事却对工作的进展产生了巨大的影响。"

"是的,我们一定要吸取教训。"

"您准备从哪里入手来改变沟通不畅的问题呢?"

"我回去开会强调,只要是技术攻关团队中任何人遇到问题,全部要向上汇报。攻关团队的事儿没有小事儿。"

"这固然可以起到一定的作用。但那些因为自己的专业背景而不愿意主动求助的人,怎么才能促使他们积极沟通呢?"

"这个问题最难缠。搞技术的人都要面子,特别是技术上的问题,你说他技术水平不够,技术不过关,就像要了他的命。您有什么办法?"

"可是,我一个外来的陌生人,他们却可以和我沟通这么敏感的信息,您有没有想过为什么?"

"我给您讲一个案例故事吧。酒店业应该和您所处的行业在变革周期上差不多。您应该听过万豪酒店吧?"

"听过,我们还经常住万豪酒店。"

"您觉得万豪酒店的服务水平怎么样?"

"当然是一流的,不论在哪儿都能给人宾至如归的感觉。"

"万豪酒店有一位著名的管理者小马里奥特,他的主要工作就是去各地的万豪酒店住宿。一次,他在一家万豪酒店的餐厅里,随便打开一本客户给餐厅服务评价的留言簿,发现客户对餐厅服务员的评价降低了。于是,他找到了餐厅经理问:'为什么客户对餐厅服务员的评价这么低?'餐厅经理说不知道。小马里奥特又问:'服务员的工资水平如何?'餐厅经理回答:'比其他酒店餐厅的服务员工资低。''为什么不给服务员涨工资?''给服务员涨工资太麻烦,要总部批准。'您觉得,这个案例的问题出在哪里?"

"我觉得是这个餐厅的经理不行,如果是我,就换掉他。服务员的工资低肯定会伤害到工作积极性。工资是工作热情的保健因素,没了保健因素,热情一定会受到伤害。他竟然嫌给服务员涨工资麻烦,简直不可理喻。"

"您说得没错,这位餐厅经理肯定是有问题的。但小马里奥特还进行了更深入的思考。他认为,首先,总部的权力过大。给酒店餐厅服务员涨工资的事情不需要总部批准,餐厅经理就能做主。其次,这位餐厅经理的上级,也就是这一片区负责餐厅管理的总裁是一个糟糕的倾听者。否则,就算给服务员涨工资要总部批准,如果餐厅经理的上级能够及时听取下属的意见、反馈信息,总部还是会批准的。最后,小马里奥特认为,万豪酒店的价值观出了问题。他说:'我们将盈利的重要性放在为客户提供优质服务之前了。'"

听到这里,这位企业的管理者不断地点头,越来越深刻地理解小马里奥特如何将万豪酒店的管理打造得既高效又充满人性化。

"从案例中,您能看出什么?"

"小马里奥特是非常了不起的 CEO。首先,他每年都能到处出差,现场管理,这就很了不起。其次,他能找到问题的根源。一开始,我本能地认为那个餐厅经理有问题。可是听了您后面的讲述之后,我发现作为一个企业的高级管理者,如果小马里奥特只是处理这个餐厅经理的问题,就未免大材小用了。他知道餐厅经理有问题,但还发现可能是餐厅经理的上级有问题。如果撤换了这位上级,状况得以改善,那么影响的就不仅仅是这一家餐厅。他还能看到总部的权力过大。如果总部放权,影响就更大了,可能会涉及全球的万豪酒店。最令我佩服的是,小马里奥特将'客人对服务员评价不高'这件小事,放在万豪企业价值观的宏大背景中去观察,实在是令人叹为观止!"

"您说得太好了!基本上这个管理案例故事的精髓,您都说出来了。我们再想想,从一开始,为什么这位餐厅经理能向小马里奥特说实话?如果这位员工从来没见过老板,而且老板也很少出现,当老板问打分过低的事情,随便找几个服务员背锅,岂不是更好?"

"我觉得,是因为小马里奥特出差多,经常到企业管理一线,所以,这些人认识他、信任他,也乐意和他说实话。此外,他们可能知道,自己根本骗不了这位老板。他长期在第一线,什么情况都了解,骗得了他吗?"

"您说得太棒了!这些和我们的问题——公司里的员工为什么宁可将技术上有困难这件事告诉陌生人,也不向上级反映——有什么关系吗?"

"我明白了,我们应该经常到一线,和员工打成一片,获得他们的信任和支持。"

"这其实并不难。我们公司算上分公司,也就在国内的几个城市而已。同时,和员工打成一片很简单,他们只要觉得自己的意见能被关心、被问及,就乐意发牢骚、说实话。这种管理方式,就是著名的走动式管理。只要让管理者动起来,走到第一线去,就会解决很多沟通上的问题。同时,会大大提升公司的领导力水平。"

"我想请您将走动式管理形成一门简单的课程,来公司给各级领导讲一讲,这太有意义了。搞技术出身的人,就不喜欢到处走动、和人攀谈。"

我愉快地接受了这个邀请。

◇ **后续进展**

一个月后,我专门来公司为客户举行了一次关于"走动式管理,提升领导力"的企业内训,公司的高级和中级管理干部全部参加。

大家对课程的反馈说明,这次内训十分及时。后来,这些企业管理者真的开始在工作中走动起来。他们采取的是"走动式提问"的管理方法,找出问题,协助员工解决问题,工作热情空前高涨。

◇ **管理提示**

(1)领导者要离开椅子。坐在办公桌后面,通过文件来治理企业,很难得到一线反馈回来的重要信息。由于一线员工往往缺乏将具体问题总结成公司制度问题的能力,所以,管理者走动,才能为提升管理能力和领导力水平带来真正制度上的改善。管理是维持,领导力是变革,无论是处于变革期还是稳定期的公司,既需要管理,又需要领导。领导力是动员团队解决难题,而动员团队最重要的方法就是到团队中去,听取大家的心声。

(2)领导者要注意,一件事情的成败需要两个要素的支持:动力、能力。员工要对做某件事有动力,还要有能力来完成这件事。提供顺畅沟通的渠道,领导者平易近人,仅仅是提供了良好沟通的渠道,让员工有机会和领导者沟通,但这并不意味着他们有动力和领导者沟通。当进行一项重大变革时,员工有没有动力去改变、有没有能力去改变,是领导者必须关注的。

(3)概念能力的提升。领导者要有能从日常琐事呈现的碎片化信息中提炼出模式的概念能力。碎片是模式的一种反映,任何持续出现的现象,背后都有其深层次的模式。找到这种模式,从制度上改变,才能一次解决一批问题。

◇ 咨询提示

(1)讲故事是咨询顾问常用的好工具。讲故事,不但是提升领导力、传播企业文化和价值观、获得销售订单的好工具,也是咨询顾问用于让客户理解咨询意见的好工具。学会讲故事,对咨询服务工作大有裨益。

(2)有效的咨询必须立足深入的调研。很多客户和顾问不理解为什么要进入企业调研,难道是咨询顾问不信任客户讲述的问题? 实际上,调研不但可以帮助我们获得事实,而且可以作为一种对企业产生影响的手段。深入有效的调研,可以让咨询服务更有效果。调研可以分为重点人物访谈、高管访谈和员工走访,甚至客户走访。如果企业配合,咨询顾问应尽可能多地开展调研,以便助力客户寻求解决问题的杠杆解,以最小的改变来解决最多的问题。

(3)企业内训工作要比泛泛地传播知识有效。内训往往是针对被训人员特别关注,工作中经常遇到的问题而发起的,因此价值更高。受训人员可以学了就用,从实践中强化自己对培训的理解。同时,也会将出现的问题反馈给咨询顾问,丰富顾问的实战经验。

案例二:通用汽车改革

1971年通用电气进行"战略事业单位"改革是因为它遇上了威斯汀豪斯电气公司的激烈竞争。这时企业所面对的最大问题就是"如何战胜竞争对手,巩固市场地位"。基于这样的一个战略重点,通用电气开始致力于提升企业对市场信息的反应速度和企业市场竞争策略的灵活性,于是"战略事业单位"这种"特种部队"形式的组织单元就应运而生。20世纪70年代中期,美国遭遇能源危机与通货膨胀,经济一片萧条。这种时候并不适合继续扩大投资和再生产,"如何避免资源浪费和制定长期的发展策略"成为通用的核心问题。在这种情况下,琼斯推行了"执行部制"的组织改革,企业最高层的领导从繁忙的日常事务里解脱出来,把精力聚焦于长期战略的制定和资源在集团内的调控,为通用电气这艘商界巨轮驶出经济衰退的浅水区指明了方向。

到了20世纪80年代,美国经济再度复兴,加上世界经济一体化的发展,企业的经营环境日新月异,经常会出现"战略赶不上环境"的情况。在这种快速变化的经营环境下,琼斯当初的组织改革给通用电气带来的积极意义已经逐渐消失。同时,由于通用电气两次组织变革所走的方向是正好相反的:"战略事业部"的改革是放权,而"执行部"的改革是集权。这种相互制衡的结果使通用电气出现明显的官僚化倾向。为了适应环境的变化,并消除组织内部的官僚习气,韦尔奇为通用电气开出了著名的"扁平化"药方。

思考题:

1.通用电气初次变革后,形成了何种模式的组织结构,优缺点何在?
2.通用电气三次变革,针对何种不同环境,着重解决的问题又是怎样的?

第二节 组织管理

一、组织管理的基本含义

组织管理是指对一个组织的人员、资源、流程和目标进行规划、协调和控制,以实现组织的使命和目标的过程。它涉及各个层级和部门之间的沟通与协作,以及对组织内部各项工作进行有效的管理和监督。组织管理旨在提高组织的效率、创造力和竞争力,确保组织能够适应不断变化的环境。组织管理是现代企业管理中不可或缺的一环。它涉及对组织内部的各种资源进行合理规划、协调和控制,以实现组织的目标和愿景。组织管理的内容主要包括四个方面:规划组织结构、明确职责分工、制定规章制度和建立沟通机制。

首先,规划组织结构是组织管理的第一步。一个合理的组织结构可以帮助企业更好地适应市场变化和外部环境,提高企业的竞争力和绩效。在规划组织结构时,企业需要考虑自身的战略目标、业务模式、市场定位等因素,并根据这些因素来设计组织结构。例如,对于一个快速发展的互联网企业,其组织结构可能更加注重灵活性和创新性,以便快速响应市场变化;而对于一个传统制造企业,其组织结构可能更加注重稳定性和成本控制。

其次,明确职责分工是组织管理的核心。在确定了组织结构后,企业需要将各项工作任务和职责进行明确划分,以确保各项工作都有专人负责,避免出现工作重叠或职责不清的情况。同时,为了确保职责分工的有效性,企业还需要建立完善的工作流程和标准,以便员工能够按照规定的要求和标准完成工作任务。

再次,制定规章制度是组织管理的重要保障。规章制度是企业管理的基础和前提,它规定了员工的行为规范、工作纪律、奖惩制度等方面,以确保企业的各项业务能够有序进行。在制定规章制度时,企业需要考虑自身的特点和实际情况,并根据需要进行不断完善和调整。同时,为了确保规章制度的执行力度,企业还需要加强对员工的培训和教育,提高员工的法律意识和遵守规章制度的自觉性。

最后,建立沟通机制是组织管理的关键环节。沟通是企业管理中不可或缺的一环,它可以帮助企业加强内部协作和沟通,提高工作效率和质量。在建立沟通机制时,企业需要考虑员工的需求和利益诉求,并建立有效的反馈机制和沟通渠道,以便员工能够及时反映问题和提出建议。同时,为了确保沟通机制的有效性,企业还需要加强对员工的沟通和培训,提高员工的沟通技巧和团队协作能力。

总之,组织管理是一个复杂而重要的过程。通过对组织结构、职责分工、规章制度和沟通机制的规划和协调,企业可以更好地适应市场变化和外部环境,提高企业的竞争力和绩效。同时,为了确保组织管理的有效性和可持续性,企业还需要加强对员工的培训和教育,提高员工的素质和能力水平,为企业的长期发展和成功奠定坚实的基础。

二、组织管理的内容及特点

(一)组织管理的内容

组织管理的内容包括以下三个方面:其一,组织设计。包括对组织结构的设计,如部门的划分、职位的设定等,以及制定组织规章制度,确保每个职位的职责和权力都得到明确。其二,人员配备。包括招聘、培训、分配任务等,以确保每个员工都有合适的工作岗位,并能够发挥其专业技能。其三,权力配置。包括确定决策权、监督权等权力的分配,以及建立合适的沟通渠道和协调机制,确保组织的高效运转。

(二)组织管理的特点

组织管理的特点体现在以下几个方面:其一,目标明确。组织管理的目标是实现组织的目标,因此,所有的管理活动都是围绕这个目标展开的。其二,结构合理。组织结构的设计要符合组织的实际情况,既要考虑到组织的外部环境,又要考虑到内部的资源和管理水平。其三,协调一致。组织管理需要协调各个部门和员工之间的活动,确保所有的工作都能够协同一致,以实现组织的目标。其四,有效沟通。组织管理需要建立有效的沟通机制,确保信息的及时传递和问题的及时解决。其五,动态调整。组织管理需要根据组织的发展阶段和环境的变化,对组织结构和管理活动进行动态调整,以适应变化的环境。

总的来说,组织管理就是通过合理的设计和配置组织资源,实现组织的目标,并确保组织的各个部分和员工都能够为这个目标而协调一致地工作。

三、组织管理理论的发展

组织管理理论的发展进程可以大致分为以下几个阶段:

古典组织管理理论。这一阶段的主要代表人物包括法约尔、韦伯等。他们提出了组织设计的原则,如专业化分工、等级制度、规则和程序等,这些原则为后来的组织设计提供了基本的框架。

行为科学组织管理理论。这一阶段的主要代表人物包括梅奥、马斯洛、赫茨伯格等。他们关注组织中的人际关系、员工需求、工作满意度等,提出了人际关系理论、激励理论等,这些理论为后来的组织管理提供了更加人性化、柔性化的思路。

系统科学组织管理理论。这一阶段的主要代表人物包括巴纳德、西蒙等。他们将系统科学的理论引入组织管理,提出了组织的系统性、开放性、适应性等观点,强调组织的整体性、协同性和动态性。

现代组织管理理论。这一阶段的主要代表人物包括明茨伯格、卡斯特等。他们通过对组织的深入研究,提出了许多新的组织设计和管理理念,如扁平化、网络化、流程再造等,这些理念为现代组织的构建和管理提供了更加灵活、高效的方法。

组织管理理论的发展是一个不断演进的过程,每个阶段都有其独特的贡献和影响。古典组织管理理论为组织设计提供了基本的框架,行为科学组织管理理论为组织管理提供了更加人性化、柔性化的思路,系统科学组织管理理论强调组织的整体性、协同性和动态性,现代组织管理理论则提出了许多新的组织设计和管理理念,为现代组织的构建和管理提供了更加灵活、高效的方法。

四、组织的结构类型

组织的结构类型主要有以下几种:

直线职能制。这种结构形式结合了直线制和职能制的特点,组织内按职能、专业来划分部门的组织形式。

事业部制。这是组织按照地理区域和业务属性来划分部门的组织形式,有利于实现多元化经营,能够根据地区或业务领域的不同更好地实现专业化管理。

模拟分权制。这种结构形式并不是真正的分权,而是根据业务性质或地理区域,组成相对独立的"组织单元",各"组织单元"独立经营核算,模拟市场运作。

项目组。为完成某一特定工作任务,而将一部分相关人员组织起来,设立的一个临时性组织单元。组织按任务的项目来划分单元和进行管理,项目管理者有完全的管理权限。

矩阵制。介于职能型和项目型组织之间的一种组织形式,根据组织中项目单元(项目经理)职权大小又可分为弱矩阵、平衡矩阵、强矩阵三种组织形式。

委员会制。由多个人组织的一个委员会来对组织进行管理的组织形式。组织决策由委员会共同研究决定。

此外,组织的结构还可以从职能结构、层次结构、部门结构和职权结构四个方面来考虑:职能结构是指实现组织目标所需的各项业务工作以及比例和关系;层次结构是指管理层次的构成及管理者所管理的人数(纵向结构);部门结构是指各管理部门的构成(横向结构);职权结构是指各层次、各部门在权力和责任方面的分工及相互关系。

五、组织结构设计

组织结构设计是指对组织的组成要素和它们之间连接方式的设计,根据组织目标和组织活动的特点,划分管理层次、确定组织系统、选择合理的组织结构形式的过程。

以下是组织结构设计的几个要点:其一,组织设计是管理者根据目标一致、效率优先的原则,在组织中把任务、权责进行有效组合和协调的有意识的过程。其二,组织设计是管理者在既考虑组织内部要素(如战略、人员、技术等),又充分考虑组织外部环境因素之后进行的。其三,组织设计的最终结果是组织系统图、职位说明书和组织手册。

组织结构的设计需要遵循古典设计原则,其中包括:其一,指挥统一。指一个人只能有一个直接上司。其二,控制幅度。每个人能够管理的跨度是有限的,一般来说,管理的跨度比较合适的是五六个人,越到基层,管理的跨度就越大;越到高层,管理的跨度就越小。其三,分工。组织结构设计的关键是分工,分工有横向和纵向两个方向。在横向分工上,需要考虑的问题是:需要多少个职能部门完成资源的专业安排?设计的原则是以主业务对于职能的需求来决定,其中最关键的是尽可能地减少细分,突出关键职能就可以了,部门越少越好。在纵向安排上,组织结构的纵向设计是责任和权力线的安排。

六、组织变革和组织文化

组织变革和组织文化是相互关联的概念。组织变革是指组织根据内外环境的变化,及时对组织中的要素进行结构性变革,以适应组织未来发展的要求。而组织文化是组织在长期的实践活动中所形成的,并且为组织成员普遍认可和遵循的具有本组织特色的价值观念、团体意识、工作作风、行为规范和思维方式的总和。

组织变革可以影响组织文化。一方面,组织变革可能带来新的工作方式、管理风格和组织结构,这些变化可能会对原有的组织文化产生冲击。另一方面,组织文化也可以影响组织变革的实施。如果一个组织的文化与变革的目标相符合,那么它可能会成为推动变革的重要因素;相反,如果组织的文化与变革的目标存在冲突,那么它可能会成为阻碍变革的因素。

在组织变革中,需要注意以下几点:

制定明确的变革计划。在实施变革之前,需要制定明确的计划和策略,包括变革的目标、实施步骤和时间表等。

沟通与宣传。向员工宣传变革的必要性和意义,让他们了解变革对自己的影响,并鼓励他们积极参与变革过程。

培训和教育。为员工提供相关的培训和教育,帮助他们适应新的工作方式和管理风格。

领导与榜样。高层领导要以身作则,积极推动变革的实施,为员工树立榜样。

反馈与评估。在变革过程中及时收集员工的反馈意见,对变革的效果进行评估,并根据评估结果进行调整和改进。

同时,为了应对组织变革带来的挑战,还需要注重组织文化的建设和发展。可以通过以下方式来建设和发展组织文化:

树立核心价值观。明确组织的价值观和使命,并将其贯穿于组织的日常工作和活动中。

培养团队意识。加强团队建设,促进员工之间的合作与沟通,提高团队的凝聚力和战斗力。

建立良好的工作氛围。营造积极向上、和谐稳定的工作氛围,让员工感受到组织的关怀和支持。

鼓励创新和学习。鼓励员工提出新的想法和建议,促进组织的创新和发展。同时也要鼓励员工不断学习和提升自己的能力。

激励员工参与。通过激励措施和员工参与机制,让员工感受到自己的价值和重要性,提高员工的工作积极性和满意度。

组织变革和组织文化是相互关联的概念。在实施组织变革时需要注重组织文化的建设和发展,以推动变革的顺利实施并实现组织的可持续发展。

第三节　企业管理咨询与诊断

一、组织管理咨询与诊断的内容及体系

组织管理咨询与诊断的内容主要包括以下几个方面:

组织战略分析。了解企业的战略目标、竞争策略和业务范围,分析组织结构与战略的匹配程度,提出优化建议。

组织结构分析。评估组织的层级、部门设置、岗位设置和职责划分,分析组织的沟通渠道、协作机制和决策效率,提出结构优化建议。

组织流程分析。梳理组织的业务流程、管理流程和决策流程,发现流程中的瓶颈和低效环节,提出流程优化建议。

组织文化分析。了解组织的价值观、行为准则、员工关系和企业形象,分析文化因素对组织绩效的影响,提出文化改进建议。

组织绩效评估。对组织的绩效进行全面评估,包括财务指标、客户满意度、员工满意度、创新能力等方面,提出绩效改进建议。

组织管理咨询与诊断的体系主要包括以下几个方面:

确定咨询目标。明确组织管理咨询的目标,如提高组织效率、优化组织结构、提升员工满意度等。

分析现状。通过调查问卷、访谈等方式收集组织的相关信息,对组织现状进行全面了解。

制定改进方案。根据分析结果,制定组织管理改进方案,包括优化组织结构、完善流程制度、提升员工素质等方面的内容。

实施改进方案。将改进方案落实到具体的操作层面,包括制定并实施计划、培训员工、监督执行等。

评估效果。对改进方案实施后的效果进行评估,比较改进前后的差异和变化,判断改进方案的有效性。

总结反馈。总结组织管理咨询与诊断的经验教训,对不足之处进行反思和改进,为今后的工作提供参考。

组织管理咨询与诊断需要从组织的多个方面进行分析和评估,提出有针对性的改进建议并落实到实际操作中,以提升组织的整体效率和绩效。

二、企业职能结构的咨询

企业职能结构的咨询主要是对企业的职能设置、职能关系和职能管理进行诊断和优化。以下是针对企业职能结构咨询的几个方面:

职能设置分析。首先需要了解企业现有的职能设置情况,包括各职能部门的职责和权限以及它们之间的关系。分析现有职能设置是否合理、是否符合企业战略发展的需要,以及是否存在职能重叠、缺失或冗余的情况。

职能关系分析。在职能设置合理的基础上,需要进一步分析职能之间的关系。合理的职能关系应该是协调、顺畅的,有利于提高企业的运营效率和协同效应。如果存在职能交叉、割裂或衔接不足的情况,则需要调整和优化。

职能管理分析。主要是对职能部门的管理活动进行分析,包括对职能分工、授权范围、决策复杂性、指导与控制工作量以及下属专业分工的相近性等方面进行分析。如果存在管理幅度过大或过小的情况,需要考虑调整组织结构或优化管理方式。

核心职能优化。针对企业的核心职能进行优化,以提高企业的核心竞争力。这需要对企业的核心业务、关键资源和能力进行分析,确定核心职能的优先级和重要性,并制定相应的优化策略。

职能流程改进。对职能流程进行梳理和改进,以消除流程中的瓶颈和低效环节,提高企业的运营效率。这需要对职能流程进行全面了解和分析,找出问题所在,并采取相应的改进措施。

人员培训与发展。对职能人员进行培训和发展,以提高人员的素质和能力,适应企业发展的需要。这需要制订相应的人员培训和发展计划,以提高人员的技能水平和工作积极性。

评估与反馈。对咨询效果进行评估和反馈,以了解咨询方案的实际效果,并进行必要的调整和改进。这需要对咨询方案进行全面评估,收集员工和管理层的反馈意见,以不断完善和提高咨询效果。

总之,企业职能结构的咨询需要从多个方面进行分析和优化,以提高企业的运营效率和核心竞争力。在咨询过程中,需要充分了解企业的情况和需求,制定有针对性的咨询方案,并落实到实际操作中。

三、企业纵向组织结构的咨询

企业纵向组织结构的咨询主要是对企业的管理层级和管理幅度进行优化和调整,以提高企业的管理效率和决策能力。

以下是针对企业纵向组织结构咨询的几个方面:

管理层次分析。对企业现有的管理层级进行分析，了解每个层级的管理范围和职责以及它们之间的相互关系。分析现有管理层级是否合理、是否符合企业战略发展的需要以及是否存在管理层级过多或过少的情况。

管理幅度分析。对每个管理层级的管理幅度进行分析，了解管理人员的直接下属数量和间接下属数量。分析现有管理幅度是否合理、是否符合企业战略发展的需要以及是否存在管理幅度过大或过小的情况。

决策链分析。对企业的决策链进行分析，了解从最高管理层到基层员工之间的决策流程和决策层级。分析现有决策链是否合理、是否符合企业战略发展的需要以及是否存在决策链过长或过短的情况。

信息传递效率分析。对企业的信息传递效率进行分析，了解从基层员工到最高管理层之间的信息传递速度和准确性。分析现有信息传递效率是否合理、是否符合企业战略发展的需要以及是否存在信息传递不及时或不准确的情况。

纵向职能关系分析。对企业的纵向职能关系进行分析，了解不同职能部门之间的协作关系和依赖程度。分析现有纵向职能关系是否合理、是否符合企业战略发展的需要以及是否存在职能交叉、缺失或冗余的情况。

核心业务优化。针对企业的核心业务进行优化，以提高企业的核心竞争力和市场占有率。这需要对企业的核心业务、关键资源和能力进行分析，确定核心业务的优先级和重要性，并制定相应的优化策略。

人员培训与发展。对纵向职能人员进行培训和发展，以提高人员的素质和能力，适应企业发展的需要。这需要制订相应的人员培训和发展计划，以提高人员的技能水平和工作积极性。

评估与反馈。对咨询效果进行评估和反馈，以了解咨询方案的实际效果，并进行必要的调整和改进。这需要对咨询方案进行全面评估，收集员工和管理层的反馈意见，以不断完善和提高咨询效果。

企业纵向组织结构的咨询需要从多个方面进行分析和优化，以提高企业的管理效率和决策能力。在咨询过程中，需要充分了解企业的情况和需求，制定有针对性的咨询方案，并落实到实际操作中。

四、企业横向组织结构的咨询

企业横向组织结构的咨询主要是对企业各部门之间的协调与合作进行优化和调整，以提高企业的协同效应和运营效率。

以下是针对企业横向组织结构咨询的几个方面：

部门设置分析。对企业现有的部门设置进行分析，了解每个部门的职责和业务范围以及它们之间的相互关系。分析现有部门设置是否合理、是否符合企业战略发展的需要以及是否存在部门重叠、缺失或冗余的情况。

部门合作分析。对各部门之间的合作进行分析，了解部门之间的协作关系和合作方式。分析现有部门合作是否协调、是否符合企业战略发展的需要以及是否存在部门合作不畅或沟通不畅的情况。

流程制度分析。对企业的流程制度进行分析，了解流程制度的规范性和执行情况。分析现有流程制度是否合理、是否符合企业战略发展的需要以及是否存在流程制度不规范或执行不到位的情况。

资源共享分析。对企业的资源共享进行分析,了解各部门之间的资源共享程度和共享方式。分析现有资源共享是否合理、是否符合企业战略发展的需要以及是否存在资源共享不足或浪费的情况。

横向职能关系分析。对企业的横向职能关系进行分析,了解不同职能部门之间的协作关系和依赖程度。分析现有横向职能关系是否合理、是否符合企业战略发展的需要以及是否存在职能交叉、缺失或冗余的情况。

核心竞争力优化。针对企业的核心竞争力进行优化,以提高企业的市场竞争力和可持续发展能力。这需要对企业的核心业务、关键资源和能力进行分析,确定核心竞争力的优先级和重要性,并制定相应的优化策略。

人员培训与发展。对横向职能人员进行培训和发展,以提高人员的素质和能力,适应企业发展的需要。这需要制订相应的人员培训和发展计划,以提高人员的技能水平和工作积极性。

评估与反馈。对咨询效果进行评估和反馈,以了解咨询方案的实际效果,并进行必要的调整和改进。这需要对咨询方案进行全面评估,收集员工和管理层的反馈意见,以不断完善和提高咨询效果。

总之,企业横向组织结构的咨询需要从多个方面进行分析和优化,以提高企业的协同效应和运营效率。在咨询过程中,需要充分了解企业的情况和需求,制定有针对性的咨询方案,并落实到实际操作中。

五、组织咨询与诊断的特点和重要性

组织咨询与诊断的特点主要体现在以下几个方面:

全面性。组织咨询与诊断需要对组织的各个方面进行全面的了解和分析,包括组织结构、职能设置、人员配置、流程设计等。

系统性。组织咨询与诊断需要从全局的角度出发,系统地考虑组织中存在的问题及其对整个组织的影响。

策略性。组织咨询与诊断不仅需要解决组织中存在的问题,还需要为组织的未来发展提供策略性的建议和支持。

组织咨询与诊断的重要性主要体现在以下几个方面:

帮助组织明确目标。通过诊断,可以明确组织的目标和战略定位,从而为组织的未来发展指明方向。

发现潜在问题。通过对组织的全面了解和分析,可以发现组织中存在的潜在问题,从而及时采取措施加以解决。

优化组织结构。通过诊断,可以发现组织结构中存在的问题,并提出优化建议,使组织更加高效、灵活和有竞争力。

提高工作效率。通过诊断,可以发现组织中存在的效率低下、流程烦琐等问题,从而提出改进建议,提高工作效率。

促进员工发展。通过诊断,可以了解员工的需求和职业发展意愿,从而为员工提供更好的职业发展机会和培训支持。

提升组织形象。通过诊断,可以发现组织形象中存在的问题,从而提出改进建议,提升组织的形象和声誉。

第四节　企业组织管理咨询与诊断的方法

一、职能分析的方法

职能分析的方法主要包括基本职能设计和调整的方法以及关键职能设计和调整的方法。基本职能设计和调整的方法可以按照行业特点、企业技术特点、外部环境特点等进行。关键职能设计和调整的方法可以以质量管理、技术开发管理、市场营销、生产管理等为线索，针对每个特定的行业和企业的特殊需求进行精炼和调整。

职能分析的方法有很多种，以下是其中几种常见的方法：

岗位分析法。这是一种比较系统的工作分析方法，通过工作分析问卷，针对各个岗位的工作内容、职责、任务等进行调查，从而明确工作的具体要求和任职条件。

工作要素法。该方法将工作拆分为一系列独立的工作要素，并对每个工作要素进行详细描述。这种方法有助于确定工作的基本要求和关键要素。

任务清单法。这是一种列出工作任务的详细清单，并描述每项任务的具体要求和标准。通过任务清单法，可以明确各项任务的重要性和优先级。

关键事件法。该方法侧重于记录工作中发生的重大事件或关键事件，并分析这些事件的原因和影响。通过对这些事件的分析，可以识别工作的关键环节和成功因素。

职能分析法。这是一种以工作活动单元职能作用为角度的分析方法，该方法将工作行为单元划分为对人员作用、对实物作用和对资料（信息）作用三类，并针对每一类的功能作用按由低到高的水平划分为若干层次，最后对所分析岗位的工作功能作出具体的评判。

以上是几种常见的职能分析方法的概念和内容，每种方法都有其特点和适用范围。在实际应用中，可以根据具体情况选择合适的方法进行工作分析。

此外，职能分析还可以通过集权与分权设计的方法进行。这种方法需要分析影响集权与分权程度的主要因素，并选择适合企业具体条件的管理体制模式。

二、集权与分权设计的方法

集权与分权设计是进行企业纵向组织结构咨询的主要方法。操作时，要分析影响企业集权与分权程度的主要因素，进而选择和确定适合企业具体条件和管理体制的模式。影响集权与分权程度的主要因素包括：产品结构及生产技术特点、环境条件及经营战略、企业规模与组织形式以及企业管理水平和人员条件。不同行业和企业的内外条件不同，集权与分权相结合的情况便应该有所不同；同一企业内部，单位有大有小，情况各异，也应该区别对待。

集权与分权设计的方法主要包括以下几种：

直线职能制组织结构。这是一种以直线制为基础，在直线制上实行指挥职能，通过指挥职能活动而实现组织目标的一种组织形式。它的特点是：组织从上到下按照垂直系统进行统一指挥，同时发挥参谋职能部门的咨询指导作用。

事业部制组织结构。这是一种以不同产品或地区为依据，将相关的研发、生产和销售等部门结合成一个相对独立单位的组织形式。它的特点是：每个事业部都有自己的产品和市场，能够规划其未来发展，也能集中力量从事产品的专业化经营。

矩阵制组织结构。这是一种既有按职能划分的垂直领导系统，又有按产品或项目划分的横向领导系统的组织结构。它的特点是：产品或项目小组内的成员不再受原职能部门的领导，而是直接接受产品或项目小组的领导。

子公司和分公司。子公司是指受集团或母公司控制，但在法律上独立的法人实体。分公司的设立可以减少开办费用、共享资源、承担风险，同时也可以方便企业在不同地区开展业务。

在进行集权与分权设计时，需要考虑企业的战略目标、组织规模、业务范围、管理能力和风险承受能力等因素，根据实际情况选择适合的组织形式。同时，还需要建立完善的内部控制体系和监督机制，以确保集权与分权的合理性和有效性。

三、部门化方式和业务活动组织组合分析的方法

部门化方式和业务活动组织组合分析的方法是一种对企业内部各部门进行划分和整合的管理方法。部门化方式是指将企业划分为若干个部门，每个部门负责特定的职能或业务领域，而业务活动组织组合分析方法则是对这些部门进行进一步的整合和分析，以实现企业的战略目标和管理效率。

部门化方式包括职能部门化、产品部门化、流程部门化、顾客部门化和地域部门化。职能部门化是根据业务活动的相似性来设立管理部门，产品部门化是根据产品来设立管理部门，流程部门化是根据工作或业务流程来组织业务活动，顾客部门化是根据目标顾客的不同利益需求来划分业务活动，地域部门化则是按照地域的分散化程度划分企业业务活动。

业务活动组织组合分析方法则是对这些部门进行进一步的整合和分析。例如，可以根据企业的战略目标、组织规模、业务范围、管理能力和风险承受能力等因素来选择适合的部门化方式，同时也可以根据实际情况对不同的部门进行合并或拆分，以实现企业的管理效率和发展目标。

在部门化和业务活动组织组合分析过程中，还需要注意以下几点：要明确各部门的职责和权限，避免出现职能交叉或缺失的情况；要根据企业的实际情况选择适合的部门化方式，避免盲目跟风或照搬其他企业的管理模式；要注重各部门之间的协调和合作，避免出现部门间的扯皮和推诿现象；要加强对员工的培训和管理，提高员工的专业素质和管理能力，以适应企业发展的需要。

部门化方式和业务活动组织组合分析方法是企业内部管理的重要手段，通过对企业内部部门的合理划分和整合，可以提高企业的管理效率和发展水平，实现企业的战略目标。

部门化方式和业务活动组织组合分析的方法可以从以下几个方面进行：

职能部门化。根据业务活动的相似性来设立管理部门，有利于维护活动的专业化的分工要求，有利于工作人员的相互交流、技术水平的提高；但不利于指导企业产品结构的调整，缺乏总体意识，不利于高级管理人才的培养。

产品部门化。根据产品来设立管理部门，有利于将努力放在产品上，专注于产品的经营，有助于促进不同产品和服务项目间的合理竞争；但会导致企业需要更多的"多面手"式的人才去管理各个产品部门，部门中某些职能管理机构的重叠会导致管理费用的增加。

流程部门化。按照工作或业务流程来组织业务活动，易于协调管理，对市场需求的变动也能够快速、敏捷地反应，同时容易在内部形成良好的相互学习氛围，会产生较为明显的学习经验曲线效应；但部门之间的紧密协作得不到贯彻，权责相对集中，不利于培养出"多面手"式的管理人才。

顾客部门化。根据目标顾客的不同利益需求来划分业务活动，通过设立不同的部门满足目标顾客各种特殊而广泛的需求，企业能够持续有效地发挥自己的核心专长，不断创新顾客的需求；但需要更多能妥善协调和处理与顾客关系问题的管理人员。

地域部门化。按照地域的分散化程度划分企业业务活动，能更好地根据各地区的劳动者

和消费者的特点来组织生产和经营活动;但会导致需要较多的具有管理能力的人去管理各个地区部门,各地区可能会因存在职能机构设置重叠而导致出现管理成本过高的问题。

以上是常见的五种部门化和业务活动组织组合分析的方法,每种方法都有其优缺点,需要根据企业的实际情况进行选择和应用。

思考问题

1. 企业横向组织结构和纵向组织结构有什么区别?
2. 如何判断企业组织管理是否正常?
3. 如何判定企业组织结构是否正常?
4. 在实际诊断中,各种诊断方法能相互变通吗?

第七章 企业人力资源管理咨询与诊断

第一节 引入案例

案例一:谁更适合做CEO

◇ 精心雕琢的产品受客户青睐

这是一个冬季里的晴天。冬季刚好是这家公司业务的淡季。这家公司是做旅游服务的,项目很单一,只有一个环青海湖骑游项目。客人从一些网络渠道,比如去哪儿网、携程等平台找到公司。然后支付费用,前往青海。客人中有朝气蓬勃的年轻人,也有退休了想要休闲的长者,还有中年人,以及想短暂逃离城市压力的白领。不管来人是什么角色、有什么意图,公司都会帮客人安排好一切,让他们通过环绕青海湖,感受湖天一色的自然景观,追寻人与自然合一的体验。项目规划安排得很好,虽然在和公司见面前,顾问没有机会亲自体验,但从公司提供的销售额数字上看,顾问相信这个项目做得很用心。

这家公司的创始人是一对年轻的夫妇。丈夫是公司的CEO,这一成功的旅游产品就是由他牵头,以产品经理的身份亲自体验、改善并搜集客人意见后迭代出来的。他说"每个骑行过程中的歇脚点,都是经过精心计算的。"根据客人的身体状况,公司在行程中设置了不同间距的歇脚点,这样能让客户以最适合的方式来完成环青海湖骑行。

听到这里,坐在CEO身边的妻子点点头,肯定丈夫说的事情。

◇ 招来的人才都不满意

开场白过后,顾问觉得自己应该提一些问题。于是,在取得这对夫妇的同意之后,顾问问道:"真没想到,这样一个小而美的旅游项目,让你们做得有声有色。那么,我们需要解决什么问题?"

"老师,我们将公司的总部从青海搬到广州,就是为了吸纳人才,扩大经营规模。青海湖这个项目有局限性,每年只能做夏秋两季,而春季和冬季,我们就没事儿可干。因此,公司需要增加新的产品线,扩大经营。

"但问题是,我们到了广州之后,招聘了一些人,但总感觉工作主要是自己在做,这些人基本上都帮不上忙!"

"为什么会这样呢?"我继续追问。

"目前,我们认为是公司负责招聘的人力资源专员的能力不行,他不能分辨出我们想要的人才。"

"既然已经知道了问题所在,你们有没有采取一些行动呢?"

"我们刚刚花重金招了一个新的人力资源员工专门负责招聘。这个人到岗三个月了,但还没有发现招聘工作有什么进展。"

CEO的妻子,如今在公司负责行政的一位漂亮女士报出了这个重金的数目。的确,对于一家初创的小规模企业来说,能给出这样的薪资来聘请招聘负责人确实表明公司深受人才匮乏的困扰。

"那么,我们用什么来判断目前已经在公司入职的这些员工不能满足工作要求呢?"

提问的时候,顾问又强调了一下,请对方提供一些事实案例。不要用模糊的语言,比如员工能力不行、积极性不高、脑子懒于思考。这些语言看上去回答了问题,但实际上仅仅是个人的主观判断,不是事实。

他想了一会儿说:"我们准备研发一条新的线路,以弥补春季和冬季的档期,这样公司就不会在这半年毫无收入了。为此,我们特意招了一些研究线路的产品经理。他们的工作做得很粗糙,很多事儿做完了,我都要重新做一遍!"

"你能举个例子吗?"

"比如海南旅游线路的开发,我们派了一个产品经理到海南一个月。但他做的线路规划毫无特色,就是常规的、每个旅行团都有的规划。于是,我不得不再去一次,然后推翻了他的规划,重新做了一个。目前,这个规划上线了,效果还不错。所以,根据这件事,你判断这个产品经理的能力不行?"

"是的!"

顾问故意沉默了一阵子,给对方一些思考的时间。但对方似乎并不愿意对这个判断进行更多的思考。所以,顾问只能用新的问题来引导他。

"那么,我提一个可能会让你感觉不舒服的问题,但我觉得这个问题是找到真正的原因必需的,我们的目的是找到真正的原因,我可以问吗?"

"老师,您不要客气,我们来咨询就是为了找到问题的解决办法。所以,不会因为不舒服而有顾虑。"

他很爽快地回答顾问。但我知道,未必如此。我经历过无数次这样的场景,对方的回答都是类似的,但那些让人感到没面子的问题提出来的时候,还是会有人恼羞成怒。这种恼羞成怒,不见得会从对方的外在行为上直接表现出来,往往会以一种隐蔽的状态存在,比如心里的暗暗抵制,听不进意见,或者为自己找理由等。这会干扰咨询的过程,从而导致双方很难获得理想的结果。

为了让咨询对他有益,顾问只好小心翼翼地问道:"那么,请问,有没有什么人在离开了您的公司后还在这个行业的,而且他做得还不错?"

顾问说这些话的时候,已经尽可能地委婉了,但听到这个问题,这位CEO的妻子还是眼睛一亮、全身一震,看了看自己的丈夫,透露出一种有话想说,但又不确定自己的丈夫让不让自己说的紧张状态。

还好,这位CEO言如其心,他并没有介意这个问题,和妻子对视了一下后说:"还真有这么一个人,他三年前在我们公司提了一个方案,被我否定了。结果,他带着这个方案自己创业,目前营业额做到了我们的6倍。他的公司已经是这个行业内数一数二的了。"

通过这段对话,顾问发现了一个新的动向:公司可能真的缺少人才,但还可能是由于某些原因,人才的价值不能发挥出来。所以,才有类似的情况出现。这就给最初的问题找到了另一种可能性。顾问凭经验判断，这种可能性也许更接近真实的原因。但顾问不能直接把结论告诉给对面的人。原因很简单，这个结论是顾问的，不是他的。能抛弃稳定的工作，冒着风险创业，而且取得了不错的成绩，这样的人是很难轻易接受别人的结论的。除非，这个结论是他自己得出来的。

"这种情况是偶然发生的，还是经常发生呢？"

"老师，您别说，经您这么一问，我发现这种情况还真不少。我感觉自己的公司为行业培养了很多优秀人才，这些人在我的公司工作一段时间后，出去都干得不错！"

他的内心还是骄傲的，但也注意到了问题的另一种可能性。

"你有没有想过，为什么这种情况一而再、再而三地出现呢？"顾问准备留下一些空白，或者干脆暂停谈话，给他时间，想清楚这个问题。

◇ CEO 不会用人

坐在这位 CEO 身边的妻子，此刻终于忍不住要说话了。看来，这件事折磨她很久了，所以，不吐不快。

"原因很简单，他不会用人。公司里的人，除了他自己，他看谁都不顺眼。人家工作时，他总要过去审核，左看看，右看看，给别人没有完成的方案找问题。员工都烦死他了，他自己还不知道！他要求公司的每个人都必须按照他的想法工作，最好一步也不要差！没人能这么做，于是，凡事他都亲力亲为。刚刚说的，我们花重金招聘了一位招聘专员，人家面试的时候，他还要到会议室旁听。处处给人感觉，他信不过任何一位员工！"

"他们是不行啊！干什么事都一塌糊涂！到头来还不是我重新做一遍。这样工作效率很低，不如就叫他们按照我的想法做！"

丈夫已经在反驳妻子的判断了。妻子带着一点点怒气，闷在一边不出声。看来，关于这一点，他们之前已经有很多次争吵了。所以，妻子一提出来，丈夫就会立即反驳，丈夫一反驳，妻子觉得再说话就要吵架了。

事实上，有经验的咨询师不愿意在接待一位客户的时候同时接待一位与客户有关的旁观者。咨询中，第三方人士突然说话，会打乱咨询师的节奏。这种情况需要咨询师足够冷静，否则就会陷入混乱的节奏，从而影响咨询的效果。

"既然我们的 CEO 先生认为太太说的没有道理，不如休息一下，然后，我和太太一起听一听 CEO 先生的看法。在休息之前，我有个小小的建议，请 CEO 先生思考一下。今天我们来到这里，实际上是因为按照已有的常规办法无法解决公司缺乏人才的问题。所以，我们需要多听听不同的意见。那么，我建议，整个咨询过程，也要留一些时间给女士。你们看怎么样？"

对方显然会同意顾问的建议，毕竟两个人是一起来的，既然一起来，自然都是有话要说的。当冲突激发了情绪的时候，老练的咨询师都会利用一些小手段，让大家的情绪稳定下来。因为他们知道，一旦情绪占据了人的主要感受，那么智商和思考的能力就会迅速下降。这些小手段，包括沉默一小会儿、建议大家去洗手间、休息十分钟等。

果然，几分钟后，当我们再回到咨询桌前进行对话的时候，二人的情绪已经稳定了。接着，顾问又重复了一遍问题："是什么原因让离开公司的员工在其他环境中表现更好？"然后，请 CEO 先生说对这个问题的看法。

"我还是觉得，这些人在我这里学了不少东西。比如前面出去创业的那位就跟着我学了很多东西，他们的线路设计几乎和我们的产品一模一样。这才是他们出去以后干得不错的原因。"虽然情绪稳定了，但这位 CEO 对这个问题产生了抗拒心理。他不认为或者说是不肯承认自己的行为在这一过程中产生了不好的影响。

在这里,顾问决定插入一个观点。这个观点对他们来说或许不是新鲜的观点,由于他们明显没有养成系统思考的习惯,因此,在此插入这个观点还是很重要的,顾问相信这一举动能有效地推进咨询的进程。

"我们知道,影响一件事的因素往往不是单一的,而是很多复杂的因素共同作用,形成一个系统,才会让问题越来越难以解决。关于这点,我们能达成共识吗?"

CEO先生点点头,同时,马上就明白了我所说的。"您的意思是,出现这个问题的原因不只我说的这些,太太说的也可能是原因之一?"

◇ **CEO妻子的管理热情**

顾问点点头,他将信将疑,但总算开始思考太太的说法了。顾问继续问他:"在这家公司中,你感到最让你有成就感的工作是什么?或者说,你觉得干什么工作最快乐?"

"当然是研发新产品!当我能够以尽量低的成本,帮客人设定最适合他们的旅游线路产品时,我感到最开心。当客人对这一产品赞不绝口的时候,我简直兴奋得要死!"

"最让你懊恼和感到心烦的工作呢?"

"就是面试、招人的事情,总也选不到合适的人,让人很有挫败感啊!"

"我喜欢这些工作。但每次还没等到工作呈现出结果,他就要惹怒这些员工了。"太太在一旁说道。

听了这话,CEO先生又产生了抵抗情绪。不过,好在顾问将CEO太太也列为咨询参与的人员而非第三方,所以顾问可以听取她的想法。

"说说,您为什么喜欢这些工作?"

"因为我知道,公司单靠我和丈夫是做不大的。所以,我们必须想尽一切办法找到优秀的人才,把他们留在公司,让他们为公司做出贡献。这个问题简单想想就知道了,公司发展到目前的状态,就是因为我丈夫开发了一条非常优秀的旅游线路和相关的行程。这些深受客人的喜欢,很多客人不止一次找到我们。如果公司想要在一年内实现增长翻倍,我们就需要开发一条新线路,同时确保老线路,环青海湖这条线路依然有竞争力,保持收入增长。开发新线路非常不容易,所以,一个人不可能既开发新线路,又经营好老线路。就算我的丈夫是工作狂,可以同时干好这两件事还累不垮,那明年呢?如果我们再增加一条线路,该怎么办?毕竟从我们公司出去的人,干这一行比我们晚,如今营收都是我们的6倍了。我们翻个2倍、3倍,也不算过于宏大的目标吧?但要实现这个目标,必须依赖他人,而不是什么事都亲力亲为!所以,我觉得招聘、管理工作必须有人做,而且我也喜欢做这些工作。"

听到太太这么说,这位CEO的情绪又好了起来。很明显,他认同太太的说法,他也认为公司要发展,必须学会依赖团队而非个人,但他不知道该怎么做才能建立和维护好这样的团队。

这轮对话,让顾问发现了一个更隐晦的问题,顾问感觉这家公司的CEO选错了人,比起先生,太太更适合做CEO。而先生的才能和热情更专注产品线路的研发。毫不夸张地说,此类工作可以算一种简单的研发工作。毕竟他们要在确保整个线路和行程的安排非常有特色的情况下尽量节省成本。同时,正如前面所说的,他们要为不同的客人群体提供相同线路的不同行程,适应客户的身体和年纪状况。也就是说,目前CEO先生更擅长做一个优秀的产品经理或者产品总监,负责开发新的产品线路和行程。而他的太太,显然对公司战略目标、组建团队、管理团队、财务方面更感兴趣。

太太更适合做CEO。如果对方能够接受我的建议，尝试让太太做公司的掌门人，可能所有的问题就迎刃而解了。这个办法，还可能是最省力、成本最低、最系统地解决问题的办法。但这个建议能被他们接受吗？特别是在传统的文化观念中，男性往往承担"当家做主"的角色，女性更多的是配合男性。此外，这位CEO先生很爱面子，太太有反对意见，就会影响他的情绪。若是顾问提出，公司的CEO应该由太太担当，先生会不会把问题想到"面子问题"上？

在这短暂的接触中，顾问也不确定CEO的太太是否真的愿意承担这个职位的工作。很多女士往往希望自己能起到辅助丈夫创业的作用，而不是亲自参与。同时，她可能还有孩子、父母需要照顾，母亲和女儿的角色会让她分心不少。她是否有足够的事业心呢？这些都是我不知道的。于是，顾问只能继续引导，努力让他们得出结论。顾问决定插入两个职位描述——产品总监和CEO。

◇ **CEO更适合做产品总监**

"我介绍两个常见的岗位职责：第一，产品经理，负责公司产品和服务的开发……第二，CEO，负责公司战略的制定、管理制度的确立和主要人员的管理，以及对公司的财务状况进行管理……"当顾问将这些话说完之后，看见先生的脸上有一些不好意思，同时，紧紧地攥住了拳头，显然他意识到了自己的日常工作是产品经理的角色而非CEO。

"如果二位认同上面所说的岗位职责描述，那么，假如有个机会，让二位重新选择自己在公司里的工作，先生会选哪个？太太会选哪个？"

大家沉默了一会儿，太太用热切的眼神看着先生，希望先生先开口做出选择。但是，先生仍然逃避这个选项，他岔开了话题："老师，如今她不愿意回公司了，她已经不想参与公司的事情了。"

这倒是个意外。刚刚，他们明明告诉我两个人都在公司工作。如今，随着咨询的深入，真实情况才慢慢浮出水面。这位先生看着自己的太太，希望太太能说点什么，可太太什么也没说。

这样一来，咨询陷入了僵局，这个僵局只能由顾问来打破。于是，顾问问先生："如果太太能够回到公司，假设她对CEO的工作还有热情，你愿意让她任公司的CEO吗？"

"她只要肯回来，就没问题。但是，就怕她不肯回来！"坐在先生身旁的太太听到这句话后，脸色有些黯然。顾问也明白了先生话语中的潜台词，他并不情愿让出CEO的职位给太太，才会说"但是……"

既然如此，这个问题就没有简单的解决办法了。也就是说，我们必须想办法让先生学会成为一个CEO，但这个问题不是一两个小时的咨询项目能解决的。最后，顾问建议先生读一些关于领导力的书，希望他尽快学会成为一个优秀的CEO。然后，结束了这次咨询。

◇ **后续进展**

参加咨询六个月后，顾问听说这家年轻的公司还是关闭了在广州的办公室，又回到了青海。顾问不知道他为什么做出这样的决定，可能是CEO依旧没办法把公司的掌舵权交给自己的太太。当然，一些客观事件的发生可能成为企业退缩的原因。在这半年中，新冠疫情开始了，几乎所有的旅游项目都停顿了，这也给他们的想法带来了很大的影响。

◇ **管理提示**

这个没有达到最佳效果的咨询能给公司的管理者带来什么启发呢？顾问将其总结出来。

(1)问题发生了，管理者要学会找到造成问题的根源，而不是花精力为问题找理由。想要区分自己的目的到底是找原因还是找理由很简单，只要遵守以下法则就行了：看一看你找出来的原因,是别人的原因还是自己的原因。如果你找出的是自己身上的原因,那么这可能就是造成问题的原因;如果原因总是出在别人身上,可能你找到的不是造成问题的原因,而是问题出现的理由,需要再三斟酌。

(2)再小的公司,也有不能人尽其才的状况。

(3)强势的创业者,是因为自己的坚持和强势才获得了初步的成功,但在快速变化的环境中,强势和坚持很快就会由优点变成缺点。

◇ **咨询提示**

寻求咨询服务几乎成为当下企业提高自身竞争力必须采用的一种方式。咨询不同于培训,培训是为你提供知识讲解服务,而咨询是直接帮你处理难题,找到造成问题的原因。因此,管理者学会如何参与咨询以及如何从咨询服务中受益,是必备的素质之一。这些提示,年轻的咨询师也可以仔细了解一下,咨询不是简单地将自己的观点说出来给客户,而是要确保客户认同一个观点,进而采取行动。因此,咨询的过程不可避免地要调整客户的情绪及心理状态。

1. 所有请求咨询服务的人,其实都有一种"示弱"心态

在不同的文化中,向他人寻求帮助,往往被看成是一种"示弱"的表现。特别是做高端咨询项目,如战略咨询、商业模式咨询和领导力咨询,往往都是在公司里一言九鼎的高层人士。在他们的观念中,寻求咨询、寻求帮助是十分危险的行为。他们担心人们会从他们的行为中做出判断,认为他们没有能力解决问题。

一方面,咨询师要照顾客户的这些心态,与他们进行理性的对话,创造安全的环境,即不要忽视对方的情绪和心态,不要灌输观点和知识,不能在未获得对方信任的情况下指责对方;另一方面,需要咨询服务的人大可不必将寻求帮助视为"示弱"的表现。

相反,有勇气寻求帮助并从帮助中获益,实际上是一个优秀管理者最有智慧的做法。专业咨询服务是立足于人类不断进步所习得的相关知识持续融合,在社会不断分工、效率不断提高的基础上产生的公共社会智力资源。

企业需要资金资源,但更需要智力资源。能够在必要的时刻,运用成熟的社会智力资源,为自己的公司发展谋篇布局,这种救助者难道不是大战略家吗?只有双方在心态上、情绪上都准备好了,才能快速建立信任,咨询服务才有可能取得最好的效果。

2. 不论咨询师怎么解释,管理者都不会认同他的观点

管理者只会认同自己的观点,而不是咨询师的观点。咨询师竭尽全力,只能做到将自己认为正确的观点,尽可能多地变成管理者的观点。如果有阻碍,那就退一步,要求更深入地了解管理者和企业的情况,直到你们共同找到了能解决问题的办法。

3. 管理者尽量保持开放的心态

既然选择了咨询项目,就意味着对某个问题的处理没有把握,或者常规的办法不能解决问题。那么,为什么管理者不保持更加开放的心态呢?如果想要找人来附和并肯定你的结论,咨询师不是一个好的选择。因为合格的咨询师,必然会说出管理者不喜欢听的反对意见。只有公司的下属和你的粉丝,才可能是会一直附和你的人。

4. 尽量劝说管理者单独来咨询

案例中这位温柔的太太,性格够好了,但她还是给咨询工作带来了阻碍。CEO先生可能会觉得在妻子面前被咨询师问出了真相很没面子,从而在心里抵抗让真实的结论转化成自己的结论。所以,他们回去没有任何行动,甚至很快就把这次关键的咨询忘记了。因此,尽量劝说管理者单独参加咨询是有必要的。管理者也不要太着急,不要希望一下子解决公司的所有

问题,让所有与自己相关的人都来参与咨询。完善的咨询服务,后续会有深入企业、高管访谈的环节,等到事情进展到那一步了,自然能解决更多的问题。

咨询服务对企业的改善有一个过程,不是妙药仙丹,服下后就药到病除!

案例二:花重金请来的员工却让公司损失千万元

为了实现在互联网和移动互联网时代的转型升级,这家从事汽车用品贸易的公司,专门从大的互联网公司挖了高级人才来建立新的团队。在被挖的高手答应加盟公司的时候,创始人和公司的其他股东对新的团队寄予厚望。可两年过去了,这个高手和依照他的想法组建的团队,除了给公司带来3 000多万元的亏损,别无其他。这位互联网高手仍然要公司追加投资。创始股东略显犹豫,他却指责管理层的格局不够,扬言自己在原互联网公司工作时,一个季度的市场推广费用预算就高达500万美元。因此,公司创始人参加了咨询,希望能找到接下来行动的建议。

◇ **两难的咨询案件**

在助理将这个咨询案例描述给顾问的时候,顾问发现这是一个两难的咨询难题。一方面,如果创始人继续投入支持转型项目,继续亏损,那么肯定会让公司陷入绝境;另一方面,如果创始人停止转型项目,公司也会失去寻找新增长曲线的机会。这个咨询案件的核心问题在于,公司该如何进行转型变革?但在所知有限的情况下,唯一能做的就是帮助公司的管理者提供一个如何分辨目前任职的互联网团队负责人是否胜任的标准。

顾问相信,在会面中一定会谈到公司该如何转型的问题,创始人一定会提出这个问题。轻咨询有一个功能界限,这个界限决定了顾问无法在两个小时的初次见面中,就帮他找到这个复杂问题的答案。

很多咨询顾问心中没有这个界限感。他们常常会在没有充分了解客户公司的具体情况下,给出自己所谓的"专业意见"。这种界限感的缺失,很容易让客户蒙受损失。在接触客户相关资料一周后,双方按照约定见面了。公司创始人是一位年近五十的女性,十分亲切。

"您好,公司相关的资料您都看过了吧?"

"是的,基本情况我都了解了。但还是请您现场再介绍一下,以便我能了解得更多。"

听完开场白,她有点兴奋。然后,就开始滔滔不绝地对公司进行介绍。

"我们很早就进入汽车服务市场了,也就是汽车后市场。一开始,我们是从汽车玻璃贴膜做起的,代理了知名品牌3M等汽车玻璃防紫外线膜产品。后来,转型做了汽车用品。随着国内的车主越来越多,汽车车上用品零售市场很快活跃起来。我们代理了一些产品,自己也生产一些产品,做了很多年。"

"也就是说,你们目前的销售模式是'代理或生产产品+分销'的简单模式,对吧?"

"是的。但我在这个过程中加入了一个'导购培训'的环节,这让我们的产品在互联网电商兴起之前,一直在行业内受到好评。"

顾问对她说的这个"导购培训"的环节很感兴趣,示意她详细介绍一下。

"任何公司将自己的产品推向销售渠道时,都会采取铺货模式。比如我们的产品,是通过汽车服务店铺销售的,也就是您经常看到的洗车店、汽车美容店等。当我们的销售人员推广新产品的时候,店老板不会直接付费购买,而是先拿产品在店里试销。这里有一个重点环节:一旦我们的产品放到店主(经销商)的店里,就必须想办法让它的销量快速提高。我观察到,要想让一个陈列在店里的产品动销起来,核心不在于陈列,而在于店里的导购人员是否主动向客户推荐。这意味着，如果导购人员在众多的陈列产品里推荐你的产品，销量就会很快提高；反之则不会提高太快。店主没时间也没有精力理会非核心产品的销售，除非某款产品销量激增。所以，相较其他的产品品牌，除了铺货，我们还组织了培训人员，对各个经销商店里的导购人员开展定期培训。只有让他们更了解我们的产品，他们才能推荐给车主。同时，我还提高了给导购人员的分红。这样一来，她们就更有动力来推荐我们的产品。因此，只要产品质量过关，销量很快就能增长。"

听了她的描述，顾问觉得这个女老板的思路非常清晰、非常有逻辑且能很快抓住本来十分模糊事物的关键点，并采取有效的办法在关键点上下功夫。这让顾问对她想要咨询的问题解决产生了信心。

◇ 互联网冲击而遭遇难题

"非常精彩！"顾问由衷地赞叹道，"那么，您今天的问题是什么？"

"我们的业务一直开展得不错，直到互联网电商兴起。电商越来越方便，退换货都容易，而且价格透明。所以，从上一年开始，我们部分标准产品的销售额开始大幅度萎缩。我们就想，既然大家都说互联网是未来的发展方向，不如也成立一个团队，专门负责公司的互联网销售渠道。所以，我们就从腾讯电商平台高薪挖了一个总监，并赋予他充分的权限，包括财权、人事权等。这个人来了快2年了，进行了各种各样的尝试，比如设计并推广我们公司的电商App，运营品牌订阅号，在天猫和京东上开店等。这些尝试基本上都是干到一半儿就干不下去了，公司投入的3 000多万元几乎损失殆尽。如今，他又要公司追加投入，我和几个股东开始犹豫了，所以就来见见您，您有什么建议？"

"你们对这个电商的负责人的基本素质有没有深入思考一下？比如他对互联网的理解、对商业模式的研究等。"

"坦白说，这件事情我们没有做。原因是我们对互联网简直是一窍不通。之前和他谈合作的时候，这位在腾讯有过多年工作经验的年轻人，在我们心中简直就是大咖。他说的术语，SKU、UV、CV什么的我们完全听不懂，需要他一一解释。这个过程，让我们几个股东意识到，在互联网转型的过程中，我们最好的身份就是年轻人的投资人和帮助者。我们很难找到这样的人，自己又不懂，根本没有能力来核实他的基本素质。"

她说的是实情。很多企业管理者受到一波又一波的通信技术在商业中产生的巨大威力所影响，但因为自己对新技术无法全面理解，加深了对企业未来发展的迷茫。

◇ 企业未来的打算

"非常理解。关于公司的未来，您的想法是什么？"顾问需要知道客户对公司未来的真实打算，然后看从哪个角度帮助她落实自己的想法。

"虽然互联网给我们带来了很大的困扰，说实在的，我们不愿意就此退出这个领域。但我们很清醒，不管是互联网还是大家说的大数据、云计算等新技术，单凭我们是无法理解上述技术对商业会产生什么样的影响以及该如何应对的。所以，对我们来说，公司的未来就是要找到相应的人才。如果我们有机会找到相关的顶梁柱，这件事情就可以继续进行；相反，如果不行，我们也做好了随时淡出的准备。"

就像顾问说的，这位管理者的思路非常清晰、非常有逻辑。她的这方面能力简化了咨询的过程，让我们可以就一个问题深入讨论，而不是对一个又一个问题进行表面上的分析。来参加咨询的企业管理者中，有一定比例的人更希望通过一次咨询解决所有的问题。他们会提出一个问题，不等咨询顾问将这个问题彻底分析清楚，就急着问另一个问题。他们的脑中好像有一个计算器,会将咨询的费用作为分子,除以咨询过程中提出问题的数量,来计算成本。如此计算,当然是提出的问题越多,成本越低。其实,这是完全错误的想法。咨询顾问不能为了迎合客户的想法而对他们的问题草率地给出答案。

◇ **谁是真正匹配的人才**

"我们今天要解决的问题就是,如何判断一个人才是不是真正的人才,我可以这样说吗?"

"是的,如果能解决这个问题,其余的相关问题就可以迎刃而解了。"

"好,今天我们一起努力解决这个问题。首先,我想问您,您觉得如今公司最迫切地需要什么类型的人才?"

"我觉得熟悉互联网电商运营的人就行,我们先解决电商的问题。"她回答。

这句回答暴露了一个问题:她对这件事的理解过于简单了。于是,顾问继续引导。

"公司如今由传统渠道转型到互联网电商模式,您认为这件事是延续以往经验的事情,还是全新的事情?"

她思索了片刻,回答:"我认为,这件事既和之前的经验有关,又是一件全新的事情。"

这个回答非常棒,顾问示意她详细说说。

"说它和之前的经验相关,是因为毕竟都在销售产品。因此,对产品的理解与之前的经验相关。除了这一点,其他因素几乎都是全新的。比如电商的销售方式是直接针对车主而非经销商,决定了电商的运营团队和公司之前销售团队的人选以及管理方法都会彻底发生变化。之前我们提供的主要客户服务是给店里的导购人员提供事关产品和销售的培训,如今却要解决车主使用产品的相关问题,这也是不同的。所以,除了产品的特性、使用与之前的经验相关,电商的其他要素基本上是全新的。"

顾问很惊讶她有这个认识,毫不吝惜地对她竖起了大拇指。

"您过奖了。这是我花了 3 000 多万元学费才学到的。"她笑了起来,笑容里有对顾问的赞赏和感激,但更多的是对自己前期投资损失的自我揶揄。

"如果您的事业后续有了进步,3 000 多万元的学费不贵!"我鼓励说。

她点点头。

"目前,我们达成了统一。公司转型电商也好,数字化平台也好,其实对于我们来说,是一件全新的事情。也就是说,这属于再次创业,而不是在原有的基础上进行的升级。您能分辨其中的差别吗?"

很明显,她还没有想得这么深入,需要继续引导。

"其实,您已经发现这两种情况的区别了,只不过没有将这些区别仔细地进行分析。您回忆一下,在创业的时候,在什么事情上花的时间、精力最多?"

"找人,制定分销商制度,提供导购培训服务。"

"这属于公司管理流程的建立,我这么说,您认可吗?"

"是的。的确如此。"

"是不是这些流程建立起来之后,公司的运营就顺利了,收入也增加了?"

"是的,创业的时候,什么都乱糟糟的。后来步入正轨,公司就平稳盈利了。所谓的步入正轨,就是流程制度都建立了。新老员工照着做,公司就发展起来了。"

"那么,我们可以认为要想创业成功,就必须从生意机会中,找到能满足盈利要求的内部制度和流程,不断打磨它,最后固定下来。这是最重要的,是不是?"

她思考了片刻,明白了顾问的意思,点头称是。

"既然如此,转型互联网也有这个过程。互联网改变公司基本的商业模式。通过互联网平台,我们需要建立直接针对消费者的B2C模式。而公司之前所有的流程、制度都是面对经销商的B2B模式。实际上没这么简单,因为B2C和B2B也可以细分为很多类型。但大体上,您可以感受到要想做好互联网转型,公司很多的制度和流程都要重建。您能清楚我的意思吗?"

"您这么一说,我明白了!这和选人有什么关系呢?"

"这个我们接下来一起分析。比如您现在聘用的这位负责转型的主管,他有腾讯的工作背景,是吗?"

"是的!"

"请问,他是腾讯的创始人之一,或者早期的员工吗?"

"老师,腾讯公司的创始人团队或者早期员工,如今身价都很高,我们这种小公司可聘用不起!"

"这正是我要说的。所以,我们只能去聘用那些在腾讯公司创业趋于稳定时,也就是公司内部的流程和制度都十分完善之后加入公司的人。这些人离职了,或者认为在互联网大厂外面自己会发展得更好,我们才有机会去聘用他们,是吗?"

问题问到这里,她已经猜到顾问要说什么了。

"您的意思是说,我们做这个互联转型的项目,需要的是一位能够从经营中建立流程和制度的人,而非一个遵守制度的人?"

"恐怕是的。"

"为什么他不能将成熟的制度复制到我的公司?"

这是出现问题的下一个核心原因。因为这位管理者的思路很清晰,所以咨询进展很快,这样我们就有时间讨论一下:为什么成熟的公司制度不能复制到一个初创的项目?

"这个问题提得好!"顾问鼓励她,"在他加入您的公司的时候,腾讯是不是已经做得很大了?"

"当然,那时候腾讯已经是互联网巨头了。"

"那么,当我们试图将一家巨头公司的制度用于初创项目上,会出现什么问题?"

"杀鸡用了牛刀!"

"是的。腾讯创业的过程中,内部的流程制度一直是变化的。虽然核心是具有互联网思维的,但制度会随着外部环境,包括商业和技术环境的变化而调整。等到熟悉腾讯制度的人来到我们的公司,他脑子里是已经调整的相对完善的流程制度,维持这种相对完善的流程制度需要的资源投入,是小公司不能承担的。腾讯为了维持稳定的经营,获得持续增长的收入,必须确保自己的流程和制度十分完善,分工明确,但要承担极高的运营成本。我记得您提到过,这位被公司挖来的人才向股东提及,自己在腾讯的时候,每个季度的市场推广费用预算就高达500万美元。腾讯支付这个费用是很容易的。对我们来说,既没有必要给出这样的预算,也很难承担它。所以,才会出现您描述的状况,杀鸡用了牛刀,不适用,却昂贵!"

她很快理解了顾问的想法,不住地点头称是。

"我们需要的是创新型人才,找来的却是守成型人才。他一定是个人才,但仅限于在完善的流程制度构建的企业平台上,才能贡献自己的价值。而我们需要的人是能够从零开始打造和建设这个平台。"

说到这里,她终于知道为什么挖来巨头公司的人才,在自己的项目上不能发挥出能力。其结果就是,公司觉得这位人才水平不行,而人才反过来认为公司股东的格局不够。

"那我们要找什么样的人?"

"我们需要的是一位年轻的创业者,熟悉互联网,对新的商业模式有想法,同时有很好的创业思路。只有这样的人,才有能力去开创新的事业。这就好比文臣和武将。武将负责打江山,打下来的城池交给文臣守住和治理一样。"

"我明白了!"她肯定地说。

◇ **后续进展**

咨询服务之后,顾问答应帮她物色新的人员来负责公司的互联网转型项目。经过三个多月的筛选和面试,我们找到了一位优秀的有创业能力的人才。他只用了不到1 000万元的投入,就将公司的电商做得有声有色,公司实现了互联网转型项目的初步成功。

◇ **管理提示**

任何变革,其实都是重新创业。管理者一定要明确这一点。虽然相比草创公司,发动变革的企业可能会在资金、商誉等相关资源的投入上丰沛一些,但对于重新打造战略变革的核心竞争力来说,资源的投入仅仅是一个环节。全新的核心竞争力,必须以全新的内部管理流程和制度的建立为基础,这点毋庸置疑。

由具有相关公司工作经验的人来操刀企业的战略变革项目,很有可能是一个昂贵的误会。相关工作经验很可能仅仅让一个人熟悉成熟公司的完善流程和制度,却并不知道流程为什么会这样、制度为什么是这样建立起来的。具有相关工作经验的人,如果只会复制成熟公司的流程和制度,可能会给战略变革带来昂贵的成本。

变革项目需要由具有创业精神的人来带头。具有创业精神的人,往往并不熟悉新事物。因为他具有超高的学习力和思考力,更有不满足现状的思辨思维。所以,这类人往往能够快速熟悉新事物,找到更本质的规则和流程,而且他们更有意愿开创新的事业。

◇ **咨询提示**

思维逻辑清晰的客户可以很快找到解决问题的关键点,面对这样的客户,咨询顾问一定要保证自己的咨询意见也是逻辑清晰的。

遇到有失败经历的客户,一定要多多给予肯定。因此,顾问花了相当长的时间让她阐述自己的优势,最终发现她有很强的思维能力。只有鼓励,才能让人产生信心继续探索,坚持变革。信心是行为的原动力,有了信心,客户才会采取行动,咨询方案才能真正落地。

咨询顾问要对自己提供的服务有清晰的边界感。边界感意味着当客户不断地提出新问题时,你要尽可能委婉地表达自己服务的局限性。对客户来说,多提问题可能会降低成本,但优秀的顾问心知肚明,一次简单的咨询不可能解决企业面临的所有复杂问题。

"复杂的问题,没有简单的解决方案。"遇到不断提问但对某个问题却不求甚解的客户,你可以用这句话提醒他,你的服务是有边界的。

第二节 企业人力资源管理咨询与诊断

一、人力资源的发展和演变与我国人力资源现状

(一)人力资源管理的发展和演变

1. 产业革命阶段(18世纪末至19世纪)

这是人力资源管理的萌芽阶段,该时期的人力资源管理被称为人事管理,其特点是一切以

工作或生产为中心,把人看成机器,忽视人性的存在,对人的主要管理方式是以强权管理为主。罗伯特·欧文被称为"人力管理之先驱",他曾试图解决由劳动分工产生的问题,他认为人的行为是所受待遇的反映,他还创建了最早的工作绩效评价系统,为了检查个人的表现,他使用一块四边分别涂成白、黄、蓝、黑的颜色并安装在机器上的木块,用对应于工作表现的颜色指向来反映工人前一天的生产。

2. 科学管理阶段(19世纪末至1920年)

科学管理的基本假设是,存在一种最合理的方式来完成一项工作。被称为"管理学之父"的泰勒对劳动时间和作业方法进行了科学的分析,并依此建立了工资制度和用人制度。泰勒认为要让工人最有效率地工作,就需要用金钱来激励他们。他还提出,工作集体的效率是由其中生产效率最低的工人的效率水平决定的。

3. 人际关系阶段(1920年至第二次世界大战)

哈佛大学教授梅奥和他的助手1927—1932年在美国西屋电气公司霍桑工厂进行了一系列试验,结果发现了人际关系的重要性。研究人员发现,在工作中,影响生产效率的关键变量不是外界条件,而是员工的心理状态。泰勒认为,企业是一个技术经济系统;而霍桑试验的结果却表明,企业是一个社会系统。

4. 行为科学阶段(第二次世界大战至20世纪70年代)

该阶段是人力资源管理理论发展的重要阶段,主要代表有马斯洛及其人类需求层次论、赫兹伯格及其激励因素—保健因素理论以及威廉·大内及其Z理论等。这个时期以人际关系为出发点,对组织的人事管理进行全方位的开放式管理,使组织中的人事管理由对员工的监督制裁转到对员工的人性激发,由消极的惩罚到积极的激励,由单独领导到民主管理,由只重视对员工的索取性使用到培训与开发和使用相结合,由一家之言到信息的充分沟通,由劳资或劳动者与管理者之间的对立关系到协调、和谐,以求人与人之间、人与事之间的理想协调。

5. 人力资本管理阶段(20世纪70年代至今)

这一时期人力资源的发展体现在两个方面。一是人力资源管理重心不断转移,由以物为中心向以人为中心转移,即从人本管理向人心管理转移;二是人力资本理论成为人力资源的理论基础,开始全面介入企业管理。

人力资源管理正面临新的环境,全球经济一体化趋势不断加强,跨国公司在全球经济生活中开始扮演重要角色,并在其中遇到了一系列涉及多元文化的管理问题;以计算机技术和现代通信技术为代表的信息技术正改变着我们的生活和工作方式;激烈竞争的市场促使新的管理概念管理方法不断产生,给组织管理带来新的生机和活力。组织赖以生存的外部环境和组织的竞争方式正进行着悄无声息却深入持久的变革,组织的各种管理职能必须适应潮流。

(二)我国人力资源管理现状

人力资源管理可分为传统人事管理、人力资源管理和战略性人力资源管理三个阶段。

在传统人事管理阶段,企业的人事管理职能主要是制度的执行,即按照国家劳动人事政策和上级主管部门发布的劳动人事管理规定、制度对职工进行管理,人事部门基本上没有对制度的制定调整权,难以根据实际情况对管理政策和制度进行及时调整,人事部的地位不突出,趋同于一般行政管理部门(见图7—1)。目前我国大多数国有企业的劳动人事管理基本就处于这个阶段。

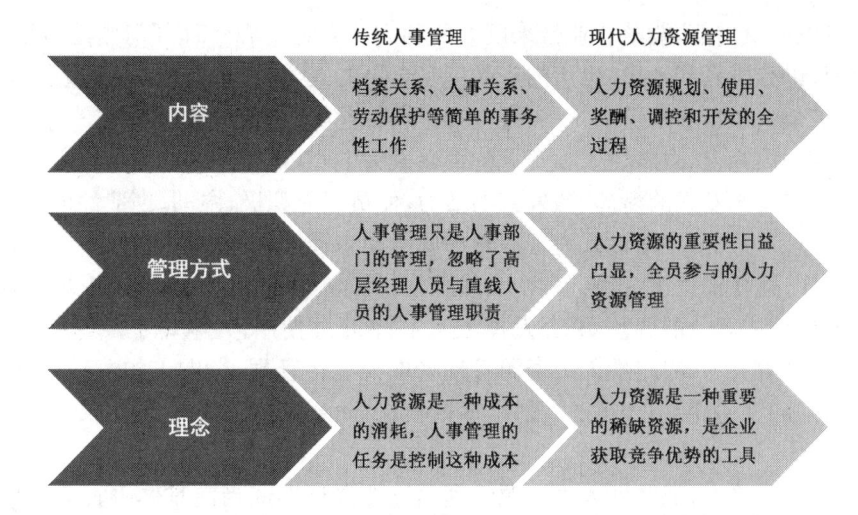

	传统人事管理	现代人力资源管理
内容	档案关系、人事关系、劳动保护等简单的事务性工作	人力资源规划、使用、奖酬、调控和开发的全过程
管理方式	人事管理只是人事部门的管理,忽略了高层经理人员与直线人员的人事管理职责	人力资源的重要性日益凸显,全员参与的人力资源管理
理念	人力资源是一种成本的消耗,人事管理的任务是控制这种成本	人力资源是一种重要的稀缺资源,是企业获取竞争优势的工具

图 7-1　传统人事管理与现代人力资源管理的比较

人力资源管理阶段大致可以看作人事管理向战略性人力资源管理的过渡阶段。处于这一阶段的人事管理部门有一定的管理自主权,可以根据企业的现状制定相应的人事管理制度并加以调整。该阶段的人事管理与传统的人事管理已经有了较大的不同,职务分析、人员测评、绩效评估等技术在实践中得以应用,薪资福利制度的设计灵活多样,科学的人事管理在整个企业管理中的作用和地位也日益凸显出来。企业的决策者开始认识到,"管人"的人事管理部门与"管钱"的财务部门一样,都是现代企业中必不可少的职能部门。为了和传统的人事管理相区别,人事管理部门更名为"人力资源部"。现在,我国少数大型民营企业的人事管理与以前相比有了质的飞跃,人力资源管理开始进入企业决策层,人力资源管理的规划和策略与企业的经营战略相契合。"人"作为一种资源,甚至作为核心资源,被纳入企业管理决策,这不仅使人力资源管理的优势得以充分发挥,更给企业的整个管理注入了生机和活力,"以人为本"的管理思想开始得以体现。实际上,该阶段的人力资源管理职能已经包含了前两个阶段的管理职能,即形成了完整统一的人力资源管理体系。

1. 我国多数企业处于传统人事管理阶段

如图 7-1 所示,从人力资源管理的三个阶段来看,我国企业的人力资源管理多数仍然处于传统的人事管理阶段,没有从战略的高度看待人力资源问题,人力资源管理还停留在简单的人事管理上,并或多或少地体现出传统的人事管理到战略性人力资源管理的过渡,人力资源管理职能没有得到充分发挥。

2. 构建人力资源管理体系

市场经济中,激烈竞争迫使企业不断提高管理水平以实现生存和盈利,全球化的发展趋势更让我国的企业体会到市场的无情。在改革开放中探索了 40 余年后,我国企业从计划经济时期沿袭下来的人事管理办法已经无法适应当前的需要,当优秀人才先后离开投奔那些"更有发展前途"的企业时,当企业与企业之间的人力资源劳动效率产生鲜明的对比时,我国的企业能够感受到因为人力资源不足所带来的落差。战略性人力资源管理逐渐受到企业界的欢迎,企业家希望因此带给企业永恒的发展动力。所谓现代人力资源管理,就是一个人力资源的获取、整合、保持激励、控制调整及开发的过程。通俗地说,现代人力资源管理主要包括求才、用才、育才、激才、留才等内容和工作任务。战略性人力资源管理主要体现在以下几个方面:

第一,在管理理念上,战略性人力资源开发认为,人是一切资源中最宝贵的资源,经过开发的人力资源可以升值增值,能给企业带来巨大的利润。人力资源管理部门则逐步变为生产部门和效益部门,讲究投入和产出,生产的产品就是合格的人才、人与事的匹配,追求的效益包括人才效益、经济效益和社会效益的统一,还包括近期效益和远期效益的统一。

第二,在管理内容上,战略性人力资源管理以人为中心,将人作为一种重要资源加以开发、利用和管理,重点是开发人的潜能、激发人的活力,使员工能积极、主动、创造性地开展工作。

第三,在管理形式上,战略性人力资源管理属于动态管理,强调整体开发。也就是说,对员工不仅安排工作,还要根据组织目标和个人状况,为其做好职业生涯设计,不断培训,不断进行横向或纵向的岗位或职位的调整,充分发挥个人才能,量才使用,人尽其才。

第四,在管理方式上,战略性人力资源管理采取人性化管理,考虑人的情感、自尊与价值,以人为本,多激励、少惩罚,多表扬、少批评,多授权、少命令,发挥每个人的特长,体现每个人的价值。

第五,在管理策略上,战略性人力资源管理不仅注重近期或当前具体事宜的解决,更注重人力资源的整体开发、预测与规划。根据组织的长远目标,制定人力资源的开发战略措施,属于战术与战略相结合的管理。

第六,在管理技术上,战略性人力资源管理追求科学性和艺术性,不断采用新的技术和方法,完善考核系统、测评系统等科学手段。

第七,在管理体制上,战略性人力资源管理为主动开发型,根据组织的现状和未来,有计划、有目标地开展工作,如制定人力资源规划、实施人才引进培养、决定薪资报酬等,这样工作的主动性较大。

第八,在管理手段上,战略性人力资源管理的软件系统、信息检索、报表制作核算、测评、招聘等均由计算机自动生成结果,及时准确地提供决策依据。

第九,在管理层次上,战略性人力资源管理部门处于决策层,直接参与单位的计划与决策,为单位最重要的高层决策部门之一。目前,我国多数企业人力资源管理的主要任务是从传统的人事管理中迅速构建完整的人力资源管理体系,向战略性人力资源管理转变。

(三)现代企业人力资源管理的重要意义

约翰·奈斯比特(John Naisbitt)和帕特里夏·阿布迪恩曾在他们的著作《2000年大趋势》中指出:"在20世纪90年代的全球性经济繁荣中,人力资源,无论是对公司还是对国家而言,都是富有竞争性的优势。在信息经济时代的全球经济竞争中,人力资源的质量和创新将成为一个分水岭或里程碑。"

伴随高新技术的迅猛发展、互联网络的日益普及和信息技术的广泛运用,全球经济一体化的进程越来越快,人类社会已进入了继工业文明之后的又一新发展阶段——知识经济时代。人力资本已超越了物质资本及货币资本而成为最主要的生产要素和社会财富的重要组成部分。世界银行发表报告指出:当前世界财富的64%是人力资本(即知识资本)构成的,近几十年来美国经济的发展是人力资本所推动的。美国前总统克林顿在归纳美国的"新经济"时曾提出美国经济的主流是知识经济的观点。1992年诺贝尔经济学奖得主、美国经济学和社会学教授贝克尔则更深刻地指出,发达国家资本的75%以上不再是实物资本,而是人力资本。人力资本已成为人类财富增长、经济进步的源泉。

二、人力资源管理过程

人力资源管理所包含的八项活动或步骤是不可或缺的。其中,前三项活动可确保组织识别和甄选到有能力的员工;紧接着的两项活动可使员工技能和知识不断得到更新;最后三项活动则保证组织能留住长期保持高绩效水平的能干、杰出的员工。

(一)人力资源规划

人力资源规划是管理者为确保在适当的时候,为适当的职位配备适当数量和类型的工作人员,并使他们能够有效地完成所分派任务的一个过程。人力资源规划过程可以归纳为两大步骤:一是评价现有的人力资源;二是预估将来需要的人力资源并制订满足未来人力资源需要的行动方案。

(二)招聘与解聘

管理者一旦了解了现有的人力资源状况和未来的需要,就可以着手针对现状和未来需要的偏差做一些事。如果组织中存在一个或多个职位空缺,管理者可以根据职务分析得到的信息来指导招聘工作。所谓招聘,就是安置、确定和吸引有能力的申请者的活动过程。另外,如果人力资源规划工作中发现存在超员,管理层则要减少组织所配备的员工,这种变动称为解聘。

(三)甄选

甄选过程是对申请者进行甄别、筛选,以确保最合适的候选人得到这一职位。甄选是一种预测行为,它设法预见聘用哪一位申请者会确保工作成功。这里的成功意味着按照组织用以评价人员绩效的标准来衡量,能把工作做好。

(四)上岗引导

一个人得到了一份新工作,他也需要对其工作岗位和组织的入门介绍。这一介绍称为上岗引导。上岗引导包括对工作单位的上岗引导和对组织的上岗引导两种类型。

(五)员工培训

员工需要何种类型的培训、何时需要培训、以何种方式进行培训,这些自然都是管理层负责决定的。员工的技能包括技术的技能、人际关系的技能和解决问题的技能。绝大多数员工培训活动着眼于改变其中一项或多项技能。员工培训的方法有在职培训和脱产培训。

(六)绩效管理

绩效管理系统是指建立绩效标准,据以评价员工的绩效,以便形成客观公正的人力资源决策并提供支持这些决策的文件的过程。绩效评估的主要方法有书面描述法、关键事件法、评分表法、行为定位评分法、多人比较法、目标管理法、360度反馈法。

(七)薪酬与福利

制定有效的、合适的薪酬制度是人力资源管理的重要内容,有助于吸引和保持有能力的、能干的员工,正是他们帮助组织实现使命和目标。管理者制定的薪酬制度必须能反映工作性质的变化以及工作的环境,这样才能调动员工的积极性。组织给予员工的薪酬可以包括多种不同的薪酬与福利,如基本工资和年薪、工资和加薪、激励性的报酬以及其他福利及服务。

三、企业人力资源管理咨询与诊断的基本内容

人力资源管理诊断主要包括人力资源方针和人力资源管理组织诊断、人力资源考核诊断、能力开发和教育培训诊断、工资诊断、人际关系诊断、计划功能诊断等。

(一)人力资源方针和人力资源管理组织诊断

在生产力的组织管理中,人是居于主导地位的。因此,重视人的作用、加强人事管理、大力开发人才是企业提高劳动生产率和增加收益的重要途径。人力资源方针和人力资源管理组织

诊断的要点如下：对问题的认识是否敏感、正确、灵活；对哪些方面的信息关心，其范围有多大；企业掌握的现实情况和客观实际情况之间有无差异；是否谋求加快事务处理的速度；是否适当地使用了机器、仪器来处理事务工作；单据、转账、报表种类是否齐全；文件整理工作是否顺利；是否经常研究事务工作手续；更正错误工作情况是否多，是否做了适当的检查；有无消除违法行为的安排；是否为减少需要熟练的工作量而推行了标准化；是否对工作的简繁作了调整；必要的资料、机器、仪器是否齐全；环境是否良好；有无提案制度；对于采纳的建议是否发给奖金；一年提出多少项建议、被采纳多少项；是否向建议者说明了不采纳其建议的理由；有无职员股制度；对职员取得股份是否有限制。

（二）人力资源考核诊断

人力资源考核是企业对从业人员进行考察的重要手段，是进行人员安排、晋升奖惩、能力开发的科学管理依据。考核的目的，主要是为了教育的培训，促进从业人员素质的提高。人力资源考核诊断是企业人力资源劳动管理诊断的主要内容之一，其诊断要点如下：人力资源记录是否完整；是否有成文的人力资源考核规程；人力资源考核的方法是否适当；对评定人员是否进行了教育；人力资源考核的间隔时间是否适当。

（三）能力开发和教育训练诊断

能力开发和教育训练是现代企业经营的战略任务，企业人员能力不足是我国中小企业普遍存在的问题。为了不断提高企业的素质和增强竞争能力，企业经营者越来越重视对企业人员的能力开发和教育培训工作，能力开发和教育训练诊断成为企业人力资源劳动管理诊断的重要课题。其诊断要点如下：能力开发是否在职分的基础上进行的；有无教育训练计划，实施情况如何；教育训练是否与能力开发和工作调动有机结合；教育训练与人员提升是否做到有机结合；教育训练的方法实施时期是否合适；培育部态度诊断说明。

（四）工资诊断

工资诊断包括工资总额诊断、工资体系诊断、基本工资诊断和奖金诊断等。其诊断要点如下。

其一，工资总额诊断。它是指对工资、津贴、奖金、各种福利费等伴随劳动力的使用支付的全部费用的管理，其中心课题是如何根据企业支付能力判断工资总额规定是否适当。工资总额诊断，就是根据企业财务报表，对工资总额的管理状况进行诊断。其诊断要点是：工资总额是如何确定的，是参照同行业平均水平决定的，还是根据本企业平均水平决定的；决定工资总额时是否与工会协商，是否考虑了广大从业人员的意见，是否考虑了工资费用的支付能力。

其二，工资体系诊断。工资体系是构成工资总额的各种工资支付项目的总括。其诊断要点是：现行工资的作用如何，与企业的经营方针是否一致，是否有利于生产效率、管理水平和技术水平的提高，是否有利于录用新人和保持现有人员的稳定，是否有利于调动从业人员的积极性；企业经营者对工资问题的认识如何，有无改善工资管理的愿望；现行工资体系存在哪些问题，从业人员对现行工资体系有哪些不满和意见。

其三，基本工资诊断。进行基本工资诊断的要点是：基本工资由哪些要素构成，它在工资总额中所占比重如何；工作业绩在基本工资中是如何体现的；受诊企业有哪些津贴，与基本工资的关系如何；基本工资的构成方法与企业性质是否相符合；晋升、提薪的基准是否明确；各种工资成分的比率是否恰当。

其四，奖金诊断。发放奖金具有对有功者进行奖励和生活补助的特点。发放奖金的目的是多种多样的,有的是对有功者的奖励,有的是变相的生活补助,有的是利润分配,有的是对全年工资总额的调节。与发放奖金的目的相对应,发奖的方法也多种多样,有的一律平等,有的强调考核,有的突出工作成绩,有的重视年功,有的重视全面考察。奖金诊断的要点是:受诊企业的奖金与企业经营方针、人事方针的关系如何;发放奖金的目的和发放奖金的方法与企业性质的特点是否相符;奖金的固定部分和随企业盈利状况浮动部分的构成比率是否适当;奖金总额的决定方法和奖金的分配是否妥当。

(五)人际关系诊断

人际关系诊断包括对受诊企业的提案制度、情报交流制度、人力资源咨询制度以及小组参与制度的诊断。其诊断要点如下:是否有明确的工作目标;情报交流的状况如何;人力资源咨询制度的执行情况如何。

(六)计划功能诊断

一个公司除了要编制长远计划,还要不断地对其计划功能进行诊断,使之能成功地适应变化情况,因此计划功能诊断是非常必要的。

四、企业人力资源管理咨询与诊断的目的与意义

人是生存诸要素中最重要的因素,人也是企业各种资源中最宝贵的资源,因而企业活力的源泉在于企业中的全体员工,员工素质的高低决定了企业的盛衰。企业人力资源管理咨询与诊断是管理咨询人员通过对企业人力资源管理诸环节的运行实施的实际状况和管理效果进行调查评估,分析人力资源管理工作的性质、特点和存在的问题,提出合理的改革方案,以使企业人力资源管理工作达到"人"与"事"的动态适应性目的的一种顾问服务活动。可见,人力资源管理咨询与诊断过程应视为帮助企业人力资源管理人员做出改进工作、提高管理效率、开发和引导人力资源的有效途径。因此,人力资源管理咨询与诊断的作用:一方面,诊断人员能凭自己丰富的管理知识优势,较为迅速地帮助企业发现人力资源管理工作中存在的问题,提高管理水平;另一方面,人力资源管理诊断活动可以使企业管理者与诊断人员双方的实践经验和知识技能得以交流,有利于提高企业管理者的经营能力。

人力资源管理咨询的目的是使企业的人力资源充分配合企业的发展战略。人力资源管理咨询可以全面发现问题,并由此提供全面协调的解决方案。与企业日常管理中发现的问题不同,企业发现的问题可能是零散的,因而针对问题的解决方案可能不是有效的。而人力资源管理是一个系统工程,针对单独问题的解决措施可能会引起系统其他环节的问题。比如,辽宁某房地产公司领导发现工程人员经常抱怨工资低,于是将工程人员的工资增加,结果不久财务人员对工资埋怨不断,说比工程人员工资低太多,缺乏工作积极性,实际上财务人员的工资比本市同类人员的工资高出 20%。后来通过人力资管理咨询,进行岗位评价并调整了工资体系后才平息了员工不满。

很多企业通过模仿别的优秀企业形成了一套薪酬或考核方案,但实际运行中出现了许多问题。另外,企业在不同的发展阶段会有不同的人力资源管理政策,并且根据企业发展战略的不同而不同,比如,人力资源战略、薪酬政策、考核政策等。正是人力资源管理咨询能够系统地、符合实际地解决不同企业组织人力资源问题,才使得那些较早意识到人力资源管理在企业管理中的重要性并对自身的人力资源管理体系感到不足的企业,及时与管理公司开展合作,解决了发展中的关键问题之一。

第三节　企业人力资源管理咨询与诊断方法

一、管理咨询信息获取的基本方法

(一)三阶段访谈法

访谈是所有管理咨询工作中最基本、最基础、最重要的方法,它对于形成管理咨询分析框架和结论具有直接的影响。访谈法是一种最基本的咨询工作方法,同时也是一种技巧性很强的智力活动。在人力资源管理咨询中,访谈法显得尤为重要,因为人力资源管理中的问题很难从企业的表象和特征数据中看到,人力资源管理的工作对象是人,许多方案或者决策的依据信息必须从人力资源工作的对象中获得。这就注定了人力资源咨询要更多地依赖于访谈。在市场营销管理咨询、财务管理咨询中,诊断和最终方案的形成相对于人力资源管理咨询而言,对访谈的要求可能相对低一些。

一般来说,访谈可以分为以下三个阶段:访谈准备、进行访谈、访谈总结。下面对这三个阶段的关键问题作阐述,并进行经验总结。

第一阶段:访谈准备。①确定访谈目标;②了解访谈对象;③组建访谈小组;④访谈方式;⑤整理思路。

第二阶段:进行访谈。①营造良好的访谈氛围;②对不同行为的反应;③访谈技巧;④结束访谈。

第三阶段:访谈总结。咨询师或者访谈小组要仔细回顾访谈的成果。首先要确保访谈记录数据和信息的真实性和客观性;随后要向项目小组介绍访谈情况,汇报的内容繁简适当,与项目小组共同从访谈中找出关键信息并组织讨论,考虑哪些结论或观点是可行的,并进行总结。

(二)问卷调查与统计分析

问卷法是获取人力资源管理咨询信息的最常用方法。问卷法又称间接调查法,普遍被认为是最快捷、最有效的咨询信息获取方法之一。问卷法的关键在于问卷的结构性程度和问题设计。有些问卷是非常结构化的,例如,"需要何种技术职称才足以担任本职务"。有些问卷的问题类型非常开放,例如"您认为目前公司存在哪些问题,其中最迫切需要解决的三项是什么"。最好的问卷介于这两种极端情形之间,既有结构性问题,也有开放性问题。

问卷调查方法的优势在于效率高,调查面广,可以在较短的时间内以较低的成本获得与人力资源咨询诊断有关的大量信息,并可采取许多科学的、成型的分析方法对调查结果进行多方式、多用途的分析。问卷调查方法的主要缺点是对问卷设计要求高。问卷设计直接关系着问卷调查的成败,所以问卷一定要设计得完整科学、合理,问题指出要明确,避免出现歧义。另外,被调查人一般不愿意花许多时间填写问卷表,并且可能产生理解上的不一致,从而导致问卷作废,所以事前一定要防患于未然,做好问卷调查表填写培训和宣讲工作,并耐心接受被调查者的质疑与提问。

二、人力资源战略制定与实施的方法

企业的人力资源战略按照公司的特征分为以下类型:

(一)稳定公司的人力资源战略

一般来说,对于一个相对稳定的公司,人力资源战略主要有三种类型:吸引战略、投资战略和参与战略。

1. 吸引战略

吸引战略主要具有以下特点:薪酬丰厚,富有市场竞争力,能吸引公司主营业务领域的尖端人才,形成稳定的高素质团队。与此相适应,薪酬中绩效部分占很大比例,主要包括利润分享计划、奖励政策、绩效奖励、附加福利等。在招聘方面,严格控制员工数量,多吸引技能高度专业化、招聘和培训费用相对较低的员工,以控制人工成本。劳资关系比较简单、直接,相互间以单纯的利益交换关系为主。

2. 投资战略

招聘方面,通过聘用数量较多的员工形成备用人才库,储备多种专业技能人才,人员专业化程度相对较低,但注重员工的潜质和能力基础,以备未来培养;注重对员工培训和人力资源的开发,注重人力资源的投资;注重培育良好的劳动关系和宽松的工作环境;管理人员要负责员工所需的资源、培训和支持,担负了较重的责任;企业对贡献较少的员工存在短期行为要求,要注重员工的长期发展,为企业长期效力。

3. 参与战略

鼓励员工参与企业的决策,员工有较大的决策参与机会和权力,管理人员更像教练,为员工提供必要的咨询和帮助;注重团队建设、自我管理和授权管理;注重培养员工的沟通技巧、解决问题的方法、团队工作精神等。

(二)变革转型期公司的人力资源战略

对于处于变革或者转型、大举扩张等特殊时期的公司,人力资源战略会因企业变革的程度不同而采取四种非常规的人力资源战略:集权式战略、发展式战略、任务式战略、转型式战略。

1. 集权式战略

集权式战略一般在企业高层出现更迭的时期使用。集权式战略强调对公司人力资源管理,尤其是高层人事管理的集中控制,强调管理秩序和一致性,重视规范的组织结构与非常规的人力资源管理办法,一般采用硬性的内部任免制度以达到集权的目的。人力资源管理的基础是奖惩与协议,一个典型的案例就是:某世界软件巨人大中华区的首席执行官(chief executive officer, CEO)的频繁更迭,而每次更迭,其最后一段时间内部都会出现原有高层纷纷被贬或出走的情况。

2. 发展式战略

许多处于高速发展时期的家族企业,一般采取此种人力资源管理战略。企业处于上升时期,注重个人发展与创业型团队建设,强调企业的整体文化和整体意识;关键岗位尽量从内部招募,一般不采取甚至排斥外部招聘;而普通员工或者是操作工人,则采取低成本、大规模的发展和培训;激励方式一般运用"内在激励"多于"外在激励",重视绩效管理。

3. 任务式战略

任务式战略一般应用于临时任务型组织。任务式人力资源管理非常注重绩效考核;强调人力资源规划,同时进行企业内部和外部的招聘,但强调内部招聘为主;工作再设计和工作评估;注重阶段性物质奖励,短期激励幅度远远大于长期激励幅度,对短期激励设计的关注远远大于长期激励设计;注重开展正规的技能培训和有针对性的人力资源开发。

4. 转型式战略

一般应用于企业组织结构进行重大变革的情况，特别是企业被兼并或收购的情况。此时工作岗位进行全面调整，一般会大规模裁减原有事业员工，以调整员工队伍结构，适应组织结构的变化，缩减相应事业的开支。新的事业单元注重从外部招聘骨干人员，对管理人员进行团队训练，建立适应经营环境的新的人力资源系统和机制，建立新的"理念"和"文化"，力求打破传统习惯，摒弃旧的企业文化。

三、工作分析方法

（一）观察法

观察法是指在工作现场观察、记录员工的工作过程、行为、内容、工具等，并进行分析与归纳总结，适用于大量标准化的、周期较短的、以体力活为主的工作。

（二）访谈法

访谈法又称面谈法，是一种应用最为广泛的工作分析方法，通常指工作分析者就某一个职务或职位面对面地询问任职者、主管、专家等对工作的意见和看法。面谈的程序可以标准化，也可以非标准化。一般情况下，应用访谈法时以标准化访谈格式进行记录，目的是便于控制访谈内容及对同一职务不同任职者的回答相互比较。

（三）调查问卷法

调查问卷法是通过精心设计的问卷来获取关于某岗位的工作内容、工作特征和人员要求等信息的方法。具体有管理职位描述问卷法、职位分析问卷法、任务详细目录法、体能分析问卷法、调查表法等。

四、人力资源需求预测与职业生涯管理方法

（一）人力资源需求预测方法

人力资源需求预测是人力资源规划的基础，它是指为实现公司既定经营目标，根据公司层面的发展战略和发展规划，以及职能层面的人力资源战略，对预测期内所需员工数量和种类进行估算。人力资源需求预测分为当前人力资源需求预测、未来人力资源需求预测、未来人力资源流失预测。人力资源需求预测是一项系统工作，职能部门和各业务单位必须在人力资源部的组织下积极参与。人力资源需求预测涉及多种因素，各部门在预测中应灵活采用定性和定量预测方法，并在实际执行中对预测结果进行不断修正。人力资源需求预测的工作方法和技术手段同样重要，两者都对最终人力资源规划的准确性和可行性产生直接影响。

1. 当前人力资源需求预测

当前人力资源需求预测是指根据企业目前的职务编制水平，对人力资源现状和人员配置情况进行盘点和评估，在此基础上确定现实的人力资源需求。

第一步：根据工作分析的结果，确定目前的职务编制水平和人员配置。

第二步：进行人力资源盘点，统计出人员超编、缺编以及是否符合职务资格要求。

第三步：人力资源部门将上述统计结论与各部门管理者进行讨论，对统计结果进行修正。

第四步：对该统计结论进行局部调整，最终得出现实的人力资源需求。

2. 未来人力资源需求预测

未来人力资源需求预测是指根据公司的发展战略和业务发展规划，对预测期内公司所需人员数量、种类和条件所作的预测。

第一步:对可能影响人力资源需求的管理和技术因素进行预测。

第二步:根据企业的发展战略和业务发展规划,确定预测期内每年的投资水平产量、销售额等因素。

第三步:根据历史数据,初步确定预测期内总体人员需求以及职能部门、事业部门、业务部门人员需求。

第四步:各部门根据增加的工作量并综合考虑管理和技术等因素的变化,确定需要增加的岗位及人数。

第五步:将上述两个步骤所得的统计结论进行平衡和修正,即得到未来人力资源需求预测。

3. 未来人力资源流失预测

未来人力资源流失预测是在综合考虑公司退休和人员离职情况的基础上,对预测期内的人员流失情况所作的预测。

第一步:根据现有人员的统计数据,对预测期内退休的人员进行统计。

第二步:根据历史数据,对未来可能发生的离职情况进行预测。

第三步:将上述两项预测数据进行汇总,得出未来人力资源流失预测。

(二)职业生涯设计和管理方法

1. "十字路口"职业生涯模型

职业生涯即事业生涯,是指员工在企业中连续担负的工作职业和工作职务的发展道路。员工职业生涯规划的本质就是基于企业价值基础上的个人价值实现,我们在操作的时候一般都调查和分析以下两个重要因素:一是公司价值基础;二是个人价值追求。

企业的每一个员工都是一个生动的个体,每一个员工都有自己的个性和不同的经历。职业生涯设计的目的绝不只是协助个人达到和实现个人目标,更重要的是帮助个人的发展与企业的发展同步,因此进行职业生涯设计必须动态兼顾个人的特点与企业的发展,这二者不可偏废。"十字路口"职业生涯模型为达到这种理想状态提供了一种思路和办法。

"十字路口"职业生涯模型,首先需要员工和企业共同深入地了解员工,对员工进行优势、劣势的分析,然后企业要进行与员工职业发展相关的企业内部分析、职业交往关系分析等。这种分析是企业为个人设定职业发展方向的基础。其次,企业的人力资源部门和员工所在的业务部门的主管们要同员工共同探讨,提出每一个"十字路口"职业发展绩效目标。最后,当员工达到这一目标时,企业的人力资源部门和员工所在的业务部门的主管们要同员工再次研究探讨,对员工进行新一轮的了解,最终对员工下一步的职业生涯做出规划。

2. 公司职业生涯管理"九格图"

前面讲述的"十字路口"职业生涯模型是员工个体如何进行职业生涯规划与设计的方法,但是在公司层面,人力资源管理者,包括职能部门和直线管理者,如何对员工整体职业生涯进行管理呢?

公司职业生涯管理"九格图"(见图7-2)是基于公司业绩评估的结果,一般来说,企业管理者需要在每一次绩效评估后反思企业内部员工职业发展的问题。"九格图"的第一个维度是员工的业绩表现:优秀者、达标者和不足者。优秀者,意味着该员工能够持续性地超出操作任务上、专业技能上的绩效要求,持续性地超过工作任务的要求,能够建立和不断优化周边的人际关系,在关键绩效指标以及目标设定指标方面都能够达标,甚至超标。达标者,意味着该员工能够持续性地达到操作任务上、专业技能上的绩效要求,持续性地达到工作任务的要求,能够妥善处理周边的人际关系,在关键绩效指标以及目标设定指标方面都能够基本达标,偶尔超标。不足者,意味着该员工没有达到大部分操作任务上、专业技能上的绩效要求,不能胜任工作任务的要求,失误较多,而且未能妥善处理周边的人际关系,甚至产生员工冲突等。

潜力	不足	达标	优秀
高	业绩不佳（未表现出应有绩效,需要支持关注）	中坚力量（计划提拔并特殊指导）	超级明星（转变到更高层次多方向快速提升）
中	密切关注（某些方面表现良好,努力推动其达标）	表现尚可者（考虑其发展,推动其绩效提高）	中坚力量（有能力在目前层级承受更大更广泛的工作）
低	失败者（被迫换岗或淘汰出局）	需要努力者（需要努力提高绩效）	表现一般者（同一层级高效工作者）

图7-2　公司职业生涯管理"九格图"

在关键绩效指标以及目标设定指标方面都需要管理者花费很大的精力进行关注,否则很可能不能完成。"九格图"的第二个难度是员工的潜力水平,分为高、中、低三个等级层次。

3.员工职业发展多元化通道

(1)针对不同职系的人员建立多种职业发展通道。企业的管理职务毕竟是有限的,这是由企业组织行为决定的。但职业发展是激励员工发展、实施员工与企业发展同步的重要手段之一。那么,如何解决这一矛盾呢?下面就介绍两种职业发展的具体方法。

(2)建立多元化职业发展通道。现代企业通常会采取针对不同职系的人员建立多种职业发展通道的办法,来解决企业的管理职务有限与员工职业发展的矛盾,即按照企业中重点的几类人员,包括技术人员、财务人员、行政人员和市场营销人员等,结合公司需要、员工个人实际情况及职业兴趣,考虑使员工在不同通道之间有转换的机会。

企业应该根据自身规模、人员特点和所处的行业环境等具体情况,来决定企业内部分为几个职系、分哪几个职系。不同职业通道人员职责划分清晰,不能有明显的交叉和重复,以免出现员工职业发展的困惑。几种专门职务晋升通道有相同和平等的晋升机会,不能只注重部分职系的发展通道而忽略另外的职系,这样会造成职系发展的非均衡性,甚至最终导致员工通道多元化设计不能达到预期的效果员工还是往部分职系发展。各类通道中的同一级别享受同等的基本待遇,不能有明显的差异,更不能悬殊,否则会造成职系发展的不平衡。另外,薪酬应该随着职称的晋升而相应地提高。

管理职系适用于公司正式任命的各职能部门,例如,技术、营销等部门的管理岗位员工。将所有没有管理职务的人员按照工作性质分成五个职系:工程技术职系、财会职系、营销职系、行政职系、工勤职系。

建立职系内部的导师制度。导师是员工职业发展的领路人,为了促进员工的职业发展,现代企业尤其是大型企业越来越意识到职业发展导师的重要作用。很多大型跨国集团,如壳牌石油公司,甚至建立了国际性的员工职业发展的导师体系。

(3)建立导师制度。必须从关键岗位的员工开始,明确指导人和被指导人之间的责任,逐步推广到每个岗位。建立导师制度,主要包括三个步骤:被指导人职业发展潜力评估,提出个人发展计划和培训需求,指导人填写工作记录。

五、人力资源招聘与素质测评方法

(一)管理评价中心法

管理评价中心法于20世纪50年代由美国电话电报公司(AT&T)开始采用,目前在国外各大公司中已十分普及。管理评价中心法是用于评价、考核和选拔管理人员的方法,其目标是为企业招聘最合适的领导者。该方法的核心手段是情景模拟测验,即把应试者置于模拟的工作情景中,让他们进行某些规定的工作或活动,考官对他们的行为表现作出观察和评价,以此作为鉴定、选拔管理人员的依据。

1. 文件测试

文件测试,即在文件中放置信件、备忘录和电话记录等文件。首先向应试者介绍企业的背景资料,告诉应试者他就是管理者,要他根据自己的经验、知识和性格全权负责处理文件篓中的所有文件;还可能要他与业绩不佳的员工面谈,会见对公司产品或服务不满的顾客,分析公司的财务状况等。在测试结束时,每位应试者都会留下一些笔记、备忘录和信件。考官通过"文件测试",对应试者的工作条理性、计划能力、预测能力、决策能力以及沟通能力五个方面的表现进行评价。

2. 无主席小组讨论

主持人给一组应试者一个与工作有关的题目,让他们开展讨论。不指定负责人,大家地位平等,采用圆形的桌子,以使每个位置都具有相同的重要性,也不告诉任何人他应该坐哪个位置。最后要求形成一致意见,并以书面形式汇报。几位考官通过观察应试者的表现进行评分。无领导小组讨论是评价中心最具有特点、最典型的测评技术,也是一种常用的评估手段,常用于选拔企业中的优秀人才。

3. 管理竞赛

管理竞赛(又称商业游戏),即把候选人分组,但不为应试者分派角色,各组代表一家公司在模拟市场上开展业务竞争。各个"公司"必须在一定时间内提交有关生产、广告或存货量方面的决策。最后,根据每个应试者在小组中的表现进行评价。

4. 案例分析报告会

通过让被测试人员阅读一些关于组织的问题材料,然后让他准备一系列建议,以递交给更高一级的管理部门来考察被测试者的综合能力和判断决策的能力,这样既可以考察一般技能,也可以考察特殊技能。通过报告会和公开答辩,了解候选人的沟通能力和说服他人的能力。

(二)管理者胜任特征模型

管理者胜任模型是一种主要用于高层管理者的选拔评价的方法。如何鉴别公司管理人员对企业未来绩效的贡献?企业高层管理人员对企业发展的影响程度远远大于一般的员工,因此对其进行测评和选拔是一件需要慎重考虑的事情。

为了解决这一问题,人力资源学界的专家学者们进行了卓有成效的努力。其中非常著名的是管理胜任特征模型。胜任特征是指"能将某一工作中表现优异者与表现平平者区分开来的个人潜在的、深层次的特征,它可以是动机、特质、自我形象、态度或价值观、某领域的知识、认知或行为技能"。推而广之,也有学者认为,胜任特征是企业管理者身上的与企业管理绩效相关的任何可以被可靠测量或计数的并且能显著区分优秀绩效和一般绩效的个体特征,而胜任特征模型则是指担任某一特定的企业高层管理任务角色所需要具备的胜任特征的总和结构性权重。建立胜任特征模型有多种工作方式,包括专家小组、问卷调查、观察法等。所有方法的最终目标是要建立起企业特定高层管理岗位的胜任特征模型。

六、人力资源开发与培训的方法

(一)立方体培训模型

三维立方体培训模型是在三维立方体模型的基础上转化而来的,三维立方体培训模型通过对员工学习特点的分析来设计培训的模式。在三维立方体培训模型中,1、2、3、4、5、6、7、8分别代表一种典型的员工培训方式。其中最典型的是原点1和位于立方体对角线另一端的顶点8。1模式是典型的"一人堂"式培训,即培训者按照既定的教学程序,进行结构式的课堂讲授,学生只是听和记忆,没有相互之间的交流,更没有对课堂讲授内容的实践。8模式相反,培训者不参与,靠学生自己通过实践去建构知识体系和实践技巧,由学生之间进行相互切磋和讨论。介于1模式和8模式之间,因实践性、交往性与自主性的不同,企业就有可能应用各种不同的培训方式,如案例研究、讨论交流、现场培训、模拟练习、角色扮演、游戏竞争和小组活动等。

三维立方体培训模型强调培训方式的多元化,为企业员工培训模式的研究开拓了广阔的思维空间。三维立方体培训模型要根据培训目的、培训内容和培训对象的不同进行改变,方能达到培训员工的效果,这需要人力资源管理部门进行具体、细致的研究,在此基础上选择最有效的企业员工培训模式。

(二)"精英"培训计划

1. 企业领导人成长培训

在当前世界各国管理心理学界,未来企业领导人素质的研究是一个热门课题。在日趋激烈的市场竞争中,企业之间的竞争日益转化成为企业人才之间的竞争,企业领导人的素质决定了企业整体的人才体系组成和企业内部人员协作的有效性。可以说,企业之间的竞争归根结底是企业领导人素质的竞争。企业领导人素质通常由三个维度组成,这便是企业领导人素质三维模型。这三个维度分别是态度维度、情商维度、有效性维度。分别从这三个维度对企业领导人的候选人进行着重培训,便形成一套体系性的企业领导人成长培训。

2. 企业职能领域的骨干人员培训

企业职能领域的骨干人员担负相对专业范畴的企业发展的重任。他们不要求具有企业领导人那样强的战略管理能力,但他们首先是忠诚者,忠诚于企业的文化理念和行为规则;其次他们是专业者,他们对所主管的业务领域理解深厚,深谙其道,此外,他们还是全能者,有全面的素质和良好的全局观念。企业职能领域的骨干人员培训计划包括三项基本内容:专业技能培训、综合能力培训、职业道德培训。企业可以根据对象的不同和对象所处的阶段,施以或者加强某一方面或者某些方面的培训,最终使员工成长为企业职能领域的骨干人员。

(三)岗位轮换制

岗位轮换制,是企业按照大体确定的期限,有计划地让员工轮换担任若干种不同工作的做法,从而达到开发员工多种潜在能力、促进部门或员工换位思考与合作培养未来主管的目的。现代企业岗位轮换,主要出于以下目的:加强新员工入职前对企业的了解;培养中层管理人员和后备管理人员;克服疲钝倾向,提高企业整体效率,发挥创新精神。

七、绩效考评工具

(一)平衡计分卡方法

平衡计分卡(balanced score card,BSC)是 20 世纪 90 年代全球最著名的战略管理会计专家卡普兰和诺顿研究开发的绩效管理的新工具,它一般适用于企业以及其所属业务单元的绩效考核管理。平衡计分卡从财务、客户、内部经营过程、学习和成长四个视角审查企业,并就这四个方面内容的关键因素建立目标和指标,这些目标和指标间又通过因果关系、财务结果、业绩驱动等紧密结合在一起,指引企业全体部门、员工共同朝企业争取未来竞争优势的方向努力。

平衡计分卡方法既强调了绩效管理与企业战略之间的紧密关系,又提出了一套具体的、可操作的指标框架体系。平衡计分卡的框架体系包括四部分:财务层面、客户层面、内部营运层面、学习与成长层面。平衡计分卡将关键性衡量指标分为两类:结果性指标和驱动性指标。结果性衡量指标说明了组织执行战略的实际成果,如质量提升、收入增加等。结果型衡量指标(例如利润)是衡量组织有效执行战略的程度的,因此是"滞后指标"。驱动型衡量指标则是"领先指标",它显示了过程中的改变并最终影响了产出。平衡计分卡更注重驱动型指标。平衡计分卡的核心思想就是通过财务、客户、内部经营过程、学习与成长四个方面指标之间相互驱动的因果关系展现组织的战略轨迹,实现绩效考核—绩效改进和战略实施—战略修正的目标。平衡计分卡的指标体系不但具有很强的操作指导意义,同时四个方面存在深层次的内在关系:学习与成长解决企业长期生命力的问题,是提高企业内部战略管理的素质与能力的基础;企业通过管理能力的提高,为客户提供更大的价值;客户的满意导致企业良好的财务效益。

(二)关键绩效指标方法

关键绩效指标(key performance indicator,KPI)方法,是用于沟通和评估被评价者绩效的定量化或行为化的标准体系,定量化和行为化是关键绩效指标的两个基本特征。关键绩效指标的建立要点在于流程性、计划性和系统性,关键绩效指标包括企业级关键绩效指标、部门级关键绩效指标和每个岗位的业绩指标。

绩效管理是管理双方就目标及如何实现目标达成共识的过程,也是增强员工成功地实现目标的管理方法。管理者给下属订立工作目标的依据来自部门的 KPI,部门的 KPI 来自上级部门的 KPI,上级部门的 KPI 来自企业级 KPI。只有这样,才能保证每个职位都能按照企业要求的方向去努力。

(三)图尺度评价方法

图尺度评价(graphic rating scale,GRS)方法是派尔森于 1922 年提出的。图尺度评价方法的量表包括特征标签、特征的简单定义和两个极端的范围之间的离散的尺度。首先在一张表中列举出一系列绩效评价要素,并为每一要素列出几个备选的工作绩效等级,一般采用一个渐升或是渐降的量表。然后,主管人员从每一要素的备选等级中分别选出最能够反映下属雇员实际工作绩效状况的工作绩效等级或分值,并按照相应的等级确定或选定其各个要素所得的分数。图尺度评价法要求评估人根据很多工作特征(完成工作的数量和质量、生产资料的保管和使用等),或与工作绩效相关的特征(可靠性、领导力、创造性、沟通技巧、团队合作能力等)给员工打分。

(四)目标管理方法

目标管理(management by objective,MBO)方法是先与雇员共同确定下某种便于衡量的工作目标,然后定期与雇员就工作目标的达成进度进行讨论的工作绩效评价方法。具体操作过程是:建立考核指标体系,并确定各个指标的考核目标值;将考核指标按重要程度的不同划分出不同的权重,将各个指标的实际值与目标值进行比较,计算出目标完成率,目标完成率乘以100,再乘以权重得到考核指标的实得分数;各指标的实得分数相加所得分数,就是对该员工的业绩考核得分。目标管理方法在绩效考核中的实施步骤,必须根据目标管理的循环实行。

第四节　人力资源管理咨询与诊断项目运作

一、项目营销阶段

(一)项目营销人员主动接触

一般来讲,项目营销人员很少以销售的形式主动和客户接触。麦肯锡公司的高层负责人曾经在半公开的场合说过:"管理咨询不需要销售。"事实上,管理咨询是一种很难用简单的推销形式就能销售出去的产品,它的营销活动更依赖于品牌和厚积薄发的市场培育行动。只有一种特殊的情况是例外,就是客户公司或组织公开宣布他们即将开展的咨询项目或者管理咨询方面的需求,以公开招标的形式寻求咨询顾问的帮助。

(二)潜在客户主动接触

在大多数情况下,是客户主动接触咨询顾问或管理咨询公司,这意味着客户遇到了经营管理方面的某些问题。客户可以从多种渠道得知该公司的信息,包括相关的行业出版物、商业黄页或者互联网。对一个管理咨询公司而言,没有什么比抓住一个主动接触的客户更重要的了。

(三)项目商务谈判

和所有的约会一样,初次见面留下的印象永远是最重要的。因此,必须强调咨询顾问在初次会见客户时的行为和表现的重要性,因为所谓的"第一印象"永远是最重要的。咨询顾问希望会见到决策性的人物,因为管理咨询是一把手工程,不仅仅是因为一把手对企业里最急迫的问题有全局的考虑,而且咨询方案需要一把手来推动。如果客户公司的关键人员参与会见咨询顾问,咨询公司方面应派出同样高级别的代表,在中国的小公司通常是公司的总经理,而大公司也至少要副总一级出面。

(四)初期会见的准备

初期会见要求咨询顾问应收集有关客户的基本情况、周围环境,以及有关行业业务的特点。项目建议书是赢得一份咨询合同的关键要素之一,因此撰写具有说服力的建议书是一门艺术,建议书的文笔和技术质量往往会给客户留下深刻的印象,一份好的建议书可以起到事半功倍的效果。咨询顾问向客户提交的报告应包括以下三个方面。

其一,技术部分。此部分描述的是咨询顾问对问题的初步评价、咨询要达到的目的、使用的方法和需要遵循的工作计划等。值得注意的是,由于咨询顾问和客户对技术部分详细和具体到什么程度有不同的认识,过于笼统和过于详细,都是不稳妥的行为。

其二,人员部分。此部分给出将要执行咨询任务的咨询顾问的姓名和简历。这部分描述咨询公司与特定客户需求有关领域的经验和业绩。可以先概述给所有客户提供的标准信息,然后以特定的小节用于说明咨询顾问以前承担类似委托任务的背景,以此向客户证明他是最合适的人选。

其三,财务和其他部分。这部分通常通过项目难度、给客户创造的价值、咨询公司投入的相关成本,提出费用总额和阶段付款的方式和时间。有些客户愿意把交通食宿费用单独承担,而另一些则希望合并在总咨询费用中。

(五)签订管理咨询合同

项目营销阶段结束的标志是签订人力资源管理合同。这时候,客户已经对自身需求有了清晰的了解和判断,咨询公司也对提供咨询服务的内容和方式有了比较清晰的安排,双方在项目的进度、价格和预期目标方面达成了一致。在成熟而规范的管理咨询公司中,正式达成工作协议是从合同正式签订并且收到第一笔预付款开始的。在合同正式签订后,双方都应该清楚,此时管理咨询公司的顾问小组和客户公司相应的人员已经成为一个团队,共同为了一个目的而工作。

二、项目准备、深入诊断与方案设计

(一)人力资源管理咨询项目准备

项目准备阶段是人力资源管理咨询执行层面工作的开始,它是指与客户签订人力资源管理合同后到项目组进驻客户公司现场的这一阶段。"好的开始是成功的一半",项目准备的主要内容包括人员准备、资料准备以及与客户进行充分的项目前期沟通三个方面。具体工作包括项目组组建、内部启动会、资料准备与初步消化、客户初步联系和项目组进场。

1. 项目组组建

和其他所有的项目一样,一个管理咨询项目组的灵魂和核心人员是项目经理。项目经理要具有极强的整体把握能力、沟通能力、适应和改变环境并获得各种资源的能力,以及专业知识和技能。项目成员的选择需要考虑到客户的需求、咨询顾问对业内知识的了解程度、咨询顾问过去的经历以及个人意愿。

2. 内部启动会

项目成员选定以后,项目经理应组织召开一个小型会议,参加人员一般包括事业部总监、项目主要营销经理、咨询项目经理和全体咨询顾问。项目内部启动会宣告项目组的正式成立。

3. 资料准备与初步消化

资料准备包括收集行业相关资料、人力资源管理资料、客户资料、企业资料等,来源有互联网、咨询公司内部数据库等。在进入客户公司之前,项目组必须对收集的资料进行快速消化,并且项目组成员之间应该及时就有关问题进行沟通。一般要求项目组成员分头收集资料,然后交项目组的资料负责人进行编号管理,以供在项目进行过程中查阅。

4. 客户初步联系

项目经理在项目准备阶段,要通过电话和电子邮件等方式,提前同客户的决策层进行沟通,详细介绍按照客户要求选定的咨询项目组成员,并落实初步的项目进场后的工作计划和工作思路。在征得客户同意的情况下,最终确定项目整体的工作计划,但并不排除项目运作过程中,在同客户协商的基础上调整工作计划的可能。

5. 项目组进场

客户项目启动会是项目组到达客户公司后的首次公开亮相,要求全体咨询顾问体现出良好的精神风貌,要尤其注意着装、举止、谈吐。项目启动会需要客户方的高层甚至全体中层都参加,这个会议对于整个项目的开展乃至最后的成功具有十分重要的意义。

(二)深入诊断人力资源管理咨询问题

1. 重要人物访谈

为了深入了解企业决策层的需求和潜在需求,在项目一开始就把握住项目运作的整体准确思路,在进行大规模访谈前,项目组要借着项目启动会的契机,联系公司的关键决策人物(如董事长或者总经理)进行非公开性的单独访谈。一般安排在项目组进场后的1~2天内进行,可以提前为客户介绍访谈的内容提纲请对方参考,同时要准备好详细的问题,准备对有疑问的地方进行提问,获得更本质的理解。

2.客户资料收集与消化

项目组应该及时将内部资料收集清单提交给客户的项目负责人,请求客户在给定时间内提供原始资料。资料收集后由项目内部做好登记、整理,供项目组成员借阅,一般在两天之内完成对这些资料的消化吸收,项目组讨论在资料消化过程中所发现的问题等。同时还要根据所了解的情况做好访谈提纲,准备访谈。项目经理则准备好访谈计划,与客户确定好访谈,安排客户协调人负责联系被访谈员工及时参加访谈。

3.大面积的访谈

客户内部大量的信息不是以书面的形式存在的,需要进行有针对性的访谈与调研。一般来说,人力资源咨询项目的大部分模块涉及企业成员的切身利益和现实要求,在企业内部十分敏感,因此需要全面了解企业不同层次的人员对人力资源改革的看法。

4.组织问卷调查与分析

问卷调查要注意发放范围。一般来说,要根据客户方的项目联络小组提供的公司成员情况设立标准,确保问卷的调查对象有足够的认识能力和判断能力来回答问卷中提出的问题。

5.提交人力资源管理诊断与建议报告

人力资源管理诊断与建议报告是人力资源管理咨询项目的核心内容之一,报告主要是通过发现问题和分析问题,提出解决问题的建议方案。

(三)**咨询与诊断方案设计**

人力资源管理咨询方案设计的本质是咨询项目小组将人力资源理论同企业的实际情况结合起来,提出对企业人力资源管理问题的解决方案的过程。它是人力资源管理咨询工作的重心。这一阶段需要更多的创新和创造,并且需要客户企业内部的人员充分介入,因为解决方案必须适应客户企业的独特环境。客户的参与和配合不仅能够有效地帮助咨询顾问准确把握企业人力资源管理咨询过程中的细节信息,更重要的一点是,客户项目小组参与此过程也给客户企业的员工提供了一次良好的培训机会,当咨询师撤出客户的企业以后,客户的员工可以更容易地实施设计方案。具体步骤如下:(1)形成初步的人力资源管理咨询方案。(2)与客户就初步人力资源管理咨询方案和制度进行全方位沟通。(3)项目组内部研讨与方案研究修正。(4)精心准备咨询方案的汇报会。(5)整理并最终确定人力资源管理咨询方案。

三、方案实施准备与后续工作

人力资源管理咨询方案的实施过程是一个典型的公司职能层面的变革过程,如何管理变革过程是公司在实施新的方案中人力资源管理方面普遍遇到的挑战。变革要提前考虑方案实施过程中可能遇到障碍,并准备好应对方案,这其中首要的一点是要解决认识上的问题。人力资源管理方案实施中存在较多的问题是员工对变革的意义有怀疑,这需要公司领导层自上而下的积极而有效的沟通,需要领导大力支持以及积极的宣传。沟通是至关重要的,甚至可以说,人力资源管理变革的过程就是沟通的过程,沟通贯穿于变革的全过程。并不是所有的员工都能意识到变革的重要性,在这个阶段,企业的高层要把变革的心理预期推销给员工,通过种种手段,在组织内部营造一种变革势在必行的危机意识。

(一)方案实施准备

周密的准备工作是方案有效实施的保证,准备工作包括成立方案实施小组、制订方案实施计划、召开实施动员大会,并做好实施宣传以及人力资源管理制度培训等。

(二)方案实施中的指导

企业一般按照方案实施计划。开始的一个阶段为方案试行期,这段时间是调整和熟悉方案阶段,尤其是员工绩效考核方案,由于一般与薪酬的联系比较密切,因此一旦绩效考核没有成功落实,薪酬就应该沿用以前的方案,以免员工对薪酬以及新的人力资源管理方案产生怀疑,增加实施的难度。

(三)后续服务阶段

后续服务阶段主要包括以下内容:项目团队总结、建立客户随访制度、保持畅通的沟通渠道以及处理后续服务问题、建立与客户的友谊。

第五节 人力资源管理咨询与诊断成果

一、企业内部管理环境问题和人力资源管理改进工作

(一)企业内部管理环境问题

解决企业人力资源管理问题需要对企业内部管理环境进行全面深入的了解,在此基础上,咨询小组将应用现代人力资源管理科学的有关理论和丰富的咨询服务经验,不断推导、验证已有的一些假设。最后结合企业的实际情况,全面系统地归纳出客户企业现有的和潜在的人力资源管理的问题,并甄别主要问题,提出创造性的改进和变革的建议。

企业人力资源管理问题的呈现往往是多方面的,如何系统地甄别、归纳企业人力资源管理问题,分清主次,抓住主要问题,需要系统的人力资源管理理论和丰富的人力资源管理咨询经验。人力资源管理问题的诊断分为两个部分:一是对企业人力资源管理问题的归纳和综述,二是有针对性地提出人力资源管理改进的建议和措施。人力资源管理问题主要体现在以下方面:

第一,人力资源管理战略。主要问题表现为:人力资源管理理念严重滞后,没有从战略的高度看待人力资源问题,人力资源管理还停留在简单的人事管理上。

第二,人力资源管理组织职能保障。人力资源管理组织缺位会导致人力资源管理的效用不能充分发挥,致使人力资源各项管理职能不足,难以形成一个良性循环,无法为公司发展提供有力的支持。

第三,人力资源规划。主要问题表现为:企业不能根据外部环境和发展战略的变化制订相应的人力资源规划,人员需求和供给凭感觉,缺乏整体感。

第四,工作分析。主要问题为:企业忽视了针对各岗位的工作分析,无法为有效的人力资源管理创造基础条件。

第五,招聘管理。招聘中的问题导致公司无法通过招聘满足企业的用人需求。

第六,培训管理。培训不足使得企业不能整体提升员工的知识和技能,无法起到增强企业竞争力和凝聚力的作用。

第七,绩效考核管理。主要问题为:目前公司虽然有基础的考核管理,但是实施考核时的一些问题仍影响着考核效果的有效发挥。考核的参加者单一,不利于员工绩效的公正体现。

第八,人力资源激励。主要问题为:企业的激励手段单一,无法对员工形成有针对性的激励。企业薪酬制度不合理导致员工产生不公平心理。

第九,职业生涯管理。公司没有对员工进行职业生涯指导,员工个人发展方向不明。企业为员工设计的晋升通道,往往只有提职一条途径。

二、人力资源管理改进工作

(一)人力资源管理组织职能保障

人力资源部门和各直线部门要共同承担人力资源管理的工作。

(二)人力资源规划

企业应该根据发展战略和组织目标进行人力资源的系统规划。

(三)工作分析与岗位评价

做好工作分析和岗位评价工作,为建立合理的薪酬体系奠定基础。

(四)培训管理绩效

现代企业系统培训的模式是公司未来培训模式的必然选择。公司未来的培训要将专业素质培训和人格素质培训结合起来,要体现多样性、多元化的原则,综合提高培训的效益。

(五)考核管理

人力资源管理理论认为,在企业不同的发展阶段,应侧重不同的考核目的。企业考核系统结构一般包括四个方面:考核要素子系统、考核指标子系统、计量子系统与评价子系统。考核要素包括工作业绩、工作态度和工作能力,业绩考核指标要根据各个岗位的工作特点来确定。考核指标子系统可设计成两个部分,一是态度指标,二是能力考核指标,具体指标要根据具体的岗位来设定。考核计量子系统是实现考核目的的重要制度性设计。考核评价子系统主要包括评价者与评价内容两个角度。考核评价子系统主要包括评价周期与评价管理两个重要方面。

(六)薪酬体系设计

设计薪酬体系要遵循公平性、竞争性、激励性和适应性的原则。薪酬的各个组成部分要体现出不同的刚性和差异性特点,公司可以根据不同的职系采取相应的薪酬模式。薪酬模式也要与企业发展阶段特点相匹配。建立基本薪资制度建议采用以下流程:依据企业战略与企业文化确定本企业的付酬原则与策略,根据组织结构设计编写职务说明,确定付酬因素选择评价方法,确定和绘出工资结构线,进行工资状况调查及数据收集、工资分级与定薪、工资制度的执行控制与调整。一般认为,确立基本工资的方式有岗位技能薪酬制、职务职能薪酬制和市场定价工资制三种。

(七)职业生涯管理

职业生涯开发与管理应立足于员工潜能开发,并以满足员工需求与发展为目标。职业生涯管理要突出员工职业发展与内在价值满足的统一,按照员工职业生涯发展指导员工培训。

三、人力资源管理制度体系和人力资源管理流程体系

(一)人力资源管理制度体系

人力资源管理制度体系由人力资源规划管理制度、招聘管理制度、培训管理制度、绩效考核管理制度、薪酬管理制度和职业生涯管理制度组成。制度是凸显管理价值的重要方面。咨询小组将根据企业的实际问题和现代人力资源管理客观规律,重构企业人力资源管理的制度

体系，并反复论证其可行性和适用性，最终向客户提交符合企业实际和发展需要的新的人力资源管理的制度体系。人力资源管理咨询的项目非常重视为企业设计人力资源管理的制度，咨询小组会对制度设计的方方面面进行深入的论证和研讨。因为管理的价值体现主要通过制度或者体制得以体现，大到一个国家，小至一个团队，制度的力量和重要性不言而喻。制度的比较优势是企业核心竞争力的重要组成部分，解决人力资源管理的问题、实现企业人力资源管理水平的提升，最终要落实到制度上。符合企业发展实际、符合现代人力资源管理理论和经验的人力资源管理制度对于企业发展与进步具有重要的意义。

事实上，企业的人力资源管理制度是一个多角度、多层次的制度体系。大到企业的人力资源管理的战略选型，小到部门的考勤制度，都是企业人力资源管理制度体系的组成部分。限于篇幅，本人仅仅就在企业人力资源管理中起到关键作用的制度加以讨论，主要包括人力资源规划管理制度、招聘管理制度、培训管理制度、绩效考核管理制度、薪酬管理制度以及职业生涯管理制度。希望读者能结合本书前面各章的内容，在阅读这些制度的同时主动追溯到制度设计的层次，主动了解、体会这些制度安排的原因。

（二）人力资源管理流程体系

人力资源管理流程是实施人力资源管理制度体系变革、固化人力资源管理变革成果的基本举措。咨询小组按照企业人力资源管理制度体系的要求，重新梳理企业原来的人力资源管理流程体系，通过人力资源管理流程再造，固化人力资源变革的成果，达到长久、持续提升企业人力资源管理能力的目的。制度如何执行？制度执行的过程如何不变形？人力资源管理制度体系变革是一个较长时间的目标，而再造企业人力资源管理流程体系则是达到这个目标的重要手段和执行新的人力资源管理制度的基本保障。企业不可能一蹴而就地达到人力资源管理制度的理想状态，而是需要人力资源管理流程再造，需要通过流程来固化各个部门、人员和其他管理要素之间的关系，最终达到推进人力资源管理制度落实，实现人力资源制度变革和人力资源管理水平提升的目的。

人力资源管理流程是按先后排列或并行的一整套与人力资源管理相关的活动或任务，它们基于特定指令完成特定的工作。这些人力资源管理的相关工作将输入的指令转变为一个或多个输出的结果，从而达到人力资源管理行为的最终目的。

思考问题

1. 对企业进行的人力资源管理咨询与诊断包含哪些内容？
2. 请简要回答管理咨询信息的获取方法有哪些。
3. 绩效考评的几种工具是什么？

第八章　企业财务管理咨询与诊断

第一节　引入案例

A公司现行的生产管理方式源于20世纪80年代机械工业部制定的传统模式，经历了改革开放和市场经济的洗礼后有一定的变化，现在是计划与市场相结合的方式。公司现行的生产方式是由其生产任务决定的。公司现在的生产任务分为军品和民品两类：军品严格按计划生产，即上一年底制定出下一年的生产任务，下一年按计划生产，每年的计划通常数量变化不大，变化部分也就是军品品种或数量的极小变动；民品分为按计划生产和按订单生产两类。民品的计划主要依靠计划员按经验凭直觉进行协调，制定出各月的生产任务并投入生产。所谓直觉，是指根据前一个月的销售状况而估算的一个趋势值。民品的订单则是面向市场的部分，这一部分是在销售公司与客户签订的合同或谈成意向后下达的生产任务。

在A公司现行的生产方式下，生产任务相对均衡，当没有销售指标时，车间继续进行生产以减轻生产任务集中时的压力，这时车间以生产一定数量的各类成品车和大量的半成品车（即二类车）为生产任务，这样不会产生生产任务时松时紧、加班作业和休假轮换的情况，但也造成了库存的增加以及资金的占用。公司的成品车，包括二类车的生产装配完成后，买方在订车合同中往往对某些大件，如生产厂家、出厂批次等因自己的喜好或习惯有一些特殊的要求。这常常使得已入库的成品或半成品返回总装线拆卸后进行重装，这样不但会使得工序增加、成本提高，也常常会因一些破坏性的拆除或磕碰而产生一些不必要的损失。

A公司的零件库存按外购件和自产件分类存放，外购件是指由协作厂、合作厂采购来的零部件，它存放于配套库中。在A公司，自产零件种类较多，但多为一些小件、通用件和技术难度不是太大的零件。绝大多数的大件均来自协作厂。采购件与自产件比例大概为7∶3。

配套库的分类按A、B、C分类进行，所谓ABC法，也就是零件的资金占用量大小法，公司零件分类如下，2007年一季度生产情况如表6—1所示。

A. 甲类件（重要大件）　　单价≥1 000元
B. 乙类件（次要中件）　　100元≤单价<1 000元
C. 丙类件（小件）　　　　单价<100元

表 6—1　　　　　　　　2007 年一季度各种类别的品种数量和资金占用量

类别	品种数(种)	消耗金额(万元)	占总消耗金额的比例(%)
A	148	2 541	39.03
B	439	2 277	34.97
C	2 236	1 692	25.99

另外,在 2006 年的年终报表中,公司的工业总产值为 96 267 万元,销售收入为 97 639 万元,资金总额为 168 773 万元,库存资金占用 23 268 万元,净利润 1 455 万元。其中库存包括产成品车、半成品车、零配件库存等存货。

A 公司的协作厂和合作厂分布在全国各地,东北、华东、华南、西南均已涉及。个别合作厂分布在公司周围较近的区域。根据统计,在公司的总装线上,有 60% 为外购件;在内装线上,有 75% 以上的零件为外购件。

对 A 公司 2007 年 1—4 月份延误生产问题出现的频率高低和轻重统计如下:A 类件共缺少 10 种 84 件;B 类件共缺少 14 种 176 件;C 类件共产生质量问题 31 件/次;装配线出现问题 2 次。

这些问题的出现,常常导致公司每月都有一定数量的车未能按计划下线和入库,延误公司产品的交货时间。

思考题:

1. 分析 A 公司目前面临的主要问题。
2. 针对 A 公司所面临的问题,提出适合 A 公司特点的改善建议。

第二节　企业财务管理咨询概述

一、财务管理咨询的基本概念及作用

首先,要先了解什么是财务管理。财务管理是指企业或个人通过合理的财务策略和手段,对资金的获取、运用、分配和控制进行有效的管理和决策,以实现财务目标的过程。它涉及财务规划、预算编制、资本投资决策、资金融通、成本控制、经营分析和财务报告等方面。

(一)财务管理的作用

1. 实现财务目标

财务管理的首要目标是实现企业的长期和短期财务目标。长期财务目标包括增加企业的价值、提高股东权益等;短期财务目标包括确保企业的偿债能力、保持流动性等。通过有效的财务管理,企业能够提高盈利能力、降低成本、增加现金流等,从而实现这些目标。

2. 提供决策依据

财务管理通过对企业的财务数据进行分析和处理,为企业提供决策依据。比如,在资本投资决策中,财务管理可以通过财务分析、风险评估等方法,评估项目的可行性和收益性,帮助企业选择合适的投资项目。在经营决策中,财务管理可以提供有关成本、收入、利润等方面的信息,帮助企业做出经营策略和决策。

3. 优化资源配置

财务管理可以帮助企业优化资源的配置,提高资源利用效率。通过合理的预算编制和资金管理,企业可以控制成本,提高效益。同时,财务管理还可以帮助企业确定资金来源和运用的合理结构,保持良好的资金流动,避免资金短缺或闲置。

4. 控制风险

财务管理通过制定规范的财务政策和内部控制制度,帮助企业预防和控制风险。财务管理可以监督财务活动的合规性,预防财务违规行为和损失。同时,通过财务分析和风险评估,财务管理可以及时发现和应对潜在的风险,减少企业的经营风险。

5. 提升企业价值

财务管理对企业价值的提升起到重要的作用。通过合理的财务策略和手段,财务管理可以提高企业的盈利能力、增加现金流、降低成本,从而提升企业的价值。同时,财务管理还可以通过财务报告和信息披露,提高企业的透明度和信誉度,增加投资者对企业的信任,进一步提升企业的价值。

(二)财务管理咨询

企业财务管理咨询的由来可以追溯到 20 世纪初的工业化时代。随着企业规模和经济活动的扩大,财务管理变得更加复杂和专业化。企业需要专业的财务顾问来帮助他们解决复杂的财务问题、制定有效的财务策略和管理决策。因此,财务管理咨询行业逐渐兴起。20 世纪初,随着工业化的发展,企业面临着越来越多的财务挑战。财务管理的范围扩大,包括预算编制、资金筹集、投资决策、财务分析等。这些复杂的财务任务需要专业的知识和经验来解决。于是,财务咨询行业开始崭露头角。在过去几十年中,随着全球经济的快速发展和金融市场的变化,企业财务管理咨询逐渐成为一个重要的行业。财务咨询公司和顾问团队成立,为企业提供各种财务管理咨询服务。

财务管理咨询的发展主要受到以下几个因素的影响:第一,全球化经济。全球化使得企业面临更多的国际财务挑战,例如跨境投资、外汇风险管理等。企业需要专业的财务咨询来应对这些挑战。第二,法律和监管环境变化。不断变化的法律和监管要求使得企业需要专业的财务咨询来确保合规性和风险管理。第三,技术进步。信息技术的快速发展提供了更多财务数据和分析工具,企业需要财务咨询来帮助他们有效地利用这些技术。第四,经济衰退和金融危机。经济衰退和金融危机对企业的财务状况和经营活动产生了重大影响。财务咨询可以帮助企业应对经济不确定性和金融风险。

企业财务管理咨询行业的产生可以追溯到 20 世纪初的工业化时代。随着企业财务管理的复杂性和专业化程度的提高,财务咨询成为企业必不可少的支持和指导。全球化经济、法律和监管环境变化、技术进步以及经济衰退和金融危机等因素都对财务咨询行业的发展产生了影响。

财务管理咨询是以提高企业经济效益为目的,运用定性和定量的分析方法,对企业生产经营活动的劳动消耗、物质消耗和资金占用的效果以及财务成本管理工作进行分析和评价、提出改善方案并帮助指导实施的一种管理服务活动。

财务管理咨询依据财务及财务管理活动的内在逻辑展开,其基本思路是从综合反映企业财务状况的经济指标的分析入手,寻找薄弱环节,深入分析影响这些指标的资金业务因素和管理因素,并从中找出主要的影响因素。再根据企业战略对财务管理的要求和企业所具备的可能条件,提出改革方案,并帮助企业实施改革方案。

若一家企业希望通过财务管理咨询来优化其财务策略,提高财务绩效并降低成本,解决方案可以包括:

资本结构优化。通过分析企业目前的资本结构,咨询顾问可以提出建议,以优化资本结构并降低企业的债务负担。这可能包括建议进行股权融资、债务重组或资本重组。

资金流管理。企业资金流的管理对于财务健康至关重要。咨询顾问可以帮助企业建立有效的现金流管理策略,包括预测和规划现金流、优化资金运作周期和提高现金流的稳定性。

成本控制。财务管理咨询可以帮助企业识别并降低不必要的成本。通过分析企业的运营流程、采购策略和成本结构,咨询顾问可以提供具体的改进建议,以降低企业的运营成本并提高利润率。

利润管理。咨询顾问可以帮助企业分析利润结构,并提供改进建议以提高利润水平。这可能包括优化产品组合、定价策略和销售渠道选择,以达到更好的利润回报。

风险管理。财务管理咨询也涉及风险管理方面的建议。咨询顾问可以帮助企业评估和管理财务风险,制定风险规避和应对策略,以确保企业的可持续发展和稳定性。

以上是一个企业进行财务管理咨询的具体案例。根据企业的具体需求和情况,咨询顾问将提供量身定制的解决方案,以帮助企业实现财务目标并提升绩效。

二、财务管理咨询的内容及其优势

财务管理咨询是一种专业的服务,通过为企业或个人提供财务管理方面的专业知识和建议,帮助他们解决财务管理中的问题,优化财务决策,实现财务目标。

(一)财务管理咨询的内容

1. 财务目标的设定

财务管理咨询的首要任务是帮助客户明确财务目标,确立明确的方向和目标。咨询顾问将与客户合作,了解其经营策略和目标,并根据客户的特定情况,制定相应的财务目标。财务目标可能包括增加盈利能力、提高现金流、降低成本、提高股东权益等。通过设定明确的财务目标,客户可以更好地制定财务策略和决策,推动企业的发展。

2. 财务规划

财务规划是财务管理咨询的重要内容之一。财务规划是指根据客户的财务目标和实际情况,制定长期和短期的财务计划和策略。财务规划可能涉及资金筹集和运用计划、投资组合管理、税务规划、退休规划等方面。咨询顾问将通过对客户的财务状况和需求进行全面分析,制定合理的财务规划,并提供相应的建议和指导,帮助客户实现财务目标。

3. 财务分析

财务分析是财务管理咨询的重要组成部分。财务分析通过对客户的财务数据进行收集、整理、分析,评估其财务健康状况和经营绩效。财务分析可以包括财务比率分析、财务报表分析、财务风险评估等。通过财务分析,咨询顾问可以帮助客户了解其资金状况、盈利能力、偿债能力等方面的情况,并找出潜在的问题和改进的方向。基于财务分析的结果,顾问可以提供专业的建议和解决方案,帮助客户进行财务决策。

4. 资金管理

资金管理是财务管理咨询的重要内容之一。资金管理涉及资金的筹集、运用和管理等方面。咨询顾问可以帮助客户制订资金筹集和运用的计划,优化资金结构和运营流程,提高资金利用效率。具体而言,资金管理可能包括现金流管理、融资决策、支付系统优化、风险管理等。

咨询顾问将根据客户的需求和实际情况,提供针对性的建议和解决方案,帮助客户实现资金的有效管理和利用。

5. 内部控制

内部控制是财务管理咨询的重要内容之一。内部控制是指企业为达到经营目标而建立的一系列控制措施和制度。咨询顾问可以帮助客户评估和改进其内部控制体系,提高财务活动的合规性和可靠性。内部控制可能包括风险管理、财务报告制度、内部审计等方面。咨询顾问将根据客户的需求和实际情况,提供专业的建议和解决方案,帮助客户建立健全的内部控制系统,降低风险,提高运营效率。

6. 绩效评估

财务管理咨询还包括对客户绩效的评估和改进。绩效评估是通过对客户的财务和经营绩效进行定量和定性的评估,帮助客户发现问题、找出原因,并提出改进措施。咨询顾问将通过财务指标分析、经营效率评估等方法,帮助客户识别潜在的问题和改进的方向,推动企业的持续发展。

7. 税务筹划

税务筹划是财务管理咨询的补充内容之一。税务筹划是指通过合法的税务规划手段,降低企业或个人的税负,优化税务结构。咨询顾问将根据客户的财务状况和经营活动,制订合理的税务筹划方案,帮助客户合法降低税负,提高税务效益。

总结起来,财务管理咨询的内容包括财务目标的设定、财务规划、财务分析、资金管理、内部控制、绩效评估和税务筹划等方面。咨询顾问将根据客户的需求和实际情况,提供专业的建议和解决方案,帮助客户优化财务决策,实现财务目标,推动企业的发展。

(二)企业财务管理咨询相比传统管理的优势

1. 智能决策支持

企业财务管理咨询在传统管理的基础上,通过利用数据分析和智能算法等技术,提供更准确、可靠的决策支持。这可以帮助企业管理者更好地理解和评估现有的财务状况,预测未来的财务趋势,并采取相应的战略调整。

2. 多维度分析

传统财务管理通常侧重于财务报表和财务指标,而企业财务管理咨询更加注重多维度的分析。它可以考虑企业的财务、运营和市场等方面的因素,通过综合分析来提供更全面的建议。这种综合分析可以帮助企业管理者更好地了解企业的整体运营状况,发现潜在的问题和新的市场机会。

3. 创新解决方案

企业财务管理咨询可以提供创新的解决方案,帮助企业应对财务管理中的各种挑战。它可以通过改进企业内部的财务流程和控制体系,优化资源配置,提高效率和降低成本。此外,它还可以为企业提供战略规划和风险管理等方面的专业建议,以支持企业的长期发展。

4. 实时反馈和监控

传统管理中,财务数据的分析和报告需要花费大量的时间和人力资源。而企业财务管理咨询可以利用实时数据分析和监控技术,提供即时反馈和监控功能。这可以帮助企业管理者更及时地了解财务状况,及早发现和解决问题,实现风险的有效控制。

5. 专业知识和经验

企业财务管理咨询通常由具有丰富财务知识和经验的专业团队提供。他们对财务管理的法规和标准有着深入的了解,并能够将其应用到具体的企业情境中。这种专业知识和经验可以为企业提供准确和可行的建议,避免潜在的风险和错误。

企业财务管理咨询通过智能决策支持、多维度分析、创新解决方案、实时反馈和监控以及专业知识和经验等方面的优势,可以为企业提供更全面、准确和可靠的财务管理建议,帮助企业管理者做出更明智的决策,提高企业的财务绩效和竞争力。

三、财务管理咨询分析的常用方法与企业财务管理咨询的发展方向

(一)财务管理咨询的分析方法

财务管理咨询分析方法可以涵盖多个方面,包括财务分析、风险管理、资本预算、财务规划等。

1. 财务分析

财务分析是财务管理中非常重要的一环,它可以帮助企业了解其财务状况、经营绩效以及潜在的风险。常用的财务分析方法有比率分析、趋势分析和市场比较分析等。

比率分析。通过计算不同的财务比率,例如偿债能力比率、盈利能力比率和运营效率比率等,来评估企业的财务状况。这些比率可以帮助揭示企业的财务健康状况,发现潜在的问题和机会。

趋势分析。通过对企业财务数据的历史变化进行分析,来预测未来的财务趋势。这可以帮助企业进行合理的财务预测和规划,并及时采取相应的措施。

市场比较分析。将企业的财务数据与同行业竞争对手进行比较,来评估企业在市场中的竞争力。这可以帮助企业了解自身的优势和劣势,并制定相应的竞争策略。

2. 风险管理

风险管理是财务管理中不可或缺的一环,它可以帮助企业识别、评估和应对各种潜在的风险。常用的风险管理方法有风险识别、风险评估和风险控制等。

风险识别。通过分析企业内外部环境,识别可能对企业造成财务损失的各种风险,例如市场风险、信用风险和操作风险等。这可以帮助企业及时采取相应的措施来应对潜在的风险。

风险评估。对已经识别的风险进行评估,包括风险的概率和影响程度。这可以帮助企业确定哪些风险是最重要的,从而有针对性地采取相应的控制措施。

风险控制。通过采取一系列措施来控制已经识别和评估的风险,例如购买保险、建立风险准备金和制定风险管理策略等。这可以帮助企业降低风险对财务状况的影响,并提高企业的抵抗力。

3. 资本预算

资本预算是财务管理中非常重要的一环,它可以帮助企业合理配置资金资源,实现企业长期发展的目标。常用的资本预算方法有净现值法、内部收益率法和资本资产定价模型等。

净现值法。通过计算项目的净现值,即项目现金流入和流出的现值之差,来评估项目的投资价值。如果净现值为正,则说明该项目具有投资价值。

内部收益率法。通过计算项目的内部收益率,即使项目的净现值为零的折现率,来评估项目的投资回报率。如果内部收益率高于企业的折现率,则说明该项目具有投资价值。

资本资产定价模型。通过考虑项目的系统风险和市场风险,来确定项目的投资回报率。

这可以帮助企业更准确地评估项目的投资价值。

4. 财务规划。

财务规划是财务管理中非常重要的一环，它可以帮助企业制定合理的财务目标和规划，以实现企业的长期发展。常用的财务规划方法有预算编制、资金筹集和资本结构管理等。

预算编制。通过编制预算，包括收入预算、支出预算和现金流量预算等，来规划企业的财务活动。这可以帮助企业合理分配资源，实现财务目标。

资金筹集。通过选择合适的资金筹集方式，包括自筹资金、债务融资和股权融资等，来满足企业的资金需求。这可以帮助企业获得足够的资金支持，实现财务规划。

资本结构管理。通过选择合适的资本结构，包括债务比例和权益比例等，来平衡企业的风险和回报。这可以帮助企业优化财务结构，提高财务稳定性。

综上所述，财务管理咨询分析方法涵盖了财务分析、风险管理、资本预算和财务规划等多个方面。这些方法可以帮助企业了解自身的财务状况、评估潜在的风险、合理配置资金资源并实现长期发展目标。通过综合运用这些方法，企业可以更好地管理财务，提高绩效和竞争力。

（二）企业财务管理咨询的发展方向

在未来，企业财务管理咨询的发展方向主要有：

1. 自动化和数字化

企业财务管理咨询将更加依赖自动化和数字化解决方案。人工智能、机器学习和自然语言处理等技术将在财务数据分析、报告生成和财务决策支持等方面发挥重要作用。这将大大提高效率，并使咨询师能够更专注于高价值的战略和决策问题。

2. 数据驱动决策

企业财务管理咨询将更加注重数据驱动决策。通过分析大规模数据集和应用预测模型，咨询师可以提供更准确的预测和决策支持。同时，随着数据隐私和安全性的重要性不断上升，咨询师需要确保数据的合规性和保护。

3. 智能助手和虚拟顾问

随着技术的发展，智能助手和虚拟顾问将在企业财务管理咨询中发挥更重要的作用。这些智能系统将能够回答常见问题、解释复杂概念、提供实时数据和指导，从而提供更快速和个性化的咨询服务。这将使企业能够随时随地获得财务管理建议，提高决策的效率和准确性。

4. 风险管理和合规性

未来的企业财务管理咨询将更加注重风险管理和合规性。由于法规和监管要求的不断变化，企业需要确保其财务管理实践符合规定并能够及时应对风险。咨询师将提供专业的风险评估和合规性咨询，帮助企业确保其财务管理行为的合法性和可持续性。

5. 可持续发展和社会责任

在未来，企业财务管理咨询也将越来越关注可持续发展和社会责任。企业需要考虑到其财务决策对环境和社会的影响，并寻找可持续的经济模式。咨询师将为企业提供相关的战略和政策咨询，帮助他们实现财务和社会责任的平衡。

未来企业财务管理咨询将注重数字化、数据驱动决策、跨界合作、智能助手、风险管理和合规性以及可持续发展和社会责任。这些趋势将带来更高效、准确且可持续的财务管理咨询服务，为企业提供更有价值的决策支持。

第三节 成本管理咨询与诊断

一、成本管理咨询与诊断概述

在了解什么是成本管理咨询与诊断前,我们需要先了解什么是成本管理。成本管理是一种重要的财务管理手段,旨在帮助企业有效地控制和管理成本,以实现成本最小化、效益最大化的目标。

(一)成本管理的概念

成本管理是指企业对生产和经营活动中发生的各项成本进行有计划、有组织、有控制的管理。它是财务管理的重要组成部分,通过合理安排和有效控制成本,以提高企业的经济效益和竞争力。

成本管理的核心是成本控制和成本分析。成本控制是指通过对成本的计划、核算、监控和评价,使成本保持在合理的水平,避免成本超出预期或过高。成本分析是指对成本的细项进行深入分析,找出成本的组成部分和变动原因,以便采取相应的管理措施。

(二)成本管理的作用

成本管理在企业经营管理中起到了重要的作用,主要体现在以下几个方面:

提高经济效益。成本管理的目标是实现成本最小化和效益最大化。通过合理控制成本,企业可以提高经济效益,实现利润最大化。

提高竞争力。成本管理可以帮助企业降低产品或服务的成本,提高产品或服务的质量和竞争力。这有助于企业在激烈的市场竞争中占据优势地位。

改进决策。成本管理可以提供有关成本的信息,为企业的决策提供依据。通过对成本的分析和比较,企业可以制定合理的价格策略、产品组合和经营方案等。

加强内部控制。成本管理可以帮助企业建立健全的内部控制体系,防范和控制成本风险,减少资源的浪费和滥用。

促进绩效评估。成本管理可以提供有关成本和绩效的信息,对企业的绩效进行评估和监控。这有助于发现问题、改进经营,实现绩效目标。

(三)成本管理的方法

成本管理涉及多个方法和工具,下面介绍几种常用的方法:

标准成本法。标准成本法是指在开展成本控制和分析过程中,通过制定和使用标准成本,将实际成本与标准成本进行比较,找出差异并进行分析。这可以帮助企业了解成本偏差的原因,采取相应的管理措施。

差别分析法。差别分析法是指通过分析不同时间点或不同项目之间的成本差异,找出成本变动的原因。这可以帮助企业了解成本的组成部分和变动趋势,制定相应的成本管理策略。

成本效益分析。成本效益分析是指通过比较不同投资项目的成本和效益,评估项目的投资回报率。这可以帮助企业选择最具经济效益的项目,优化资源配置。

生命周期成本管理。生命周期成本管理是指在产品或服务的整个生命周期中,从设计、生产到销售和运营,动态管理和控制成本。这可以帮助企业在不同阶段合理控制成本,实现全生命周期成本最小化。

(四)成本管理的实施步骤

成本管理的实施一般包括以下步骤:

设立成本管理目标。企业应该明确成本管理的目标,例如成本节约、效益提升等,并将其与企业的战略目标相一致。

成本分类和核算。企业应该对不同的成本进行分类和核算,建立合理的成本核算制度和流程,确保成本的准确计量和归集。

成本分析和评估。企业应该对成本进行分析和评估,找出成本的组成部分和变动原因,确定成本管理的重点和方向。

制定成本控制措施。企业应该根据成本分析的结果,制定相应的成本控制措施,例如制定成本预算、优化资源配置和采取节约措施等。

监控和评价成本绩效。企业应该建立成本监控和评价机制,及时了解成本的变动情况,评估成本绩效,并采取适当的措施进行调整和优化。

持续改进和创新。成本管理是一个动态的过程,企业应该不断改进和创新成本管理方法和工具,提高成本管理的效果和效率。

成本管理是企业财务管理的重要组成部分,通过合理控制和管理成本,实现成本最小化、效益最大化的目标。成本管理涉及多个方法和工具,包括标准成本法、差别分析法和成本效益分析等。实施成本管理一般包括设立目标、成本分类核算、成本分析评估、制定控制措施、监控评价和持续改进等步骤。通过综合运用这些方法和步骤,企业可以更好地管理成本,提高经济效益和竞争力。

(五)成本管理领域的主要理论与历史发展

成本管理咨询与诊断理论的由来可以追溯到20世纪初开始的科学管理运动。以下是该领域的一些重要理论和历史发展:

成本管理咨询与诊断理论的基础可以追溯到管理会计学和成本会计学的发展。这些理论主要关注如何收集、记录和分析企业的成本信息,以支持管理决策和资源分配。

(一)理论根基

科学管理运动。在20世纪初,弗雷德里克·泰勒(Frederick Taylor)和亨利·福特(Henry Ford)等人推动了科学管理运动,强调通过确立科学方法来提高工作效率和降低成本。他们的工作为成本管理咨询与诊断理论的发展奠定了基础。

变革与创新。20世纪中叶到后期,随着全球化和技术进步的发展,企业面临着更复杂的经营环境和竞争压力。成本管理咨询与诊断理论也逐渐演变和创新,以适应新的挑战。

管理会计学的发展。管理会计学在20世纪后半叶得到了进一步的发展和应用。重要的理论和方法包括目标成本法、活动基础成本法、全面质量管理(TQM)、精益生产和六西格玛等。这些方法旨在通过优化成本结构和资源利用,提高企业绩效和竞争力。

绩效管理和平衡计分卡。20世纪末,卡普兰和诺顿提出了平衡计分卡的概念,将财务指标与非财务指标结合起来,以全面评估企业的绩效。这种绩效管理方法为成本管理咨询与诊断理论提供了更全面和综合的视角。

现代技术的应用。随着信息技术的迅猛发展,成本管理咨询与诊断理论也越来越倚重于现代技术的应用。如今,企业可以利用先进的成本管理软件和数据分析工具来更好地跟踪和分析成本信息,支持决策和管理。

(二)成本管理咨询与诊断

成本管理咨询与诊断理论的发展是在科学管理运动的基础上逐步演变而来的。随着时间的推移,它不断吸收和整合更多的理论和方法,以适应不断变化的商业环境和管理需求。

成本管理咨询与诊断是一项旨在帮助组织有效控制与管理成本的咨询服务。它涵盖了评估组织现有成本结构、确定成本驱动因素、制定成本管理策略以及提供成本优化建议等方面。在全球竞争激烈的商业环境中,成本管理对于组织的生存和发展至关重要。通过成本管理咨询与诊断,组织可以识别和削减多余的成本,提高资源利用效率,增加盈利能力,并为未来的战略决策提供可靠的成本数据。

成本管理咨询与诊断的成本往往取决于诊断的范围和复杂度、咨询顾问的经验水平以及所需的时间和资源。通常,咨询顾问会根据项目的具体要求提供咨询费用报价。成本管理咨询与诊断的成本可以分为以下几个方面:

咨询费用。咨询顾问根据项目的复杂度和工作量计算咨询费用,并与组织管理层协商确定。

数据收集成本。收集组织的成本数据可能需要对财务报表、会计记录和其他相关信息进行调查和分析。这可能需要投入一定的时间和人力资源。

实施成本。根据成本管理策略和优化建议,组织可能需要进行一些变革和改进,如调整流程、引入新技术或培训员工等。这些变革可能涉及额外的投资和费用。

然而,通过成本管理咨询与诊断所获得的效益也是显著的。通过识别和削减多余的成本,组织可以降低经营成本、提高资源利用效率,从而提高盈利能力。此外,成本管理咨询与诊断还可以提供可靠的成本数据和分析,为组织的战略决策提供支持,减少决策风险。

成本管理咨询与诊断是一项旨在帮助组织有效控制与管理成本的咨询服务。尽管成本管理咨询与诊断可能涉及一定的成本投入,但通过成本节约和效率提升所带来的经济效益将是显著的。

二、成本管理咨询与诊断内容

成本管理咨询与诊断是一项涵盖多个方面的综合性咨询服务,其内容涉及以下几个方面:

成本结构分析。成本管理咨询与诊断的首要任务是对组织的成本结构进行分析。这包括了解组织的各项成本,如直接成本、间接成本、固定成本和可变成本等。通过对成本的分类和分析,可以了解到组织各个部门或环节的成本构成,为后续的成本控制和优化提供依据。

成本驱动因素识别。成本管理咨询与诊断需要确定影响组织成本的主要驱动因素。这可能涉及供应链管理、原材料价格波动、生产效率、人力资源成本、市场竞争等因素。通过准确定位成本驱动因素,可以有针对性地制定成本管理策略,降低成本风险。

成本效益分析。成本管理咨询与诊断需要对成本与效益进行综合分析。即通过评估成本投入和产出之间的关系,确定哪些成本是必要的,哪些是可以降低或削减的,以实现最佳的成本效益。这包括对各项成本项目的收益与风险进行评估,以决策是否值得进行某项成本投入。

成本控制策略制定。基于成本结构分析和成本驱动因素识别,成本管理咨询与诊断将制定成本控制策略。这涉及识别和制定具体的成本控制措施,如优化供应链、降低材料和劳动力成本、提高生产效率、改进流程和技术等。这些策略应与组织的战略目标和长期发展规划相一致,并考虑到实施的可行性和可持续性。

成本优化建议。通过对组织成本结构和成本效益的分析,成本管理咨询与诊断将提供具体的成本优化建议。这可能包括改进成本核算体系、优化预算规划、引入绩效管理机制、推动效益共享等建议。这些建议将根据组织的具体情况和需求进行定制,并与组织管理层和相关人员进行深入讨论和协商。

成本管理培训和支持。成本管理咨询与诊断还包括为组织提供必要的培训和支持。这可能包括培训组织成员如何有效控制和管理成本,如何运用成本管理工具和方法等。此外,咨询顾问还可以提供长期的支持和咨询服务,帮助组织实施成本管理策略,并跟踪成本优化的效果。

成本管理咨询与诊断是一个复杂而综合的过程,包括成本结构分析、成本驱动因素识别、成本效益分析、成本控制策略制定、成本优化建议以及成本管理培训和支持等内容。通过这些内容的综合运用,成本管理咨询与诊断可以帮助组织识别和削减多余的成本,提高资源利用效率,增加盈利能力,并为未来的战略决策提供可靠的成本数据和分析。

三、成本管理的调查分析与诊断

成本管理的调查分析与诊断是成本管理咨询与诊断的重要环节,旨在全面了解组织的成本状况、成本结构以及成本管理的现状。以下是成本管理的调查分析与诊断的详细内容:

数据收集。调查分析与诊断的第一步是收集组织的成本数据。这包括财务报表、会计记录、成本中心报告、预算文件、采购记录、人力资源数据等。通过收集这些数据,可以建立起组织的成本基准,并为后续的分析提供数据支持。

成本分类与分析。在数据收集的基础上,进行成本分类与分析。这包括将成本数据按照不同的类别进行分类,如直接成本、间接成本、可变成本、固定成本等。同时,还可以进行成本的时序分析、比较分析和趋势分析,以了解成本的变化趋势和影响因素。

成本结构分析。成本结构分析旨在了解组织各项成本的构成和比重。通过对成本结构的分析,可以确定哪些成本项目占据了较大的比重、哪些成本项目是高成本或低效益的。这有助于确定成本管理的重点和方向,并为成本降低和优化提供依据。

成本驱动因素识别。成本驱动因素是导致成本变化的主要因素,如原材料价格波动、人力资源成本、技术变革、供应链管理等。通过识别和分析成本驱动因素。可以找出对成本影响最大的因素,并为制定成本管理策略提供参考。这可以通过分析成本的变动率、相关性分析和敏感性分析等方法来进行。

成本效益分析。成本效益分析旨在评估成本投入和产出之间的关系。这包括评估成本项目的收益和风险,确定哪些成本是必要的、哪些成本是可以降低或削减的。成本效益分析可以采用指标如成本效益比、投资回报率、利润边际等来衡量,以帮助决策者做出合理的成本管理决策。

成本管理现状分析。成本管理的现状分析旨在评估组织目前的成本管理水平和方法。这包括对组织成本管理流程、成本控制措施、成本核算体系、预算规划以及绩效评估等方面的分析。通过对现状的分析,可以发现存在的问题和挑战,并为制定改进措施提供参考。

成本优化建议。基于调查分析与诊断的结果,成本管理的调查分析与诊断将提供具体的成本优化建议。这些建议可能涉及改进成本核算体系、优化预算规划、引入绩效管理机制、推动效益共享等。建议根据组织的具体情况和需求进行定制,并与组织管理层和相关人员进行深入讨论和协商。

通过成本管理的调查分析与诊断,组织可以全面了解自身的成本情况,确定成本的症结所在,并为制定成本管理策略和优化方案提供依据。这有助于降低成本、提高盈利能力,并为未来的战略决策提供可靠的成本数据和分析。

四、成本管理咨询方案设计

(一)方案一:绩效评估与激励机制优化

具体内容:

建立绩效评估体系。分析企业目标与员工绩效指标之间的关系,制定科学合理的绩效评估指标体系。

设计激励机制。根据绩效评估结果,为员工提供有竞争力的激励方案,如薪酬奖励、晋升机会、培训发展等。

实施激励机制。通过员工参与度调查、绩效反馈等方式,不断优化激励机制,确保其能够有效激励员工提升绩效。

优点:

提升员工绩效。通过建立科学的评估体系和激励机制,激发员工的工作动力,提高工作效率和质量。

优化员工结构。根据绩效评估结果,及时调整员工结构,优化资源配置,提升整体绩效。

增强员工满意度。合理的激励机制能让员工感受到公平与公正,提升员工对企业的认同感和忠诚度。

注意点:

需要与员工充分沟通。在设计和实施绩效评估与激励机制时,应与员工充分沟通,听取意见和建议,避免引发员工不满和抵触情绪。

需要定期评估和调整。绩效评估与激励机制需要定期评估其有效性,根据实际情况进行调整,确保其适应企业发展和员工需求的变化。

(二)方案二:成本控制与效益分析

具体内容:

确定成本控制目标。根据企业战略目标和市场环境,确定成本控制的主要目标和重点领域。

分析成本结构。对企业各项成本进行详细分析,找出成本高的环节和存在的浪费,制定相应的成本降低策略。

进行效益分析。对各项成本控制措施进行效益评估,包括短期和长期效益,以及对企业整体运营和发展的影响程度。

实施成本控制策略。根据效益分析结果,制定成本控制策略并逐步实施,同时监控效果,及时调整策略。

优点:

降低成本。通过深入分析成本结构和实施成本控制策略,能够有效降低企业的运营成本,提升企业的竞争力。

提高效益。通过效益分析,能够识别出哪些成本控制措施对企业效益的贡献更大,有针对性地提高效益。

优化资源配置。成本控制与效益分析也能为企业提供优化资源配置的建议,使资源得到更合理的利用。

注意点：

成本控制需要综合考虑。成本控制既要降低成本，又不能影响到产品或服务的质量和客户满意度，需要综合考虑各方面因素。

效益分析要客观准确。在进行效益分析时，要确保数据的真实性和准确性，以免对成本控制策略做出错误的判断。

（三）方案三：供应链管理优化

具体内容：

供应商评估与选择。对供应商进行评估，包括其信誉度、产品质量、交货时间等方面，选择合适的供应商，降低采购成本。

供应链流程优化。分析和优化供应链的各个环节，包括采购、生产、仓储、物流等，提高供应链的效率和灵活性，降低成本。

风险管理。建立供应链风险管理机制，对供应链中的潜在风险进行预警，采取相应的风险控制措施，保障供应链的稳定性。

优点：

降低采购成本。通过评估供应商并选择合适的供应商，能够降低采购成本，提高采购效率。

提高供应链效率。通过优化供应链流程，能够减少时间和资源的浪费，提高供应链的效率和运作速度。

提升风险应对能力。建立供应链风险管理机制，能够及时发现和应对潜在的风险，减少因风险带来的成本损失。

注意点：

供应商选择要谨慎。在选择供应商时，要进行充分的调查和评估，确保其信誉度和产品质量，避免给企业带来负面影响。

风险管理要全面。供应链中的风险多种多样，风险管理要涵盖各个环节，确保供应链的整体稳定性。

（四）相关分析

以上是三个成本管理咨询方案，分别着重于员工绩效评估与激励机制优化、成本控制与效益分析、供应链管理优化。这些方案可以帮助企业降低成本、提高效益、优化资源配置，从而提升竞争力并实现可持续发展。在实施这些方案时，需要充分考虑员工的参与和反馈，以确保方案的有效性和可行性。此外，方案的实施需要定期评估和调整，以适应企业发展和市场环境的变化。

当涉及成本管理咨询与诊断的未来发展趋势时，以下是一些可能的方向：

数据驱动决策。成本管理咨询将越来越注重数据的收集、分析和应用。通过使用大数据技术和高级分析工具，咨询师将能够更准确地评估和预测成本，以支持客户做出基于数据的决策。这将包括成本效益分析、成本优化策略和成本预测模型的开发。

效率和自动化。随着技术的发展，成本管理咨询将越来越依赖自动化和智能化解决方案。例如，使用机器学习和人工智能技术来自动收集和处理成本数据，以提高分析的效率和准确性。这将减少手动工作量，使咨询师能够更专注于高级的成本策略和决策支持。

区块链技术的应用。区块链技术在成本管理咨询中可能发挥重要作用。区块链的不可篡改性和透明性使其成为成本信息和交易数据的可靠来源。通过使用区块链技术，咨询师可以更好地跟踪和验证成本数据,从而提供更可靠的成本管理建议。

可持续成本管理。未来,成本管理咨询将更加注重可持续发展和环境责任。企业将越来越需要评估和管理其对环境的影响,并寻找可持续的成本管理解决方案。咨询师将提供相关的战略和政策咨询,帮助企业实现成本优化和可持续发展的平衡。

知识分享和教育。随着成本管理技术的不断发展,咨询师将扮演更多的教育者和知识分享者的角色。他们将帮助客户理解和应用最新的成本管理工具和技术,并提供培训和指导,以提高客户内部团队的能力和专业素养。

成本管理咨询与诊断的未来发展趋势将包括数据驱动决策、自动化和智能化、区块链技术的应用、可持续成本管理以及知识分享和教育。这些趋势将使成本管理咨询更具效率、准确性和可持续性,为企业提供更优质的成本管理解决方案。

第四节 全面预算管理咨询与诊断

一、全面预算管理咨询与诊断概述

全面预算管理咨询与诊断是指通过对企业预算管理的现状进行全面分析和评估,并提供相关建议和解决方案,以优化预算管理过程和提升管理绩效。以下是该咨询与诊断的概述:

收集信息。了解企业的经营目标、战略规划和预算编制的流程。收集相关的预算编制、执行和控制的文件和数据。与相关部门和责任人进行访谈,了解他们对预算管理的理解和看法。

诊断预算管理现状。分析企业的预算编制过程,包括预算制定的参与者、时间表和质量控制。评估预算的准确性和可靠性,包括预算数据的来源和验证方式。分析企业的预算执行情况,包括实际支出和预算差异的控制和调整。评估企业的预算控制机制,包括授权审批、绩效评估和风险控制措施。

分析问题和挑战。识别预算管理中存在的问题和挑战,如预算编制的不合理性、执行的滞后性、控制的不足等。分析造成问题和挑战的原因,如组织结构、沟通和协调机制、信息系统等方面的因素。确定问题和挑战对企业的影响,包括成本增加、效益下降和风险增加等。

提出建议和解决方案。针对存在的问题和挑战,提出相应的建议和解决方案。设计优化的预算编制流程,包括参与者的角色和责任、制定时间表和质量控制措施。提供改进预算执行的建议,如加强预算控制、制定调整机制和激励措施等。推荐相关的技术应用和工具,提高预算管理的效率和准确性。

编制报告和沟通。撰写全面预算管理咨询与诊断报告,详细阐述诊断结果和提出的建议和解决方案。将报告提交给企业管理层,并进行现场演示和解释,以确保理解和接受。向相关部门和责任人提供培训和指导,帮助他们理解和应用建议和解决方案。

通过全面预算管理咨询与诊断,企业可以深入了解其预算管理的现状,发现问题和挑战,并得到专业的建议和解决方案。这有助于企业优化预算管理过程,提升管理绩效,实现经营目标和利润最大化。

全面预算管理咨询与诊断这个概念的历史可以追溯到 20 世纪初。在过去的几十年中,全面预算管理逐渐发展为一项重要的管理方法。它的起源可以追溯到 20 世纪 50 年代,当时一些先进的制造公司开始使用全面预算管理作为一种有效的资源管理工具。然而,直到 20 世纪 80 年代,全面预算管理才开始在其他行业和组织中得到广泛应用。

全面预算管理的主要目标是帮助组织实现财务目标,并增强决策过程中的透明度和效率。它通过将预算与组织的战略目标相结合,将资源分配到不同的活动和项目中,以实现最佳的财务绩效。

在全面预算管理的实施过程中,诊断是一个重要的步骤。诊断旨在评估组织的财务状况和管理实践,以确定改进的机会和挑战。诊断通常包括对财务数据的分析、与组织内部相关方的访谈以及与行业标准进行比较。

通过全面预算管理的诊断,组织可以获得对其财务管理的全面认识,并确定需要改进的领域。诊断结果可以用于制定改进计划和战略,以提高财务绩效和决策过程的质量。

综上所述,全面预算管理的由来可以追溯到20世纪初,它是一种有效的财务资源管理方法。诊断在全面预算管理中起着重要作用,通过评估组织的财务状况和管理实践,确定改进的机会和挑战。这种方法的应用可以帮助组织实现财务目标,并提高决策过程的质量和透明度。

二、全面预算管理的基本概念

全面预算管理是指企业在制定、执行和控制预算的过程中,对各项支出和收入进行全面管理的方法。

(一)全面预算管理的内容

预算编制。调查和分析企业的历史数据、市场环境和经营策略,确定预算编制的基础。制定财务预算,包括收入预算、成本预算、资本预算等。制定经营预算,包括销售预算、生产预算、人力资源预算等。制定预算编制的时间表和责任人,确保预算编制的及时性和准确性。

预算执行。将预算信息传达给各部门和责任人,使其理解和接受预算目标。监控和控制实际支出和收入与预算的差异,及时进行调整和纠正。确保预算执行的合规性和有效性,避免违规行为和资源浪费。建立预算执行的绩效评估机制,鼓励和激励相关人员的积极参与。

预算控制。建立预算控制的目标和指标体系,包括成本控制、效益控制、风险控制等。设计和实施预算控制的程序和措施,包括授权审批、预算限额、预算调整等。进行预算控制的监督和检查,发现问题并采取相应的控制措施。提供预算控制的报告和分析,为管理层决策提供参考和支持。

预算沟通和协调。建立预算沟通和协调机制,确保各部门之间的协作和信息共享。定期召开预算沟通会议,解释和讨论预算目标和要求。建立跨部门沟通和协调的平台和工具,促进信息的流动和沟通效率。提供培训和指导,提升员工对预算管理的理解和意识。

预算审计和评估。进行预算执行的审计和评估,检查预算执行的合规性和效果。发现预算执行中存在的问题和风险,并提出改进措施和建议。对预算执行的绩效进行评估和比较,评估企业的经营状况和盈利能力。提供预算审计和评估的报告,为企业管理层的决策提供参考和依据。

以上是全面预算管理的内容,通过制定、执行和控制预算,企业可以更好地管理和优化资源,实现经营目标和利润最大化。同时,全面预算管理也为企业提供了决策支持和风险控制的依据,提高了企业的竞争力和可持续发展能力。

(二)企业使用全面预算管理的好处

统筹资源分配。全面预算管理可以帮助企业统筹资源的分配,确保各个部门和项目能够按照企业的战略目标进行有效的资源配置。通过全面预算管理,企业可以合理规划资金、人力和物资等资源的使用,避免资源的浪费和重复投资,提高资源利用效率。

促进绩效管理。全面预算管理可以帮助企业建立绩效管理体系,设定明确的目标和指标,并将其与预算相结合,通过预算的执行情况来评估和激励员工的绩效。这种绩效管理机制可以激发员工的工作积极性,提高工作效率和质量,有助于实现企业的长期发展目标。

提高决策效果。全面预算管理提供了企业决策的重要依据,通过对预算内外各项指标的分析和比较,可以为企业决策提供科学的依据。预算管理可以帮助企业及时发现问题和风险,并采取相应的措施加以解决,提高决策的准确性和效果,降低决策的风险。

加强沟通和协调。全面预算管理需要各个部门和岗位之间的密切合作和协调,促进了各个部门之间的信息共享和沟通。通过预算编制和执行的过程,各个部门可以更好地了解企业的整体发展战略和目标,加强协作,提高团队的凝聚力和协作效率。

提升企业竞争力。全面预算管理可以帮助企业提升竞争力,实现可持续发展。通过对预算的制定和执行,企业可以更好地掌握市场需求和竞争对手的动态,及时调整战略和资源配置,提高企业的市场反应能力和适应能力,从而增强企业的竞争力。

(三)企业使用全面预算管理的注意事项

制定合理的预算目标。预算目标应该与企业的战略目标相一致,具有可衡量性和可实施性。在制定预算目标时,应充分考虑市场环境、行业趋势和内部资源等因素,确保目标的可行性和合理性。

强化预算执行管理。预算只有在执行中才能发挥作用,因此企业需要建立健全预算执行管理制度。包括制定明确的责任分工、建立预算执行的监控机制、及时跟踪预算执行情况、掌握预算差异原因等。同时,要建立激励和约束机制,确保预算的有效执行。

不断优化预算体系。预算体系应该与企业的发展需求相适应,不断进行优化和改进。企业需要及时调整预算体系的框架和内容,根据市场需求和内部变化进行合理的调整和修订,确保预算体系的灵活性和适应性。

加强预算沟通和培训。预算管理需要各个层面的人员共同参与和配合,因此要加强预算沟通和培训工作。企业需要定期组织预算解读和培训,让员工了解预算管理的原理和方法,提高他们对预算的理解和支持,增强预算管理的有效性。

追踪和评估预算绩效。企业在实施全面预算管理的过程中,要建立完善的绩效评估机制,定期追踪和评估预算的执行情况和效果。通过对预算绩效的分析和评估,及时发现问题,并采取相应的改进和调整措施,确保预算管理的有效性和可持续发展。

全面预算管理可以帮助企业实现资源的有效配置、绩效的提升、决策的科学化、沟通的加强和竞争力的提升。但企业在实施全面预算管理时,需要注意制定合理的预算目标、强化预算执行管理、不断优化预算体系、加强预算沟通和培训以及追踪和评估预算绩效等方面的问题。只有全面考虑和解决这些问题,企业才能真正享受到全面预算管理带来的好处,并实现可持续发展。

(四)全面预算管理的比较优势

相比传统管理,全面预算管理具有以下优势:

综合性视角。全面预算管理将预算制定和管理与企业的战略规划、绩效管理和风险管理等关键业务过程相结合,提供了一个更全面、综合的管理视角。这样可以确保预算与企业的整体目标和策略相一致,避免了预算与其他业务过程的分割和矛盾。

数据驱动决策。全面预算管理依赖数据驱动决策。通过收集、存储和分析大量的财务和业务数据，企业可以更准确地了解其财务状况、预算需求和运营效果。这样可以使预算制定和管理更加科学和精确，减少主观性和随意性。

灵活性和敏捷性。相比传统的静态预算，全面预算管理更注重灵活性和敏捷性。预算可以根据市场变化和业务需求进行调整和优化，以适应不断变化的环境。这样可以帮助企业更好地应对挑战和机遇，保持竞争力。

风险管理。全面预算管理将风险管理与预算管理相结合。通过预算的风险识别和评估，企业可以提前预判潜在的预算风险，并采取相应的措施进行管理和控制。这样可以降低风险对企业预算的影响，保护企业的财务健康和稳定性。

绩效评估。全面预算管理将预算和绩效评估相结合。通过设定明确的预算目标和指标，并与实际绩效进行对比和评估，企业可以及时了解业绩情况，发现问题和改进机会。这样可以提高企业的绩效管理水平，实现更好的业绩和效益。

全面预算管理相比传统管理具有更综合、科学和灵活的特点，能够更好地与企业的战略、绩效和风险管理相结合，提高预算制定和管理的效果和价值。

三、全面预算管理的调查与分析

全面预算管理的调查与分析主要包括以下几个方面：

调查企业的现状。首先需要对企业的财务状况、运营情况、市场竞争环境等进行全面的调查和梳理。可以通过查阅财务报表、相关统计数据以及市场调研报告等方式获取必要的信息。这些信息可以帮助企业了解自身的实际情况，为制定预算提供基础数据。

分析企业的战略目标。在企业全面预算管理的过程中，需要明确企业的战略目标和发展方向。通过分析企业的使命、愿景和战略计划等，了解企业的发展重点和长期目标。这样可以确保预算的制定与企业战略相一致，为实现战略目标提供支持。

确定预算编制的原则和方法。在进行预算编制前，需要确定预算编制的原则和方法。预算编制原则包括可衡量性、可实施性、合理性、灵活性等。预算编制，可以选择从历史数据出发、参考行业标准等方式来确定预算的基准和指标。这些原则和方法可以帮助企业确立合理的预算编制过程。

分析预算差异和原因。在预算执行过程中，需要对实际执行情况与预算进行比较和分析，发现预算差异并找出原因。通过对预算差异的分析，可以了解预算执行的偏差和不足之处，找出问题所在，并采取相应的措施进行调整和改进。

评估预算绩效。预算管理的目标是提高企业的绩效和竞争力。因此，在预算执行的过程中，需要对预算绩效进行评估。可以通过对绩效指标的分析和评估，了解预算的执行效果和贡献度，从而发现问题、改进和优化预算管理。

参考其他企业的经验。除了分析自身企业的情况，还可以参考其他企业的经验和做法。可以通过行业研究报告、咨询机构的调研成果、行业协会的经验分享等方式获取其他企业在预算管理方面的经验和做法。这些经验可以提供有益的启发和借鉴，帮助企业完善自己的预算管理体系。

综上所述，全面预算管理需要对企业的现状、战略目标、预算编制原则和方法、预算差异和原因以及预算绩效进行全面的调查和分析。通过这些工作，企业可以建立科学的预算管理体系，提高资源配置效率和绩效水平，实现长期发展目标。

四、全面预算管理咨询方案设计

(一)几个可能的全面预算管理咨询方案

全面预算管理咨询方案可以根据企业的具体情况和需求进行定制。以下是几个可能的咨询方案:

预算管理流程优化方案。该方案旨在帮助企业优化预算管理的流程和操作,提高预算编制、执行和控制的效率和准确性。具体内容包括流程分析和改进、数据收集和处理方法优化、预算编制指导手册的制定、预算执行监控机制的建立等。通过优化流程,企业可以提高预算管理的效率和质量。

绩效指标与预算对接方案。该方案旨在帮助企业将绩效指标与预算制定和执行相结合,实现预算管理与绩效管理的无缝对接。具体内容包括绩效指标的设定和定义、绩效评估方法的建立、预算与绩效目标的一致性评估等。通过对绩效指标与预算的对接,企业可以更好地激励员工、提高绩效水平。

预算分析与决策支持方案。该方案旨在帮助企业建立预算分析和决策支持体系,提供科学的数据分析和决策支持工具。具体内容包括数据分析方法的引入、决策支持系统的搭建、预算与业务指标的关联分析等。通过预算分析和决策支持,企业可以提高决策的准确性和效果,降低决策的风险。

预算培训与沟通方案。该方案旨在帮助企业提升员工对预算管理的理解和支持,加强预算的沟通和协作效果。具体内容包括预算培训课程的设计和开展、预算沟通工具和机制的建立、预算目标与员工绩效考核的对接等。通过培训和沟通,企业可以提高员工对预算管理的参与度和工作效能。

预算风险管理方案。该方案旨在帮助企业识别和管理预算执行中的风险,确保预算管理的稳定性和可持续性。具体内容包括风险评估和监控机制的建立、应对预算风险的措施和方法的制定、风险预警和应急预案的建立等。通过风险管理,企业可以避免预算执行过程中的意外问题,确保预算的有效实施。

具体的方案设计需要根据企业的实际情况进行定制。企业可以根据自身的需求,在咨询服务商的帮助下选择适合的方案,以提升预算管理水平和效果。

(二)全面预算管理咨询方案的发展趋势

未来,全面预算管理咨询与诊断将面临以下发展趋势:

数据驱动决策。全面预算管理咨询与诊断将更加依赖数据驱动决策。随着技术的不断进步,企业能够收集、存储和分析大量数据,从而更好地了解其财务状况、预算需求和运营效果。全面预算管理咨询与诊断将利用这些数据来提供更精确的建议和决策支持,帮助企业优化预算分配和实现业务目标。

自动化和智能化。未来,全面预算管理咨询与诊断将更多地借助自动化和智能化技术。机器学习和人工智能算法的发展将使系统能够自动分析和解释大量数据,提供更准确的预算建议。智能化的预算管理系统将能够自动识别潜在的预算风险和机会,并提供相应的解决方案。

实时预算管理。越来越多的企业将需要实时的预算管理。传统的年度预算制定和管理模式将逐渐被具有实时性的方法取代。全面预算管理咨询与诊断将通过实时数据监控和分析,帮助企业及时进行预算调整和优化,以适应市场的变化和挑战。

整合性预算管理。未来的发展趋势是将预算管理与其他关键业务过程进行整合,如战略规划、绩效管理和风险管理等。通过整合这些关键业务过程,企业能够更好地协调资源分配、目标设置和绩效评估,实现整体业务的优化。

持续咨询与诊断。全面预算管理咨询与诊断将成为企业的长期合作伙伴。咨询公司将不仅提供一次性的预算诊断和建议,而是与企业建立长期合作关系,持续提供咨询和诊断服务。这将有助于企业根据市场变化和业务需求进行及时调整和优化。

全面预算管理咨询与诊断将在数据驱动决策、自动化和智能化、实时预算管理、整合性预算管理和持续咨询与诊断等方面继续发展和进步,以帮助企业实现更好的财务管理和业务成果。

思考问题

1. 企业如何有效地同时进行财务管理、成本管理和全面预算管理?
2. 企业如何结合自身实际进行财务管理、成本管理和全面预算管理?

第九章 企业市场营销管理咨询与诊断

第一节 引入案例

在非洲，因为基础设施建设薄弱，至今仍有很多地区没有通电。为了满足家庭用电的需求，人们普遍会购买一款太阳能电源产品。与其说这是一款产品，不如说是一个安装简易的家庭供电系统。公司发现了这个巨大的市场之后，通过多年的研发努力，不断提高产品的使用寿命，提升供电功率，同时降低产品成本。因为同领域的类似产品在非洲市场口碑太差，很多同行业品牌的供电系统使用寿命与标称值严重不符。受此影响，这家公司的优质产品一直很难打开局面。

◇ **优质产品的拥有者**

初次见面，公司的管理者拿出一摞产品介绍资料。这是技术型创业者常有的举动。

"这是我们的产品，您看下。"他指着一款产品介绍，"您看这款产品，如果充满电，它可以满足一个家庭四五个人基本的用电。不过，这款还不支持使用空调。除空调之外的其他产品，没问题。"

我看着他指给我的一个柜机以及连线示意图，惊讶于一个床头柜大小的机柜中，竟然蕴藏着可以点亮数盏灯、一个冰箱、一台电视和几个风扇的电量。根据产品的标称值，当产品目录标注的所有电器同时用电时，这款供电系统可以支撑8小时，足以满足一个家庭夜间的基本用电需求。

"这里用的是什么类型的电池，怎么会有这么大的功率？"

"我们采用的是最好的磷酸铁锂电池。采用这种技术的电池，是因为充电快、寿命长、体积小、功率高。很多电动汽车也采用磷酸铁锂电池。"

"这么一来，产品的成本岂不是很高？"

"是的，电池是产品的主要成本。但我们采用了最新的电源控制技术，所以能够提高用电效率。这就降低了对电池功率的需要，但用电时间可以延长。"

我非常有兴趣地翻开这份产品目录。要知道，电源控制是电子信息工程领域中最关键的技术之一。不管是手机、平板、随身听、MP3还是其他用电池供电的电子设备，或者是大型电器(如空调、冰箱、电视等家用电器)，在节能环保概念的兴起下，提高电源供电效率，节省电能，都必须不断改善电源控制技术。

◇ **劣币驱逐良币**

"产品非常棒！但我听说销量一直都不理想？您能具体说说吗？客户都有什么样的反馈？"

说起这个，对面的公司管理者眼神暗淡下来。

"销售不理想,客户反馈的内容让人感到无奈。你知道,我们的产品销售是依赖非洲的经销商。这个市场和需求不是现在才有的,而是很早就有了。之前,这些经销商购买来自中国的相关产品,然后再转卖到自己熟悉的地方,获取利润。因为很多产品都是粗制滥造的,质量不过关,终端消费者要求维修、退货。经销商自然会要求供货商提供相关服务。但很多供货商根本无法解决问题,所以拒之不理。长此以往,在这个产品类型中,来自中国的产品品质不过关的印象在经销商中传播。这就导致经销商对任何中国的相关产品都不信任,不愿意下单订货。我们下了大力气研发生产的产品,也因此受到了巨大的影响。"

这是典型的"劣币驱逐良币"现象:粗制滥造的产品毁坏了品牌的市场声誉之后,使得整个市场对于来自中国的产品都不信任,从而导致真正优质的产品无法进入市场销售。

"同时,对于终端消费者来说,一套设备要支付400~1 000美元,这对于非洲地区来说,是一笔不菲的支出。如果产品质量不过关,用不到几个月就损坏而不能继续使用,他们宁愿支付更高的价格购买欧美那些品质过关的产品。所以,市场对我们产品的反应还是可以理解的。同时,这也让品质优良的欧美品牌在非洲大行其道。我们提供的产品要比欧美品牌价格便宜一半,使用寿命也差不多,因此应该有市场竞争力。"

"为了解决这个问题,我们采取了什么措施?"

"常规上,我们可以为有渠道优势的经销商提供样机测试。他们甚至可以获得一些免费的产品自己使用,通过真实的使用感知产品的质量。我们这样做了,所以很多经销商开始意识到我们的产品性价比高、利润空间大。但他们很难用同样的方式来说服深受劣质产品所害的终端消费者。有些经销商试用过我们的产品之后,采购了小批量的产品。但因为销路不好,这些经销商很少有返单的。开始,我们为了改变这一状况,还在非洲地区投入广告,试图以营销手段来培养品牌知名度和美誉度。为此,公司支付了高昂的营销费用。因为广告持续时间短,效果并不好。公司常年投入研发,产品销路又不好,资金储备也不多,很难持续投入营销费用。我们陷入了恶性循环,感觉有点倒霉!"说完,他有些沮丧。

◇ **施乐公司的启发**

当普通的营销推广行为不能帮助公司时,企业的管理者应该把思维投向更高维度的商业模式创新。听管理者说完,我想起了一个案例故事,决定将这个故事讲给他听,希望他能获得某种程度上的启发。

"您公司的遭遇并不独特,很多企业在创新产品刚刚投入市场的时候,也有过类似的经历。"

美国就有这么一家公司,创始人通过技术改善,投入大量的研发费用,最终将成像系统进行了升级改造,并将其运用到一款伟大的产品中。这就是今天我们用的复印机。这家叫施乐的公司在推出自己的复印机产品之前,在美国,包括学校、企业、政府都是用类似油印机的热敏复印机来复印资料。当时,一台热敏复印机的价格是300美元。而施乐的新复印机采取静电成像复印技术,使用起来完全没有油印机弄脏衣服、污染环境的困扰,但成本却要2 000美元左右。

施乐的创始人认为,尽管他们的复印机很贵,但使用起来很方便,所以只要投入广告,让大家知道施乐复印机,产品就会大卖。事实让他们失望了。产品的销量一直停滞不前,连基本的广告费都收不回来。这种情况一直持续到创始人想出另一个办法来普及自己的新产品。他将自己的复印机变卖为租,也就是说,复印机的使用者不用支付昂贵的机器费用,只需要支付每月95美元的租金,就可以在办公室里摆上一台施乐复印机。租金包括一个基础条件,复印材料的量——每月复印不超过2 000张。当客户每个月复印页数超过2 000张之后,每张需要再支付4美分。

他们这么做了之后,令人难以置信的事情发生了。由于施乐的复印机实在是太方便、太好用了,又不会弄脏衣服和手。用户不是每个月复印 2 000 张,而是每天复印的数量都超过了 2 000 张。在之后的十几年里,施乐成了世界 500 强企业和商业巨头。

讲完这个故事,我观察到对方露出了有所领悟的表情。

"虽然这个案例的细节与我们遇到的实际情况不完全吻合,但其背后的逻辑和我们的情况吻合。您可以看到,两家公司的产品质量都很高,只不过施乐遇到的是成本高的问题,而我们遇到的是客户对中国品牌的接受程度低的问题。本质上,两个问题背后的原因都是信任。其实,在采用了新的商业模式后,施乐公司从客户那里一年内收到的费用远远超过客户购买复印机的费用。按前者的方式收费超过 2 万美元一年(租金 95 美元一个月,每天打印 2 000 张),后者最多只能给施乐公司带来 3 000 美元的收入。因此,在对施乐的产品产生信任之后,大量客户选择自己购买复印机。但中小企业还是愿意使用付费,避免一次性支出大额现金。同时,我们还看到,客户在意的并非产品的占有权,而是在乎优质产品的使用权。施乐商业模式创新的核心思想其实是将产品的使用权和占有权分离,以租赁的方式满足客户的使用需求,无须客户占有。这从根本上打消了客户对售货服务的疑惑。因为他们无须售后服务,如果产品质量不过关,最终是品牌商不能通过租赁来赚钱,客户却没有金钱上的损失。所有的后期维护工作,都自然而然地由品牌商承担,消费者无须担忧。我们的光伏供电系统,虽然没有施乐复印机精密复杂,但为了确保运行良好,也需要定期维护。缺乏电子产品知识的消费者很难按照厚厚的维护手册来定期维护产品。不定期维护,供电系统肯定难以长久稳定地工作,质量问题出现了,技术设计缺陷出现了,信息也很难反馈到我们这里。这让我们无法及时改善产品性能。"

"要知道,在实验室里使用的产品和在实际环境中运行的电子设备之间,因为使用环境不同,如温度、湿度、灰尘、散热等条件,会严重影响设计有缺陷的产品的使用寿命。所以,我们需要来自使用者的反馈,进一步改善产品。"

◇ **以租代售的商业模式**

"也就是说,假设我们采用租赁的商业模式,还需要公司或者经销商去做产品的技术维护。虽然增加了人力资源,但也为公司的产品改善提供了很多有用的信息。这些维护人员的工作就很有价值了。"

"是的,您能这么想,很有智慧。很多企业管理者希望提升公司某方面的能力,比如战略能力、销售能力,却拒绝在它们身上投入精力和资金。如果产品使用的费用定价能够兼顾非洲各地的消费者收入,同时关注经销商和我们公司的利润,用量会大幅度增加,公司收入也会大幅度增长。最重要的是,我们无须消费者对产品质量产生信任。假设产品在使用一段时间后出现质量问题,不能再供电了,损失的是我们,而不是消费者,因此他无须对我们的产品建立信任,完全可按使用程度缴纳费用。这就解决了品牌信任的问题,降低了交易成本。"

"我明白了!经您这么一说,我就有想法了。非洲的经销商已经对我们的产品质量产生了信任,消费者还没有。如果使用收费定价合理,相信经销商也会很乐意替我们租设备给消费者。但这里面有个问题,一旦供电系统需求量大了,我们公司势必产生一定的现金压力。我们必须先把供电设备生产出来,购买相关的原材料,比如太阳能板、芯片、机柜、电缆等。然后才能经由经销商租赁给消费者,再细水长流地获得收入。前期公司势必要垫付一些现金,我对这个还是有顾虑的。"

"您提的问题非常好。不过,这个问题已经有了很多现成的解决方案。一旦我们的租赁模式达到一定规模,您可以找对应的金融机构,采用他们提供的融资租赁金融方案来解决自己的现金流问题,或者做股权融资等。解决这个问题的办法很多。难点在于前期必须依赖自己的力量,让资金方看到这套模式的落地以及有利可图的前景。当这两个条件齐备时,资金不是问题。"

一抹笑容出现在了对方的脸上,他对寻找解决公司问题的途径有了信心。技术型创业者在技术选择、开发、应用、改善等环节上非常有潜力,但对于运营公司的复杂操作,例如管理、营销、人力资源、商业模式、战略、企业文化等领域的问题往往一筹莫展。一旦他们解决了这些问题,公司将快速发展。毕竟这是一个技术创新取胜的时代,拥有创新技术专利和技术发展前景的公司,很容易在资本市场中得到认可,获得很高的估值。

◇ **后续发展**

两周后,我应邀拜访了这家企业,深入了解企业的相关信息,为企业设计了一个完善的、可执行性很高的商业模式,并成为这家企业的战略顾问。

在执行具体的推广业务时,我们遇到了很多意想不到的情况。比如某些实力很强的经销商拒绝租设备,他们更倾向卖设备。我们了解到,这是因为实力很强的经销商特别在意资金回笼的速度,他们认为销售产品比租赁产品能更快地让资金回笼。

为了这套商业模式的落地,我们重新制定了战略,先支持那些认可这套商业模式的中小型经销商。结果,用了不到一年的时间,这些中小型经销商在非洲市场上活力大增,迅速扩大了自己的市场份额,不少公司甚至开拓了全新的零消费市场(以前从未在特定产品上消费的市场潜在消费者)。因为设备租赁的费用大大降低,让很多原本买不起供电设备的人也可以通过"租"一套设备而享受到通电带来的便利。

这让大型经销商反过来支持我们的新商业模式。

◇ **管理提示**

营销往往不是解决产品销售低迷问题的唯一办法。

营销活动效果的快速丧失,是因为营销理论、技术和方法论逐渐同质化造成的。你能用一个营销事件来造势,竞争对手可能会用更大的招数。营销投入的比拼,只会让消费者感到信息爆炸,无所适从。因此,我认为,传统的营销活动是把已经卖得很好的东西和已经有名气的品牌卖得更好;而不能帮助企业家从零打造品牌。而商业模式创新可以解决产品销售低迷的情况,并且不需要太多的费用。商业模式创新的核心要素是将产品价值以极低的交易成本转移给消费者,也就是公司的盈利后置。

比如案例中的企业,只有采取租赁的方式获得消费者信任之后,才能逐渐建立品牌。有了品牌的吸引和品质保障体系,消费者最终才会有一种"租一个不如买一个"的想法,推进产品的销售。在这个案例中,我们看到商业模式创新可以帮助企业的产品和服务打开难以进入的市场,并建立消费者品牌信心。同时,产品使用者增多可以帮助企业降低产品的生产成本。最后,企业也能在市场反馈的信息中不断找到改善产品的灵感。这一切,最终导致消费者品牌的建立和消费者源源不断地采购。之后,才是营销投入能够发挥长效机制的阶段。

◇ **咨询提示**

(1)讲故事是一个很好的咨询工具。咨询顾问在充分了解客户的信息后,可以给他分享一个商业案例故事。好的故事有代入感,让人有想要采取行动的欲望。同时,能绘声绘色地讲解商业案例故事的咨询顾问,更有能力吸引客户,这对顾问工作本身有巨大的推动作用。

(2)未来时代需要更多具有自然科学背景的管理咨询顾问。在以科技创新能力为主要竞争力的时代,科技公司正在获得持续快速的发展。但技术背景出身的创始人和管理者,容易忽视对商业思维、营销、战略、企业文化等运营一家企业必需的要素。因此,他们需要管理咨询顾问的帮助,特别是当科技公司进入高速发展期后,管理顾问的帮助可谓事关成败。为什么科技公司的管理者会拒绝来自管理顾问的帮助呢?原因是,管理顾问中,恰恰是人文科学背景出身的人较多,鲜有自然科学背景出身的。这让绝大多数管理顾问和科技公司的管理者缺乏一起对话的语言体系,甚至在思维方式上有很大不同。因此,有自然科学背景的管理咨询顾问能更好地服务科技公司,创造更大的咨询价值。

(3)咨询顾问要尽可能地丰富自己的咨询工具箱。这样,你就能在客户提出一个具体问题时,为他的问题匹配最好的、能解决问题的管理工具。案例中,客户本来是想要咨询如何为新产品设计营销战略方案的,结果最终让他受益的是商业模式的创新。

思考题:
1. 目前该企业面临的销售困境有哪些?
2. 如果你是该企业的决策者,面对目前的情形,你会选择哪种市场营销竞争策略?

第二节 企业市场营销管理咨询与诊断概述

一、企业市场营销管理咨询与诊断的含义

(一)市场营销管理概述

美国市场营销协会(American Marketing Association,AMA)对市场营销所下的定义是:市场营销管理是计划和执行关于商品、服务和创意的观念、定价、促销和分销,以创造能符合个人和组织目标的一种交换过程。这个定义指出营销管理是一个包括分析、计划、执行和控制的过程;它覆盖商品、服务和创意;它建立在交换的基础上,其目的是产生对有关各方的满足。

从本质上说,营销管理是对企业销售职能的扩大,几乎包含了企业在市场和销售方面有关战略、策略、战术、产品、产品线、包装、品牌、形象、公共关系、广告、市场调研、信息、策划、价格、渠道、促销、服务、销售实务、营销财务等行动,同时,市场营销又处在企业竞争的最前沿,其复杂性和重要性由此可见一斑。

营销管理就是为了实现企业的目标,专业化地提高经济效益,它是企业得以实现其价值的核心。它是一种辨识、预期及符合消费者与社会需求并且可以带来利润及连续经营理论的管理过程。营销管理通过对市场营销和销售的合理管控,将企业研发生产过程与消费者的消费联系起来,这是一个中间环节。任何时候,企业的营销管理做得不好,效益就不好,产品不好也会对营销产生负面影响。营销管理是系统化的,需要兼顾生产、采购等许多方面,需要综合考虑,营销管理相比其他管理更为重要,企业可以在适当的时候以营销管理为中心,但不能伤害企业的长期利益。

(二)市场营销管理咨询与诊断概述

1. 企业市场营销管理咨询与诊断的含义

市场营销咨询是咨询顾问运用市场营销的理论与方法,深入调查和分析企业的市场营销环境与市场营销活动的现状,从而发现企业面临的风险、威胁、衰退危机和企业发展的市场机会,帮助企业解决现存问题,改善和创新企业的市场营销活动,使企业能够更好地躲避风险,迎接挑战,战胜衰退危机,抓住并创造市场机会,促进企业快速、持续、繁荣发展而进行的咨询。不同行业的产品价值、用途、使用方法以及各种产品生命周期及其所处阶段不同,消费者购买不同产品的动机和习惯不一。因此,在不同行业里,企业的市场营销会有较大差异。企业要生存,要在市场上有一席之地,就离不开与竞争对手的较量。因此,市场营销咨询应该在为企业制定能够战胜现实竞争对手及潜在竞争对手、能够立于不败之地的竞争战略及策略上下功夫。

2.市场营销管理咨询的特点

市场营销管理咨询具有以下特点：

(1)环境信息的要求较高。现代企业所处的市场营销环境日趋复杂多变,国际、国内政治和经济形势的变化,科学技术的发展与进步,新材料、新工艺、新产品的出现,竞争企业的加入,消费者爱好的转移以及需求的日益多样化、个性化,都会对企业的市场营销活动产生不同程度的影响,因此,掌握相当数量和质量的营销环境信息是搞好营销活动的关键。

(2)行业的特性明显。由于不同行业的产品价值、用途、使用方法以及各种产品生命周期及其所处的阶段不同,消费者的消费动机和习惯表现不一,因此,不同行业的企业市场营销活动会有较大的差异,在进行企业营销管理咨询时,必须掌握企业的特点以及产品和市场的特点。

(3)战略性强。用战略观念指导企业的市场营销活动并将其纳入战略管理的轨道,是现代管理对企业市场营销活动的必然要求。企业要在市场竞争中取胜,就必须研究和制订切合实际的市场营销战略。咨询人员在咨询中应为企业提供市场营销战略的方案和建议。

(4)竞争的色彩浓厚。企业要生存并在市场上占据有利的地位,离不开与竞争对手的较量。所以,企业营销管理咨询应该在为企业制订能够战胜竞争对手、能够立于不败之地的竞争战略及策略上下功夫。

(5)富于创造性。营销管理咨询是面对现实、探索未来的工作,要求咨询人员提出的咨询报告应是在高度的科学、求实的基础上作出的富于创造性的见解,不能简单照搬和模仿其他企业的策略和具体做法,要善于提出切合实际的新对策、新举措。

(6)综合性强。市场营销的理论与方法是由经济学、管理学、数学、行为科学等众多自然科学和社会科学融合形成的综合性应用科学,这要求咨询人既要具备丰富的多学科的基本知识,又要认真研究、了解被咨询企业所在行业及经营业务范畴内的知识和信息,这样才能顺利完成营销管理咨询的工作。

(7)可操作性的要求高。市场营销的一个显著特点是,实用性咨询人员提出的方案及措施必须切合企业的实际,有较高的可操作性。

二、企业市场营销管理咨询与诊断的作用

营销管理咨询主要的对象是企业,其对企业的具体作用可归纳为以下六点：(1)帮助企业科学分析所处的竞争环境,合理应对市场威胁和风险,把握机遇,迎接挑战。(2)帮助企业确立科学、合理的市场营销战略,增强企业生存能力和竞争能力。(3)帮助企业制定各类独特、有效的市场营销策略,策划营销活动,提高企业的营销业绩。(4)帮助企业发现并解决营销活动中存在的问题和不足,提高企业市场营销活动的效率和管理能力。(5)帮助企业建立稳固、高效的市场营销组织和营销队伍,提高企业营销管理工作的绩效。(6)传播先进的、符合企业实际的市场营销观念、基本原理及可操作的具体方法,统一企业经营者、管理者及业务人员的思想和认识,提高员工的素质与能力。

第三节 企业市场营销管理咨询与诊断的方法

一、营销管理分析

在进行营销管理咨询的过程中,有效的咨询建议和改进方案是建立在对企业现状与事实

的清晰认识的基础上的,因此,咨询人员应综合运用市场营销的理论与方法,通过深入调查并运用专业的分析方法和手段,从复杂的信息中寻找线索,实现对企业的市场营销环境与市场营销活动现状的全面、准确的把握,发现企业面临的风险、威胁和企业发展的市场机会,从而为下一步营销咨询建议的提出奠定基础。

(一)营销管理分析体系

对企业进行市场营销管理分析是进行营销管理咨询的基础,通过这一分析,我们基本上可以判定企业存在的问题,发现企业的优劣势以及面临的机会和威胁。对企业进行营销管理分析,主要从企业的营销竞争观念、市场营销环境和市场营销能力三个角度着手进行营销竞争观念分析,企业是否确立了正确的、符合时代要求的营销竞争观念。这是进行营销管理咨询时首先要搞清楚的关键问题。营销能力分析是相对于营销环境分析而言的。企业的市场营销能力是决策能力、竞争能力和销售能力的综合体现。在进行营销管理咨询时,为了便于全面、准确地分析和发现问题,一般我们从产品分析、新产品开发能力分析、营销活动能力分析、营销组织与决策能力分析四个方面进行企业的市场营销能力分析(见图9—1)。

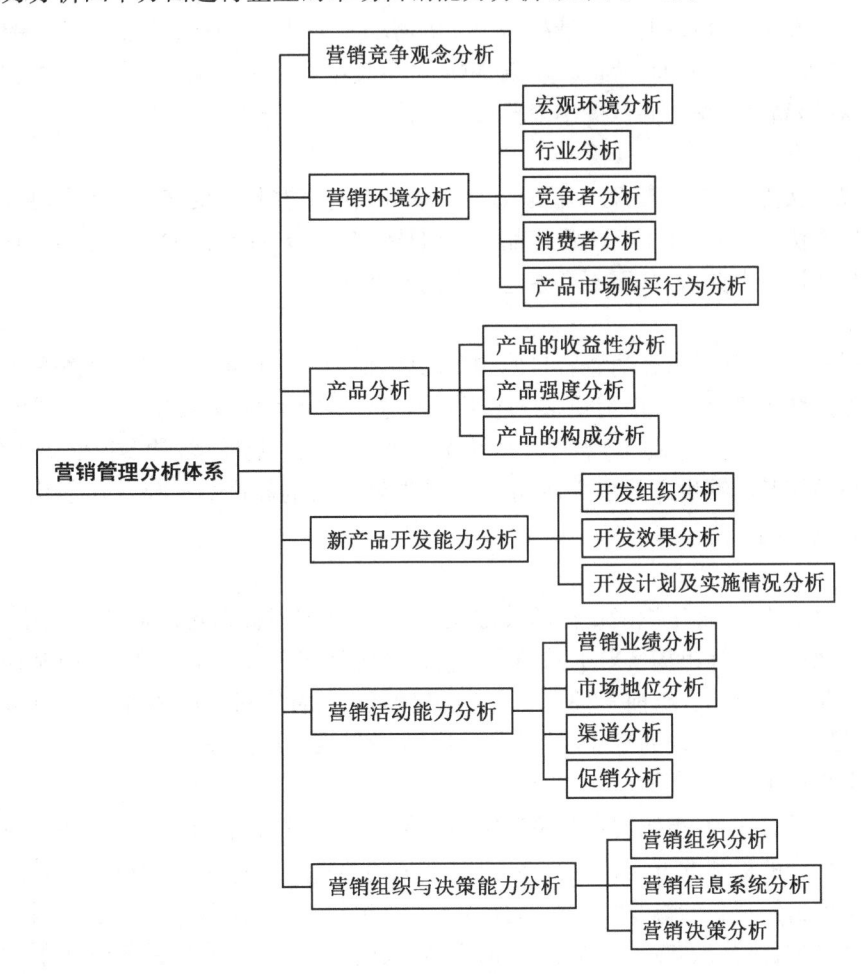

图9—1 企业的营销管理分析体系

(二)营销竞争观念分析

营销管理是在目标市场上达到预期交换结果的自觉努力。那么指导这些努力的哲学是什么呢?如何摆正组织、顾客和社会三者之间的利益关系呢?许多情况下,这些利益是矛盾的。

显然,市场营销活动应该在效率、效果和社会责任营销方面,经过深思熟虑产生的某种哲学思想的指导下进行。这就是营销的竞争观念。

营销的竞争观念是企业在市场营销活动中所遵循的指导思想和行为准则,是企业开展市场营销活动的出发点。它的作用十分重要,主要有三点:一是指导作用,即指导企业的一切市场营销活动;二是规范作用,即它是企业的行为准则;三是凝聚作用,即它不仅可以为企业的市场营销活动指示方向,而且可以对企业的员工起凝聚和鼓舞作用。因此,一个企业是否确立了正确的、符合时代要求的营销竞争观念,是进行营销管理咨询首先要搞清楚的关键问题。企业的营销竞争观念可以总结为五种,即生产观念、产品观念、推销观念、营销观念和社会营销观念。

1. 生产观念

生产导向观念是指导企业经营者行为的最古老的观念之一。生产观念认为,消费者喜爱那些可以随处得到的、价格低廉的产品。生产导向型组织总是致力于获得高生产效率和广泛的分销覆盖面。生产观念是一种典型的重生产、轻营销的过时落后的经营哲学。但是,它至少在以下两种情况下是合理的:一种情况是产品的需求大于供应,因而顾客最关心的是能否得到产品,而不是关心产品的细小特征。所以,供应者将集中力量扩大生产。另一种情况是产品成本很高,必须提高生产率并降低成本来扩大市场。

2. 产品观念

产品观念认为,消费者最喜欢高质量、多功能和具有某些特色的产品。产品导向型组织总是致力于生产优质产品,并不断改进产品,使之日臻完善。产品导向的企业在设计产品时经常不让或很少让消费者介入,甚至不考察竞争者的产品。

3. 推销观念

推销观念认为,如果听任消费者自然购买的话,他们不会足量购买某一组织的产品,因此,必须主动推销和积极促销。推销观念产生于资本主义国家由"卖方市场"向"买方市场"过渡的时期,也是一种过时的、落后的经营学。大多数企业在产品过剩时,常常奉行推销观念,它们的近期目标是销售其能够生产的东西,而不是生产能够出售的新产品。建立在强化推销基础上的营销有着较大的风险。

4. 营销观念

营销观念认为,实现组织诸目标的关键在于,正确确定目标市场的需要和欲望,并且比竞争者更有效地提供目标市场所要求的满足。营销观念是作为对上述诸观念的挑战而出现的一种新型的企业经营哲学。与前三种观念比较,营销观念是社会进步的体现,是一切以消费者为中心、以消费者需求为导向的企业经营哲学在市场营销活动中的体现。

5. 社会营销观念

社会营销观念认为,组织的任务是确定诸目标市场的需要、欲望和利益,并以保护或者提高消费者和社会的福利的方式,比竞争者更有效地向目标市场提供所期待的满足。社会营销观念是对市场营销观念的修改和补充,它产生于20世纪70年代西方资本主义国家普遍出现的环境污染严重、能源趋向短缺、失业增加、消费者保护运动日益兴盛的新形势下。社会营销观念要求营销者在营销活动中考虑社会与道德问题,它必须平衡与评判公司利润、消费者需要满足和公共利益三者的关系。

(三) 市场营销环境分析

现代企业必须密切注意市场营销环境的发展变化,在对企业进行营销管理咨询时,要善于帮助企业从市场营销环境的变化入手,分析和鉴别由于环境变化而给企业带来的发展机会、造成的威胁和挑战,从而为制定正确的决策提供依据。市场营销环境分析包括宏观环境分析、行业分析、竞争者分析、消费者分析和产业市场购买行为分析。

1. 宏观环境分析

企业与它们的供应商、经销商、消费者和竞争者都处于一个存在着各种因素的宏观环境中,这些因素可能带来机会或威胁,是企业必须监测和适应的"不可控力"。这些因素主要包括人口统计因素、经济因素、自然因素、技术因素、政治法律因素和社会文化因素,因此,进行宏观环境分析时,主要从这六个角度着手。

2. 行业分析

行业分析主要从行业整体的供需情况、竞争状态以及产品普及率等方面进行,以掌握行业发展的趋势。经济学家绘制一个行业组织分析框架以了解行业动态。在进行行业竞争状态分析时,我们还可以运用美国著名管理学者迈克尔·波特的行业竞争分析法,该理论认为,行业竞争的强度决定了该行业的根本盈利能力,行业竞争的特色也从根本上决定了该行业中企业竞争战略的特色。迈克尔·波特认为行业竞争强度的高低是由五种基本的竞争力量决定的,这五种竞争力分别是新进入者的威胁、行业中现有企业间的竞争、替代产品或服务的威胁、购买者讨价还价的能力以及供应者讨价还价的能力(见图9-2)。

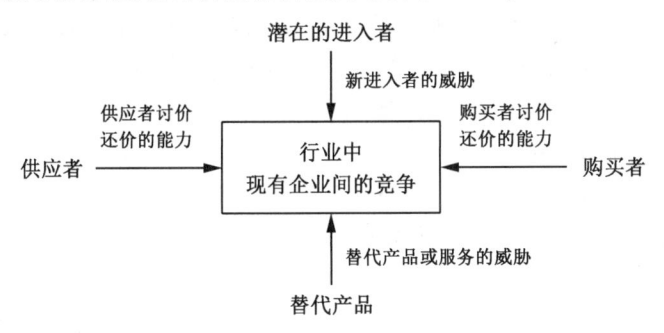

图9-2 波特的行业竞争分析法

3. 竞争者分析

在激烈的市场竞争中,尽可能地了解、熟悉并分析竞争者对制订有效的营销计划是很关键的。在营销管理咨询中,必须将客户的产品、价格、渠道和促销与其竞争对手进行比较,确定竞争者的优势与劣势,从而制订出更为准确的建议方案。在进行竞争者分析时,首先要识别竞争者,这在表面看起来很简单,但实际操作起来并不容易。因为企业现实的竞争者比较容易识别,而潜在竞争者的识别却是困难的。一个企业很可能没有被现实的竞争者所打败,可往往有可能败在潜在的竞争者手里。因此,不但要从行业竞争的角度去发现那些明显的、现实的、同为一个行业、生产相同产品的竞争者,而且还要注意从市场竞争的角度去发现那些能够提供替代产品以满足顾客需求的潜在竞争者。

4. 消费者分析

消费者市场是指为满足个人或家庭生活需要而购买商品或劳务所形成的市场。不论是消费资料的生产企业,还是生产资料的生产企业,都必须研究消费者市场,因为只有消费者市场才是商品的最终归宿。对消费者市场的研究,是对整个市场研究的基础。在进行营销管理咨询时,了解目标消费者的欲望、观念、喜好和购买行为,能为确定新产品、产品特性、价格、渠道等营销组合方案的设计提供依据。在进行消费者研究时,我们必须了解两个问题:消费群体特征是如何影响购买行为的？消费者是如何进行购买决策的？

5.产业市场购买行为分析

产业市场由所有购买商品或劳务并将其进一步用于生产其他商品和劳务，以供销售、出租或供应给他人的组织构成。产业市场的特点主要有：购买者数量较少，购买量较大，在地理区域上较集中，供需双方关系密切，专业化采购，影响购买的人多，属于衍生需求，需求缺乏弹性，但波动大。采购方式一般有直接购买、互惠购买和租赁三种方式。产业市场购买的决策参与者主要有发起者、使用者、影响者、决策者、批准者、购买者和控制者。在产业市场，影响购买行为的主要因素有环境因素、组织因素、人际因素和个人因素。

（四）产品分析

1.产品的收益性分析

产品的收益性是决定企业经济效益的重要因素，其分析的主要内容有：销售额分析，以确定企业的重点产品；边际利润分析，以确定各种产品的利润贡献度并决定产品的取舍；本量利分析，以确定产品的盈亏平衡点、目标销售量，并帮助进行利润规划。

2.产品强度分析

产品强度分析是指把企业的产品与竞争者的产品在特色、性能、质量、一致性、耐用性、可靠性、可维修性、外观、包装、设计、价格等方面进行分析。其主要方法是加法评分法，步骤如下：确定衡量产品竞争力的评比要素，收集本企业及竞争企业产品的有关情况；确定各个评比要素的评分标准；选择并确定评比者要注意尽可能地吸收企业有关人员和经销商代表参加，确保评比结果的公正、客观，进行评比，并计算评分；根据评分结果，提交分析报告。

（五）新产品开发能力分析

新产品开发能力的分析，是在进行现有产品分析的基础上，重点从新产品的开发组织、开发效果和开发计划及实施三个方面进行分析。

1.新产品开发组织的分析

(1)开发组织机构和管理分析的主要内容有开发部门的组织形式、责任权限、人员编制、管理方式、激励机制等，还包括开发部门与营销部门的协同性。

(2)人员素质分析的主要内容有开发人员的人员构成、资历经验、研究能力、工作业绩等。

(3)情报管理分析的主要内容有情报的收集及管理、情报的数量和质量、分析人员素质等。

2.新产品开发效果的分析

新产品的开发效果分析主要包括：新产品开发成功率的分析、新产品的市场表现及成功与失败原因的分析、老产品改进及改进后的效果分析以及新产品投资效果的分析。

3.新产品开发计划及实施情况的分析

(1)新产品开发程序分析即企业是否按照一定的科学程序进行新产品开发，例如，是否很好地组织了收集、形成和筛选新产品构思的工作，是否进行了新产品开发的可行性分析，在推出新产品前是否进行了充分的产品和市场测试。

(2)开发项目的分析主要内容有目标市场是否明确、与竞争对手产品相比是否具有竞争性、开发成功的可能性等。

(3)开发计划的实施情况分析主要内容是进度安排是否合理、开发计划执行情况等。

（六）营销活动能力分析

1.营销业绩分析

(1)计划完成情况分析。计划完成情况分析是测量和评价实际销售额（量）与目标销售额

(量)的关系。计算公式如下：

$$销售额(量)完成率＝实际销售额(量)/计划销售额(量)×100\%$$

在进行计划完成情况分析时，通常我们还需要分产品品类、销售区域等进行对比分析，以衡量企业的各产品品类、销售区域的计划完成情况。

(2)销售增长情况分析。销售增长情况分析是对企业最近几年的销售情况用销售增长率、实际销售增长率及市场扩张率三个指标进行分析。各个指标的计算公式如下：

$$销售增长率＝[本年度销售额(量)-上年度销售额(量)]/上年度销售额(量)×100\%$$

$$实际销售增长率＝企业销售增长率/行业销售增长率×100\%$$

$$市场扩张率＝本年度市场占有率/上年度市场占有率×100\%$$

(3)营销费用—销售额分析。企业的营销费用主要包括调研费、广告费、促销费、仓储费、销售人员费用等，许多企业会在年度营销计划中确定各项费用的额度，并在计划实施过程中监控各项营销开支比率。

营销费用—销售额分析需要关注的关键指标是营销总体费用对销售额之比以及各单项费用对销售额之比，分析各项费用是否超支、超支的原因以及能否采取削减成本的措施。此外，我们还有必要对不同产品品类(或品牌)、区域的费用支出状况进行分析，以进一步分析费用控制差异原因。

(4)盈利能力分析。进行盈利能力分析的目的是确定企业在何处以及如何获得收益，从而为营销策略的制订和调整提供依据。我们需要分析的是企业的不同产品、不同顾客群体、不同销售区域、不同分销渠道以及不同订货规模的盈利能力。由盈利能力分析所获得的信息，有助于我们进一步分析企业是否应该进入、扩展、收缩或退出某些细分业务。

2.市场地位分析

(1)知名度分析。消费者购买企业产品的过程是从知名度开始的，通过对各区域知名度的对比，发现现行的广告和促销策略中的问题，明确营销沟通的重点地区及沟通内容。

(2)市场占有率分析。企业销售额的大小并不能表明企业比竞争对手做得好，因此，我们必须进行市场占有率分析。市场占有率是衡量企业的市场地位的重要指标，具体包括：①总体市场占有率，即企业的销售额(量)占总体市场销售额(量)的百分比。②服务市场占有率，即企业的销售额(量)占它所服务市场的总体销售额(量)的百分比，企业的服务市场占有率往往大于总体市场占有率。③相对市场占有率(与最强的三个竞争者相比)，即企业的销售额(量)占市场上三个最强大的竞争者综合销售额(量)的百分比。④相对市场占有率(与领先的竞争者相比)，该指标超过100%，就表明企业是市场的领先者。该指标上升，表示企业在赢得领先竞争者的市场。

(3)市场覆盖率分析。市场覆盖率是与市场占有率相关的一个指标，是本企业产品投放地区占应销售地区的百分比。其计算公式如下：

$$市场覆盖率＝本企业产品投放地区数/全市场应销售地区数×100\%$$

(4)顾客满意度分析。在进行营销管理分析时，我们不仅要对企业财务业绩进行评价，还要关注一些衡量企业是否健康成长的指标，如顾客满意度、经销商满意度等。

3.销售渠道分析

(1)销售渠道结构分析。主要分析内容有：调查分析企业使用了哪些销售渠道，绘制销售渠道结构图；计算各类销售渠道的销售额构成比例及其利润贡献度；分析现有销售渠道是否合理，并在此基础上探讨开拓和建立新的销售渠道的必要性与可能性。

(2)客户评价。客户分析是对客户进行分级管理的基础,分析方法是:首先,将客户按业绩大小顺序排列,从第一名排到最后一名;其次,将全部客户的进货金额予以累计;最后,进行客户分级。

(3)销售渠道管理的分析。主要调查内容有:销售渠道的政策是否适当?是否存在渠道冲突,造成的影响如何?企业是如何进行冲突管理的?企业与经销商的协作配合情况如何?企业对经销商的指导、支持、管理情况如何?

4. 促销活动分析

(1)促销活动基本策略选择分析。主要分析企业采用的促销活动基本策略是否恰当,是否符合产品特点、市场特性和企业特点。

(2)广告效果的测定与分析。广告效果是指广告通过传播之后所产生的影响与作用。广告效果的测定与分析,是企业促销活动分析的重要内容。我们一般从广告传播效果和广告销售效果两个方面进行分析。

二、目标市场的选择及定位

(一)市场需求测量与预测

判断目前和未来的需求是分析市场机会、制订市场营销计划的基础,而定性研究是远远不够的,必须进行定量研究。用数据说话是营销管理咨询顾问们必须坚持的最基本的原则。

1. 市场潜量预测

(1)总市场潜量。总市场潜量是在特定时期内,在既定行业市场营销努力水平与既定环境条件下,行业的所有企业所能获得的最大销售量。一个常用的估计方法是:

$$Q = nqp$$

式中,Q 为总市场潜量;n 为已知的假定下,特定产品或市场的购买者数量;q 为购买者的平均购买数量;p 为平均单价。

(2)企业面临的问题是选择最佳的区域并在这些区域最适当地分配它的营销预算,因此需要估算不同城市、省份的市场潜量。主要方法有两种:市场累积法,主要用于工业品市场的研究;多因素指数法,主要用于消费品市场的研究。

市场累积法要求能识别出每个市场上所有的潜在购买者,并估计出他们的潜在购买量。

多因素指数法对于消费品市场,由于购买者众多,常常需考虑多因素来确定市场机会,这就需要制定出多因素指数,其中对每个因素赋予一个特定的权值。

(3)行业销售额和市场份额。除了估计总的潜量和地区潜量外,我们还需要了解市场的实际行业销售额,这意味着还必须辨认竞争对手及其销售额。主要数据来源为行业协会、专业市场调查公司、中华全国商业信息中心、统计年鉴。

在进行营销方案设计时,通常需要对企业未来年度的销售进行预测。企业销售预测是以选定的营销计划和假设的营销环境为基础,结合企业的销售实绩,通过一定的分析方法而得到的预期企业销售水平。在进行企业销售预测时,必须进行宏观环境预测和行业预测。

2. 销售预测

销售预测的准确性与科学性往往取决于预测方法的选择是否得当。

(1)定性预测的主要方法。当影响预测对象未来变化的各种因素变动剧烈、难以量化并且收集不到足够的相关历史数据资料时,采用定性预测较为适合。定性预测法主要有直接调查法和经验判断法两种,在这两种方法下还分别有几种具体的方法,如图9—3所示。

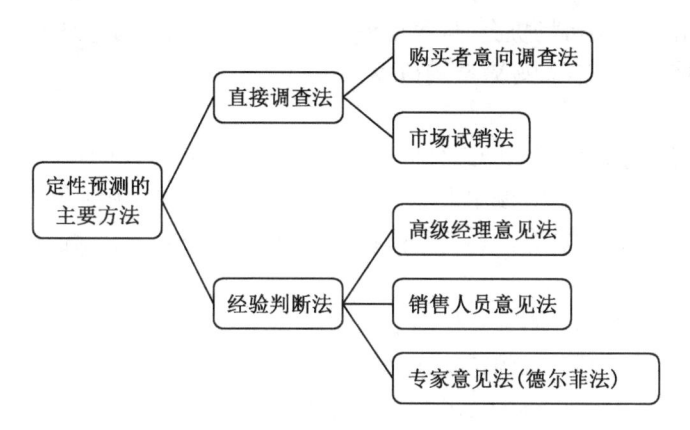

```
                          ┌─ 购买者意向调查法
              ┌─ 直接调查法┤
              │           └─ 市场试销法
定性预测的     │
主要方法       │           ┌─ 高级经理意见法
              └─ 经验判断法┤─ 销售人员意见法
                          └─ 专家意见法(德尔菲法)
```

图 9-3　定性预测的主要方法

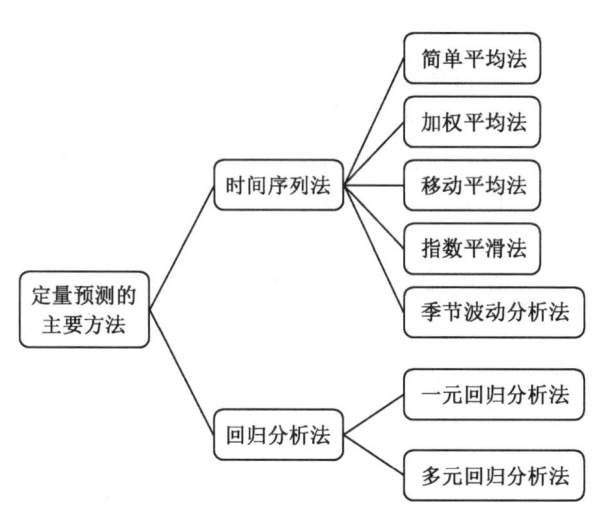

(2)定量预测的主要方法。如果影响预测对象未来变化的各种因素与过去、现在的影响因素大体相似,呈现一定的规律,并且能够收集到足够的相关历史数据资料,则采用定量预测法较为适合。定量预测法主要包括时间序列法和回归分析法两种。

时间序列法是利用变量与时间存在的相关关系,通过对以前数据的分析来预测将来的数据。其主要特点是以时间推移研究和预测市场发展趋势,但在遇到外界发生较大变化(如国家政策发生变化)时,根据过去已发生的数据进行预测则会产生较大的偏差。

回归分析法是通过对两个以上变量之间的因果关系分析,找出事物变化的原因,用数学模型预测事物未来的发展变化,回归分析法试图判断在因变量(销售额)与一个或多个自变量之间是否存在某种偶然的关系。如果发现了某种关系,就可以建立函数关系式,因变量(销售额)的值就可以根据自变量的特定值来加以预测。如果研究的因果关系只涉及两个变量,就称为二元回归分析;如果涉及两个以上的变量,则叫做多元回归分析。定量预测的主要方法如图9-4所示。

```
                          ┌─ 简单平均法
                          │─ 加权平均法
              ┌─ 时间序列法┤─ 移动平均法
              │           │─ 指数平滑法
定量预测的     │           └─ 季节波动分析法
主要方法       │
              │           ┌─ 一元回归分析法
              └─ 回归分析法┤
                          └─ 多元回归分析法
```

图 9-4　定量预测的主要方法

(二)识别细分市场与选择目标市场

随着竞争的加剧,越来越多的企业已经或开始推行目标市场营销。市场细分、目标市场选择、市场定位构成目标市场营销的三个步骤,同时也是目标市场营销的核心所在。目标市场营销有利于企业更好地识别市场机会,从而为每个目标市场提供适销对路的产品,同时将营销努力集中在最有可能为之带来最好效益的市场。

1. 市场细分

市场细分是指企业按照一定的细分标准,把企业可能进入的市场分割为若干个各有相似欲望和需求的分市场或子市场,以用来确定目标市场的过程。市场细分的理论依据是消费需求的异质性理论。细分市场的方法有多种,在此我们推荐一种常用的细分方法,该方法具体分为以下六个步骤:

(1)选定产品市场范围。必须首先确定企业进入什么行业、生产什么产品,产品市场应以消费者的需求,而不是产品本身的特性来确定。

(2)了解基本情况。收集有关市场的信息资料,列举出所选定的产品市场范围内所有潜在消费者的所有需求(包括现实的需求与潜在的需求)。

(3)确定细分变量。对于不同的产品要根据其特点并结合以往的经验,进行细分变量指标的构造。

(4)分析变量。分析变量一般通过随机抽样调查来了解总体市场中的个体需求,并运用多种统计分析方法(如因子分析、聚类分析等),剔除相关度高的变量,找出差异性最大的细分市场。

(5)进行细分。根据消费者的不同态度、行为、人口变量、心理变量等特征,划分出每个群体。并根据其不同的特征进行命名。名字应有意义、准确、易记,能很好地符合各细分市场的群体特征。

(6)细分市场轮廓描述。对每个细分市场进行简单归纳与描述,一般包括:细分市场名称;使细分市场产生差异化的重要因素;细分市场的群体特征;以细分市场为目标,可能的产品、定价、渠道与促销策略的概要。

2. 目标市场的评价与选择

市场细分显示了企业所面临的机会,市场细分后还必须评价各个细分市场和决定为多少个细分市场服务,即找出企业的目标市场。因此,我们必须进行以下四个方面的分析:第一,市场规模及发展潜力分析,即通过研究细分市场的消费者特征来了解该市场的规模大小与发展潜力;第二,企业资源与能力分析,即分析企业的资源与能力、经营目标是否与细分市场的需求相吻合;第三,竞争优势分析,即分析细分市场上的竞争状况对企业进入市场的影响;第四,赢利状况分析。

通过以上分析,我们可以运用细分市场四分图来确定目标市场,该方法以细分市场的盈利能力和企业服务该市场的操作可行性为评价指标。其中,操作可行性可以运用评分法确定,即首先选择衡量操作可行性的比较项(如企业人力资源、生产能力、渠道基础、研发能力、竞争状况等方面的资源状况);其次,确定各比较项的权重和评分标准;最后,进行评分并计算加权得分。

所有细分市场的相关指标计算完成后,在坐标图上用圆圈标上其相应的位置(圆圈的面积与销售额的大小成正比),并根据结果确定合理的"十"字分界线。

(三)营销差异化及市场定位

1. 营销差异化

我们制定营销战略时,必须首先明确两个问题:企业的竞争优势是什么？应通过什么途径获得竞争优势？

为回答这两个问题,差异化是我们必须做的工作。差异化是指设计一系列有意义的差异,以便使该企业的产品同竞争者产品相区分的行动。要突出企业与竞争对手之间的差异性,可以利用产品特色、渠道、服务、形象或新技术等使产品具有独特性。

差异化营销能够减少竞争对手的威胁和驱除替代品,但成功的差异化战略需要较强的市场能力、较大的资源投入(如产品研究水平高、力度大的广告等),并需要时间与资源去寻求具有创造性的员工。

2. 市场定位

(1)市场定位的方法。美国市场营销权威菲利普·科特勒认为:市场定位是对企业的产品进行设计,从而使其能在目标顾客心目中占有一个独特的、有价值的位置的行动。目前,常用的定位方法有以下几种:

特色定位。定位于自己的特色,如规模最大、历史最悠久等。

产品属性和利益定位。定位在因产品本身的属性或功能而获得的某一特定利益上的领先者。

使用或应用定位。包括为老产品找到新用途,或把产品宣传成在某些用途方面是最佳者。

使用者定位。把产品定位成对某些使用者或某个分市场是最好的。

竞争者定位。将产品定位成在某一方面比竞争者要更好些。

价格或质量定位。对那些消费者对质量和价格比较关心的产品来说,可选择在质量和价格上的定位来突出,可采用"优质高价"和"优质低价"定位。

观念定位。倡导一种独特的观念,将产品区别于竞争者。

服务定位。突出与众不同的服务特色,争取消费者。

关联定位。面对强势竞争品牌,以贴近、关联等追随手段,借势带动产品。

多因素定位。将产品定位在几个层次上,或依据多重因素对产品进行定位,使消费者感觉到产品的特征很多,具有多重作用或效能。

(2)定位决策的步骤。乔治·S. 戴伊在《受市场驱动的战略》一书中认为,定位决策可以分为四步:第一步,确认各种定位主题。第二步,根据下列四条原则筛选各种定位主题——是否对顾客有意义、是否在给定的产品资源和顾客认知下可行、是否具有竞争性、是否有利于实现产品目标。第三步,选择最能满足这些标准并能为营销组织接受的定位。第四步,实施与所选定的产品定位一致的营销计划(如促销、广告等)。

三、市场营销竞争策略的选择

在确定了目标市场之后,我们要制定广泛的具有竞争性的营销策略使企业具有尽可能大的竞争优势。根据企业在目标市场上所起的领导、挑战、追随或补缺等作用的不同,可以将企业分为四类:市场领导者、市场挑战者、市场追随者和市场补缺者。不同的角色定位应有相应的营销策略。

(一)市场领导者策略

绝大多数行业有一个被公认的市场领导者,它在相关的产品市场中占有最大的市场占有率,通常在价格调整、新产品开发、网络覆盖和促销强度等方面领导着其他企业。处于领导地位的企业要想继续保持第一位的优势,必须采取以下几个方面的行动。

其一,扩大总市场。当整个市场得到扩张时,一般是处于领先地位的公司获益最大,扩大总市场可通过为产品寻找新用户、开发新产品和扩大使用量三个途径来实现。

其二,保护市场占有率。市场领导者在努力扩张整个市场规模时,还必须注意保护其现有的市场不被侵犯,最具建设性的措施就是不断地创新,即力求在新产品开发、顾客服务、分销效率和成本降低等方面领导整个行业,从而不断地提高竞争的有效性和对顾客的价值。

其三,扩大市场占有率。扩大市场占有率自然能使企业更上一层楼,但如果要使盈利增加,则必须采取恰当的策略组合来获得市场占有率的增加。

(二)市场挑战者策略

在行业中位居第二、第三甚至更低名次的企业,都被称为居次者或是追随者。居次者可采取两种策略:攻击市场领导者和其他竞争者,以夺取更多的市场份额(这时称为市场挑战者);或者参与竞争,或维持现有市场(这时称为市场追随者)。

1. 确定策略目标和竞争对手

大多数市场挑战者的策略目标是扩大市场占有率作为进攻者,其可以进攻的对象有三类:

(1)攻击市场领导者。这是一个既有高风险又具有高潜在收益的策略。如果市场领导者"出现失误",或并非"真正的领导者",且也没有为市场提供足够好的服务,则攻击就会产生非常大的意义。此时,必须严密地审视消费者需求或不满。

(2)攻击规模相仿但业绩不良、财力不足的公司。这些被攻击的企业产品过时、价格过高,或在某些方面消费者不满意。因此,应仔细检查消费者的需求是否得到满足及创新的潜在需求。

(3)攻击经营不良的本地或地区性的小企业。此时并非争取彼此的顾客,而是利用"大鱼吃小鱼"的市场兼并策略。

因此,选择竞争对手与选择策略目标是互相关联的,如果攻击的对象是市场领导者,则市场挑战者的策略目标可能是去夺取一定的市场份额。如果攻击的对象是小企业,则目标可能是把这些小企业吃掉。

2. 选择进攻策略

在确定了策略目标及竞争对手以后,就要考虑进攻竞争对手时主要策略的选择。可能的进攻策略如下:

(1)正面进攻。正面进攻是指集中全力与竞争对手正面交战,正面进攻攻击的是对手的强项而不是弱点,其结果取决于谁有更大的实力和持久力。在纯粹的正面进攻中,如果攻击者与对手相比在产品、价格或广告等方面没有什么优势,那么想取得胜利几乎是不可能的。最常用的进攻手段是采用降价策略,这种进攻又有两种方式:一种是产品在其他方面与领导者保持一致,但在价格上低于对方;另一种是通过大量投资实现生产成本的降低,然后以此向对手发动价格进攻。

(2)侧翼进攻。侧翼进攻是"集中优势兵力打击对方弱点",该种进攻策略避实就虚、声东击西,通常能出奇制胜,让对手防不胜防。侧翼进攻在营销上具有十分重大的意义,特别是对那些现有资源少于对手的攻击者具有较大的吸引力。挑战者可以从两个方面发动侧翼进攻:一个是地理方面,即向市场领导者经营薄弱、绩效水平不佳的地区发动进攻;另一个是细分市场方面,即寻找尚未被市场领导者覆盖的市场。侧翼包抄可以导致整个市场的各种需要有一个较完全的覆盖,侧翼进攻成功的概率高于正面进攻。

(3)包围进攻。包围进攻是指进攻者在几条战线上同时发动全面进攻,迫使对手腹背受敌,必须进行全面防御。进攻者可以向市场提供比其对手多的产品和服务,并使这种提供无法被消费者拒绝。但是,只有当进攻者比对手更具有资源优势,并确信这种包围能足够快地击垮对方的抵抗意志时,包围进攻才有可能成功。

3.可供挑战者选择的进攻策略

我们讨论的上述几种进攻策略是极具概括性的,挑战者必须把几个具体的策略组合成一个总体战略,市场挑战者可以选择下述几种具体的进攻策略。

(1)价格折扣策略。市场挑战者以低于市场领导者的价格销售竞争产品,但要使价格折扣策略有效果必须有三个假定前提:第一,挑战者必须说服购买者相信自己的产品和服务可与市场领导者相媲美;第二,购买者必须是对价格差异敏感的,而且只为低价便乐于转换供应商;第三,市场领导者必须不顾竞争者的攻击而拒绝降价。

(2)廉价品策略。挑战者用低得多的价格向市场提供一般质量或低质量产品,这种策略只有在面对细分市场上有足够数量的且对价格的降低感兴趣的购买者时,才是有效的。但是,这可能会受到价格更低的廉价品企业的攻击。因此,在防御中,前者会渐渐地努力提高产品的质量。

(3)声望产品策略。市场挑战者可以推出较高质量的产品,并且标定比领导者更高的价格,一些生产声望商品的企业后来会舍弃一些低价位产品,以充分发挥其制造高质量产品的优势。

(4)产品线扩展策略。市场挑战者可以通过推出大量的产品品种,给购买者以更多的选择来同领导者竞争。

(5)产品创新策略。市场挑战者可以凭借创新的产品来攻击市场领导者,消费者常常从以产品创新为导向的挑战者的策略中获益良多。

(6)改进服务策略。市场挑战者可以向顾客提供新的或更好的服务,向市场领导者挑战,促进业绩提升。

(7)分销创新策略。市场挑战者可以发现或发展一个新的分销渠道来提升市场占有率。

(8)降低制造成本策略。市场挑战者可以靠高效率的采购、较低成本的人工和更先进的技术和生产设备来获得比市场领导者更低的制造成本,企业可以用较低的成本做出更具进攻性的定价以抢占市场。

(9)密集的广告促销。市场挑战者可以利用增加广告和促销费用向市场领导者发动进攻,然而,巨额的广告或促销开支并非明智有效的策略,除非市场挑战者的产品或广告表现具有能胜过竞争对手的优越之处。

(三)市场追随者策略

大多数位居第二位之后的企业喜欢追随,而不是挑战市场领导者,因为如果挑战者以较低的价格、改进的服务或产品作为挑战手段,领导者会很快地迎头赶上并瓦解这一攻击,而且往往具备更好的持久力。因此,除非挑战者有重大的产品创新或分销突破等出奇制胜的绝招,否则最好追随市场领导者。

市场追随者必须知道该如何保持现有的顾客和怎样在新的顾客群中取得一个满意的占有率,追随者应努力给它的目标市场带来新的、独特的利益,追随者常常成为挑战者进攻的主要目标。因此,必须保持低制造成本及高品质产品和服务,而且当有新市场开辟时,它也必须迅速进入。另外,追随者也必须确定一条不会招致竞争性报复的成长路线。有四个追随策略可供选择:其一,仿效者完全复制领导者的产品和包装。其二,紧跟者尽可能地在各个细分市场和营销组合上(如产品、分销和广告等)模仿领导者。其三,有限模仿者在某些方面仿效领导者,但在包装、广告、定价等方面与之保持一定的差异。其四,改进者对领导者的产品进行学习和改进,甚至使它们有所提高。一般改进者会选择不同的市场进行销售,以避免与领导者发生正面冲突。许多改进者会随着自身的不断壮大而成为将来的挑战者。

(四)市场补缺者策略

市场补缺者是一个选择没有大公司服务的小细分市场的公司,补缺者的目的就是要避免与大企业的竞争,选择小市场或大企业不感兴趣的市场,并凭借专业化来提供有效的产品和服务。补缺者在传统上是小企业,但大企业也会参与和推行补缺策略。

市场补缺者的任务有三个:创造补缺、扩展补缺和保卫补缺。一个理想的市场空缺必须具有下列特点:此空缺市场具有足够的规模和获利潜力;此空缺市场具有成长性;主要的竞争者对此空缺市场暂时不感兴趣;企业有足够的技术和资源,可以有效地服务此空缺市场;企业可以利用已建立起来的市场优势来对抗未来竞争者的攻击。

市场补缺者要承担的主要风险是有利的空缺可能会消失或是遭受攻击,因此这也是多元补缺优于单一补缺的原因。在两个或更多的补缺基点发展实力后,企业就增加了生存机会。

四、产品策略

在营销管理过程中,市场定位完成以后,就要依据目标市场的需求和相关环境因素制定营销组合策略。产品、价格、分销和促销产品是营销组合中重要的、决定性的因素,如果产品不能满足消费者的需求,其他组合要素便没有意义。

营销学中所说的产品,是一个复杂的、多维的概念。企业提供给目标市场的并不是单一的产品,而是产品的组合,产品组合包括所有产品线和产品项目,每条产品线由多个产品项目组成。因此,产品策略的内容包括产品组合决策、产品线决策、产品属性决策、品牌决策、包装和标签决策。其中,产品属性决策主要包括产品设计、特色和质量三个方面,产品设计要考虑其独特性和科学性,产品特色要考虑消费者的需求和竞争优势的确立,而产品质量则决定产品的市场定位。

(一)产品组合与产品线决策

1. 产品组合与产品线的概念

产品组合是指企业生产经营的各种产品之间质的结构和量的比例,由产品线和产品项目组成。菲利普·科特勒对产品线的定义是:产品线是指密切相关的一组产品,因为这些产品以类似的方式发挥功能,或销售给同类顾客群,或通过同一类型的渠道销售出去,或同属于一个价格幅度。例如,某家电企业的产品组合包括空调、彩电、冷柜、洗衣机四条产品线。

产品项目是指一个品牌或产品线内明确的单位,它可以根据尺寸、价格、外形或其他属性来区分,企业产品目录上列出的每一个产品都是产品线的具体组成部分。

产品组合决策一般从产品组合的宽度、长度、深度和相关性等方面来考虑。产品组合的宽度是指企业生产经营的产品线的数量,多则宽、少则窄。产品组合的长度是指企业所有产品线中的产品项目的总和。产品组合的深度是指产品线中产品项目的多少,多则深、少则浅。产品组合的关联性是指各产品线在最终使用、生产条件、分销渠道等方面的相关程度。

2. 产品组合决策

(1)扩大产品组合策略。这一策略着眼于向市场尽可能地提供所需的产品,扩大产品组合的方式包括:第一,增加产品组合的宽度,即增加产品线的数量,扩大企业经营范围,使企业获得新的发展机会,也可以减少季节性与市场需求波动的影响,分散企业的经营风险。当通过市场调查和分析,预测到现有产品线的销售量和利润将可能下降时,可考虑增加新的、有高盈利能力的产品线。第二,增加产品组合的长度和深度,即使各产品线具有更多的规格、型号和式样的产品,更好地满足消费者的不同需求,从而扩大市场占有率。但是,许多费用也会相应增加,如研发费、订单处理费、运输费以及新产品项目的广告或促销费等。第三,增加产品组合的关联性,则可发挥企业在其擅长领域的资源优势。

（2）缩减产品组合策略。当企业面临资金短缺、经济不景气、生产能力不足等问题时,应考虑缩减产品组合,主要方式有:缩减产品线,剔除获利很小甚至无利可图的产品线,使企业集中资源于优势产品线的经营;缩减产品项目,剔除盈利能力差的产品,降低消耗,提高促销、分销的效率,同时减少资金占用,加快资金周转。

3. 产品线决策

（1）产品线延伸决策。这一策略是指突破企业原有经营范围,全部或部分改变原有产品的市场定位,使产品线加长。具体的延伸策略可能基于以下情况:

向下延伸。指原来定位于高档市场的企业渐次增加一些中档、低档的产品项目。采用这一策略会面临的风险有:可能会影响企业的形象和声誉;低档产品可能会蚕食高档市场;可能会促使竞争者转向高档市场的开发等。

向上延伸。指原来定位于中档、低档市场的企业渐次增加一些高档的产品项目。采用这一策略会面临的风险有:增加竞争压力;消费者较难相信低档产品企业能生产优质产品;企业的销售代表和分销商可能会缺乏相应的能力和知识,而不能很好地服务高档市场。

双向延伸。指原来定位于中档市场的企业渐次增加一些高档和低档产品项目,当企业具备了相当的实力、占据了一定的市场优势之后,采用该项策略可起到加强企业市场地位的作用。

（2）产品线填充决策。产品线填充决策指企业在现有产品线的范围内增加一些产品项目。采取该项策略可能基于以下几个动机:试图获取增量利润;为分销商增加销售机会,避免因产品线不丰富而造成的市场机会的丧失;企业生产能力富余,尚有利用潜力;企业期望成为产品线齐全的领导者;填补市场空隙,防止竞争者涉足。

但在采取这一策略时,新的产品项目应以发现和满足市场需求为前提,同时应避免产品线填补过度导致新旧产品项目之间的残杀。

（3）产品线现代化决策。随着科学技术发展的日新月异,不断进行产品的现代化改进是每个企业的生存之道。产品线的现代化有两种方式:一种是渐进式现代化,另一种是一步到位式现代化。渐进式现代化可使企业在产品线改进之前,通过测试消费者及经销商的反应,有效把握市场动向,同时可节省资金投入。但弊端也是显而易见的,该方式容易被竞争者察觉,从而招致"狙击"。一步到位式现代化可以出奇制胜,但所需的投入较大,也存在一定的风险。

（4）产品线特色化决策。产品线特色化决策是在产品线中选择一个或几个产品项目进行特色化,以此来号召和吸引顾客。产品线特色化可以通过以下几个方式来实现:其一,以产品线上的低档产品项目进行特别号召,以廉价品来开拓销路,吸引消费者,例如,超市每周或每天都会有某些产品或产品线降价促销,以吸引消费者光顾并购买其他产品。其二,以高档产品项目进行号召,以树立产品线的高档形象,例如,许多企业通过对其高端产品的宣传,提升了整个产品线的地位和形象。

（5）产品线削减决策。企业出现以下情况,可考虑采取产品线削减决策:产品线中存在蚕食企业利润的滞销产品;企业生产能力不足,只能集中生产利润较高的产品项目,削减那些微利甚至亏损的品种。产品线削减决策有利于优化产品线结构,指导企业发现和经营那些销量大、盈利能力强、增长潜力大的产品。

(二)产品品牌决策

在产品整体概念的指导下,品牌已成为产品的重要组成部分,品牌状况能在一定程度上反映出一个企业的经营水平和经济实力。专业营销者的最出色的技能就是对品牌的创造、维持、保护和扩展的能力。

1. 品牌的概念与建立品牌的意义

美国市场营销协会对品牌的定义如下:品牌是一个名称、名词、标记、符号或设计,或是它们的组合,其目的是识别某个销售者或某群销售者的产品或劳务,并使之同竞争对手的产品和劳务区别开来。现代市场的竞争更多地表现为品牌之间的竞争,品牌不仅能用来区别制造者或销售者,更重要的是体现一个企业或产品的质量状况与价值利益。高度的品牌资产能为企业带来大量的竞争优势。

2. 品牌决策

品牌决策主要包括品牌建立决策、品牌使用者决策、品牌名称决策、品牌扩展决策和品牌再定位决策。

(1)品牌建立决策。这是指决定是否为企业的产品确定品牌。对大多数商品来说,使用品牌具有积极作用,尤其是在市场发育尚不完善、假冒伪劣产品泛滥的市场环境下,消费者更加信赖和偏好知名品牌。

(2)品牌使用者决策。企业在决定使用品牌之后,将会对使用谁的品牌做出决策,品牌的使用决策有三种选择。第一,制造商品牌,即制造企业采用自己的品牌。一般来说,资金实力较雄厚、营销能力较强的企业常采用自己的品牌。第二,中间商品牌,即制造企业把产品批发给中间商,由中间商使用自己的品牌将产品销售出去。营销力量不强、产品知名度不高的企业,或不如中间商的声誉高的企业,往往采用这种策略。第三,混合品牌,即企业一部分产品采用自己的品牌,一部分产品采用中间商的品牌。无论采取哪种品牌,都必须对企业有利。

(3)品牌名称决策。企业在为其生产的不同品类、规格、质量的产品选择品牌名称时,有四种品牌名称策略可供选择。第一,统一品牌决策,即企业生产的所有产品都采用统一的品牌。第二,个别品牌决策,即企业生产的每种产品采用不同的品牌名称。第三,分类品牌决策,即对企业生产的各类产品分别命名,每一类产品使用一个品牌。第四,企业名称加个别品牌名称,即在每一产品品牌名称前冠以企业名称,企业名称可使产品正统化,而产品品牌可体现新产品的个性化。

(4)品牌扩展决策。品牌扩展决策,是指企业以现有的品牌名称推出新的产品类别。例如,海尔集团利用"海尔"品牌推出了许多不同类型的产品,如空调、手机、彩电、冰箱等。

(5)品牌再定位决策。一种品牌在市场上推出一段时间后,可能需要重新定位。再定位一般基于以下几点:品牌在市场上最初的定位是错误的;随着时间的推移,顾客偏好发生转移或竞争者推出竞争品牌,抢占了企业的市场份额。在品牌重新定位之前,需要权衡费用与收益状况。一是企业将品牌转移到另一细分市场所需的费用,包括广告费、包装费、品质改变费等。一般来说,重新定位离原有位置越远,所需的费用越高,改进品牌形象的必要性越大,所需的投资越大。二是企业定位于新位置的收益状况。

（三）产品包装决策

许多实体产品在进入市场时都必须有包装，包装是实体产品的一个重要组成部分，是商品的形象，人们把包装比喻为"沉默的推销员""心理的推销手段"。包装在现代市场营销活动中显示出越来越重要的作用，已成为刺激消费需求、赢取市场竞争的重要手段。

1. 包装的定义及设计原则

包装是指设计并生产容器或包扎物的一系列活动，设计良好的包装能为消费者创造方便价值，为企业创造促销价值。产品包装按其功用可分为运输包装和销售包装两种。两种包装的设计原则分别是：

（1）运输包装的设计原则。运输包装是产品的外包装，主要起到保护产品的作用。运输包装的设计以保护产品在运输过程中产品质量的安全和数量的完整为准则，具备牢固、防潮、防水、防震、防外溢等作用，同时注意包装的标准化与系列化，以适应储运要求，并节省包装及运输费用。

（2）销售包装的设计原则。销售包装的结构和图案设计应符合下列要求：造型新颖、独特，图案生动形象，具有吸引力和亲切感。包装成本要与商品的价值相一致，根据市场决定包装。包装要能突出产品的特点或独立风格。包装上的文字设计要能直接准确地回答消费者最关心的问题，并消除可能存在的疑虑。包装装潢所用的色彩、图案要符合消费者的心理，不得与民族习惯、宗教信仰相抵触。应遵循国际上通行的"3R"原则，即减量、再循环、再利用原则。

2. 产品包装决策

产品包装决策在营销活动中具有重要作用。企业除了使包装能充分展现产品的特色外，还需要运用适当的包装策略，使包装成为强有力的营销手段。常用的包装策略主要有以下几种：类似包装策略、多种包装策略、再使用包装策略、附赠品包装策略、等级包装策略、改变包装策略。

（四）产品生命周期及其营销策略

1. 产品生命周期的概念

产品生命周期又称为产品寿命周期，是指从产品试制成功投入市场开始到被市场淘汰为止所经历的全部时间过程，是关于产品在市场上生命力的理论。产品生命周期一般以产品的销售量和所获得的利润额来衡量，典型的产品生命周期曲线呈"S"形。

2. 产品生命周期各阶段的营销策略

产品生命周期各阶段呈现出的特点不同，企业在各阶段的营销目标也不同，应根据这些特点来制定相适应的营销策略。总的宗旨是：尽可能缩短产品投入期，使产品能迅速地被市场接受；尽可能延长成长期，使产品尽可能地保持畅销；尽可能推迟衰退期，使产品缓慢地被市场淘汰。

产品生命周期理论对企业的营销活动具有十分重要的启发意义，为我们制定产品的营销策略提供了具体的指导。但是，在具体制定营销策略时，我们应结合企业和市场的实际情况灵活运用，不得盲目照抄照搬。

（五）新产品开发决策

随着技术发展的日新月异和消费者需求的不断变化，产品市场生命周期日益缩短，任何一个产品都有退出市场的时候，企业要在现代市场中站住脚，必须不断研究与开发新产品。

1. 新产品的特点

成功的新产品一般应具备如下特点：（1）吸引性。即与老产品相比，新产品一定要为使用者带来新的利益,这种利益越多,并真正以满足消费者的需求为出发点,产品就越易吸引消费者。(2)继承性。即新产品应该与目标消费者的消费习惯、价值观念相接近,在外观和形式上,要有一个渐变的过程;在结构上,标准件和通用件的比例要大;在工艺上,要尽可能与企业的生产条件相结合,以便利用原有设备和减少生产技术准备工作。(3)易用性。即与老产品相比,新产品应力求有良好的性能,操作和维修方便。获利性成功的新产品应能为企业带来相当的经济效益,或对社会发展带来好处。

2. 新产品开发的方式

新产品开发的方式有以下三种:(1)独立开发。指由企业独立进行产品的全部开发工作。这对企业的科研能力和技术力量提出了较高的要求,而且投资多、风险大。但若开发成功,则会给企业提供较大的发展机会。(2)科技协作开发。指企业与高等院校、科研机构协作进行新产品开发。这种方式花钱少、见效快,既能较好地利用科研技术,又能促进企业自己技术的进步,并保证产品的先进性,是企业新产品开发的重要途径。(3)技术引进。指企业通过引进国内外已有的成熟技术进行新产品的开发。一般采取购买专利权、购买其他企业的许可证或特许权、合资经营或直接收购其他企业等途径。

3. 新产品开发策略

企业进行新产品开发时,只有采取正确的策略才能使新产品开发获得成功。可供选择的新产品开发策略有以下几种:(1)挖掘消费者需求策略。满足消费者需求是新产品开发的基本出发点,消费者需求可分为现实需求和潜在需求。企业开发新产品时,应把精力放在捕捉、挖掘市场的潜在需求上,并尽可能地扩大市场。(2)挖掘产品功能策略。指通过对老产品改进使其增加新的功能、新的用途,从而获得新生、重占市场。例如,折叠伞就是在普通伞上增加一个折叠功能,从而便于携带。(3)开发边缘产品策略。边缘产品是跨行业的多功能产品,如既可书写又可计时的电子笔、集洁齿与治牙痛为一体的药物牙膏等。由于边缘产品是各行业相互渗透的结果,能满足消费者的多种需求,由此开发的新产品具有广阔的市场。(4)利用别人优势的开发策略。指通过购买专利权、其他企业的许可证或特许权等方式获得其他企业现成的新技术,为发展本企业的新产品服务。采用该种策略可以节省大量的研究时间,从而使产品能够尽快上市,获得先机。

五、价格策略

价格是市场营销组合中最活跃的因素,价格的变动往往影响营销组合中的其他因素,定价是否适当直接关系到市场的接受程度,影响产品在市场上的竞争地位,并影响到企业的生存与发展。我们在制定价格策略时,必须对下列问题加以研究:影响定价的主要因素是什么?企业在该时期内所要达到的定价目标是什么?为实现这个目标,应如何选择适当的定价方法为产品制定基本价格?根据市场的变化,应采取何种定价策略或定价技巧对基本定价进行修正?在市场竞争中,如何发动价格变动策略?

(一)制定价格

在制定价格时,需要分析影响定价的因素和选择适当的定价方法,并按照一定的价格制定程序为产品定价。

1. 制定价格的主要程序

制定具体价格时,首先要明确定价目标,然后要考虑影响定价的一些主要因素(如市场需求、成本、竞争等),选择合理的定价方法,并运用适当的定价策略(见图9—5)。

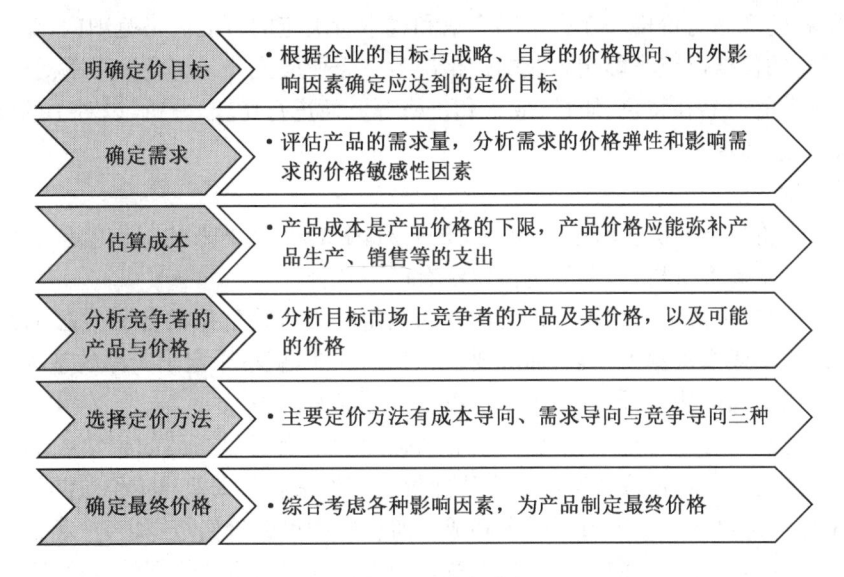

明确定价目标	根据企业的目标与战略、自身的价格取向、内外影响因素确定应达到的定价目标
确定需求	评估产品的需求量,分析需求的价格弹性和影响需求的价格敏感性因素
估算成本	产品成本是产品价格的下限,产品价格应能弥补产品生产、销售等的支出
分析竞争者的产品与价格	分析目标市场上竞争者的产品及其价格,以及可能的价格
选择定价方法	主要定价方法有成本导向、需求导向与竞争导向三种
确定最终价格	综合考虑各种影响因素,为产品制定最终价格

图 9—5 定价程序图

2. 影响定价的因素

影响产品定价的主要因素包括企业的定价目标、营销组合策略、产品成本及特性、市场需求、竞争者的产品与价格等。

(1)企业的定价目标。不同定价目标决定了不同的定价策略、定位方法和技巧。企业的定价目标是一个多元化、多层次的目标体系。一般情况下,企业的定价目标有以下三类:一是达到一定的利润指标。利润指标既可以是一个绝对量指标,也可以是一个百分比指标,可以细分为短期利润最大化、长期利润最大化以及满意利润最大化三种。二是达到一定的销售额指标。销售额最大化即希望在所定价格下当期销售额达到最大值。满意销售额即希望在所定价格下能达到预定的销售额。一般来说,当企业希望能在同行业中占据一定地位,或达到一定的销售额增长率时,常会采用这种定价目标。三是保持或增强竞争地位。市场份额最大化即定价目标是争取最大限度的市场占有率。调查表明,企业的利润率高低与市场份额的大小密切相关,市场份额大,利润和利润率往往也越高。

(2)市场需求。在进行定价决策时,必须考虑产品价格与市场需求之间的关系,它包括需求量和需求的价格弹性两个方面。需求量是指市场对该产品的需求总量。在通常情况下,需求和价格呈反向关系,即价格越高,需求量越低;反之亦然。需求的价格弹性是指产品价格变动对市场需求量的影响。不同产品的市场需求对价格变动的反应不同,即弹性大小不同。

(3)产品成本及特性。在很大程度上,产品的最高价格取决于市场需求,最低价格取决于产品的成本费用。产品成本随产量的大小而变化,在进行成本分析时,需要对不同情况下本量利作具体分析。一般情况下,产品的价格至少能弥补一定水平下的总生产成本。

(4)营销组合策略。价格是营销组合的因素之一,价格策略应与产品、分销和促销等策略相匹配,从而有效发挥协同效应。一些学者对 227 种消费行业中价格、相关广告和相对质量之间的关系进行了研究,结果发现:对于质量一般但广告预算相对较高的品牌,能够制定较高的价格;对于质量相对较高而广告预算也相对较高的品牌,可以制定最高的价格;反之亦然。对于市场领先者和低成本产品制造商来说,高价格和高广告支出之间的正向关系在产品生命周期的后面阶段尤为显著。

(5)竞争者的产品与价格。在由市场需求和成本所决定的可能价格范围内,竞争对手的成本、价格和可能的价格反应将影响企业的价格决策。企业应充分了解竞争对手的产品,并将自己的产品与对手的产品在特色、质量、成本和价格等方面进行比较、分析,以对手的价格作为自己定价的出发点。

3. 选择定价方法

在确定了定价目标并综合考虑影响定价的各种因素后,接下来的工作就是选择合适的定价方法为产品制定基本价格,一般的定价方法有以下几种。

(1)成本导向定价法。以成本或投资额作为制定基本价格根据的各种方法都称为成本导向定价法。以成本或投资额为基数,加上要求达到的利润,就可以定出产品的基本价格。常用的几种方法有成本加成法、目标利润定价法以及边际成本法等。

(2)需求导向定价法。指企业根据市场需求强度和消费者对产品的感觉或认知不同来确定产品的基本价格。该种定价法可细分为认知价值定价法和需求差异定价法两种。

(3)竞争导向定价法。在由市场需求和成本所决定的可能价格范围内,产品价格的最终确定还取决于竞争因素,竞争导向定价法是以竞争因素作为定价主要依据的定价法,可以细分为随行就市定价法和投标定价法两种。

(二)定价策略

企业运用上述定价方法为产品制定基本价格后,接下来就是选择恰当的定价技巧和策略来修正基本价格,可供企业选择的定价策略有以下六种:

1. 新产品定价策略

定价策略一般要随着产品生命周期的变化而相应调整,处于投入期的新产品定价策略主要有以下几种:

(1)撇脂定价。是指新产品上市时以尽可能高的价格投入市场,以求得到最大收入,尽快收回投资。

(2)渗透定价。是指在新产品投入期制订较低的价格,以吸引大量顾客,取得较大的市场占有率。

2. 折扣与折让定价策略

折扣与折让定价策略指企业以折扣与折让的形式减少一部分价格来争取顾客。该策略主要有以下几种形式:

(1)数量折扣。是指企业向大量购买的客户提供的一种折扣,其目的是鼓励客户购买。在实际运用中,它又分为累计折扣和非累计折扣两种。

(2)功能折扣。又称交易折扣或业务折扣,是指企业根据中间商执行的渠道功能(如分销、促销、储运、服务、信息等)的多少而给予的一种额外折扣。例如,企业给予批发商的折扣通常高于零售商,就是由于批发商在融资、承担风险、物流等方面执行了比零售商更多的功能。促销折扣、销售预测折扣、信息反馈折扣、出样折扣等都属于功能折扣。

(3)现金折扣。是指为鼓励客户如期或早日付清货款而提供的一种价格折扣。

(4)季节折扣。是指企业给那些购买过季商品的顾客一种价格折扣,其目的是鼓励客户在淡季进货,以尽可能实现均衡的生产和销售,如对于淡旺季明显的产品推出淡季进货奖励、承兑补息等政策。

(5)折让。是指另一种类型的价目表价格的减价。常见的折让有以旧换新折让、残次品折让、样品折让(即降价出售样品)、促销折让等。

3. 差别定价策略

企业为了适应在顾客、产品、地理等方面的差异,常常采用差别定价。差别定价有以下几种形式:

(1)顾客差别定价。是指根据顾客的需求、消费模式、消费能力等方面的差异将同一产品或服务销售给不同的顾客。

(2)产品式样差别定价。是指根据产品的式样不同,制定不同的价格,但并不与各自的成本成比例。一般来说,新式样产品的价格会高一些。

(3)形象差别定价。是指根据形象差别对同一产品制定不同的价格。例如,一些酒类产品的精装与简装,价格明显不同。

(4)地点差别定价。是指对处于不同地点或场所的产品或服务制定不同的价格。例如,影剧院按不同的座位收取不同的座位价格,在不同区域市场产品的零售价不同,等等。

(5)时间差别定价。是指产品或服务的价格因季节、时期或钟点的不同而不同。例如,电话计费夜间比白天便宜,产品价格淡季比旺季便宜,等等。

4. 促销定价策略

促销定价策略是指把产品价格暂时调低,甚至低于成本费用,以促进销售。促销定价有以下几种形式:

(1)牺牲品定价。是指以少数产品作为牺牲品,将其价格定低,以招徕顾客,并期望他们购买正常标价的其他产品。一般来说,牺牲品的价格必须真正接近成本,甚至低于成本。超级市场和百货商店常常采取此定价策略。

(2)特殊事件定价。是指在某些季节里利用特殊事件定价,以吸引顾客。例如,利用店庆、节日等事件制定促销价格。

(3)现金回扣。是指向顾客提供现金回扣,以鼓励他们在某一特定时期内购买产品。回扣有助于企业在不对价目表进行降价的情况下清理存货。

(4)低息融资。是指不采取降价,而是向顾客提供低息贷款。例如,汽车制造商以提供低息贷款来吸引顾客。

5. 心理定价策略

心理定价是指企业在制定价格时,利用顾客心理有意识地将产品价格定高些或定低些,以扩大销售。主要有以下几种方式:

(1)心理折扣。即企业把某种产品的价格定得很高,然后大肆宣传大减价。

(2)声望定价。即一些名牌产品或知名企业利用消费者崇尚名牌的心理,把产品价格定得较高。对于质量不易鉴别的产品最适合用此法定价,因为人们往往把价格作为衡量质量的指标,认为高价格代表高质量。

(3)参照定价。即消费者在选择某产品时,脑海中往往有一个参考价格。可以形成参考价格的有目前市场价格、过去的价格或者购货环境。例如,标出生产商提出的高价,或者同时标出产品原价和现价,或将产品放在高价产品旁边,暗示两者是同类产品等。

(4)尾数定价。是指在制定产品价格时以零头结尾,给消费者一种精确的感觉或有打折或特价的味道。如10元的价格,定9.9元,就是利用了消费者的购买心理——当价格处于整数分界线内时,会给人一种"便宜"的感觉。另外,一些商品价格尾数定为8或6也是为了迎合消费者心理需求。

6. 产品组合定价策略

当某种产品为产品组合中的一部分时,对这种产品的定价则必须从整个产品组合考虑。产品组合定价是对其相差产品进行综合考虑和评价,从中选出一组满意价格,使整个产品组合利润最大化。主要有以下几种形式:

(1)产品线定价。企业在制定价格决策时,往往是针对整个产品线定价,而不是只对单个产品定价,因此,需要确定产品线上各种产品间的价格差距,价格差距的确定必须考虑各产品间的成本差距、消费者对产品不同特点的评价以及竞争对手的产品价格等。

(2)附带产品定价。附带产品是指必须与主产品一同使用的产品,如胶卷是照相机的附带品。对这类产品,通常采取的定价策略是将主要产品的价格定得较低,而将附带产品的价格定得较高。当然,附带产品的价格也不能太高,否则会招致大量的仿制者。

(3)选购产品定价。许多企业在提供主要产品的同时,还会提供一些可选择的非必需附带品,在进行定价时,必须确定价格中应包括哪些产品、哪些要另行计算。

(4)分步定价。分步定价适用于服务性企业,这些企业常常收取一笔固定费用,再加上可变的使用费。

(5)副产品定价。生产加工食用肉类、石油产品和其他化学产品的企业,常常需要对产生的副产品定价。副产品的价格应能弥补副产品的处理费用。

(6)产品组合定价。这是指将有连带关系的一组产品组合在一起降价销售。采用这一策略时,组合的价格必须足够低廉才会吸引顾客。

(7)地理定价。顾客所处的地区不同,需要的产品装运费也不同。对于不同地区的客户,是否实施地区差异定价需要企业经过调研后决定。

(三)发动价格变动策略

在产品价格确定以后,还要根据市场的变化适时地提升或降低价格,这就使我们必须对价格变动的时机和方式做出决策,并预测竞争对手的反应。此外,针对竞争对手的价格变动,我们也必须做出相应的价格变动决策。

1. 对产品进行降价

(1)降价的时机。当发生以下情况时,企业将面临降价的选择:生产能力过剩,需要扩大销售,但通过改进产品、强化销售等措施难以实现,只能采取降价的方式来实现;正面临强有力的市场竞争,企业的市场份额在下降,要通过降价来维持市场份额;成本费用比竞争者低,期望通过降价取得市场支配地位或扩大市场份额;经济出现衰退,市场不景气。

(2)产品降价的方式。常用的几种降价方式如下:明确降低产品的价格;明确向客户通告,产品的价格将在某一确定的日期统一下调;增加折扣,增加常用的现金、数量折扣;退还部分货款,客户凭借购买凭证,即可获得部分货款返还。

此外,还有几种变相的降价方式:价格不变,增加有效成分的含量;增加产品的特点、功能;增加服务项目;增加产品的尺寸、规格;开展促销等。

2. 对产品进行提价

成功的提价会使企业的利润大大增加,所以,尽管提价会引起渠道成员和销售人员的不满,但企业在有适当时机时仍会提价。

(1)提价的时机。通货膨胀造成的成本费用上升,尤其当成本费用上涨率高于生产率的增长时,企业需要通过提价来减轻成本的压力;产品供不应求,企业不能满足其所有顾客的需要时,就必须提价。

(2)产品提价的方式。常用的几种提价方式如下:明确提升产品价格;明确向客户通告,产品的价格将在某一确定的日期统一提升;使用价格自动调整条款,要求客户按当前价格付款,并支付交货前因通货膨胀引起增长的部分全部费用(在长期工业项目的合同中都应有价格自动调整条款);分别处理产品与服务的价目,即保持产品价格,把原先提供的免费服务项目(如送货、安装、培训)单独定价;减少折扣,减少或不再提供正常的现金折扣和数量折扣。

3. 预测竞争对手对价格变动的反应

企业在主动变价时,必须考虑竞争对手对企业产品价格变动的反应。当企业只有一个大的竞争对手时,则竞争者的可能反应有两种:一种是竞争者以固定方式对价格变动做出反应,这种反应较易预测;另一种是竞争者把每一次价格变动都当作一次挑战,并根据自身利益做出反应。此时,企业必须通过对竞争者目前的财务状况、销售和生产能力情况、顾客的忠诚度和企业目标等方面的调查研究,准确判断竞争者的自身利益是什么,并预测其可能的反应。

4. 对竞争对手价格变动的反应

在竞争对手进行产品价格调整后,企业在做出反应之前必须考虑以下几个方面的问题:竞争者变动价格的原因是什么?竞争者打算暂时变价还是永久变价?如果对此不作反应,将对企业的市场份额和利润有何影响?其他企业是否会做出反应?竞争者和其他企业对本企业的每一种可能的反应又会有什么反应?

第四节 企业市场营销管理咨询与诊断程序

一、项目的确立

项目确立阶段是咨询项目正式启动之前的阶段,该阶段的主要工作包括联系洽谈、制定项目建议书及签订合同等。

(一)**联系洽谈**

联系洽谈是管理咨询前的一项必不可少的工作,一般是由咨询公司熟悉咨询业务的客户经理负责。联系洽谈包括两种情况:一是"待客上门",即咨询公司的客户经理接待并与前来要求咨询的客户洽谈咨询业务;二是"自我推销",即咨询公司派客户经理到可能需要咨询的企业去,通过自我推销将潜在咨询需求变成现实需求。

在本阶段,咨询公司的客户经理除通过与客户进行口头或书面的沟通和交流外,应实地考察客户企业及环境,多方面搜集和整理客户及其所在行业的有关资料,为项目建议书的编制做好充分的准备。

(二)**制定项目建议书**

对于管理咨询工作的优劣很难有一个准确的定量评价,主要原因是作为管理咨询核心内容的知识与经验是很难进行量化考证的,再加上不同的企业对管理咨询成绩的评价各不相同,使得客户在考虑选择咨询公司时,一般会从公司的咨询顾问结构及咨询公司的相对知名度去考虑。然而,即使如此,多数客户仍然很难知道咨询公司的具体工作业绩与能力。因此,为了清晰地说明我们能够为客户解决问题和采用方法的科学性,使客户一目了然地看到我们的工作经验和服务方式,同时明确界定双方的工作内容和职责,咨询公司在营销阶段要编制咨询项目建议书。

(三)**签订合同**

为保证咨询工作的顺利进行,维护咨询双方的合法权益,当双方就项目建议书进行充分的商讨之后,需要以合同方式将咨询委托方与被委托方的行为法律化。其内容包括合同双方的主要权利和义务事项、咨询课题、合同执行期及进度安排、提交成果、咨询费用及付款方式、违约责任等。

二、项目的启动

项目进入启动阶段后,主要工作内容有组建项目组、制订项目计划、召开内部项目启动会、落实进场前的准备及召开客户项目启动会等。

(一)组建项目组

组建项目组是咨询合同签订后的第一项工作,其主要工作内容有选择并确定项目经理和咨询顾问,组建联合工作组。

(二)制订项目计划

项目正式启动前,项目经理应根据项目合同及项目建议书的要求,结合自己的经验进行项目内容细化,同时,着手编写项目总体计划和项目进度表,并做好相关后勤准备工作。项目工作计划对于项目的动态控制有较大帮助,同时有利于项目工作的监督和检查。项目进度表一般采用甘特图来表达。在编写项目进度表时,应明确以下几点:项目的主要工作内容及步骤;项目各阶段需召开的会议及召开时间;应提交成果及提交时间。

(三)项目启动会

项目启动会一般分为咨询公司内部启动会和客户启动会。

(1)内部启动会。咨询公司在项目顾问选定以后,应召开一个由项目经理组织的内部启动会,会议内容主要包括项目成员介绍、项目简介、项目运作流程培训、咨询工作技巧培训及项目期规章制度的宣传贯彻,并安排进场前的准备工作。

(2)客户启动会。项目正式启动前,通常会在客户企业召开一个项目启动会,以此宣布项目的正式启动。会议内容主要包括:客户方领导进行项目动员,咨询公司项目经理对咨询目的、项目内容、项目工作方法、项目组织与时间安排、项目沟通方法以及近期的具体工作安排进行说明,同时对双方相关人员提出配合要求和希望。

(四)其他准备工作

为确保咨询项目的正常运作,咨询公司项目组在进驻前,还要做好一些相关的准备工作。

三、项目的调查与分析

调查分析阶段的工作内容主要包括:参观客户现场,收集与消化二手资料,主持和开展座谈会、讨论会,听取企业各职能部门的情况介绍及各方面人员的意见和要求,根据需要重点访谈和问卷调查,进行营销管理问题的分析和诊断等。

(一)二手资料的收集与消化

二手资料的收集与消化有利于咨询顾问在短时间内全面掌握企业的现状及问题,了解企业所在行业的特点、政策环境及竞争对手情况,是确保项目成功运作的重要前提。

(1)资料的收集及管理。二手资料收集的数量与质量至关重要,是确保项目成功的前提和基础,同时,由于许多企业内部资料是企业的机密文件,一旦泄漏,后果不堪设想。因此,咨询公司在项目运作期间对资料的收集、保管、保密及处理都有较为严格的要求。

(2)资料的消化。由于项目时间紧迫,一般需要两三天的时间让咨询顾问快速全面地阅读所有资料,使咨询顾问对资料进行初步的消化。对资料的全面阅读,是咨询顾问迅速了解客户企业及其所处行业的切入点。此后,咨询顾问将通过参观客户现场,主持和开展座谈会、讨论会,听取企业各部门职能情况的介绍及各方面人员的意见和要求,内外部访谈和问卷调查、项目组内部研讨会等方式,对资料进一步地理解和吸收。特别在分析诊断和方案设计阶段,咨询顾问还要对重要资料进行仔细、深入的阅读。

(二)访谈与问卷调查

实际上,大量的信息并不是以书面的形式存在的,而是要根据需要进行有针对性的内外部访谈和调研获取的。在资料的初步消化阶段,咨询顾问将根据所了解的情况和项目需求,拟定访谈提纲,项目经理则根据项目需求编制访谈计划。访谈提纲经项目组内部讨论确定后,项目即进入访谈阶段。

(三)营销管理诊断报告

营销管理问题诊断是方案设计的前提和基础,如果问题把握准确、分析透彻并得到客户的认同,则以后的工作将会进展顺利;否则,将会降低客户的信任度,同时增加后续工作量和工作难度。此阶段的工作内容主要包括:整理分析调查资料,对问题分类;利用先进的分析工具对企业存在的问题进行诊断并提出初步改进建议方案框架;提交诊断报告并进行阶段汇报。

四、项目的方案设计

方案设计阶段的主要工作内容有:提交设计方案讨论稿,初步方案征求意见,进行方案调整并提交最终报告。

在客户对诊断报告和初步的改进建议方案反馈的基础上,咨询顾问将进一步调查分析,同时,根据自身经验并结合客户具体情况进行方案设计。在方案设计过程中,项目组将会与客户进行定期的沟通与交流,与客户企业的领导及有关人员就有关重要问题一起研究。

方案设计完成后,项目组将向客户提交讨论稿,同时,向企业的有关部门详细介绍初步方案内容,广泛听取修改补充意见,并回答有关问题。之后,项目组将会就上述意见与客户企业负责人进行沟通。针对反馈意见和建议,咨询顾问将会对方案进行调整和补充,得出最终报告。

最终报告完成后,咨询公司项目组将会举行结束报告会。此次报告会既是咨询项目的总结汇报会,也是实施设计方案的动员会。会议安排及注意事项与阶段报告会基本相同。

好的管理咨询公司在咨询过程中不但会为企业提供合适的、操作性强的企业管理解决方案,还会让企业在接受咨询的过程中不断提高学习能力。实际上,咨询过程本身也就是真正的学习过程。咨询公司有时不只是良师的角色,更是企业的挚友,甚至会成为企业必不可少的一部分。

咨询报告的撰写要求包括:主题要明确、突出,结构要严谨、有逻辑;既要注重科学性、先进性和完整性,更要切合企业实际,注重可操作性;要注意表现形式,尽量用数据、图表说明问题,做到直观易懂。

五、项目的实施

咨询报告在结束报告会上发布之后,集中的咨询活动即告完成,但是根据企业的需要,有时还需要帮助企业实施咨询方案,即进入项目实施阶段。项目实施阶段是咨询的继续和延伸,是提高咨询方案执行效果的重要环节。其主要任务是:协助企业制订实施咨询方案的具体计划和措施;了解并把握咨询方案的执行情况;根据具体情况进行必要的调整、指导。

项目实施阶段的主要工作内容有：成立实施推进小组；协助拟定实施计划；开展人员培训；协调实施，提供支持及信息反馈；新项目建议等。

思考问题

1. 企业的定价策略有哪些？
2. 企业市场营销管理咨询与诊断的基本方法是什么？
3. 企业市场营销管理咨询与诊断项目的运作流程是什么？

第十章　企业项目管理咨询与诊断

第一节　引入案例

新星公司是一家拥有1 300名职工、6 000万元固定资产的国有钟表制造企业。其主要产品是新星牌机械手表和机芯。手表销售市场主要在农村,而机芯主要卖给香港的中间商。进入20世纪90年代后,全国手表行业中除飞亚达等少数几家企业经营状况尚好外,大多数钟表企业经营状况并不好,新星公司也不例外。公司经营每况愈下,经济效益滑坡,1994年出现亏损300多万元。市轻工业局撤换了公司原领导班子,经过竞聘,年富力强的李胜担任了公司总经理。他一上任,就大刀阔斧地进行了如下大胆改革:

第一,精简机构,剥离冗员。公司科室人员由120人精简到70人,职工由1 300人精简到700多人,并大力加强现场管理和质量管理。

第二,加强市场调研。市场调查表明:机械表国内市场急剧萎缩,产品不受欢迎,全行业销售额呈逐年下降之势。本公司机械表市场占有率已从前几年的15%下降到5%,而且还有进一步下降之势。现在年产机芯100万只,每只售价在12.60~12.70元。再加上年产量没有达到800万只的经济规模,使每只机芯的成本高达12.50元,比同行业厂家高出许多。另外,替代品电子石英表以锐不可当之势迅速兴起,挤占了钟表市场大量份额。

第三,实施多样化经营战略。考虑到公司已处于亏损状态,香港的中间商一旦停止订货,公司将陷入更大的困境。怎么办?李总与公司高管人员多次研究,认为公司必须实施多样化经营战略。为此,拟定三大实施项目:一是在厂外租借几间房屋和一块空地,开设了餐厅、卡拉OK厅,兴建了钓鱼池和游泳池,创办了"新星度假村";二是在公司后面空地上兴建养猪、养鸡、养兔场,进入第一产业,搞"新星养殖场";三是办铁矿砂厂。有消息报道,距公司150公里的山沟沟里,农民开采铁矿砂非常赚钱。李总亲自跑去现场考察,感觉值得一搏。回厂后,他立即召开全厂职工大会,动员大家集资自救,自力更生,尽快把"新星铁矿砂厂"办起来。经过全厂上下共同努力,公司集资150余万元,半年后"新星铁矿砂厂"就土法上马了。开工的第一个月就赢利40万元。李总十分兴奋地说:"我们现在是一、二、三产业并举,农、工、商齐上,照这样的发展势头,我们公司大有希望。"可是,天有不测风云,公司好景不长,土法上马的铁矿砂厂因山体滑坡、泥石流和选矿后的尾矿石堆积成山,侵占了良田,冲毁了几间农舍,被环保部门勒令停产并处以罚款。而新星度假村由于选址不当,游客很少,再加上经营不善,自创建以来,一直处于亏损状态。最后剩下的养殖场,原由一名农业大学毕业生经营,但他认为没有发展前途,早就离职而去。后来又遇上该地区发生禽流感,养殖场的猪、鸡、兔都要宰杀掩埋。这接二连三的灾难又把李总及其公司推到了破产边缘。

思考题：
1. 你认为新星公司还要不要继续生产机械表？为什么？
2. 你认为公司多样化经营战略失败的最主要原因是什么？为什么？

第二节　项目管理咨询

一、企业项目管理的定义及内涵

（一）企业项目管理的定义

"项目"和"项目管理"在我国当前的经济社会生活中是两个出现频率极高的名词,但当问及什么是项目和项目管理时,很多人却又说不出所以然。那么,究竟什么是项目呢？从根本上讲,人类的活动可以分为两大类：一类是重复性、连续不断、周而复始的活动,称为"运作",如用自动化流水线批量生产某些产品的活动；另一类是独特的、一次性的活动,称为"项目",如任何一项开发活动、一个建筑工程等。在国民经济各部门都有大量的项目活动,如工程建设、农业技术推广、软件开发、科学研究、技术培训、影视创作、设立新服务、研制新产品、处理突发事件等。随着经济和社会事业的发展,项目的概念不断丰富和深化,项目的类型不断扩充。因此,人们现在所谈论的项目概念已远远超出工程项目的范畴。

现代项目是指那些作为管理对象,按限定时间、预算和质量标准完成的一次性任务。

（二）项目的产生与发展周期

任何一个项目都有开始和结束。项目运行从开始到结束,就构成项目的整个生命周期。项目的发展周期有它的时序性,从开始到结束可划分为若干个阶段,构成它的整个运动过程（见图10—1）。

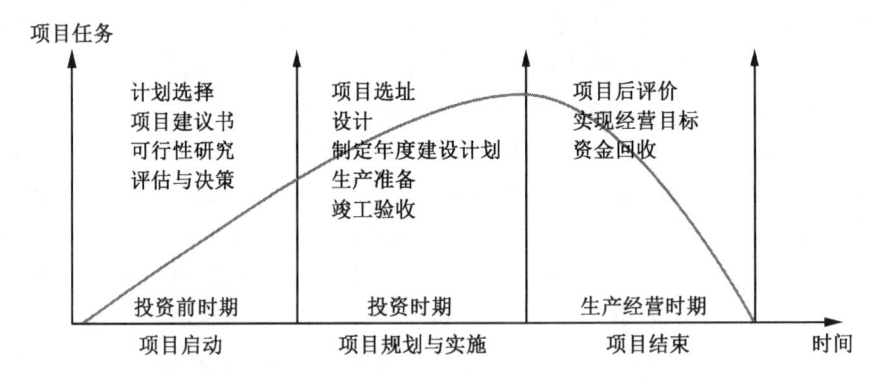

图10—1　项目生命周期

项目发展周期是项目运动客观规律的总概括。认识项目的发展周期对项目管理有很大的实用价值。每一个项目活动都按照项目发展周期规律依次进行,大大减少了投资风险和失误。项目发展周期理论在国外发展得很快。发达国家和一些国际组织在项目管理领域总结出了一套科学、严密的项目发展周期管理理论和方法。世界银行对任何一个国家的投资项目都要经过包含项目选定、项目准备、项目评估、项目谈判、项目执行和项目总结等步骤的项目周期,从而保证世界银行在各国的投资保持较高的成功率。在项目管理中,依据项目周期运动规律,确定项目全过程中各项工作的前后顺序,并将其制度化,就成为项目建设程序。尽管各个国家和国际组织在规定这个程序上可能存在某些差异,但一般来说,任何项目按照其自身的运动规律,都要经过启动、规划、实施、结束几个阶段,或投资前时期、投资时期、生产和使用时期。

项目的发展周期具有时序性,从开始到结束可划分为若干个阶段,构成发展周期的整个运动过程。

(1)投资前时期。这是指从投资设想到项目决策这一时期。这一时期的中心任务是对项目进行论证评估和决策。因此,它是项目管理的关键时期。项目能否立项、规模大小、产业类型、资金来源及筹措方式、技术与设备的选择等项目的重大问题都在这一时期决定。

(2)投资时期。这是指从建设选址到工程验收、交付使用这一时期。这一时期的主要任务是实现投资决策的目标,把项目构思设计变为项目实施。

(3)生产和使用时期。一般是指从项目竣工、交付使用后的生产经营开始,直到项目的寿命期结束。这一时期的主要内容是实现项目的生产经营目标,归还贷款,收回投资。

二、项目管理的特点和任务

项目管理是指项目管理者在有限资源的条件下,运用系统论及其方法,对项目涉及的全部工作进行管理,即从项目的决策到实施全过程进行计划、组织、指挥、协调、控制和总结评价,以实现项目特定的目标。

(一)项目管理的特点

与大量的、重复性的日常管理相比,项目管理具有如下一些特点:

其一,复杂性。项目一般由多个单项、单位组成,需要运用多种知识和技术来解决问题;工作跨越多个组织、涉及众多当事人和关系人;项目管理通常没有或很少有以往的经验可以借鉴,执行中有许多未知因素,每个因素又常常带有不确定性,并在技术性能、成本、进度等较为严格的约束条件下实现项目目标等。这些因素都决定了项目管理是一项很复杂的工作,其复杂性远远高于一般的生产管理。

其二,创新性。由于项目具有一次性的特点,多带有创新和创业的性质。项目的创新依赖于科学技术的支持。项目管理一是要继承前人的知识、经验和成果,二是依靠和综合多种学科的成果,将多种技术结合起来,去解决复杂问题。创新总是伴随着风险,会有较高的失败率。但项目不像其他事情可以试做,做坏了可以重来;也不像批量产品,合格率99.99%就很好了。项目必须保证成功。因为项目拥有的资源有限,一旦失败就会永远失去这次机会。有时为了提高成功率和加快进度,需要有多个试验方案同时进行,要求有精心的设计、精心的制作和精心的控制,以达到预期的目标。

其三,集权性。项目往往是由多部分组成的复杂系统,在执行中必须保证整体协调和系统优化,才能实现项目的目标。项目越大越复杂,其所包括或涉及的学科、技术种类就越多。项目进行中可能出现的各种问题多半是贯穿于各组织部门的,这就要求这些部门必须做出迅速而协调的反应。因此在项目管理中,需要建立集中的领导和专门的组织,将项目的管理责任和权利集中到这个领导和专门的组织身上。尽管项目管理的任务是由不同的人执行的,但这个专门的领导和组织负责项目的管理和协调,这个专门的领导和组织就是项目经理及其工作班子。

其四,专业性。项目管理需要专业知识,现代项目管理已成为一种专业。项目的管理者应该是这个领域的专家,精通设计、招标、施工、管理、商务、法律和外语方面的知识且具有良好的职业道德,通晓项目管理技术逻辑方面的复杂性,善于运用专业观点来思考问题和解决问题,具有预测和控制人的行为的能力,能够通过人的因素来熟练运用技术因素。对一个时间有限和预算有限的项目,作出行之有效的计划,进行资源分配、协调和控制,以达到项目目标。

(二)项目管理的任务

项目有多种类型,不同类型的项目管理的具体任务不尽相同,但其基本任务都不外乎下列内容:

其一,项目的组织。项目的组织是为了保证所有项目关系人的能力和积极性得到最有效的利用而采取的一系列步骤。它包括明确项目组织关系、设计项目组织结构、挑选项目经理班子、制定项目管理制度和建立项目信息管理系统五个方面的任务。前三个任务旨在保证项目组织运行效率和运行效果,后两个任务旨在提高项目组织的运行效率和运行效果。

其二,项目进度的控制。项目进度控制,是为确保项目各部分工作按时完成所需要的一系列过程,主要包括三个方面的任务。一是确定项目进度控制的方案。它包括方案的可行性论证、综合评估和优化决策。只有决策出优化的方案,才能编制出优化的计划。二是编制项目进度控制计划。它包括科学确定项目的工序及其衔接关系、持续时间、网络计划和实施措施。只有编制出优化的计划,才有可能实现计划实施过程的有效控制。三是实施有效的进度控制。它包括同步跟踪、信息反馈、动态调整和优化控制。

其三,项目的费用控制。项目的费用控制,是为确保完成项目的总费用不超过批准的预算所需要的一系列过程。它包括静态和动态控制两方面的措施。其中,编制费用计划、审核费用支出是对费用的静态控制,是较容易实现的;对费用的动态控制措施有分析费用变化情况、研究费用减少途径、采取费用控制措施,这是不易实现的,不仅需要研究一般工程项目费用控制的理论和方法,还需要总结特定工程费用控制的经验和数据,才能实现工程项目管理的动态费用控制。

其四,项目的质量控制。项目的质量控制,是为确保项目达到其质量目标所需要实施的一系列措施。其第一项任务是制定各项工作的质量要求与防范措施。要提高质量要求的科学性和预防措施的有效性。特别是提高预防措施的有效性,是变"事后处理"为"事前控制"的可靠基础。其第二项任务是进行各项工作的质量监督与验收,包括对设计质量、施工质量以及材料和设备等质量的监督和验收。要严格检查制度和加强分析工作,这是实现质量目标的重要过程。其第三项任务是对各阶段的质量事故处理与控制。要细化各个阶段的质量要求和预防措施,最大限度地降低质量事故的出现率。即使出现事故,也能采取最有效的处理措施,确保质量的合格率和优良率,这是实现质量目标最根本的保证。

其五,项目的合同管理。项目的合同管理,包括合同签订和合同管理两个方面的任务:合同签订,包括合同的准备、谈判、修改和签订工作;合同管理,包括合同文件的执行、合同纠纷的处理和索赔事宜的处理等工作。在合同管理中,要突出合同签订的合法性和合同执行的严肃性,为实现管理目标服务。

三、项目管理的运行

(一)项目管理的运行中所涉及的当事人和关系人

现代项目大而复杂,往往有多方面的人员参加,如业主、投资方、贷款方、承包人、供货商、建筑师、设计师、监理工程师、咨询顾问等。他们一般是通过合同和协议联系在一起,共同参与项目。合同的当事人也是项目的当事人。业主通常要聘用项目经理及其工作班子来代表自己对项目进行管理。事实上,项目各方当事人都需要有自己的项目管理人员。图10-2表明了项目当事人之间的关系。

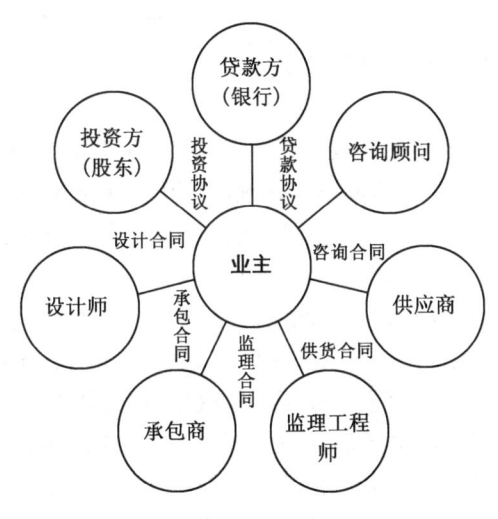

图10-2 项目当事人之间的关系

(二)项目管理的组织与运作

1. 项目良性运行的前提条件

工程业主制的实施需要两个前提:一是存在一支精通设计、招标、施工、管理商务、法律与外语且具有良好声誉的产业化的咨询、监理专家队伍;二是对咨询、监理工作的内容、方式、深度及从业人员的职业道德有极其具体而严格的规范。作为一整套业主投资控制和风险约束的机制,工程业主制旨在实现项目管理中经济和效率两大基本准则。这两大准则必须首先体现在项目招标文件的设计之中;其次是以招标投标来选择承包商和对承包商的施工过程进行微观监理。因此,工程业主制全程运作的重中之重是选择一个充分理解业主需要,并能反映与保障实现这种需要的咨询顾问。按照美国项目管理学会主席科兹纳博士的描述,一个理想的项目应处在这样一种关系之中,即成功的项目是通过资源的合理配置,最大限度地满足工期成本及技术与性能要求,并且存在着业主与承包商之间良好的关系作为项目的环境条件。实际上,业主要达到经济与效率的目标,应具备两个条件:首先,对工期、成本和质量的界定必须是科学的;其次,要有切实有效的措施使工期、成本不超出,质量不萎缩。前者是设计的职责,后者是监理的职责;而设计和监理刚好是项目执行阶段工程咨询的两个主要内容。因此,业主制控制投资风险的源头是工程咨询顾问。

2. 我国项目管理与国际惯例接轨

项目管理方式反映一个国家经济体制的性质。我国在传统计划经济体制下,投资项目的组织管理,统一由中央部门和地方政府负责,建设单位多是中央部门和地方政府派出的临时管理机构,不是真正独立的经济法人。项目投资建设任务来了搭班子,任务完了撤摊子,项目负责人只管从筹资到建成投产,建成投产以后就移交生产部门负责经营管理,对投资的使用、回收、保值增值并不负具体责任。这往往导致项目决策不慎、实施不严,敞口花钱与浪费投资的现象十分突出。为了解决好投资建设项目的组织管理问题,20世纪70代开始全面实行经济体制改革以来,我国就不断探索与试行一系列与完善项目管理经济责任制相关的改革内容与措施。为了强化国有单位投资风险约束机制,国家在《国民经济和社会发展"九五"计划和

2010年远景目标纲要》中提出,要按照现代企业制度的要求实行建设项目法人责任制,即把投资者的所有权和项目法人的财产权分开,由投资者委托项目法人进行投资建设和生产经营。投资者以其出资额对项目投资经营承担有限责任,项目经营者承担职业风险。所有经营性大中型项目均实行项目法人责任制,由项目法人对项目的策划、资金筹措、建设实施、生产经营和偿还债务以及资产保值增值实行全过程负责。

3. 项目管理的外部环境

"知己知彼,百战不殆。"要使项目成功,除了需要对项目本身、项目组织及其内部环境有充分的了解外,还要对项目所处的外部环境有正确的认识。所谓项目管理的外部环境,即影响和制约项目活动的各种外部条件的总和,这个问题涉及十分广泛的领域,下面仅就项目外部环境的若干重要方面加以说明。

第一,政治和经济。影响项目执行的政治环境主要包括政治制度和政治体制、种族关系以及与邻国的关系。稳定的政治环境具有两个特征:政治生活的有序性和连续性。有序性是指在国家制度和政治法规的有效约束下形成了一定秩序,在这样的秩序中,国家通过正常的途径解决政治生活中不和谐因素之间的矛盾,使社会不出现大的动荡和政治危机。连续性是指国家的基本制度、基本政策、政治法规等不因政治生活中的偶然事件而发生根本性的变化。影响项目执行的经济环境主要分为宏观经济环境和微观经济环境。宏观经济环境是指一国、一地区所具有的从事经济活动的基本条件,如经济发展所处的阶段、经济管理体制、通货膨胀情况和国际收支状况等。微观经济环境是指投资者进行投资活动所面临的具体条件,如市场环境、财务环境、基础设施、生产要素供应和技术与管理状况等。

第二,文化和传统。文化和传统是项目必须面对的文化环境。社会文化是一个社会的规范和信仰,它影响人们对待经济活动的态度、价值观、行为方式、消费方式、购买动机以及企业的管理方式。项目的建设必然要与当地的居民发生联系,两者在文化习惯上的一致性会影响到投资效益。对于投资者而言,其投资规模与方向等策略应尽可能与当地的社会文化传统和规范相吻合。项目管理要了解当地的文化,尊重当地的风俗。例如,制订项目进度计划时,必须考虑当地的节假日习惯;在项目沟通中,善于在适当的时候使用当地的文字、语言和交往方式,往往能取得理想的效果;在项目过程中通过不同文化的交流,可以减少摩擦、增加理解、取长补短、互相促进。

第三,规章和标准。规章和标准都是对产品、工艺或服务的特征做出规定的文件。规章包括国家法律、法规和行业规章,以及项目所属企业的章程等。它们是必须执行的,对项目的规划、设计、合同管理、质量管理等都有重要影响。标准往往具有提倡、推广和普及的性质,不具有强制性。由国际咨询工程师联合会(FIDIC)颁发的合同属于标准,而不是规章,由于它比较全面、成熟,已被世界各国广泛承认。许多国际性的土建工程、咨询采购项目愿意采用FIDIC合同条件,很多国家也制定了自己的合同条件,规定在国内或某个行业领域强制性执行。

目前,世界上有许许多多的标准在使用中,几乎涉及所有的技术领域,从计算机磁盘的尺寸到电网、电器使用的频率、电压等。国际标准化组织(ISO)还发布了各种管理标准,如质量管理和质量保证国际标准ISO9000系列。标准有的是国际通行的,有的只在某个地区、某一国家适用。这些技术和管理标准虽然不具有强制性,但大多已被公认。项目要满足市场需求,就必须采用这些标准,否则将寸步难行。

第三节 项目管理的可行性分析

一、可行性分析概述

(一)项目可行性研究内容

1. 可行性研究的定义

投资项目的可行性研究,是指项目在投资决策之前,通过对项目有关工程技术经济、社会等方面的条件和情况进行调查、研究分析,对各种可能的技术方案进行比较论证,并对投资项目建成后的经济效益进行预测和评价,以考察项目技术上的先进性和通用性、经济上的合理性和营利性,以及建设上的可能性和风险性,继而确定项目投资建设是否合理的一种科学分析方法。

可行性研究是项目前期工作的重要内容,它主要表现在以下几个方面:可行性研究是科学的投资决策的依据;可行性研究是项目设计和实施的依据;可行性研究是项目评估、筹措资金的依据;可行性研究是项目建设有关各方签订合同、协议的依据;可行性研究是项目后评价的依据。

2. 可行性研究的内容

可行性研究可大致划分为四个阶段,即机会研究阶段、初步可行性研究阶段、可行性研究阶段和评价阶段。各个阶段的主要任务和工作的主要内容如下:

(1)机会研究阶段。机会研究是进行项目可行性研究的预备性调查研究,这种研究是比较粗略的。机会研究的主要任务是对投资方向提出设想,提供一个可能进行建设的投资项目。它要求在一个确定地区或部门内,以自然资源和市场预测为基础,寻找最有利的投资机会。可行性研究费用占总投资的比重,一般在机会研究阶段为 0.2%~1%,所需时间为 1~3 个月,投资估算精确度为±30%。

(2)初步可行性研究阶段。初步可行性研究阶段,也叫预可行性研究。那些在机会研究阶段还不能决定取舍的项目往往需要进行初步可行性研究。初步可行性研究是机会研究和可行性研究之间的一个阶段。它与机会研究的区别,主要在于所获得资料的详细程度不同。如果项目在机会研究阶段有足够的数据,也可以直接进入可行性研究。如果机会研究阶段对项目有关资料占有不足、获利情况不明显,就要进行初步可行性研究,以判断项目是否值得投资建设,该阶段研究费用占总投资的比重为 0.25%~1.25%,所需时间为 3~5 个月,投资估算精确度为±20%。

(3)可行性研究阶段。可行性研究阶段也叫最终可行性研究阶段。这个阶段的主要任务是对项目进行深入的技术、经济论证,确定方案的可行性,选择最佳方案,做出项目投资决策。可行性研究花费的时间,小项目为半年至 1 年,大项目为 1~2 年。因为可行性研究是投资前期工作的重要内容,只有充分做好前期的调查研究,才能缩短建设周期,减少项目决策的失误,提高投资效益。所以,必须给予足够的时间进行深入细致的可行性研究。投资估算精确度为±10%。可行性研究费用占总投资的比重,小型项目为 1%~3%,大型项目为 0.8%~1%。业主为取得可行性研究报告,要花费总投资的 2%~5%。

(4)评价阶段。评价阶段是对已完成的可行性研究报告进行全面审查和评估的阶段。此阶段的主要目的是确保项目方案的全面性、准确性和可实施性。在评价阶段,会集中对项目的经济、技术、市场、环境及社会影响等方面进行综合评估,以决定是否批准项目实施。相关专家和决策者会对可行性研究报告的所有方面进行深入分析,包括成本效益分析、风险评估和项目的可持续性评估。这一阶段通常需要组织多部门或跨领域的评审团队,他们会基于报告内容提出问题、提供反馈并建议是否需要对项目方案进行修改。此外,评价阶段还包括确定项目的优先级,以及根据项目的紧迫性、资源配置和战略重要性进行排序。此阶段的时间和资源投入相对较小,但对于确保项目成功和资源的有效使用至关重要。费用方面,评价阶段的费用相对较低,通常不会超过总投资的0.5%,但这是确保项目得以顺利实施且符合预期目标的关键投入。评价阶段是决策过程的最后一步,是项目可行性研究的收尾阶段,对于项目是否得到执行起着决定性的作用。

(二)项目可行性研究的程序与方法

1. 项目可行性研究的工作程序

项目可行性研究的工作程序如图10-3所示。

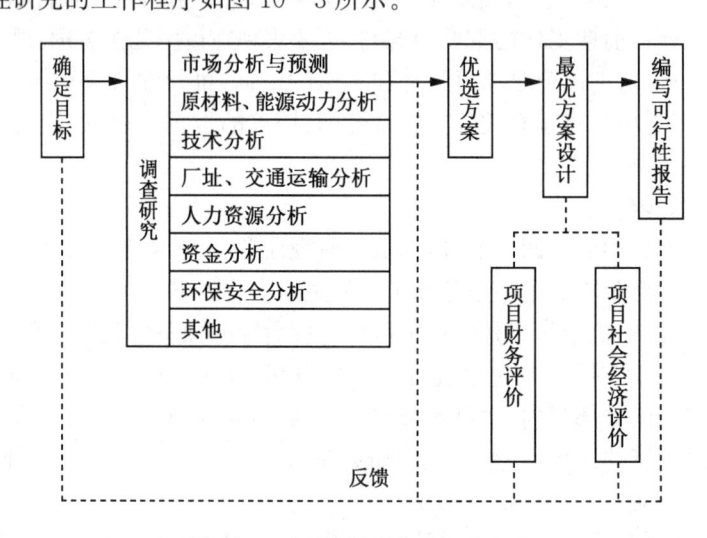

图10-3 可行性研究的工作程序

(1)开始阶段。主要确定研究的范围,即明确雇主目标并根据该目标限定研究的界限。

(2)进行实地调查和技术经济研究,包括研究项目的主要方面,如需要量、价格、工业结构和竞争空间等决定的市场机会大小,同时又要考虑原材料、能源、工艺要求、人力等对工艺技术选择的影响。

(3)制订方案。根据调查研究的结果设计成可供选择的方案。通常有经验的咨询单位能用较多的有代表性的设计组合制订出少数可供选择的方案,保证取得最优方案,随后进行详细论证,由雇主做出判定,对优秀方案进行初选。

(4)方案评估。对选出方案作更详细论证,估算投资费用、经营费用和收益,并做出项目的经济分析和评价。估算的投资费用应包括所有合理的未预见费用(如包括实施中的涨价备用费)。经济和财务分析必须说明项目在经济上是否可以接受,资金是否可以筹措得到。敏感性分析则用来论证成本、价格或进度发生变化时可能给项目的经济效果带来的影响。

(5)编制可行性研究报告。其结构和内容常常有特定的要求。遵循这些格式与要求,可确保可行性研究报告的严密、完整、可靠性。

在步骤(2)(3)(4)(5)的实施过程中,可以不断地把实际中发生的问题反馈到步骤(1)中,以便及时对研究的范围及目标做出适当的调整。

2. 项目可行性研究的方法

投资项目可行性研究的基本方法是开展经济调查,掌握经济信息资料,取得研究依据,运用科学的理论和方法,按照一定的步骤循序渐进。

(1)开展研究,做好信息工作。要搞好可行性研究,就要下力气做好信息工作。投资项目可行性研究的准确性和可靠性取决于研究人员所占有的反映客观实际状况的经济信息的多寡及其质量的高低。因此,必须进行广泛调查,收集有关方面的客观实际经济信息资料,如市场需求现状、发展趋势、现有生命能力及变化趋势、市场空隙大小等。没有反映客观实际状况的资料,研究工作就无从着手,就不可能取得正确的结论。一个可行性研究是由许多因素构成的,如果其中某些主要因素不可靠,就会导致投资决策失误。所以,在取得资料后,还要验证和完善调查的数据,提高其准确度和可靠性。

(2)取得各种有效的文件、协议、参数作为研究依据。投资项目可行性研究必须依据下列文件、协议进行:①国家建设方针、产业政策和国民经济长远发展规划、地区规划、行业规划。②项目建议书和委托单位的设想说明。③经国家正式审定的资源报告、国土开发整治规划、河流流域规划、路网规划、工业基地或开发区规划。④可靠的自然、电力、气象、地质、基础设施、交通运输、经济发展等基础资料。⑤有关"三废"治理和环境保护的文件。⑥有关的工程技术方面的标准、规范、指标。这些工程技术的标准、规范、指标等,都是项目设计的基本依据。⑦国家公布或各部门掌握的用于投资项目评价的有关参数、数据指标。

(3)进行必要的辅助研究,为正式可行性研究创造条件、争取时间,也可以对拟建投资项目的一个或几个方面进行辅助研究。通过辅助研究,如果发现拟建项目不具可行性,就可以不再进行其他方面的可行性研究了。在一般情况下,辅助研究工作可与可行性研究同步进行;在一些大型项目中,也可以先行。拟建项目的辅助研究包括如下几个方面:①市场研究,包括对国内外市场的需求、打入国际市场的可能性、产品寿命周期的预测等。②新技术、新产品的实验室试验,扩大试验结果及鉴定,分析能否用于拟建项目。③考察某种原材料能否用于产品生产,分析原材料质量、品种对产品质量影响的分析。④"三废"治理的试验分析、达到排放标准的技术处理方案的研究及评价。

(三)项目可行性研究报告的编写

可行性研究工作完成后,都要编写反映其全部的"可行性研究报告"。就其内容来看,不同项目的可行性研究报告不统一,但都少不了以下三个方面:第一,进行市场研究,以解决项目建设的必要性问题;第二,进行工艺技术方案的研究,以解决项目建设的技术可能性问题;第三,进行财务和社会经济分析,以解决项目建设的合理性问题。就一般工业投资项目来说,它的可行性研究报告应包括以下几个方面的内容。

1. 总论

此部分综合说明可行性研究报告中各部分的主要问题和研究结论,并对项目的可行与否提出最终建议,包括项目前景、可行性研究结论、主要技术经济指标、存在的问题及建议。

2. 项目背景和发展概况

此部分说明项目的发起过程、提出的理由、前期工作的发展过程、投资者的意向、投资的必要性等,这些内容是可行性研究的工作基础。

3. 市场分析与建设规模

此部分详细说明市场需求预测、价格分析,并确定建设规模。

(1)市场调查。①拟建项目产出物用途调查;②产品现有生产能力调查;③产品产量及销售量调查;④替代品调查;⑤产品价格调查;⑥国内外市场调查。

(2)市场预测。①国内市场需求预测包括本产品消耗对象、本产品消耗条件、本产品更新周期特点、可能出现的替代产品、本产品使用中可能产生的新用途;②产品出口或进口替代分析;③价格预测。

(3)市场推销策略。①推销方式及销售网络的建设,包括企业自销、代销人代销及经销情况分析;②推销措施;③促销价格制度;④产品销售费用预测。

(4)产品方案和建设规模。①产品方案中应列出产品名称、规格、标准;②建设规模。

(5)产品销售收入预测。根据确定的产品方案、建设规模和预测的产品价格,估算产品销售收入。

4. 建设条件与厂址选择

此部分按建议的产品方案和规模来研究资源、原料、燃料、动力等需求和供应的可靠性,并对可供选择的厂址作进一步的技术和经济分析,确定新厂址方案。

5. 工厂技术方案

此部分说明应采用的生产方案、工艺和工艺流程,重要设备及其相应的总平面布置,主要车间组成及建筑物、构筑物形式等技术方案,并在此基础上,估算土建工程量及其他工程量。

6. 环境保护与劳动保护

对环境有影响的项目,必须执行环境影响报告的审批制度,并在可行性研究报告中,对环境保护和劳动保护安全作专门的论述。

7. 企业组织与劳动定员

此部分根据项目规模、项目组成和工艺流程,研究提出相应的企业组织机构、劳动定员总额及劳动力来源和相应的人员培训计划。

8. 项目实施进度安排

此部分说明项目实施时期各个阶段的各个工作环节,进行统一规划、综合平衡以后的安排,包括项目实施阶段、项目实施进度表和项目实施费用。

9. 投资估算与资金筹措

此部分包括项目总投资估算、资金筹措与投资使用计划和借款偿还计划。

10. 财务效益、经济效益和社会效益评价

(1)生产成本和销售收入估算内容,包括生产总成本、单位成本、销售收入、公司总收入。

(2)财务绩效评价。从企业微观经济角度,用现行价格说明项目建成后的获利能力、债务偿还能力及外汇平衡能力等财务状况,判断项目投资在财务上的可行性。采用静态分析与动态分析结合、以动态分析为主的方法,并用财务评价指标分别与相应的基准参数相比较,判断项目在财务上是否可行。

(3)国民经济效益评价。从国民经济宏观角度,用影子价格、影子汇率、影子工资和社会折现率等经济参数,计算分析项目需要国家付出的代价和对国家的贡献,说明投资行为的经济合理性和宏观可行性。

(4)不确定分析。用盈亏平衡分析、敏感性分析、概率分析等方法,说明不确定因素项目投资经济效益指标的影响,以确定项目的可靠性。

(5)社会效益和环境影响分析。对不能定量的社会效益和环境影响进行定性描述。

11. 可行性研究结论与建议

(1)结论建议。根据前面各部分的研究分析结果,对项目在技术上、经济上进行全面的评价;对投资建设方案进行总结,提出结论性意见和建议。

(2)附件。
(3)附图。

投资项目的可行性研究,一般由项目建设主体组织,委托投资或工程咨询公司编制。项目可行性研究报告应按规定报送有关部门或董事会。有关部门或董事会在决断项目或方案时,应尊重科学方法、充分听取进行可行性研究专家的意见,绝对不能把可行性研究当陪衬。要坚决排除决策中的个人意志、感情色彩,以实现决策的理性化和最优化。经过可行性研究已证明没有建设必要的拟建项目,经过审定后应取消。

二、项目的市场与技术可行性分析

(一)项目的市场分析

所谓市场分析,是指对企业所提供的产品或服务的目标市场的需求特点、市场占有率及其变化趋势进行的分析。在投资决策中,为了使投资项目在市场经济的环境中取得预期的经济效益,企业在开始构造项目概念时就应考虑到市场问题,把市场的需要作为项目的出发点和归宿。一旦产生了初步的项目概念,就应该进行市场分析。只有经市场分析后认为该项目值得发展,才有必要开展项目可行性研究的其他工作。所以可以说,市场分析是可行性研究和投资决策的起点。市场分析包括市场调查、预测和市场趋势综合分析。

由于每个项目都有自身的特点,有特定的服务对象、服务地域,在着手进行市场分析之前,就要确定市场分析的范围问题。一般来说,进行市场分析之前,应弄清以下几个方面的问题:(1)投资项目拟提供的产品和服务的名称、型号、规格、性能等;(2)投资项目拟进入目标市场的地域范围;(3)拟进入的目标市场中使用或需要该项产品服务的主要消费群体;(4)项目产品服务是否涉及有关政策法规;(5)已有的及潜在的竞争对象主要有哪些,市场分析至少应取得哪些信息;(6)项目产品或服务相关品或可替代品的范围。

1. 市场调查的内容

从可行性研究的角度,市场调查的内容包括需求调查、商品购买力和供给量调查,以及市场竞争调查。具体来说包括以下内容:

(1)产品市场需求及供给量的调查。调查产品现有和潜在的购买人数和购买数量、市场需求的变化趋势、市场上同类产品销售总量和本企业产品销售量、同行业相同产品的供应量。

(2)技术发展调查。了解国内外新技术、新工艺、新材料的发展态势和发展速度;了解国内外新产品的发展趋势和发展速度。

(3)市场环境调查。主要调查企业无法控制的、影响市场的外界因素,包括政治环境、经济环境、社会环境等。

(4)消费调查。主要调查消费者的类型、购买能力、居住地区、购买动机、购买习惯及对消费行为起决定作用的因素。

(5)市场竞争调查。这是对项目产品市场上竞争对手和竞争能力所做的调查。它包括调查项目产品的品种、质量、价格、交货方式、技术服务,以及同类产品企业的生产技术水平和经营特点。

2. 市场预测

在项目管理中,产品市场需求预测主要包括以下内容:

(1)产品市场需求预测。主要包括对项目产品的国内及国际市场需求状况的预测,对项目产品的需求进行定量及定性的分析以及对项目产品目前市场消费量和市场需求潜量的分析。

(2)产品价格变化预测。包括对项目产品及其替代品的国内外市场近期及中远期价格变化趋势的预测。

(3)产品市场占有率和生命周期预测,预测其市场占有率,并根据市场的竞争情况和技术进步情况,预测项目产品投产后所处的生命周期阶段,从而分析其寿命情况。

(4)预测项目产品及其替代品的供给状况。包括项目产品及其替代品的国内外供给预测,以及近期的生产能力状况等。

(5)产品营销范围、方式和费用的预测。根据项目产品的国内外市场需求、供给和产品市场占有率预测情况以及产品价格的变化趋势,分析、选择和确定项目产品在国内外的经营和销售地区、销售方式和销售策略,并对营销费用进行测算。

(6)产品生产所需的资源预测。预测项目产品生产所需的各种原料、材料、燃料及动力的供给及价格变化,从而分析项目产品价格及市场竞争力,这是项目产品市场需求预测的重要组成部分。

3.市场分析的方法

(1)德尔菲法

德尔菲法也称专家意见法,是采用匿名函询的方法,通过一系列简明的调查函询表向专家们进行调查,并通过有控制的反馈,取得尽可能一致的意见,对事物的未来作出分析预测的一种预测分析方法。

(2)历史资料延伸预测法

历史资料延伸预测法又称时间序列预测法,是市场发展趋势预测中常用的一种方法。它是把经济统计指标的数值按时间先后顺序排列,根据时间序列所反映出来的发展过程、方向和趋势进行类推和延伸,预测下一时期或以后若干时期可能达到的水平。由于具体计算方法的差别,可以分为以下三种方法。

第一,移动平均法。它是直接将过去若干历史数据进行算术平均,并以此作为预测值的方法。如用靠近预测期的各期实际销售量的平均数来预测未来时期的销售量。随着时间的推移,计算平均值所用的各个时期也向后移动。

第二,加权移动平均法。在实际应用中,各数据对预测值的作用可能不相同。例如,近期值对未来预测值的影响可能大一些。加权移动平均,就是为了突出近期数据在预测中的影响作用,采用加权方法计算移动平均数。

它的做法是对不同时期的资料给予不同的权数,近期资料的权数大,远期资料的权数小,然后再加权平均,算出预测数。

第三,指数平滑法。指数平滑法,是对加权移动平均法的改进。在上述加权移动平均法中,计算工作较大,而指数平滑法则是一种能够给较近期的实际资料以较大的权数,给较远期的实际资料以较小的权数,不需要储存期的资料,不必对每期资料作逐期的加权运算,只要具备本期实际数、本期预测数和平滑系数三项资料,就可预测下期数的预测方法。它的一般计算公式如下:

$$Q_{t+1}=aQ_t+(1-a)Q$$

式中,Q_{t+1} 为下期预测数;Q_t 为本期实际数;1 为本期预测数;a 为平滑系数,且 $0<a<1$。这个公式的含义是:在本期预测数上加上一部分用平滑系数调整过的本期实际数与本期预测数的差,就可求出下期预测数。一般来说,下期预测数常介于本期实际数与本期预测数之间。a 的大小可根据过去的预测数与实际数比较而定。差额大,则 a 应取大一些;反之,则取

小一些。

(3) 回归预测法

回归预测法是将因变量与自变量之间的相关关系用回归方程表示,根据自变量的数值变化,去预测因变量数值变化的方法。一元线性回归预测法适合于预测对象主要受一个相关变量影响,且两者关系为线性相关的预测问题。

一元回归模型如下:
$$y = a + bx$$

式中,y 为因变量(预测对象);x 为自变量影响因素;a、b 为回归系数。

根据最小二乘法原理,求出回归系数 a、b。计算公式为:
$$b = \frac{n\sum xy - \sum x \sum y}{n\sum x^2 - (\sum x)^2}$$
$$a = \frac{\sum y - b\sum x}{n}$$

(4) 消费水平法

消费水平法是根据社会在一定条件下该产品的消费水平,预测变化条件下的消费水平,从而推算出社会对该产品需求的方法。此种方法运用于对最终消费品需求的预测。较常用的有需求收入弹性、需求价格弹性的方法。

需求收入弹性估算:需求收入弹性是指由收入变化引起的需求变化的比值。其计算公式如下:
$$E_1 = \frac{(Q_2 - Q_1)/Q_1}{(I_2 - I_1)/I_1}$$

式中,E_1 为某产品需求收入弹性系数;Q_1 为基准年某产品的需求量;Q_2 为观察年某产品的需求量;I_1 为基准年的人均收入;I_2 为观察年的人均收入。

需求价格弹性估算:需求的价格弹性是指需求的相对变化与价格的相对变化的比值。其公式为:
$$E_1 = \frac{(Q_2 - Q_1)/Q_1}{(P_2 - P_1)/P_1}$$

式中,E_1 为某产品需求价格弹性系数;Q_1 为价格变动前的需求量;Q_2 为价格变动后的需求量;P_1 为原价格;P_2 为新价格。

4. 市场趋势分析

市场趋势分析就是在市场调查与预测的基础上,把市场现状和未来有机结合起来,研究其发展的规律,对市场的整体结构进行系统的描述。市场趋势分析对把握投资的大方向以及提高投资决策的正确性有重要意义。

(1) 市场需求的规律性分析。

市场需求法则。需求是指在同一时期内,消费者有支付能力的商品需求量的总和。需求的形成必须同时满足两个条件:一是消费者有购买欲望;二是消费者有支付能力。需求与价格之间存在一定的函数关系。一般情况下,随着价格下降,需求量会上升;反之,则相反。这就是市场需求法则。

市场供给法则。供给是指为了满足市场上有支付能力的需求而供应给市场的商品和劳务的数量。供给的形成必须具备两个条件:一是有出售的意愿;二是有供应的能力。供给与价格之间存在着函数关系。一般情况下,当价格上升,则供给量会不断增加;反之,则相反。这就是市场供给法则。

供求平衡。供给与需求之间的矛盾运动,在市场机制发生作用的条件下,会趋于平衡。当供不应求时,价格会上升,从而刺激供给,抑制需求,使供求趋于平衡;当供过于求时,价格会下降,从而刺激需求,抑制供给,同样使供求平衡。需求与供给这对矛盾运动的最终结果是,商品价格必然落在需求与供给的均衡点上,实现供求均衡。供求均衡的价格称为均衡价格。投资项目评价时,选用的价格应是均衡价格,根据均衡点的产量 Q 来安排生产规模。

(2)产品生命周期分析。

产品生命周期是指新产品试制成功之后,从投入生产到被市场淘汰、停止生产为止这一时期。在一般情况下,产品从投入市场开始,销售量是从低到高逐步上升;进入成熟期后,销售量相对稳定;过了成熟期后,销售量又逐步下降。产品生命周期分析就是对不同生命周期的产品销售量的趋势进行预测,是市场发展趋势预测中的重要方法。

(二)项目的技术分析

在通过市场分析选定项目方向后,企业可着手进行技术分析。技术分析的主要内容包括技术设备的选择、生产规模的确定和厂址的选择等。技术分析是对供给方的研究,所要解决的问题是企业以什么方式和手段生产、怎样生产以及在何处生产;分析的目的是以最低的成本将项目建成,并尽可能降低企业的生产经营成本。

1. 项目规模的确定

项目规模一般是指建设项目的设计文件中规定的全部设计生产能力或效益,它反映劳动力、劳动手段和劳动对象等生产力要素和产品在项目中的集中程度。衡量项目规模大小的指标可以分为投入量指标和产出量指标。机械化水平低的劳动密集型产业用职工人数表示;机械化水平高、自动化水平高的产业用生产能力表示;不宜用前两者表示的,用固定资产原值、设备的数量和装机容量来表示。建设项目的规模总体上分为大、中、小三种。但不同的生产力水平,不同的部门、行业,大、中、小规模的划分标准是不同的。国家统计局公布有我国经济各部门、行业,大、中、小型企业的划分标准,并且这个标准随国民经济的发展而不断调整。大、中、小企业各有优越性和局限性,应该根据市场需求和规模经济的要求,宜大则大、宜小则小。

下面介绍确定合理建设规模的几种方法。

(1)盈亏平衡分析法。这种方法是通过研究项目的产量、成本和收入的相互关系,寻找项目的盈亏平衡点,以此来确定项目合理建设规模的一种方法。所谓盈亏平衡点,即项目的成本费用等于收入的产量水平。对于一个项目来说,只有当产量达到一定数量时,才开始产生盈利;而低于这个产量,项目就要亏损。这个点就是项目的最小产量盈亏平衡点。然而随着产量的提高,当超过某一数量时,项目又要出现亏损,这一点称为项目的最大产量盈亏平衡点。项目的产量规模处于最小盈亏平衡点和最大产量盈亏平衡点之间时,项目可以取得赢利,所以它们是项目合理建设规模的上限和下限。据此,结合项目建设的其他条件,就可以确定项目合理的经济规模。

(2)平均成本法。这种方法是根据项目的最低平均成本水平来确定项目的建设规模。项目的最低成本和最大利润之间存在"对偶关系",成本最低点,往往利润最大;反之,成本最大点,利润也最小。所以,企业可以以达到最低平均成本为目标来确定项目的建设规模。

(3)生产能力平衡法。该方法具体采用最大工序生产能力法和最小公倍数法来确定最优的生产规模。最大工序生产能力法是指整个项目的设备配置,以现有最大生产能力的工序为标准,逐步填平补齐,成龙配套,使之满足最大生产力的设备要求。最小公倍数法,即以项目各工序生产能力或现有标准设备的生产能力为基础,并以项目各工序生产能力的最小公倍数为准,填平补齐,成龙配套,以形成最佳的生产规模。

2. 项目的技术选择

项目技术选择的内容主要包括方案构成的范围选择、工艺技术的选择、设备方案的选择、公用辅助设施的选择、土建工程方案的选择及项目总图和运输路线的选择等。

项目选择何种技术和工艺,一是关系到工程项目投产后能否生产出符合特定规格和标准的产品,从而会直接影响到企业的产品能否适销对路,影响到企业产品的市场占有率和销售收入;二是关系到工程项目能否按进度获得这些机器设备,从而会直接影响到项目能否按时投产;三是关系到企业项目的投资成本和未来的生产经营成本。为了保证企业生产出的产品符合市场需求,保证项目及早竣工投产,尽可能降低企业投资成本及未来的生产经营成本,企业必须认真进行技术分析。

对项目技术方案选择,一般应遵循先进性、适用性、经济性、可靠性的原则。其中,先进性是选择技术方案的前提,经济性是选择技术方案的目标和依据,适用性是选择技术方案的基础,可靠性是选择技术方案的基本要求。这四项原则,对于不同行业和不同性质的项目各有侧重,但它们又是互相关联、互相制约的有机整体。

三、项目财务与经济评价

(一)财务与经济评价的理论依据

经济评价是从宏观角度,运用影子价格、影子汇率、影子工资、社会折现率等经济参数,分析测算项目建设与生产经营中国民经济所付出的代价及对国民经济所作的贡献,判断投资行为在宏观经济上的合理性,以合理地利用国家资源获得最大净贡献为准则,来选择最优的项目或方案。财务评价,是从项目或企业的角度出发,根据国家现行财税制度和价格体系,分析、预测项目投入的费用和产出的效益,考察项目的财务赢利能力、清偿能力以及外汇平衡等财务状况,据以判断项目的财务可行性。经济与财务分析方法是较之前面所述方法更深入的可行性分析方法,这两种方法是建立在一系列量化指标体系的基础上的。项目的财务评价和经济评价是项目经济评价的两个不同层次,由于评价主体不同,因而两者既有相同之处,又存在区别(见表10—1)。

表10—1　　　　　　　　　　　财务评价与经济评价的异同点

对比内容	评价层次	
	经济评价	财务评价
评价目的	为项目取舍提供依据	同经济评价
理论依据和评价方法	货币时间价值理论,用现值法进行动态分析	同经济评价
分析角度和侧重点	从宏观角度评价全社会的净效益	从微观角度评价项目本身净效益
间接费用和效益	计入	计入
折现率	社会折现率	行业基准收益率
采用的价格	影子价格	国内现行市场价格
折旧	不计入	计入
国内借款利息	不计入	计入

续表

对比内容	评价层次	
	经济评价	财务评价
税收	不计入	计入
财政补贴	不计入	计入
综合评价指标	经济净现值	财务净现值
	经济内部收益率	财务内部收益率

1. 经济与财务评价所运用的资金时间价值概念

项目的经济与财务评价属于项目效益分析。在投资效益计算中,无论是建设项目的投入还是产出,最后都要以价值形态,即资金的形式表示出来,如投资支出、税金、利润等。通过对方案的费用项与收益项现金流量大小的对比计算,求出方案的净现金流量,从而计算出方案的评价指标,并以此判断方案的优劣和取舍。因此,构成有关方案的费用项与收益项的财务基础数据的预测与估算,便成了项目费用效益分析的基础工作。为了使具有不同建设周期的项目费用和收益具有可比性,必须把发生在不同时期的资金折算成相同时间的资金,在等价值的基础上进行项目方案的经济评价。因此,应分析研究资金的价值与时间的关系。

所谓资金的时间价值,是指资金在时间推移中的增值能力,也就是资金使用中由于时间因素而形成的差额价值。货币本身不会增值,它只有同劳动相结合,才有时间价值。所以,资金时间价值的实质,是资金使用后的增值额。利润和利息是资金时间价值的基本形式,它们都是社会资金增值的一部分,是社会剩余劳动在不同部门的再分配。资金时间价值的计算公式如表 10—2 所示。

表 10—2　　　　　　　　　　资金时间价值的计算公式表

投资方式	货币时间价值类别	符号	计算公式	系数的经济学含义（在 i 折现率、N 期条件下）
一次支付	复利终值	$(P/F,i,n)$	$F=P(1+i)^n$	一元钱的复利本利和
	复利现值	$(F/P,i,n)$	$P=\dfrac{F}{(1+i)^n}$	一元钱的复利现值
分期支付	期末年金终值	$(F/A,i,n)$	$P=A\dfrac{(1+i)^n-1}{i}$	每期末等额支付一元钱的复利本利和
	期末年金现值	$(P/A,i,n)$	$P=A\dfrac{(1+i)^n-1}{i(1+i)^n-1}$	每期末等额支付一元钱的现值总额
	投资收回年金	$(A/P,i,n)$	$A=P\dfrac{i(1+i)^n}{(1+i)^n-1}$	现值总额为一元钱的每期末等额支付值
	资金储存年金	$(A/F,i,n)$	$A=F\dfrac{i}{(1+i)^n-1}$	终值本利和为一元钱的每期末等额支付值

2.动态计算资金时间价值常用基本方法举例

(1)一次支付终值公式。一次支付终值是指一笔资金在规定期限内按一定利率或投资收益率计算的到期本利和为多少。

(2)一次支付现值公式。一次支付现值,是指要在未来得到一定数额一笔资金,现在应拿出多少。计算现值的意义恰好与计算终值的意义相反,它是根据资金终值和折现系数计算的。把未来值折算为现值的过程,叫做折现或贴现。现值是通过折现率(也叫贴现率)计算得出的。一元资金在不同时期的现值,叫做折现系数(一次支付现值系数)。

(3)等额分付终值公式。等额分付终值,是指一定时期内,间隔相等时间支付固定的金额(通常叫做分次付款)、各期分次付款及由这些分次付款复利积累的总和。

(二)项目经济与财务评价方法

1.财务评价的目标

财务评价的结果应该能够回答项目投产后的盈利情况怎样、贷款偿还期长短和财务外汇平衡情况如何等问题,所以财务评价目标可归结为以下几点:

(1)了解项目盈利能力。盈利能力是反映项目财务效益的主要指标。财务评价中的重要工作包括分析拟建项目建成投产后是否有盈利、盈利能力有多大、盈利能力是否足以使项目可行,以及项目的盈利主要项目投产后所产生的利润、税金等。

(2)了解项目清偿能力。从广义来说,拟建项目的清偿能力应该包括两个层次。一是项目的财务清偿能力,即项目收回全部投资的能力;二是指债务清偿能力,主要是指项目偿还建设投资借款和清偿债务的能力。提供贷款的金融机构不但应考察项目是否具有债务清偿能力,还应考察投资贷款的偿还期是否符合有关规定、项目是否具备所需要的清偿债务的能力。从狭义来说,项目清偿能力是指其第二层含义,实际中常常这样来用。

(3)了解项目财务外汇平衡情况。对于有进口设备、原料用汇或产品出口创汇等涉及外汇收支的项目,还应通过财务评价,编制财务外汇平衡表,掌握项目的外汇平衡情况,并把其作为财务评价的重要目标。

2.财务评价的基本程序

项目财务评价的基本程序可归纳如下:

(1)估算和分析项目的财务数据。须估算和分析的财务数据,主要包括项目总投资、资金筹措方案、产品成本费用、销售收入、税金和利润,以及其他与项目有关的财务数据进行预测、估算、分析。

(2)编制和分析财务报表。财务报表是根据财务数据填列的,也是计算反映项目盈利能力、清偿能力和财务外汇平衡情况的技术经济指标的基础,所以,在估算和分析财务基础数据之后,就应进入财务报表的编制和分析工作,主要包括现金流量表、损益表、资金来源与运用表、资产负债表以及财务外汇平衡表。

(3)计算财务效益评价指标。编制完基本财务报表之后,就可以利用报表中汇集的数据资料计算财务效益评价指标。所计算的财务效益指标应包括反映项目盈利能力的指标和反映项目清偿能力的指标(见图10—4)。

(三)项目盈利能力的评价方法

投资项目的盈利能力评价按是否考虑时间价值因素可分为静态分析法和动态分析法。所谓静态分析法,是指在进行项目盈利能力评价时,不考虑时间因素和货币时间价值的方法;而动态分析法则是指在进行财务评价时考虑时间因素和资金时间价值的方法。

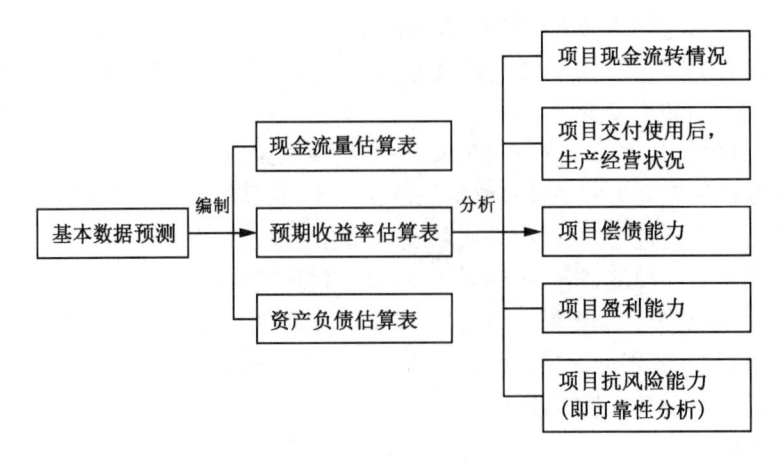

图 10－4　项目财务评价程序框架

1. 项目盈利能力的静态评价方法

(1) 投资收益率法。投资收益率法是指将项目在典型年度的收益额与项目的总投资额进行比较，求得投资收益率并与项目的行业基准投资收益率对比，以评价项目盈利能力的一种分析方法。它的计算公式为：

$$投资收益率 = \frac{年收益额}{项目总投资额} \times 100\%$$

其中，项目总投资额是指包括固定资产投资、无形资产投资、流动资产投资及建设期间投资借款利息的投资额。年收益额一般是指正常年度下获得的收益额，即项目所获取的年利润总额，包括税前利润和税后利润。投资收益率可以表示为投资利税率或投资利润率，对投资者来说，这个指标的数值是越大越好。

投资回收期法也叫投资返本年限法。它是指测算拟建设项目在正常的生产经营条件下以其年收益额和提取的折旧、摊销的无形资产收回项目总投资所需的时间，并与行业基准投资收回期对比，来评价项目盈利能力的一种精彩分析法。用投资收益率法来判断项目的盈利能力，有计算简便、易于理解的优点。但是，利用它对那些年收益额在各个年度变动幅度较大的项目进行计算时，则比较难以选择具有代表性的典型年度。鉴于其局限性，只能将其用于项目的初选阶段。

(2) 投资回收期法。投资回收期法也叫投资返本年限法。它是指测算拟建项目在正常的生产经营条件下以其年收益额和提取的折旧、摊销的无形资产收回项目总投资所需的时间，并与行业基准投资回收期对比来评价项目盈利能力的一种静态分析方法。它是考察项目在财务上的投资回收能力的主要静态指标。投资回收期（以年表示）一般从建设开始年算起。如果要从投产年算起，应满足下面条件：

$$\sum_{t=1}^{n}(CI-CO)_t = 0$$

式中，CI 为项目的现金流入量，CO 为项目的现金流出量。

投资回收期可根据财务现金流量表（全部投资）中累计净资金流量计算求得。具体计算公式为：

$$投资回收期 = 累计净现金流量开始为正值年份数 - 1 + \frac{上年累计净现金流量的绝对值}{当年净现金流量}$$

或

投资回收期＝累计收益额和提取折旧摊销无形资产超过总投资金额的年份－1
$$+\frac{上年年末收回投资}{本年收益额和提取折旧摊销无形资产}$$

在项目评价中，求出的资回收期与行业的基准投资回收期比较，当前者小于或等于后者时，表明项目投资能在规定的时间内收回。对投资者来讲，在一般情况下，项目的投资回收期越短越好。

2. 项目盈利能力的动态评价方法

对投资项目进行盈利能力评价时，考虑时间因素即考虑资金时间价值的方法，就是动态分析法。它主要有净现值法、净现值率法、内部收益率法、动态投资回收期法等。下面重点介绍净现值法和内部收益率法。

(1) 净现值法

净现值法(net present value，NPV)是指按行业的基准投资收益率或设定的折现率，把项目建设期和投资期发生的资金流入和流出量换算成现值收入和现值支出，然后对比现值收入与支出，以评价项目投资效益的动态分析方法。它是考察项目在计算期内盈利能力的动态指标。其表达式为：

$$NPV = \sum_{t=1}^{n}(CI-CO)\times(1+i_c)^{-t}$$

式中，CI 为项目的现金流入量；CO 为项目的现金流出量；i_c 为基准投资收益率或折现率；n 为项目的寿命期(包括建设期和经济寿命期)。

财务净现值可根据项目的财务现金流量表计算求得，即用计算期内各年的净现金流量(现金流入量－现金流出量)乘以其折现系数，然后汇总求得。当净现值大于 0 时，则表明该项目有投资净收益，并在财务上是可行的；当净现值小于 0 时，则表明该项目没有投资收益，并在财务上是不可行的；若项目的财务净现值等于 0，则要判断项目是否可行，还需考虑所选用的折现率，并与行业基准投资收益率对比之后确定(见表 10－3)。

表 10－3　　　　　　　　　　各类项目净现值比较

项目类型	总投资额(万元)	净现值	目测优劣	净现值率(%)
大	1 000	＋15	优	15
中	300	＋6	中	2
小	50	＋3	劣	6

(2) 内部收益率法

在考虑项目盈利能力的动态指标中，内部收益率是最重要的评价指标。内部收益率(internal rate of return，IRR)是当项目计算期内各年净现值之和等于 0 时的折现率(也即收益现值等于成本现值)。内部收益率反映了拟建投资项目的实际收益水平。其表达式为：

$$\sum_{t=1}^{n}(CI-CO)_t \times (1+IRR)^{-t} = 0$$

式中，IRR 为内部收益率。

内部收益率与净现值的表达式基本相同，但计算过程却全然不同。在计算净现值时，是预先设定折现率，并根据此折现率将各年的净现金流量折算为现值，然后累计求得净现值；

而内部收益率的计算,则是求当净现值等于 0 时的折现率,即求此高次方的解,其计算过程较为复杂。

在项目财务评价的工作中,对内部收益率的计算一般先采用试算法,后采用插入法求得。其基本步骤是:第一,当项目在设定的折现率下,其净现值为正时,可选用更高的折现率来测算,直到净现值正值接近于 0。第二,再继续提高折现率,直到测算出项目的净现值为接近于 0 的负值为止。第三,根据接近于 0 的相邻两个正负净值的折现率,用插入法求得精确的财务内部收益率。需注意的是,两个相邻的折现率的间距不能相差太大(一般不可超过 5%);否则,就不够准确。其计算公式为:

$$IRR = i + \frac{NPV}{NPV_1 + |NPV_2|} \times (i_2 - i_1)$$

式中,IRR 为内部收益率;i_1 为低折现率 i_2 为高折现率;NPV_1 为正净现值,NPV_2 为负净现值。

计算出的内部收益率可与行业基准投资收益率进行比较。如果前者大于后者,则表明项目的盈利能力超过国家规定的标准,在财务上是可行的;否则,就不可行。

(四)项目不确定性分析

所谓不确定性分析,就是研究可能的不确定因素对财务评价、社会经济评价指标的影响,从而推测项目可能承担的风险,进一步确认项目在财务上、经济上的可靠性。所以,进行不确定性分析是财务评价的进一步深化,项目的财务评价是在对项目基础数据进行预测的基础上进行的。尽管随着科学技术和预测科学的发展,预测的方法和手段日趋完善,然而项目周期中的事物变化是客观存在的,预测的数据不一定准确无误,在项目实施和运行过程中,先前所作的预测与现实情况不可能完全相吻合。这样,先前预测的数据具有不确定性。这就使得根据这些数据所进行的财务评价的结论具有了不确定性。这种情况必然会给项目决策带来风险。那些在项目周期中经常变化着,且其变化对财务评价结论的影响程度很大的因素就是不确定因素。不确定性分析的作用,首先在于使人们了解不确定因素在一定范围内变化时,对项目经济效益指标的影响程度,从而了解项目经济评价结论的可靠程度以及项目风险的大小。其次,可以使人们了解哪些因素的变化对项目的评价结论影响最大,从而使我们可以有目的地采取有效的对策,限制这些因素对项目经济效益的不利影响。最后,不确定性分析还是进行项目多方案比选、确定项目建设方案的重要依据。不确定性分析的主要方法是盈亏平衡分析、敏感性分析和概率分析。

1. 盈亏平衡分析

盈亏平衡分析是指在一定的市场和经济技术条件下,对项目产量、成本费用和收入的相互关系进行分析,找出项目盈利和亏损的临界点,即盈亏平衡点,以了解项目不确定性因素允许变化的最大范围、判断项目风险大小的一种分析方法。这种方法只适用于项目的财务评价。

2. 敏感性分析

影响项目方案经济效益指标变化的因素很多,然而经济效益指标对这些因素变动的反应程度不同,或敏感程度不同。那些因素稍有变动就会引起投资经济效益指标明显变化的叫做敏感性因素;反之,叫做不敏感因素。敏感性分析是当决策方案中一个或多个因素发生变化时,对整个项目的经济评价指标所带来的变化程度的预测分析,找出影响项目成本和效益的主要因素,及时采取有效措施,弥补或缩小预测的误差,确保项目达到预期目标。项目对某种因素的敏感程度,可以表示为该因素按一定比例变化时评价指标达到的临界点(如财务内部收益率等于财务基准收益率、经济内部收益率等于社会折现率)时允许某因素变化的最大幅度,即极限变化。超过此极限,即认为项目不可行。通过敏感性分析,能够帮助决策者对项目方案做出正确选择,还能帮助分析评价人员找到今后提高资料数量和质量的重点。

3. 概率分析

敏感性分析虽然指出了项目评价指标对不确定因素的敏感程度,但这种不确定性因素的变化发生的可能性有多大,对评价指标的影响程度如何是不得而知的。在项目实施过程中以及整个寿命周期中,很多影响的出现和变化带有偶然性或者说是随机的。任何一种随机事件的出现与否,虽不能事先确定,但根据历史经验和当时各种客观条件,人们可以估计其可能性的大小,对于随机事件出现的可能性大小用一个确定的数值来表示,这种数值就叫概率。根据项目的特点和需要,用概率方法对项目进行不确定性分析,判断有关不确定因素出现的可能性及对项目的影响度的方法,就是概率分析。

第四节　项目竣工工作

一、项目竣工验收

(一)项目竣工验收的组织和责任

竣工验收是项目建设的收尾工作,它是在整个项目完成并通过试运行后,进行项目交接的过程和该过程中履行的必要手续。它是全面考核建设工作、检查工程建设是否符合设计要求的重要环节,是保证工程质量的最后一道关口,对促进建设项目及时投产、发挥投资效益、总结建设经验起着重要作用。项目不经竣工验收,将无法正式投入使用,项目的维护保养将无法进行,项目各参与方也就不能终止他们为完成项目所承担的义务和责任并及时获得应有的权益。

由于工程规模大小不同、复杂程度不同,因此竣工验收的组织机构表现为验收委员会和验收组两种形式,它们的成员分别来自银行、环保、物资、劳动、消防、统计等部门,建设单位、接管单位、施工单位、勘察设计单位参加验收工作。

(二)竣工验收的依据与标准

根据国家规定,对已按设计文件规定内容和施工图纸的要求全部建成需要验收的工程,其验收的依据主要有:(1)经审批通过的可行性研究报告;(2)初步设计、施工图和文字说明;(3)设备技术说明;(4)招标、投标文件和工程承包合同;(5)施工工程中的设计修正说明;(6)现行的施工技术验收标准及规范;(7)主管部门有关审计、修改、调整的文件。

由于建设项目所在行业不同,验收标准存在一些差异,但一般情况下交付生产和使用必须符合以下标准:(1)生产性项目的辅助性公用设施已按设计要求完工,能满足生产使用;(2)主要工艺设备设施经联动负荷试车调试合格,形成生产能力,能够生产出设计文件所规定的产品;(3)必要的生活设施,已按设计要求建成;(4)生产准备工作能适应投产的需要;(5)环境保护设施、劳动安全卫生设施、消防设施已按设计要求与主体工程同时建成使用。

(三)竣工验收的内容与程序

1. 竣工验收资料的准备工作

为确保竣工验收工作的顺利进行,竣工验收前主要应做好以下几项准备工作:

(1)做好项目施工的收尾工作。项目到接近交工阶段,有时还会存在一些个别的收尾工程。它的特点是零星、分散、工程量小、分布面广。如果不能及时完成这些收尾工程,就会直接影响工程的投产和使用。通过交工前的预检,做一次彻底清查,按生产工艺流程和图纸逐一对照,找出遗漏的细小工程,制订作业计划,合理安排施工。

(2)收集竣工验收资料准备工作。竣工验收资料是建筑物的主要档案资料,从中可了解建设项目的全面情况,对建设项目今后的使用与维护都有着重要作用。在竣工验收时,通过对有关资料的研究也会发现项目存在的问题,及时予以纠正。

2. 项目中间验收

投资项目中间验收,是指在项目实施过程中,由业主、承包单位、建设监理单位联系组织的质量检查和对隐蔽的工程验收。

项目中间验收是工程建设的国际惯例。FIDIC合同条款第37、38条作了较详细的规定。如第38条中规定:"未经工程师批准,工程的任何部分都不能封盖和掩盖,承包商应保证工程师有充分的机会对即将覆盖的或掩盖起来的任何一部分工程进行检查、检验,以及对任何部分将置于其上的工程基础进行检查。无论何时,任何部分的工程或基础已经或即将为验收做好准备时,承包商应通知工程师,除非工程师认为检查无必要,并就此通知了承包商,否则,工程师应参加对这部分工程为检查和检验,以及对基础的检验,并且不得无故拖延。"FIDIC合同条款作出这一规定的目的就是为了促使建设能够正常进行,使工程质量得到切实可靠的保证,承包商必须无条件接受工程师对工程质量的检查。在我国加入世界贸易组织后,项目建设与国际惯例接轨,中间验收更显重要。

3. 单项工程验收

单项工程验收,也称交工验收。指投资项目全部验收前,承包商完成其承建的单项工程施工任务以后向建设单位(或业主)交工,接受建设单位验收的过程。其程序为:建设项目的某个单项工程已按设计要求建完,能满足生产要求或具备使用条件,施工单位就向建设单位发出交工通知,在发出通知的同时,施工单位按照国家规定,整理好技术资料,作为验收依据交给建设单位,建设单位接到加工单位交工通知后,在做好验收准备的基础上,组织施工、设计及使用等有关单位共同进行交工验收。验收中,对设备应按试车规程进行单体试车、无负荷联动试车和负荷联动试车。验收合格,建设单位与施工单位应签订"交工验收证书"。

二、项目竣工决算

竣工决算是以实物量和货币为单位,综合反映建设项目或单项工程的实际造价和投资效益、核定交付使用财产和固定资产价值的文件,是建设项目的财务总结。竣工决算的内容分为两部分:文字说明和决算报表。文字说明主要包括工程概况、设计概算和基建计划的执行情况,各项技术经济指标完成情况,各项拨款使用情况,以及建设过程中的主要经验、存在的问题和解决意见等。决算报表分大、中型项目和小型项目两种。大、中型项目竣工决算表包括:竣工工程概况表、竣工财务决算表、交付使用财产总表、交付使用财产明细表。小型项目竣工决算表按上述内容简化为小型项目竣工决算总表和交付使用财产明细表。竣工决算是由建设单位编制的,并根据国家规定,由建设银行负责竣工决算的审查和签订工作。

(一)竣工决算表样式及要求

1. 大、中型及限额以上基建和技改项目竣工工程概况表

大、中型及限额以上基建和技术改造项目竣工工程概况表,主要用于考核分析投资效果。

表10—4中"初步设计和概算、批准机关、日期、文号"按最后一次填列。"收尾工程"是指全部验收投产以后,还遗留极少量尾工。"主要技术经济指标"可根据概算或主管部门规定的内容分别计算或按实际填写。对没有经过批准而任意增加建设内容、扩大建设规模等,要进行检查说明。

表10—4　　　　　　　　　　　　　竣工结算表

建设项目（或单项工程）名称						项目	概算	实际	主要说明事项
建设地址		占地面积	设计	实际	建设成本	建安工程、设备,工程器具,其他基本建设中的土地征用费用、生产职工培训费、施工机械转移费、建设单位管理费合计			
新增生产力		能力(效益)名称	计划	实际					
建设时间	计划	从××××年××月开工							
		××××年××月竣工							
	实际	从××××年××月开工							
		××××年××月竣工							
初步设计和概算、批准机关、日期、文号					主要材料消耗	名称	单位	概算	实际
						钢材	吨		
						木材	立方米		
完成主要工程量	名称	单位	数量			水泥	吨		
			计划	实际					
收尾工程	工程内容	投资额	负责收尾单位	完成时间		主要技术经济指标			

2.大、中型及限额以上基建和技改项目竣工财务决算表

大、中型及限额以上基本建设和技术改造项目竣工财务决算表,主要反映全部竣工项目的资金来源和运用情况。表10—5中"交付使用资产""应核销投资支出""应核销其他支出""经营基金(预算内)""银行贷款"等,应填列开始建设至竣工的累计数。其中"拨付其他单位基建款""移交其他单位未完工程""报废工程损失"应在说明中列出明细内容和依据。"施工机具设备"是指因自行施工购置的设备应列出清单上报主管部门(总公司)处理,如作为固定资产管理的,可另列有关科目。

表 10－5　　　　　　　　　　大、中型建设项目竣工财务决算表

资金来源	金额(千元)	资金运用	
一、经营基金		一、交付使用资产	补充资料
二、银行贷款		二、在建工程	基本建设
三、利用外资		三、应核销投资支出	收入总计
		1.拨付其他单位基建款	其中:(应上缴见上缴财政支出)
		2.移交其他单位未完成工程	
		3.报废工程损失	
		……	
四、专项基金		四、应核销其他支出	
		1.器材销售亏损	
		2.器材折价亏损	
		3.设备保费盘亏	
		……	
五、自筹		五、器材	
		1.需要安装设备	
		2.库存材料	
		……	
		六、施工机具设备	
		七、专用基金财产	
		八、应收款	
		九、银行存款及现金	
合计			

3. 大、中型及限额以上基建和技改项目交付使用财产总表

大、中型及限额以上基本建设和技术改造项目交付使用财产总表,反映竣工项目新增固定资产和流动资产的全部情况,可作为财产交接依据(见表 10－6)。

表 10－6　　　　　　　　　　大、中型建设项目交付使用财产总表

单位:元

工程项目名称	总计	固定资产				流动资产
		合计	安装工程	设备	其他费用	

交付单位　　　　　　　　　　　　　　　　　　　接收单位
盖章　　　　　　　　　　　　　　　　　　　　　盖章
××××年××月××日　　　　　　　　　　　　××××年××月××日
补充材料:由其他单位无偿拨入的房屋价值××××,设备价值××××。

(二)决算审计目标

竣工决算审计是项目竣工验收的重要环节,竣工决算审计目标概括起来主要有四个方面:(1)证明工程竣工决算形式的完整性;(2)证明竣工决算内容的真实性和可靠性;(3)证明工程竣工决算内容的合规性;(4)分析和评价项目的建设效益和效果。

三、项目后评价概述

投资项目后评价,是指项目建成投产、生产运营一段时间后,对项目立项决策、设计施工、生产运营等全过程进行系统评价的一种技术经济活动,既是项目管理的一项重要内容,也是项目管理的最后一个环节。通过项目评价,要解决的问题是:项目目标是否达到?项目的效益如何?项目是否合理有效?项目成败的原因是什么?通过后评价,可以找出成败的原因,总结经验教训并通过信息反馈,为未来新项目的决策和提高完善项目决策管理水平提出建议。同时,也可以对项目实施中的问题提出建议,提高项目效益。

(一)项目后评价的特点

1. 独立性

后评价必须保证独立性,所谓独立性,是指后评价应从项目投资者或受益者或项目业主以外的第三者的角度出发,独立地进行,特别要避免项目决策者或管理者自己评价自己的情况发生。

2. 可信性

后评价的可信性决定于评价者的独立性和经验,取决于资料信息的可靠性和评价方法的适用性。

3. 实用性

后评价报告应针对性强、文字简练明确,避免引用过多的专业术语。

4. 反馈性

项目后评价的结果需要反馈到决策部门,作为新项目的立项和评估的基础,以及调整投资规划和政策的依据。

(二)项目后评价的种类

1. 项目目标后评价

一般来说,在项目立项时,已明确规定了项目预定的目标。项目目标后评价的任务主要有两点:一是要对照原定的目标检查项目实际达标的情况和变化,分析实际发生改变的原因,以判断目标的实现度;二是要对项目原定决策目标的正确性、合理性和实践性进行分析评价。有些项目原定的目标不明确,或不符合实际情况,项目实施过程中可能会发生重大变化,项目后评价要给予重新分析和评价。

2. 项目实施过程后评价

项目实施过程后评价是把项目从立项决策、设计、采购直到建设实施各程序环节的实际进程与原先制订的计划、目标相比较,通过全过程的分析评估,找出主观愿望与客观实际之间的差异,发现导致项目成败的主要环节和原因,提出有关的建议和措施,使以后同类项目的实施计划和目标制订得更切合实际和可行。

3. 项目经济后评价

项目经济后评价是把投资项目产生的实际效益或产出与投资项目发生的投资、成本或投入相比较,进行投资效益分析,以判断项目当初在立项、决策时是否值得投资建设。

4. 项目影响后评价

大、中型投资项目在建成后，对社会、经济、环境必然会产生各方面的影响。有利的影响应是决策者所追求的目标，不利的影响应是避免发生的。

(三)项目后评价工作的程序

根据我国现行的项目管理体制和项目审批程序，国家计划委员会提出，我国重点建设项目的项目后评价工作可按以下三个阶段进行：其一，项目建设单位进行自我评价阶段；其二，行业或地方主管部门对《项目后评价报告》进行初步审查阶段；其三，《项目后评价报告》的复审阶段。

上述三阶段形式的后评价工作程序有利于满足国家重点建设项目后评价工作的广泛性、全面性和公开性要求，也有利于遵从评价结论的公正性、科学性和可靠性的原则。

思考问题

1. 简述确定项目规模的方法。
2. 简述财务评价与经济评价的异同点。
3. 简述一般情况下项目生产和使用必须符合的标准。

第十一章　企业品牌管理咨询与诊断

第一节　引入案例

案例一：如何才能让品牌名扬四海

人们喜欢听故事，也很喜欢讲故事，条件是你的故事要有动人心魄的内涵，并赋予传播者一种强烈的身份认同。只有这样，他们才会拿起你的品牌故事工具，帮你的品牌名扬四海。

◇ **毫无传播力的品牌故事**

一家餐饮公司请著名的品牌定位公司为其品牌书写了一则品牌故事，并将其拍成视频。这家公司因此支付了对方40万元人民币。但是，公司的创始人感觉这则品牌故事并不能为餐厅品牌增强推广张力。他说："老师，这则品牌故事的内容大概是：首先讲品牌创始人出生在潮汕的一个小村庄，从小就喜欢吃爸爸给他做的传统家乡烧鹅；然后讲述他爸爸是怎么养鹅的、养到多大的时候最好吃、肉质如何鲜嫩；接下来讲述烧鹅的做法工序多么费工费时，最后才成了食客盘中的美味，这种美味既健康，又能满足挑剔的味蕾。"

"您觉得这则品牌故事哪里有问题？"我问道。

"好像一味地自吹自擂。我采访过餐厅的食客，没有人注意这个在店里不断滚动播出的视频，也没人替我们传播它。这则品牌故事一点都不吸引人！我觉得品牌故事对提升品牌价值没多大用处，您怎么看？"

◇ **赋能型品牌故事**

2004年，多芬采取赋能型品牌故事制作了一个名为《进化》的广告片。它无声地展示了一个普通甚至看起来面容有些憔悴的模特，如何在修图之后成为一个完美的封面女郎，揭示了模特的美只不过是数字时代的魔法而已。

显然，那家著名的品牌定位公司给这家餐饮企业写的是一则"制造焦虑—提供解决方案型"品牌故事。只不过制造焦虑的部分被淡化了，只是简单地提了一下消费者的困扰：想吃肉食，却怕长胖。然后，更多的内容是给消费者提供解决方案。

"我讲一则品牌故事给您听，您感受一下这家公司的品牌故事有没有用。一个叫布雷克·麦考斯基的热爱旅行的美国人，有一次，在阿根廷旅游时，发现当地有一款已经制造了100多年、积累了很好工艺的懒人布鞋，穿起来十分舒适。同时，当地很多贫穷的儿童却连这样的鞋子也穿不上。于是，他萌生了一个想法：把阿根廷的布鞋卖到美国去，然后每卖出一双鞋，就给孩子们捐一双鞋。有了这个想法，他就和朋友开始了创业。他们给自己的鞋品牌起名叫：

TOMS。TOMS 是 Tomorrow's Shoes 的英文缩写。一开始,布雷克并未意识到品牌故事在自己创业过程中的重要性,直到有一天,他在肯尼迪机场发现旅客中有一位女士穿了他的 TOMS 鞋子。于是,他问那位女士穿的鞋子是什么品牌。这位女士兴致勃勃地为他介绍,TOMS 是一个慈善而伟大的品牌,是洛杉矶的一个善良而有野心的小伙子创办的品牌。'你知道吗?我穿上这双鞋子,就意味着他们会给贫穷的人们捐出一双鞋子,对我来说太有意义了。'这件事,让布雷克意识到了品牌故事在创业过程中的作用。于是,他精心打磨了 TOMS 的品牌故事。故事是这样的:你该如何向身边的朋友展示,自己是一个热爱给予而不只是追求索取的人呢?和他们说吗?谁会相信你呢?可能你并没有好办法表达自己。但让自己的亲人和朋友以及同事知道自己是一个随时愿意提供帮助的人,这件事有多重要,不用我提醒了吧?人们会乐于与善良的人交往,请求他们的帮助,同样也会为他们提供机会和帮助。这很重要,对于提高你的人际交往能力非常有用。但你却没有办法表达自己,毕竟没人愿意相信一个只会说个不停的人。人们会认为,能说会道的人只是在标榜自己。如今,有了 TOMS,你只要穿上这双鞋子,就可以表达你是一个有爱心、愿意为别人着想的人了。你买一双 TOMS,我们就会以你的名义,帮你向世界上贫困地区的儿童捐赠一款同样的鞋子。然后,布雷克展示了捐赠活动时拍摄的大量照片。其中,有孩子们穿上鞋子时兴奋的笑脸,和父母看到自己的孩子有鞋穿时满脸泪水的面庞。这个故事深深地打动了那些希望在人际关系上获得提升并且有着刺激自我性格的有远见者。他们立即行动起来,让 TOMS 在短短 5 年的时间里,就向穷人捐赠了 100 万双鞋子。"

接下来,我向他讲述了打造品牌故事的两种思路。等他明白了两种思路的不同后,我继续说:"当'制造焦虑—提供解决方案型'品牌故事刚出现时,还是非常有效的。但随着越来越多的品牌使用这个套路,人们就不再相信用了特效的洗发水广告,或者经过化妆及图像处理的美女。这时,赋能型品牌故事就诞生了。故事承认,消费者不是完美的人,并在此基础上肯定他们,激发他们的善意,同时为他们达成目标、实现理想去赋能。消费者熟知了赋能型品牌故事之后,多数会以成为该品牌的用户而倍感骄傲。比如 TOMS 鞋子的客户会为自己穿 TOMS 鞋子而感到骄傲,苹果迷也会因为自己使用苹果的产品而感到自豪。现在,你觉得,品牌故事对品牌价值的提升有价值吗?"

"毫无疑问,价值巨大!之前我们的品牌故事思路错了。现在,我们要找一个角度,梳理出自己的赋能型品牌故事。"他说道。

"TOMS 的品牌故事中还有一个重点,就是公司从上到下都坚持践行自己在品牌故事中做出的承诺:他们真的不折不扣、一个不落地捐出了他们的鞋子!"

"我明白,一定要真实,要说到做到。如果不去践行故事中做出的承诺,早晚会被戳穿,被当成是骗子!"他肯定地回答我。"只是我们这个做烧鹅的店,怎么才能找到赋能的角度呢?难道我们也承诺,消费者购买一份烧鹅,我们就捐出一笔款项来给希望工程?"

"赋能型产品故事有一个框架,在这个框架里,我们可以找到适合自己的切入点。"

"您能介绍一下这个框架吗?"

◇ **赋能型故事框架**

"赋能型故事框架的基本逻辑,来源于约瑟夫·坎贝尔的英雄之旅。它强调:第一步,要深挖和强调故事的核心价值观;第二步,为故事设计核心元素;第三步,生产一个有趣的故事;第四步,践行你所讲述的故事。这里说说坎贝尔的英雄之旅。它是一个有 12 个阶段的英雄诞生的过程。第一阶段,坎贝尔认为,任何英雄在发现自己是个英雄之前,都来自平凡的世界。以超人为例，虽然故事中的超人来自外星，拥有地球人无法理解的能力，但实际上他也仅仅成长于繁华美国的一个普通的农户之家。而他拥有的能力，也没有给早年的超人带来任何好处。第二个阶段，尚未出名的英雄们，或许因为亲人的去世或其他重大打击，开始感受到一种莫名其妙但发自内心的历险的感召。第三个阶段中的英雄，可能会让人大失所望地拒绝这种感召。在他的内心，自己还是那个平凡的人，丝毫不觉得自己可以胜任命运中被安排的任务。直到在第四个阶段时，他遇到了自己的第一批帮手——人生中的导师。第五个阶段，英雄认识到自己的使命，开始了追寻自我的旅程。他跨越了第一道门槛——初步认识自己，找到了略微浅薄的自信和自尊。自此，英雄们进入一个自我历练和历险的世界。第六个阶段，英雄离开了家，然后遇到了一些初步的历练。他会找到自己的第一批盟友，《狮子王》故事中的疣猪彭彭和细尾獴丁满，就是小辛巴的历险经历中的好友。第七个阶段，英雄们会发现自己的身世及遭遇，并遇到真正的对手和挑战。他开始探知到埋藏于自己身世和人生之中最隐秘、最黑暗的背景故事。第八个阶段，英雄们开始经历苦难折磨。面对强大的敌人，他们或许会退缩，但总是能承受住苦难的考验，继续前行。第九个阶段，我们的英雄会迎来命运的奖励，或者得到一个魔法杖，或者命运给了他第一次成功的机会。女朋友不声不响地离开后，阿甘跑遍全美国，为自己赢得了巨大的名气，这算是现实生活中的奖励。而神话故事里，一般来说，英雄都是获得了某种装备或新技能。第十个阶段，英雄可能会沾沾自喜，在历险的世界中，在他擅长的领域内，英雄往往会成为一个厉害的角色。但他们并未真正开始给大众带来价值。此时的英雄并没有被人们认知。第十一个阶段，平凡世界中，人们悲惨的遭遇或英雄受到的新教诲，让他们下定决心回归到平凡的世界，准备为普通人提供帮助。这种经历，会让英雄们有重生的感受，他在执行自己被命运赋予的使命后，充满了成就感，这相当于一种重生。因此，英雄也就有了一生中最重要的追求。第十二个阶段，我们的英雄，带着更大程度的觉醒和领悟，重新返回平凡的世界，为维护和守候这个平凡的世界而付出心血，并成为众生敬仰依赖的英雄。任何一个故事中和现实中的英雄，几乎都要经历这个过程，才能历练成一位举世瞩目的大人物。如果有人在任何一个环节中途退场，比如始终拒绝感召，或者承受不了苦难折磨，甚至获得了技能之后拒绝回归平凡的世界为平凡人做出贡献，那么他都不会以'英雄之名'被人铭记。"

他快速地做着笔记。

"我曾经充满怀疑地对照了不下20个广为传播的英雄故事，结果无一逃脱这一框架。其实，你可以认为每个人心中都有这样的追求，只不过有些人被生活磨平了棱角。以坎贝尔的英雄之旅结合马斯洛的个人需求理论，我们很快就能得出一个结论：任何一个自命不凡的人，内心深处都住着一个'英雄的自我'。只不过大多数人选择了在实现自我的英雄之旅里中途退出，从而没能真正实现自我。但每个人心中的这个'英雄的自我'是可以通过赋能型故事被唤醒的。一旦它被唤醒，人们就会充满感动和斗志，从而被深深地打动。"

"老师，这个例子太棒了。不过对我来说还有些复杂，我需要消化一下。"

"你可去读读坎贝尔的书。"我建议。

◇ **后续进展**

轻咨询结束后，这位创始人立即购买了约瑟夫·坎贝尔的《千面英雄》。他通过读书，掌握了赋能型品牌故事的核心，并找到了书写自己品牌故事的切入点。

后来，借助优秀的品牌故事，他的餐饮公司越来越大，创造了非凡的绩效。

◇ **管理提示**

（1）当一种工具失效的时候，在质疑工具的有效性之前，管理者应先审视自身是否理解了这个工具的内涵,并正确地应用。

(2)管理者应该尽可能多地掌握管理工具,或者与熟悉这些工具的人,或者机构合作。

(3)管理者在审视第三方合作公司的专业性时,不应过分参考对方的名气,而要了解对方思路的实质性。

如果第三方拒绝和你说清楚问题(称你不是专业人士,很难向你解释清楚),那么即使对方再有名气,我也建议你立即离开。真正的专业人士一定会为客户将解决问题的思路陈述清楚,提出方案供客户参考。

另外,某些非常有名气的顾问机构,其创始人和早期顾问具有相当大的实力和耐心。但在出名之后,为客户提供服务的往往是一些新近加入公司的员工,这样的员工往往无法将问题的解决思路向你解释清楚。如果你信任这个机构,那么请你要求换有经验的员工来服务。

◇ 咨询提示

(1)当客户对某个领域了解甚少的时候,咨询顾问可以为客户详细介绍这个领域内的知识。

引导咨询法在客户对某个领域了解甚少的时候,不会起到什么作用。咨询顾问要根据客户在咨询过程中暴露出来的知识缺陷,适当地为其提供新的知识。但要掌握好提供知识的程度,确保客户完全理解你所说的,又不至于被过多的信息困扰。

(2)当客户明确了所需知识点后,咨询还要回到引导启发的形式上。

(3)不要批评客户和为客户提供过服务的第三方。

批评客户,或者批评他选择的第三方(其实就是批评客户的眼光),都会激起逆反情绪。当逆反情绪存在时,你说的任何话,对方都听不进去,更不会采取行动。

案例二:从个人品牌到公司品牌

很多专业服务领域的公司品牌,如咨询公司、法律顾问公司和广告公司,一般来源于一位或数位优秀创始人的个人品牌。随着公司规模的扩大,为了提高影响力、给消费者留下更可靠的印象、提升品牌价值,因个人品牌而发展起来的企业都需要将个人品牌转向公司品牌,淡化个人影响力,提升公司整体影响力。如何做到这一点呢?

◇ 客户只认个人品牌

前来参加咨询的是一家有30年历史的法律顾问公司。公司的创始人在30年前就建立了自己的律师事务所,专门为企业提供法律顾问服务。他们的客户范围非常广,涉及各个行业的很多上市公司和超大型企业。公司的客户主要来源于长期经营中创始人与客户建立的良好关系。很多公司在规模还很小的时候,就聘请事务所的创始人做企业的法律顾问。后来,随着规模的增大,法律事务所逐步发展成法律顾问公司。同时,老一代的事务所合伙人临近退休,公司管理层面临更替的问题。为了确保管理层顺利交班,在宣布退休之前,合伙人委托第三方机构对目前服务的企业级客户进行一次调研,以便了解客户持续选择公司法律顾问服务的核心原因。调查结果显示,超过60%的企业客户是因为法律顾问公司最初几个著名的合伙人才选择合作的。假设这些合伙人退休,不参与公司的管理,企业客户表示会考虑更换为自己服务的法律顾问。这个调查结果虽然不出乎意料,但让法律顾问公司的管理者忧心忡忡。

"我们这家法律顾问公司之前是一家著名的律师事务所。事务所是由几位在中国法律界享有极佳名声的大牌律师成立的。

"其中一位律师,就是我的父亲。父亲创办事务所已经30年了,如今他70岁了,实在不想继续管理公司。公司股东建议我来承担公司的管理和运营。但我们的企业级客户却认为,他们之所以选择我们做法律顾问,主要原因是事务所之前的老律师。这些资深律师在法律界经验老到、人脉深厚,企业客户认为他们的存在能确保企业在出现法律问题时得到妥善解决。如果法律服务公司没有他们,法律服务会受到影响。父亲和其父辈们在法律界声名赫赫,为公司赢得了不少客户的青睐。一旦他们退休,对公司的影响极大。"

"现在为客户在一线提供服务的人中,还有您说的父辈资深律师吗?"

"这个问题问到重点了。其实,这么多年来,父辈们早就不直接参与官司了。但客户不这么想,他们觉得,这些父辈的个人品牌其实就是公司的牌子。如果父辈们不参与公司管理,我们的品牌价值就不高。"

"从另一个角度看,虽然父辈们已经没怎么参与一线的法律服务了,但公司也没有对外公布这一信息,是不是?"

"没错,公司也一直想借用父辈们的个人品牌影响力来获得客户的支持。很多客户与公司合作十多年了,我们当时没有及时对外公布父辈们隐退的消息,也是想稳住订单。"

"不过,这也证明了公司的服务水平没有下降。否则,父辈们不参与一线的服务了,客户应该早就感觉到了。"

"没错,其实我们早就做了准备。将以往的案件,尤其是复杂特殊的案件做成了案例库,用于培养年轻律师。这项工作做了7年多了,当时的培训是由父辈们亲自主持的,如今前期参与培训的资深律师已经能独当一面了。"

"为什么我们不能向客户尝试披露这些信息呢?"

"我们就是担心会影响签订合同。"他回答。

◇ **将个人知识转化为企业知识**

在某些专业服务领域中,创办企业的灵魂人物一直被客户当成服务品质的保障。现实中的确有这种倾向。究其原因,不过是因为专业服务业并不需要在单独案例上有过多的人员参与。为企业提供法律服务,在案件发生时,虽然有团队负责为主辩律师搜集信息,但开庭时承担辩护责任的还是主辩律师。他们就像明星、歌星,虽然一场演出的完美演绎是团队工作,但站在舞台中央、星光熠熠的永远只能是少数人。客户平时是看不到这些明星强大的后台支撑力量的,他们只欣赏明星们的出色表现。

"您说的这些情况较为复杂,短期内我无法给出相对完善的建议。但在这件事怎么开始上,我有一些想法供您参考。以我对个人品牌向企业品牌转化的理解来说,实现这一转化最困难的地方就在于如何将个人的知识体系转变为企业的知识体系。"

麦肯锡是管理咨询公司,创办公司时,也是依赖少数几个咨询界领袖的能力接到相关的订单。但马文·鲍尔(麦肯锡的创始人之一)特别注意将个人品牌转型成企业品牌。这种意识来源于一种愿景,即企业存在的时间肯定会超过人的生命。

所以,马文就采取行动,将创始人在咨询实践中获得的智慧模块化,聘用全美乃至全世界项级的商学院毕业生来学习这些模块,从而获得创始人的知识与智慧。

这部分是最难的。当然,麦肯锡做到了。

◇ **从信任个人到信任团队**

之后,还有一个难以克服的难题是:客户对专业服务公司创始人的信任和依赖,需要转化为对企业服务团队的依赖。一旦客户意识到,单纯依赖创始人或者明星雇员给企业带来的收益,无法与将信任交付给整个服务团队相比,后者要明显高于前者,他们就会开始转而信任企业品牌而非个人品牌了。

最后,值得注意的是,管理咨询复杂程度的提高也给麦肯锡帮了大忙。道理很简单,如果一件事变得十分复杂,那么将一个人和一个精英团队在面对复杂情况时的表现进行比较,肯定是团队更有优势。

如今,企业的法律服务需求变得十分复杂。我们已经开始用团队力量来替代个人的能力,唯一阻碍我们进行个人品牌向企业品牌转型的其实是客户的理解。如何让客户理解我们现在所做的,从而获取他们的信任呢?

只有两个字:开放。所谓开放,其实就是让客户了解我们提供的服务架构早已是团队模式而非个人模式了。

"当然,开放也是有艺术的。不是简单地对客户宣布,我们的服务模式早就变了。我们要让他们体会到,如今的企业法律服务不是一两个人就能做好的。"

"其实,以前也不是一两个人的工作。"

"是的。所以我们可以请企业负责聘请法律顾问的负责人来实际体会我们想要表达的。比如设置一些开放日,请负责人到公司参观,或者让客户的负责人旁听一些可以公开的案件庭审,见证年轻律师的出色表现。当客户通过这些活动意识到为他们提供服务的是企业的团队和一整套知识系统时,客户就会理解并认可我们的企业品牌,进而信任公司而非个人。"

"您说的这些,太有启发了!"

"同时,在面对新客户、新公司的时候,我们要采取与之前完全不同的方法。我们为了获得订单而进行的广告宣传,要以团队为主角,而非依然借用父辈律师的个人品牌。这样,当客户认可了我们的团队时,自然就会对企业品牌产生信任。"

"是的,您说得对。我们现在就是这么做的,面对新客户,不再强调父辈们的个人品牌了!"

"路漫漫其修远兮! 祝你成功!"

◇ **后续进展**

最初拿到这家企业的咨询信息资料时,我其实不太有把握给客户提供有价值的建议。毕竟当时这是一个小众领域,我没有做过深入的研究。决定提供服务后,我专门对这个课题进行了一些研究,然后结合自己对麦肯锡的理解,提炼出了上述三点不太成熟的意见,提供给客户。没想到,这些意见给了客户极大的信心。大概过了一年,他的法律顾问公司已经获得了客户的信任。当公司里的资深律师宣布退休后,90%的老客户依然选择聘用他们公司做自己的法律顾问。

令我有勇气为客户提供服务的另一个原因是,他们公司实际上早就运用了团队服务模式来服务客户,唯一欠缺的就是公司新晋管理者似乎没有信心向目前保持良好关系的客户公布真实情况。我觉得,如果能和对方聊聊,让他有足够的信心来告知客户这件事,或许就能体现咨询服务的价值了。

结果正如所愿。

同时,让我没有想到的是,这次咨询服务结束4年后的今天,竟然有大量的针对"个人品牌向企业品牌转型"咨询需求出现。

流量明星们开始成为创业公司获取成功的主要动力。大量的网红主播、个人知识付费明星、各行业的意见领袖等纷纷开始成立自己的企业,他们正在或者将要面临同样的问题。

新的需求使对这个课题的研究变得更有意义。
◇ **管理提示**
（1）依赖个人品牌的企业，要在适当的时候为淡化个人品牌、建立企业品牌做出布局。案例中的公司如果没有在几年前就开始强化团队服务模式，精心打造企业的知识体系，也不会在短短一年多的时间，就完成了从个人品牌到企业品牌的华丽转身。
（2）个人所从事行业领域的复杂度提升，对企业的品牌转型大有助益。
◇ **咨询提示**
（1）有些客户只是需要信心，但你最好提供一套思考框架。案例中的客户显然只需要获得一点信心，但我做了几天的研究后，为他提供了一套思考框架。咨询顾问最好不要将客户的信心只建立在积极的鼓励上，相反，你要和他一起分析情况，提供一个框架性的思考，作为给他的建议。只有这样，他才会真正产生行动的信心。
（2）个人品牌到企业品牌转化的咨询需求会逐渐增多，有志于在这方面为客户提供服务的咨询顾问，可以详细研究一下智力资本挖掘、模块化的方法论。
智力资本（intelligent capital）将会成为一个非常重要的主题。

第二节　品牌管理概述

一、品牌管理的定义

（一）企业品牌及其重要性

企业品牌是公司或组织所创造和维护的独特身份，包括名称、标志、口号、声誉和价值观等要素。它是公司在消费者心目中的形象，是与竞争对手区分开来的特征。企业品牌还涵盖了公司的声誉、产品和服务的质量以及与客户的互动方式。

企业品牌的重要性不言而喻，其主要从以下几个方面对企业的发展提供助力。

竞争优势。企业品牌可以帮助公司在激烈的市场竞争中脱颖而出。通过建立独特、有吸引力的品牌形象，企业可以增加品牌知名度、塑造积极的品牌形象，并吸引更多的客户。一个强大的品牌可以展现与竞争对手的差异化特征及优势，赢得消费者的忠诚度。

品牌价值。企业品牌可以为公司创造巨大的价值。如果一个品牌被认可为可靠、高品质和有价值的，消费者会更愿意购买该品牌的产品或服务，并且愿意为其支付更高的价格。因此，建立和维护一个有价值的品牌可以带来更高的利润和收益。

市场定位。企业品牌有助于确定公司在市场上的定位。通过品牌的识别和价值观的传达，公司可以在特定受众中塑造自己的形象。品牌定位的成功可以使公司吸引到目标客户，并与其建立紧密的联系。

声誉管理。企业品牌是公司声誉的重要组成部分。建立良好的品牌声誉可以增强消费者对公司的信任和忠诚度。一个良好的声誉可以帮助公司应对负面事件或危机，并保持消费者对公司的信心。

品牌扩展。一个强大的企业品牌为公司提供了发展和扩展的机会。如果一个品牌在某个市场中取得成功，公司可以利用其品牌价值和消费者忠诚度，进一步扩大到其他相关领域或市场。

企业品牌是公司成功的关键因素之一。它不仅是公司的身份和形象，还能为公司带来竞争优势、品牌价值、市场定位、声誉管理和扩展等益处。因此,建立和维护一个强大的企业品牌对于公司长期的成功和可持续发展至关重要。

(二)品牌管理的定义

品牌管理是一种战略性的管理活动,旨在塑造、建立和维护一个品牌在市场上的形象、声誉和价值。它涉及制定和执行一系列策略和措施,以确保品牌与目标市场的需求和期望相匹配,并与竞争对手区分开来。品牌管理的定义包含以下几个重要方面:

品牌塑造。品牌管理通过定义品牌的核心理念、价值观和个性,以及确定品牌的名称、标志、标识和视觉元素等,来塑造品牌的独特形象和识别特征。这有助于消费者对品牌产生认知和情感上的共鸣。

品牌定位。品牌管理需要明确定位品牌在目标市场中的位置和竞争优势。这包括确定品牌在消费者心目中的独特卖点,以及与竞争对手相比的差异化优势。品牌定位确保品牌在市场上具有明确的定位和目标受众。

品牌传播。品牌管理涉及品牌的传播和推广,以建立品牌的认知度、美誉度和忠诚度。这包括广告、宣传、促销、公关、社交媒体和其他营销渠道的运用,以传递品牌的价值主张、故事和形象,吸引和留住消费者。

品牌保护。品牌管理需要保护品牌的知识产权,包括商标、专利和版权等。同时,还需要采取措施防止假冒和侵权行为,维护品牌形象和声誉的完整性。

品牌体验。品牌管理强调提供积极的品牌体验,以满足消费者的期望并建立顾客忠诚度。

二、品牌管理的内容

品牌管理的起源可以追溯到古代时期的商品交易。古代商人通常在商品上刻上自己的标记或印记,以展示商品的来源和质量,同时也建立了自己的声誉和信任度。随着工业革命的兴起,大规模生产和市场竞争变得更加激烈。在这个时期,品牌开始成为产品之间的重要区分因素。例如,工业时代的一些知名品牌如可口可乐、耐克等开始崭露头角,并开始开展一系列品牌推广活动。20世纪初,广告业的兴起为品牌管理带来了新的机遇和挑战。品牌开始通过广告手段进行宣传,以增加知名度和消费者认知。广告媒体的发展,如电视、广播、杂志等,为品牌管理提供了更多的渠道和方式。随着全球化的推进,品牌管理变得更加复杂和关键。跨国公司开始在全球范围内销售产品和服务,品牌形象和一致性变得尤为重要。此时,品牌管理扩展到了多个市场和文化背景下的品牌传播和管理。进入21世纪,互联网和社交媒体的兴起对品牌管理产生了巨大影响。品牌不仅需要在传统媒体上进行推广,还需要在数字渠道上进行品牌建设和维护。数字化时代的品牌管理注重与消费者的互动、个性化营销和在线口碑管理。

随着时间的推移,品牌管理逐渐从简单的标志、标识物概念发展为一个全面而复杂的战略活动。现代品牌管理强调品牌价值、声誉、体验和消费者参与等方面,旨在塑造强大而有活力的品牌形象,以下是品牌管理的具体内容:

品牌定位。品牌管理的第一步是确定品牌的定位。这包括确定品牌的目标群体、核心价值主张和差异化要素。通过明确的定位,品牌能够在市场中找到自己的位置,并与竞争对手区分开来。

品牌识别。品牌管理还涉及创建和维护品牌识别系统,包括品牌名称、标志、标志色彩、字体等。这些元素在市场中起到区分品牌和建立认知度的关键作用。

品牌体验。品牌管理的目标是为消费者提供一致的品牌体验。这涉及品牌在产品、服务、营销和客户关系管理等方面的一致性。通过提供独特而一致的品牌体验,能够建立起消费者对其品牌的忠诚度。

品牌沟通。品牌管理包括制定品牌沟通策略,以确保品牌的声音和故事能够传达给目标受众。这包括广告、公关、社交媒体、品牌活动等各种沟通渠道和工具的使用。

品牌保护。品牌管理的一个重要方面是保护品牌的合法权益。这包括注册商标、监测侵权行为、维护品牌声誉等。品牌保护有助于避免盗版和假冒产品,维护品牌的价值和可信度。

品牌扩展。品牌管理还可以涉及品牌扩展,即将品牌延伸到新的产品、市场或行业。这需要谨慎考虑,以确保品牌扩展与品牌的核心价值和定位保持一致。

三、品牌管理的方法

品牌管理对企业发展的重要性无法忽视,企业通过品牌管理可以建立差异化竞争优势将自己品牌的独特卖点和价值主张与竞争对手的区别开来。通过差异化的品牌定位,企业可以吸引目标消费者,提高市场份额,并在竞争激烈的市场中脱颖而出。

(一)品牌管理的作用

增强消费者忠诚度。品牌管理有助于企业建立和维护良好的品牌形象和声誉,使消费者对品牌产生认同感和情感连接。忠诚的消费者更倾向于选择品牌产品或服务,增加回购率和口碑传播,为企业带来持续的收益和增长。

提升产品或服务价值。品牌管理能够为企业的产品或服务赋予附加价值。消费者往往对具有良好品牌认知的产品或服务更有信心,愿意支付更高的价格。通过品牌管理,企业可以塑造品牌形象和声誉,提高产品或服务的感知价值,并实现更好的定价策略。

有效市场传播。品牌管理有助于企业在市场中建立品牌知名度和认知度。良好的品牌管理可以帮助企业在广告、宣传和营销活动中更加有效地传播品牌信息,拥有更广泛的受众,提高品牌曝光度和市场影响力。

支持企业战略发展。品牌管理是企业战略管理的重要组成部分。通过明确的品牌战略,企业可以指导产品研发、市场拓展、渠道布局等决策,实现长期可持续发展。品牌管理使企业能够以长远的眼光来规划和执行战略,增强企业的竞争力和可持续性。

总之,品牌管理对企业发展至关重要。它不仅有助于建立差异化竞争优势,增强消费者忠诚度,提升产品或服务的价值,还能支持企业战略发展和市场传播。通过有效的品牌管理,企业能够在竞争激烈的市场中脱颖而出,赢得消费者的信任和支持,实现可持续增长。

(二)品牌管理的方法

品牌管理涉及多种方法和策略,旨在塑造和维护品牌的形象、声誉和价值。

品牌识别系统。建立和维护品牌识别系统是品牌管理的重要一环。这包括品牌名称、标志、标志色彩、字体等元素的设计和使用。一个明确而一致的品牌识别系统有助于建立品牌的认知度和识别度。

品牌体验管理。品牌管理需要关注消费者在接触品牌时的整体体验。品牌体验管理包括产品或服务的质量、客户服务的满意度和品牌的整体形象。通过提供积极而一致的品牌体验,品牌能够赢得消费者的忠诚度和口碑。

品牌沟通策略。品牌管理需要制定清晰的品牌沟通策略,以确保品牌的声音和故事能够传达给目标受众。品牌沟通管理包括广告、公关、社交媒体、品牌活动等各种沟通渠道和工具的使用。有效的品牌沟通能够增强品牌认知度和建立消费者的情感联系。

品牌保护和管理。品牌保护是品牌管理的重要组成部分。品牌保护和管理包括注册商标、监测侵权行为、维护品牌声誉等，以防止盗版和假冒产品的出现，并保护品牌的合法权益。

品牌扩展策略。品牌管理可以涉及品牌扩展，即将品牌延伸到新的产品、市场或行业。品牌扩展需要谨慎考虑，以确保与品牌的核心价值和定位保持一致，并能够满足目标受众的需求。

品牌评估监测。品牌管理需要进行定期的品牌评估和监测。品牌评估监测包括市场研究、消费者调查、竞争分析等方法，以评估品牌的知名度、认知度、忠诚度和市场表现，并及时调整品牌策略。

这些方法和策略可以根据具体情况和行业进行定制和调整，以实现品牌管理的目标和效果。品牌管理是一个持续的过程，需要不断地关注和改进，以适应市场的变化和消费者的需求。

(三)品牌管理面临的挑战与机遇

品牌管理在未来将继续面临新的挑战和机遇，主要有以下几个方面：

数字化和技术驱动。随着数字化和技术的不断进步，品牌管理将更加依赖于数字渠道和技术工具。虚拟现实(VR)、增强现实(AR)、人工智能(AI)等技术将为品牌管理带来全新的互动和体验方式。此外，数据分析和人工智能将为品牌管理提供更准确的市场洞察和个性化营销策略。

可持续发展和社会责任。消费者对品牌的社会责任和可持续发展的关注日益增加。未来的品牌管理将更加注重环境保护、社会公益和道德价值。品牌需要积极参与社会问题，并通过可持续的业务实践来赢得消费者的认可和忠诚度。

个性化和定制化。消费者对个性化和定制化产品和服务的需求不断增长。未来的品牌管理将更加关注消费者个体的需求和偏好，通过定制化的产品、个性化的营销和定制化的购物体验来建立深度的消费者关系。

用户生成内容和社交媒体影响力。用户生成内容和社交媒体的影响力将继续增强。品牌管理将需要更加积极地与用户互动，利用用户生成内容和社交媒体平台来扩大品牌的影响力和传播力。

品牌体验和情感连接。未来的品牌管理将更加注重品牌体验和情感连接。品牌需要通过创造引人入胜的品牌体验来吸引和留住消费者，并建立情感联系，以提高消费者的忠诚度和口碑。

全球化和跨文化管理。随着全球化的深入发展，品牌管理需要更好地适应不同的市场和文化环境。品牌需要通过跨文化管理来确保在不同地区的品牌传播和形象符合当地的文化背景和价值观。

未来的品牌管理将更加注重数字化和技术驱动、可持续发展和社会责任、个性化和定制化、用户生成内容和社交媒体影响力、品牌体验和情感连接，以及全球化和跨文化管理。适应这些未来发展趋势将是品牌管理者需要关注和应对的重要挑战。

第三节　企业品牌管理咨询与诊断

一、品牌管理对企业发展的影响

(一)品牌管理对企业发展的积极影响

品牌管理对企业发展具有广泛而深远的积极影响,具体有以下几个方面:

增强市场竞争力。品牌管理可以帮助企业在竞争激烈的市场中脱颖而出。通过明确定位、建立独特的品牌形象和传达差异化的价值主张,企业能够在消费者心中建立信任和忠诚度,从而增强市场竞争力。

提高产品或服务价值。品牌管理有助于提升产品或服务的价值。一个强大的品牌可以赋予产品或服务独特性、信誉和品质保证,从而使其更具吸引力和附加值。这有助于企业实现定价权和增加市场份额。

增强消费者信任和忠诚度。品牌管理可以建立消费者对企业的信任和忠诚度。一个良好的品牌声誉和品牌体验可以赢得消费者的信赖,使他们成为长期忠实的顾客,并推荐给其他潜在客户。

扩大市场份额和进入新市场。一个强大的品牌可以帮助企业扩大市场份额,并进入新的市场。消费者对知名品牌更具有认知度和信任度,因此他们更倾向于购买这些品牌的产品或服务。这有助于企业在新市场中获得更大的市场份额。

创造附加价值和品牌资产。品牌管理可以为企业创造附加价值和品牌资产。一个有价值的品牌可以成为公司的重要资产,为企业带来更高的市场估值、更好的融资条件和更多的商业机会。

影响员工士气和公司文化。品牌管理对企业内部同样具有重要影响。一个强大的品牌可以激励员工,增强他们的归属感和自豪感。此外,品牌管理可以塑造公司文化,使员工更加积极地追求品牌目标和价值观。

总之,品牌管理对企业发展具有关键的影响。它可以增强市场竞争力、提高产品价值、增强消费者信任和忠诚度、扩大市场份额、创造附加价值和品牌资产,以及影响员工士气和公司文化。因此,企业应重视品牌管理,并将其视为战略发展的重要组成部分。

(二)品牌管理对企业发展的消极影响

尽管品牌管理对企业发展有许多积极影响,但也可能存在一些不利影响,具体有以下几个方面:

品牌负面形象。品牌管理不善可能导致品牌形象遭受负面评价、口碑损害,从而影响消费者对企业的信任度和购买意愿。若某产品质量发生问题,但公司未能及时处理和回应,导致消费者对该品牌的信任度下降,品牌形象受损。公司应当及时回应和解决问题,与消费者进行公开透明的沟通,承担责任并采取补救措施。公司可以通过提供退款、更换产品、改进质量控制等方式恢复消费者对品牌的信心。

竞争力下降。品牌管理疏忽可能导致产品或服务的差异化不明显,使企业在激烈的市场竞争中失去竞争优势,影响市场份额和销售额。

品牌一致性缺失,定位混乱。品牌管理混乱可能导致企业在不同渠道和媒体上传递的品牌信息不一致,消费者对品牌的认知和记忆产生混淆,进而影响品牌忠诚度。若公司在不同渠道和媒体上传递的品牌信息不一致,消费者对品牌的认知和记忆可能产生混淆,导致品牌形象不清晰。公司应当建立品牌管理指南,确保在所有传播渠道上使用一致的品牌语言、标识和形象。监控和管理品牌形象的一致性,确保所有相关部门和合作伙伴都按照品牌管理指南来传递品牌信息。

品牌溢价受损。品牌管理不善可能导致消费者对品牌的感知价值下降,从而减少他们愿意为品牌产品或服务支付溢价的意愿,影响企业的利润和市场地位。若由于公司低质量产品或服务的负面口碑,消费者对该品牌的感知价值下降,导致他们不愿为该品牌支付溢价,公司应当提升产品或服务的质量,并积极致力于传播品牌形象的改善和创新。通过品牌营销活动和积极的口碑管理,引导消费者重新认识品牌,增强他们对品牌的感知价值,从而提高他们愿意为品牌支付溢价的意愿。

品牌定位混乱。若企业没有明确的品牌定位策略,则会导致产品或服务在市场上缺乏差异化竞争优势,消费者无法理解该品牌的独特价值。企业需要进行市场调研,了解目标受众的需求和偏好,明确品牌的目标定位,为产品或服务提供明确的独特卖点。通过有效的品牌定位策略,企业可以与竞争对手区别开来,吸引并保留目标消费者。

(三)企业的应对策略

为应对这些不利影响,企业应当制定清晰的品牌战略,明确品牌定位、目标市场和差异化竞争策略,以确保品牌管理的一致性和有效性。具体有以下几个方面:

加强品牌传播。企业应通过多渠道和多媒体手段,积极传播品牌形象和价值观,提升品牌知名度和认知度,以增强品牌在消费者心目中的地位。

提升品牌体验。企业应注重提供优质的产品或服务,增加消费者对品牌的满意度和忠诚度。通过持续创新和不断改进,提升消费者的品牌体验,从而增强品牌影响力。

建立品牌管理体系。企业应建立完善的品牌管理体系,明确品牌的核心目标、价值观和定位,明确品牌管理责任和流程,加强对品牌形象和品牌价值的监测和评估,及时调整策略和措施,确保品牌管理的有效性和连续性,通过提供卓越的产品和服务来建立良好的品牌声誉。与目标受众建立积极的互动,并在所有与顾客接触的渠道上提供一致的品牌体验。同时,积极管理与顾客的关系,处理投诉和反馈,并建立信任和忠诚度。

品牌管理对企业发展具有重要的影响,不当的品牌管理可能导致品牌形象受损、竞争力下降等不利后果。通过建立明确的品牌战略、加强品牌传播、提升品牌体验和建立品牌管理体系等对策,企业可以有效应对这些挑战,提升品牌价值和市场竞争力。

二、企业品牌管理内涵及作用

(一)企业品牌管理的内涵

企业品牌管理是指企业通过一系列战略和活动来塑造、传达和维护其品牌形象的过程。它涉及品牌定位、品牌传播、品牌体验和品牌管理等多个方面。

首先,品牌定位是企业品牌管理中的重要环节。它涉及确定企业品牌在目标市场中的定位和差异化,以便在激烈的市场竞争中脱颖而出。品牌定位需要考虑目标市场的需求、竞争对手的策略和企业自身的竞争优势,以确保品牌在消费者心中建立起独特的地位。

其次,品牌传播是企业品牌管理的另一个重要方面。它包括品牌宣传、广告、公关和市场营销等活动,旨在将企业的品牌形象传达给目标受众。品牌传播需要选择适当的传播渠道和媒体,并采用合适的传播策略,以确保品牌信息能够有效地传达给目标受众,并在他们心中建立起积极的品牌认知和情感。

第三,品牌体验是企业品牌管理中不可或缺的一环。它指的是消费者在购买和使用企业产品或服务时所获得的整体体验。品牌体验需要关注产品或服务的质量、可靠性、创新性以及与消费者的互动体验等方面,以确保消费者对品牌有良好的感知和认同,并形成品牌忠诚度。

第四,品牌管理是企业品牌管理的核心任务之一。它涉及对品牌形象和声誉的保护和维护,以确保品牌在市场上的长期竞争力和价值。品牌管理需要建立有效的品牌管理体系,包括品牌标准、品牌沟通、品牌监测和品牌修复等方面,以确保品牌在各种情况下都能够保持一致的形象和价值观。

总之,企业品牌管理的内涵包括品牌定位、品牌传播、品牌体验和品牌管理等多个方面。通过有效地执行品牌管理策略,企业可以建立起有竞争力的品牌形象,并赢得消费者的认可和忠诚度。

(二)企业品牌管理的作用

企业品牌管理在现代商业环境中扮演着至关重要的角色,具体有以下几方面作用:

建立品牌认知和认同。企业品牌管理帮助企业在市场上建立起独特的品牌形象和声誉,使消费者能够识别和认知该品牌。通过不断的品牌宣传和传播,企业可以提高品牌的知名度,并在消费者心中建立起积极的品牌认同。

创造品牌价值和竞争力。通过品牌管理,企业可以为其产品或服务赋予附加值,从而提高产品的价格和市场竞争力。强大的品牌可以使消费者更愿意购买和信任企业的产品,从而提高销售额和市场份额。

塑造品牌形象和品牌故事。品牌管理帮助企业塑造其在消费者心中的形象和故事。通过有意识地传达品牌的核心价值观、品牌故事和品牌文化,企业可以与消费者建立情感联系,并树立起积极的品牌形象。

提升品牌忠诚度和口碑。通过提供出色的产品和服务,并与消费者建立良好的沟通和互动,企业品牌管理可以促进消费者对品牌的忠诚度。忠诚的消费者往往会成为品牌的品牌大使,积极地推荐和宣传品牌,从而提高品牌口碑和影响力。

回应市场变化和危机管理。良好的品牌管理能够帮助企业更好地应对市场变化和危机。通过建立稳固的品牌声誉和强大的品牌形象,企业可以在市场波动时保持稳定,并且能够更好地管理和应对潜在的品牌危机。

企业品牌管理的作用是多方面的,它可以建立品牌认知和认同,创造品牌价值和竞争力,塑造品牌形象和品牌故事,提升品牌忠诚度和口碑,以及回应市场变化和危机管理。

三、企业品牌管理咨询与诊断的方法

企业品牌管理咨询与诊断是一种专业服务,旨在帮助企业识别和解决品牌管理方面的问题,并为企业提供有针对性的建议和解决方案。

(一)企业品牌管理咨询与诊断的作用

企业品牌管理咨询与诊断是指通过专业顾问或咨询机构对企业的品牌管理策略、实践和执行进行全面分析和评估,旨在发现潜在的问题、挑战和改进点,并提供针对性的建议和解决方案。企业品牌管理咨询与诊断的主要作用是帮助企业提升品牌管理的效果和效率。它可以帮助企业识别和解决品牌管理方面的问题,提供专业的建议和战略方向,并指导企业在品牌定位、品牌传播、品牌体验和品牌管理等方面做出明智的决策和行动。

识别品牌管理中的问题和挑战。通过深入分析企业的品牌策略、市场环境和竞争对手,咨询顾问可以帮助企业识别品牌管理中存在的问题和挑战,如品牌模糊定位、传播不一致、品牌体验差等。

提供专业的建议和解决方案。基于对企业品牌管理的全面了解,咨询顾问可以为企业提供有针对性的建议和解决方案,以改善品牌管理策略、提升品牌价值和竞争力,从而实现长期的商业成功。

引导品牌管理战略和决策。咨询顾问可以引导企业在品牌定位、目标受众选择、品牌传播渠道、市场推广策略等方面做出明智的战略决策。他们可以根据市场趋势和最佳实践,帮助企业制定具有竞争优势的品牌管理策略。

提供专业的行动计划和实施指导。咨询顾问还可以为企业提供具体的行动计划和实施指导,确保品牌管理策略能够顺利实施。他们可以协助企业建立品牌管理体系、培训员工、开展市场营销活动,并监测品牌管理效果。

企业品牌管理咨询与诊断的意义在于帮助企业优化品牌管理,实现持续的竞争优势和商业增长。通过专业咨询顾问的服务,企业可以更好地了解自身品牌的优势和劣势,及时发现并解决品牌管理中的问题,提升品牌认知、忠诚度和信任度。此外,咨询与诊断还可以帮助企业抓住市场机遇、应对竞争挑战,确保品牌在不断变化的商业环境中保持竞争力。

(二)企业品牌管理咨询与诊断的一般方法

企业品牌管理咨询与诊断是通过专业顾问的服务,对企业的品牌管理进行全面分析和评估,并提供有针对性的建议和解决方案。它的作用是帮助企业识别和解决品牌管理中的问题,提供专业的建议和战略方向,并引导企业在品牌管理策略和实施上做出明智的决策。其意义在于优化品牌管理,实现持续的竞争优势和商业增长。企业品牌管理咨询与诊断方法可以根据具体的情况和需求而有所不同。

1. 品牌定位与价值识别

品牌定位分析。评估当前的品牌定位是否与目标市场需求和消费者偏好相匹配,识别潜在的差距和改进点。

品牌价值识别。评估品牌的核心价值观、个性和独特性,以确定品牌在目标市场中的差异化竞争优势。

2. 品牌传播与沟通评估

品牌传播与沟通评估包括品牌传播渠道分析、一致性评估和声誉与口碑评估三个方面。

品牌传播渠道分析。评估企业当前使用的品牌传播渠道,包括广告、营销活动、社交媒体等,以确定它们是否与目标市场相匹配,并探索新的传播机会。

品牌一致性评估。评估品牌在不同渠道和媒体上的传播一致性,包括品牌标识、视觉设计、口号等,以确保品牌形象的统一和连贯性。

品牌声誉和口碑评估。通过收集和分析消费者的反馈、用户评论和社交媒体数据,评估品牌的声誉和口碑状况。

3. 品牌体验与管理评估

用户体验评估。通过分析顾客旅程和用户反馈,评估品牌的产品或服务体验,包括品质、创新性、可靠性和与用户的互动等方面。

品牌管理体系评估。评估企业的品牌管理体系,包括品牌标准、品牌管理流程、员工培训等,以确保品牌在内部管理中得到有效践行。

这些方法和步骤是企业品牌管理咨询与诊断的一般性示例。咨询顾问可以根据具体情况采用适当的工具和技术，以确保全面而深入地了解企业品牌管理的现状和潜力，并提供有针对性的建议和解决方案。

四、企业品牌管理咨询与诊断流程

（一）企业品牌管理咨询与诊断的一般流程

1. 确定目标和需求

确定企业品牌管理咨询的目标和范围，明确诊断的重点和关注点。收集企业的背景信息，包括品牌历史、市场定位、目标受众等。

2. 数据收集与分析

进行市场调研和分析，包括客户调研、竞争分析和市场趋势分析。收集和分析内部数据，如销售数据、市场份额等。进行品牌资产评估，评估品牌的知名度、声誉、标识和资产价值。企业应当确定用于评估品牌资产的指标和衡量标准。这些指标包括品牌知名度、声誉、标识效果、资产价值等。根据企业的具体情况和目标，选择适合的指标来进行评估，即通过市场调研、消费者调查、品牌曝光度等方式评估品牌在目标市场中的知名度水平。可以考虑使用指标如品牌知名度的调研结果、品牌在社交媒体中的讨论度和品牌相关媒体曝光度等进行评估，即通过消费者调研、市场调研、舆情分析等方式评估品牌在目标市场中的声誉。可以考虑使用指标如消费者满意度、品牌关键属性的认可度、品牌评论和评分等评估品牌标识的有效性和识别度。可以通过调研品牌标识的辨识度、设计风格是否与品牌定位一致、在不同渠道上的一致性等方面评估品牌的价值和贡献。可以采用财务指标如品牌溢价、市场份额、品牌价值评估模型等，结合市场调研数据和品牌资产的贡献度进行评估，在对收集到的评估数据进行分析和综合的基础上，得出品牌资产的整体评估结果。可以使用定量和定性方法，将不同指标进行加权，得出综合评估结果。此外，企业进行品牌资产评估时，可以考虑借助专业咨询机构或市场调研公司的服务，以获取更准确和全面的评估结果，同时利用他们的专业知识和经验进行解读和指导。

3. 品牌定位与价值识别

分析目标市场和目标受众，了解他们的需求和偏好。确定企业产品或服务的市场范围，包括地理位置、行业、规模、消费习惯等因素。了解目标市场的范围将有助于明确分析的方向和重点。通过市场研究和调研方法，收集与目标市场相关的数据。这些数据可以包括市场规模、增长趋势、竞争对手信息、消费者行为和偏好等。市场数据可以从市场报告、行业协会、互联网研究和采购数据等渠道获得。确定目标受众的特征和特点，包括年龄、性别、收入水平、教育背景、兴趣爱好、购买行为等。此外，还要关注他们的需求、痛点和价值观。这些信息可以通过市场调研、消费者洞察和数据分析等方式获取。基于目标受众的特征和特点，创造一个具体的买家人设，代表目标市场中的典型消费者。买家"人设"可以包括姓名、年龄、职业、兴趣、需求等详细信息。这有助于企业更好地了解目标受众，并在品牌传播和市场营销中进行有针对性的定位。了解竞争对手在目标市场中的定位、产品特点、市场份额、价格策略等信息。通过比较分析，找到企业与竞争对手的差异化优势，并确定如何在目标市场中脱颖而出。通过分析企业的优势、劣势、机会和威胁，评估企业在目标市场中的竞争优势和潜在风险。SWOT分析可以帮助企业制定目标市场的战略和行动计划。市场环境和目标受众的需求都在不断变化，因此企业应该定期更新并监测市场和受众的信息。通过市场研究、用户反馈、数据分析等方法获取最新的市场洞察，以便及时调整和优化品牌管理和市场策略。

4.品牌传播与沟通评估

评估品牌传播策略和渠道的效果和一致性，分析品牌的市场沟通活动和广告效果，评估品牌在不同媒体和渠道上的表现和形象。

5.诊断分析与问题识别

针对收集的数据和分析结果，进行全面的诊断分析，发现品牌管理中的问题和机会；识别品牌管理的短板和改进点，并进行优先级排序。

6.咨询与解决方案提供

基于诊断分析的结果，提供具体的品牌管理建议和解决方案；制定品牌策略、传播策略和品牌体验改进计划；提供实施指导和行动计划，确保解决方案的有效实施。

7.监测与评估

建立品牌管理的监测和评估体系，以追踪品牌管理策略和解决方案的实施效果。定期评估品牌的知名度、声誉、市场份额等关键指标。根据反馈和数据，进行持续的优化和改进。首先，确定用于监测和评估品牌管理的关键指标和目标。这些指标包括品牌知名度、品牌声誉、市场份额、品牌忠诚度、品牌满意度等。目标应该明确、具体，并与企业的战略目标和品牌愿景相一致。其次，收集与关键指标相关的数据和信息。这可以通过市场调研、消费者调查、品牌监测工具、社交媒体监测、销售数据等多种渠道获得。确保数据的准确性和可靠性，并建立数据收集和整理的机制。再次，根据关键指标和目标，设计适合的评估方法和工具。这可以包括定量调研、定性分析、数据分析、品牌评估模型等。根据需要，可以选择使用内部团队、外部咨询公司或专业机构的服务来进行评估，制定评估的时间周期和流程。这可以是每个季度、每半年或每年进行的评估，以确保及时获取品牌管理效果的反馈和调整。建立评估流程，明确评估的步骤、责任人和时间安排，对收集到的数据进行分析和解读，得出有关品牌管理效果的结论和建议。这可以通过统计分析、数据可视化、品牌评估报告等方式进行。确保评估结果具有可行性和可操作性，并与相关部门共享结果以促进改进和决策。最后，根据评估结果，制定品牌管理的改进计划和优化策略。这可能涉及品牌定位的调整、传播策略的优化、与利益相关者的沟通等方面。确保持续跟踪和监测品牌管理的效果，并进行必要的调整和改进，为员工提供相关的培训和意识提升活动，以增强他们对品牌管理的理解和参与度。这有助于建立一个全员参与的品牌管理文化，提高品牌管理的有效性和成果。

每个企业品牌管理咨询与诊断流程都应该根据企业特定需求进行定制化。这个整体流程提供了一个通用的指导框架，用于帮助企业系统性地分析和解决品牌管理方面的问题，并实现长期的商业成功。

（二）企业品牌管理与诊断可能遇到的问题

企业在品牌管理咨询与诊断流程中也可能会遇到问题，具体有以下几种：

品牌定位问题。企业可能面临不清晰或不准确的品牌定位。解决方法包括详细分析市场和竞争对手，重新定义目标受众，并开展品牌调研以了解目标受众对品牌的看法。

品牌识别问题。企业的品牌标识可能不具有辨识度或吸引力。解决方法包括评估当前品牌标识的有效性，并进行必要的调整和改进，以确保其与品牌价值和目标一致。

品牌传播问题。企业可能在品牌传播方面遇到困难，如缺乏一致的品牌声音或无法有效传递品牌价值。解决方法包括建立品牌声音指南，制定一致的传播战略，并确保所有沟通渠道都传达品牌的核心信息。

品牌声誉问题。企业可能面临声誉受损的风险,如负面舆论或品牌形象受损。解决方法包括建立有效的危机管理计划,及时回应负面事件,并积极与利益相关者沟通,以修复声誉。

内部品牌一致性问题。企业可能在内部员工之间缺乏对品牌的一致理解和共识。解决方法包括开展内部培训和沟通活动,以确保员工了解品牌的核心价值观,并能够在其角色中体现品牌。

战略规划问题。企业可能没有清晰的品牌战略规划,导致缺乏长期发展方向和目标。解决方法包括开展市场调研,制定明确的品牌目标,并制订相应的战略计划,以实现品牌的长期增长。

在解决这些问题时,需要注意确保基于全面的数据和市场调研进行问题分析和解决方案制定;与企业内部各个部门和利益相关者密切合作,确保他们的参与和理解;监测品牌管理咨询和诊断流程的执行情况,并根据需要进行调整和改进;建立明确的指标和目标,以便评估品牌管理的效果和成果;持续跟踪市场和竞争对手的变化以及消费者对品牌的看法和反馈,并及时作出相应的调整。

思考问题

1. 企业如何结合自身实际进行有效的品牌管理?
2. 有哪些企业通过有效的品牌管理咨询与诊断取得了明显的进步?具体体现在哪些方面?

第十二章 企业电子商务管理咨询与诊断

第一节 引入案例

一家从事留学中介服务的公司,受到了互联网的巨大冲击。

留学服务是指为有出国留学需求的人选择报考相关的学校,为他们提供咨询服务、代办服务,以及接待和安排入学。从学校的选择到申请材料填写,以及申请者的资质打造,留学服务市场是一个显著的依赖信息不对称而进行盈利的领域。

互联网的出现,特别是移动互联网的出现,打破了这种信息不对称。网上出现了相关的微信群甚至App,服务的提供方和需求方在网上相遇。所在学校的在读学生就可以为想要去该学校的留学人员提供相应的服务。

沟通的便利性让信息快速流通,同时,打破了留学服务机构的价值主张。

面对这种情况,这家依赖线下面对面交流的留学中介服务公司,产生了巨大的转型压力。

◇ **喜欢国学的老板**

出乎意料的是,这家专门从事留学中介服务公司的管理者,竟然对国学颇感兴趣。在我们见面时他提出的第一个问题,让我发现了这一点。

"您觉得这来势汹汹的互联网变革,是否可以用《易经》分析?"

"这个问题有意思,您能具体说说为什么会这么想吗?"我问道。

"易理的一个主张便是拥抱变化。任何事都会发生变化,比如我的公司,做了17年了,一直处于行业里比较领先的位置,但如今却被新的变化困扰,其主要原因就是我们没有积极地拥抱变化。我们曾经以为自己一直会处于巅峰的发展状态。虽然时刻警惕同行业的竞争对手对我们发起冲击,却从未考虑到会因为一项不了解的信息和通信技术,让我们陷入困境。既然凡事都是变化的,我觉得遇到困难也无须害怕,因为困境也会变,柳暗花明又一村!"

说到这里,他笑了起来。

"所以,您来这里是希望寻求一些改变之道?"虽然我对易理所知不深,但对他的这段话还是深有感触的。

"是的。我已经不算未雨绸缪了。之前,公司就有年轻人提起过互联网会对我们造成一定的冲击。但因为管理层都是人文学科出身,对信息和通信领域的理解不深入,因此将这些有价值的内容忽视了。

"我是看到您的介绍,理工科出身,因此才来和您见面的。在谈具体的公司事务之前,我想先问问,您觉得人文学科和理工科之间,有什么显著的区别和联系?"

在咨询的过程中,作为顾问,很多时候会被客户问到一些毫无准备的问题。比如这个客户,在事先填写的轻咨询调查表上,关于"咨询目的"这一栏里,填写的是寻求公司的商业模型和互联网转型。见面时,却问出一个宏大的问题——人文学科和理工科之间的区别和联系,这样的问题足以写一篇复杂的论文,或者需要数本书来讨论,岂能在区区2个小时的轻咨询中解决?

客户当然知道这类问题没有简单的答案,但他为什么要在时间特别紧张的轻咨询中提出来呢?我认为有以下几个原因:

其一,客户提出类似的大问题,实际上是寻求参与咨询的心理上的平衡。参与咨询意味着求助,而自尊心很强的人,认为求助是示弱的表现。这样的人会利用一些大问题试图难住咨询顾问,寻求心理上的平衡。

其二,杜绝信口开河。企业管理者希望用一些很难回答的问题,显示自己的水平,以此打消咨询顾问信口开河的想法。

其三,寻求价值观的匹配。"先做人,后做事"是很多中国管理者的信条。因此,在遇到咨询顾问时,他们先用一些大问题投石问路,以便寻求对咨询顾问价值观的理解,看看是否与自己的价值观、企业价值观匹配。

其四,对战略的误解。认为战略咨询往往是坐而论道,希望获得顾问在"道"上的认同,再去讨论具体"术"的层面的问题。

因此,在实际的咨询工作中,我常常遇到一些上来就抛出世界观、人生观、价值观,或者与天地万物之法相关的"大问题"的客户。

很多具有儒商气质的企业管理者,对悠久的历史文化有深刻的了解,非常了不起。但从另一个层面上看,这也造成了他们对新环境和新变革的不敏感。

作为咨询顾问,你可以回避这些看似与咨询主题不相关的问题,但也要为回避类似的问题做好付出代价的准备。代价往往是,无论后面你说什么,客户都听不进去了。

这会大大降低咨询服务的价值。

◇ 定量与定性的关系

我知道这种问题不能回避,于是简要地回答说:"您的问题是一个高屋建瓴的问题。但人文学科与理工科的区别和联系很复杂,坦白说,目前我未必能给出特别系统的分析。不过,我认为人文学科更倾向定性的分析;而理工科,或者说自然科学,更倾向定量的分析。"不知道您怎么看待这个问题?"

他思索片刻,反问:"这是不是意味着要分析清楚一件事,定性和定量的分析都需要?"

"没错,我也这么认为。"

听我这么回答,他放松了。我知道,我的回答获得了他的认可,或者打消了他的顾虑。

"我们就拿您今天过来咨询的互联网转型的商业模式来说,对新的商业模式就是需要定性和定量两种分析来确定。信息和数字技术的优势在于定量分析,而商业模式的交易结构设计,需要衡量不同利益,相关者能否对整个交易贡献价值。如果一个相关者不能对整个交易贡献价值,那么他就不是这套商业模式的利益相关者,也就更加没必要用定量的方法来分析他了。我举个例子,我们公司是从事留学中介服务的,那么,一个根本不想留学的人,无论我们采用何种商业模式,他也很难跟公司产生关系。因此,我们就不需要用定量分析的方法来分析他了。反过来,如果一个人既想出去留学,又考虑其毕业之后是否留在国外,这类人就值得我们来定量分析。至少,我们可以分析这类客户在留学中介服务、海外房地产投资两个方面的需求产生的价值。"

"我明白了,定性分析可以作为定量分析的前提,如果定性分析排除了,就没有必要对其进行定量分析了。"

"是的,不过定量分析对定性分析也有作用。"我提示了一句,还是留给对方思考。我要遵守咨询顾问的第一准则:自己说了什么不重要,对方能听见什么才是最重要的。

"您是说,从定量分析里面发现定性的要素。"

"是的,互联网的商业设计模式,很多情况下就是通过对精准数字的分析和测量,作出定性的决策。"

虽然我们的话题起自人文科学和自然科学的差别与联系,但最终的落脚点还是互联网转型的商业模式设计。

这样聊天仿佛是兜一圈,但为了让企业管理者能够进行自我分析,引导他寻找答案,兜一圈还是有必要的。

听完我的话,他若有所思,沉默了一阵子。看得出,他在积极地思考。

"我明白了,您的意思是,通过对互联网上的相关数据,比如消费者的消费数据分析,我们就能知道消费者的潜在需求,从而满足相关的需求。这就像刚刚您说到的,留学中介服务背后,很可能有海外房地产投资的需求。"

"没错,这就是数据决策的精髓。本来我们不做海外地产的生意,专注做留学中介,但我们通过数据统计发现,有很大比例的留学生毕业之后想要留在目的地国家,同时这部分人中有一部分在海外置业。通过这些相关数据,我们就可以知道,海外地产业务适不适合我们公司,还可以知道我们拓展新业务采取哪种商业模式。比如我们可以招海外地产的广告商,提供精准的广告渠道,也可以做海外地产的中介,甚至投资房地产开发。这些都会给我们的经营带来新的、稳健的增长点。这些增长点能不能做、以何种商业模式做,是定性的决策。真正开始做了之后,又会产生新的数据,供我们进行定量分析。此外,就算是对互联网的理解,我们也可以做一些定性的考量。互联网技术本身是通信的一个分支,属于纯理工科,基于半导体、计算机等自然科学的发展。但互联网给商业和社会带来的影响、对环境的改变,则必须从人文学科的视角来理解。互联网、移动互联网、5G物联网等,这些新兴技术给商业带来的影响,可以用四个词来总结:连接、沟通、协同、共享。"

"连接、沟通、协同、共享。"他重复道,"有意思,颇有点大道至简的味道。"他笑容满面,真正地放松了。这是他熟悉的语言,用这种语言足以帮他应对高冷的通信技术。

"网络通过连接计算机,实际上是连接了计算机背后的人,同时连接在一起的人产生了信息沟通,这些信息包括需求信息、供应信息及如今的位置信息等;通过信息的充分沟通,人们协同起来,一起做一些事情。这就是您公司主要业务的竞争对手,也就是那些海外留学生做的事情。之后,人们将协同工作所带来的全部或者部分成果拿出来共享。共享之后,这些成果会吸引和连接更多的人,产生更多的沟通和协同,带来更多的成果或者质量更高的成果,然后分享它们。如此循环往复,就塑造了互联网时代,将被连接的要素由人扩展到物,就将塑造物联网时代。"说完这些,我暂停了谈话,给对方充分的思考时间。他拿出笔,在自己的本子上写下了"连接、沟通、协同、共享"八个大字,并画了一个循环的闭环图案。

◇ 积极拥抱变化

"这就意味着我们必须要转型,因为我们阻止不了人们在网上连接、沟通、协同和共享。"他自言自语道。

"互联网技术和未来的通信相关的技术,加快了这一循环的速度,使它的效率大大提高,我认为没有人能阻止这一变化的发生。但是我们为什么要阻止呢?既然阻止不了,为什么不能加入他们,甚至帮助他们呢?"

他看着我,若有所思地说:"对啊,我们可以帮助他们,为他们提供一个沟通平台,嫁接相关的服务。例如法律服务、签证服务,所有留学生不专业的,我们都可以帮忙,然后收取一定的管理费用!"

"再通过平台上产生流量,开拓其他业务!"我补充道。

"太棒了!这个想法,想想都会兴奋!不过,要实现这样的想法,还需要一些具体的设定吧?"他已经有了立即行动的冲动。

"没错,这就是下一步要做的事情。接下来,我建议考虑另一个定性的问题——承担变革任务的团队该怎样组建。"

"您说得对!这件事情,我们公司的原始股东是做不了的。"

他这么说,让我想起了他在咨询前填的信息调查表里的内容。这些内容表明他们已经在互联网转型这条路上进行了多番尝试,一直都没有取得好的成效。

几乎所有的股东都达成了一致,公司业务如今受到的冲击太大了,因此必须实现转型升级;否则,这个业务就做不下去了。一方面,随着海外留学的人越来越多,留学这件事没有那么神秘了;另一方面,很多留学生利用自己的手机做起了"留学顾问"。咨询表里,他给出的屡屡失败的原因是:无法组建对互联网深入理解的团队,而公司现有的管理团队对互联网十分陌生。

这次轻咨询除了要提升他对互联网时代商业模式设计的思维模式,还要帮他梳理清楚,转型团队的管理者需要具备什么素质。

◇ 追求大概率的成功

"通过前面关于人文科学及自然科学,也就是理工科的讨论,还有定性和定量分析的谈话,您对转型团队管理者的素质有什么新的想法吗?"

"有的,这次谈话让我明白了,在面对一个新事物的时候,要学会用人文和自然科学两种思维方式来理解。我喜欢国学,我觉得在定性研究领域里,国学几乎涵盖了所有方面。在定量研究上,我们需要的是一位有理工科背景,同时又对定性分析感兴趣的转型带头人。"

"非常有道理!您完全可以将这个标准交给公司的人力资源部门,让他们帮您将其分解成具体的招聘需求信息。不过,这类人恐怕不好找。"

"是的!优秀的人才总是难得的!老师,您有什么建议?"

"如果短时间内找不到最合适的人,可以先招聘一名对互联网有深刻理解的理工科人才。这样的人选比较多。同时,公司可以考察候选人的学习能力。如果候选人学习能力强,公司完全可以利用现有的国学氛围,培养他的人文思维。我认为,一个具有一定阅历的人,一定会对人文思维感兴趣的。毕竟每个人都生活在社会里,生活在中国文化中。"

"您这么一说,让我更有信心启动此事了。我们积累的经验和人文方面的思维,在转型时期也能够起到作用。"

"我这么建议,其实是因为任何转型项目,都会有一个被我命名为'大概率成功窗口期'的限制。这个概念您愿意了解一下吗?"

"非常愿意!"

"首先，我们要承认，成功是一个概率问题，做任何事都没有百分之百成功的。我们总会遇到各种各样的挫折，并且要调整自己，追求大概率的成功。业界有个不成文的说法，任何成功的商业模式都不是当初它被设计出来的样子。也就是说，设计商业模式只是为我们接下来要做的事情寻求一个范围和粗略的结构。之后，我们先在这个范围里迈出第一步，然后不断审视我们的设计并调整它，以期最终产生符合实际情况的商业模式。您可能听说过，在创办阿里巴巴之前，马云创业项目的第一个商业模式是网上大黄页。随着工作的深入，几经演变最终成了阿里巴巴和淘宝。后来，在这个基础上又有了支付宝、菜鸟。简单来说，商业模式要能迭代，这样才能提高成功概率。既然成功是一个概率问题，那么就会有概率大小。我认为，对于互联网转型这件事情来说，先发优势还是很重要的。比如有人说在电商零售领域里再做出一家公司来颠覆阿里巴巴，我认为，几乎是不可能的。互联网提高了商业模式运行的效率，谁的效率高，资源就在谁那里。您应该听说过马太效应。"

"强者恒强！"他说道。

"是的，既然如此，转型的时间点和速度，成为影响成功概率的重要因素。也就是说，在您公司所在的领域内，如果还没有其他强势的互联网平台，做这样的平台取得成功的概率就会大一些。相反，如果我们没有快速行动，把先机让给了竞争对手，可能就会降低成功的概率。这个时间是有最长窗口期的，我称为'大概率成功窗口期'。"

"所以，您的意思是，我们想通了就不要等，要先开始，然后一边干一边调整？"

"正是如此！"

"我十分同意您的说法！"他肯定地回答。

◇ 后续进展

轻咨询服务结束后，我被邀请到他的公司做了详细的转型调研，并通过与公司员工、客户及合作伙伴共同召开的会议，我们一起找到了很多不错的商业模式创新思路。

我将这些新思路整理成商业模式创新设计报告，提交给了企业管理者。最终，他们按照这份报告的建议，结合公司的情况选择了相应的商业模式方案，并积极投入实施，取得了不错的成绩。

◇ 管理提示

（1）企业管理者对新生事物的了解，尽量不要也没有必要涉及技术层面。一来我们无法掌握所有的相关技术；二来商业的运营未必需要以了解技术本身为基础。管理者只需要认真理解某项新技术会给商业行为带来什么影响、会产生什么后果、产生各种后果的可能性有多大，以及这些改变能否满足客户的潜在需求。这些问题才是企业管理者面临激烈技术变革时要认真思考的。技术本身的问题，可以由精细的社会分工来解决。

（2）企业管理者也必须学习并掌握一些人文思维。企业文化、领导力、愿景、使命、价值观和员工激励乃至客户需求分析，都脱胎于深刻的人文思维。毕竟我们生活在社会文化中，商业必然会受到人文环境的影响。这一点不容忽视，就算是大型技术变革项目，比如智慧城市的设计和实施，也必须考虑城市的人文建设。如果一项技术的使用不能满足人们的需求，那么怎么会有人为它买单呢？商业中的技术应用，尤其要考虑人文要素。

（3）企业管理者应该掌握定量分析的基本思维。定性和定量分析，是商业决策者必须具备的两种思维技能。管理者要特别注意定量和定性两种分析方法之间的相互作用及关系。

（4）在互联网和未来的数字商业时代，"大概率成功时间窗口期"这个概念对企业管理者十分重要。

◇ 咨询提示

(1) 客户从自己的出发点来参与咨询的过程中，难免会提一些让咨询顾问感觉离题千里的问题。没有经验的顾问会忽视这些问题，转而要求客户谈回所谓的"正题"。这样做表面上看节省了时间，提高了咨询的效率，但是并没有让咨询对客户产生影响，最终导致顾问提供的咨询服务毫无效果。没有效果的效率，是最大的浪费。相反，有经验的顾问必须知道，一旦客户离题千里，实际上是给顾问一次在心理上跟他无限接近的机会。

(2) 在几乎所有寻求商业模式设计咨询的客户中，对变革的恐惧是顾问要面对的第一个难题。商业模式的改变绝非小的改变，而是极大的、系统性的变化。从商业模式、盈利模式到团队和人才选择，以及利益相关者的重新界定，都要发生变化。客户公司可能要付出巨大的努力、投入很多资源才能取得实实在在的成功。客户心怀恐惧，是非常正常的反应。

(3) 当客户对自己要做的事情特别陌生的时候，咨询顾问应该提供足够多的信息；并在提供这些信息时，尽量采取客户的语言体系而非自己的语言体系，让客户对新事物有初步的理解。

满嘴专业术语和新名词的咨询顾问，很少会是能让客户真正采取行动的顾问。

第二节　电子商务管理咨询与诊断

一、企业电子商务概述

电子商务是指利用互联网、计算机网络和电子通信技术进行商业交易和活动的过程。它涵盖了在互联网上进行的各种商务活动，包括购买、销售、支付、供应链管理、在线广告和营销等，在因特网开放的网络环境下，基于客户端/服务端应用方式，买卖双方不谋而地进行各种商贸活动，实现消费者的网上购物、商户之间的网上交易和在线电子支付以及各种商务活动、交易活动、金融活动和相关的综合服务活动的一种新型的商业运营模式。电子商务有 B2B、B2C、C2C 等模式。其涵盖了以下几个方面：

在线购物。消费者可以通过电子商务网站或应用程序浏览商品、选择购买、生成订单，并进行支付。这使得消费者可以随时随地进行购物，无须受制于时间和地点的限制。

网络支付。电子商务提供了各种在线支付方式，如信用卡、借记卡、电子钱包和移动支付等。这些支付方式使得交易过程更加便捷快速，消费者可以通过几个简单的步骤完成支付。

供应链管理。电子商务改变了传统的供应链管理方式。企业可以通过电子商务平台与供应商、制造商和分销商进行在线交流和协作，实现供应链的优化和协调。这有助于提高供应链的效率、降低成本，并更好地满足顾客需求。

电子市场。电子商务提供了各种电子市场和平台，企业可以在这些平台上展示和销售他们的产品。这些电子市场可以是大型综合性的电商平台，也可以是针对特定行业或产品的专业市场。这为企业拓展市场、增加销售渠道提供了便利。

在线广告和营销。电子商务为企业提供了在线广告和营销的机会。通过搜索引擎优化、社交媒体营销、电子邮件营销等手段，企业可以吸引目标受众并提高品牌知名度和销售额。

客户关系管理。电子商务可以帮助企业建立和管理与顾客的关系。通过数据分析和个性化营销，企业可以更好地了解顾客需求并提供个性化的产品和服务。这有助于提高顾客满意度、促进重复购买和口碑传播。

电子商务的法律和安全性。电子商务涉及法律和安全性的问题,如隐私保护、知识产权、电子合同和争议解决等。企业需要遵守相关法律法规并采取安全措施,保护用户信息和交易安全。

在过去的几年里,电子商务发展迅猛,并逐渐成为商业活动的主流形式,由于智能手机的快速普及使人们能够随时随地进行网购。这推动了在线购物的便捷性和普及度。并且随着电子支付技术的成熟,如支付宝、PayPal和信用卡支付等,购物变得更加方便和安全。这种支付方式的普及也为电子商务的发展提供了基础。此外,社交媒体的崛起为企业提供了全新的市场渠道。企业可以通过各种社交媒体平台与消费者进行互动和宣传,推广产品和服务,并直接进行销售。

电子商务的成功离不开供应链和物流的优化。近年来,物流网络的扩展和效率的提升,使得商品能够更快速地从供应商送达消费者手中,降低了交易的时间成本。电子商务平台能够收集和分析大量的用户数据,通过个性化推荐和定制化服务来满足消费者需求。这种数据驱动的个性化体验提高了购物的效率和满意度。并且随着全球化的推进,跨境电子商务成为重要的商业模式。消费者可以通过跨境电子商务平台购买国外商品,而企业也能够更容易地拓展国际市场。

目前电子商务在企业中扮演着重要的角色,其地位和重要性逐渐增强。电子商务为企业提供了在全球范围内开展业务的机会。通过互联网和电子商务平台,企业可以突破地域限制,将产品和服务推向全球市场,吸引更多的潜在客户。电子商务使企业能够以更低的成本进行交易。相比传统的实体店铺,电子商务减少了租金、人力成本和库存成本等开支。此外,通过自动化和供应链管理的改进,电子商务还能够提高交易效率和减少人为错误。通过建立电子商务平台,企业可以通过多个销售渠道提供产品和服务。除了实体店铺外,企业可以通过自己的网站、第三方电商平台、社交媒体和移动应用等渠道吸引顾客并促进销售增长。

2016年,电子商务行业持续增长,全球电子商务销售额达到1.86万亿美元。移动购物开始占据主导地位。2017年,社交媒体对电子商务的影响进一步加强。如Instagram和Facebook等平台推出了购物功能,使用户能够直接在社交媒体上购买产品。跨境电子商务也迅速增长,消费者越来越容易购买国外商品。2018年,人工智能(AI)和大数据开始在电子商务中发挥重要作用。AI技术用于个性化推荐、虚拟购物助手和智能客服等领域,为消费者提供更好的购物体验。同时,大数据分析帮助企业更好地了解消费者需求和市场趋势。2019年,社交媒体与电子商务的融合更加紧密,社交购物成为主流趋势。许多社交媒体平台如微信、Instagram和Pinterest推出了购物功能,使用户可以直接在应用内购买产品。同时,直播电商开始兴起,通过实时视频直播推销产品,吸引了大量消费者。2020年,新冠疫情全球暴发对电子商务产生了巨大影响。封锁措施导致实体店关闭,消费者转而通过网上购物满足需求,电子商务迅速崛起。许多传统零售商开始加快数字化转型以适应新的市场需求。

在未来,电子商务必将继续蓬勃发展,成为经济增长的引擎之一,其在企业中的地位和重要性也会越来越高。它不仅提供了全球市场覆盖和销售渠道多样化的机会,还通过降低交易成本、实现个性化和定制化以及数据驱动决策等方面带来了许多商业益处。因此,企业应将其纳入战略规划,并不断提升电子商务能力,以抓住这个数字化时代带来的商机。

具体而言,企业电子商务是指企业通过互联网和相关技术平台,利用电子渠道进行商品和服务的销售、营销和交易活动。

企业通过自己的网上商店或第三方电子商务平台,在线展示和销售产品。消费者可以通过网站或移动应用程序浏览商品、下订单并完成支付。电子商务改变了传统供应链的组织和管理方式。企业可以通过电子商务平台与供应商和分销商实现快速、高效的合作和交流,优化供应链的运作。通过电子商务平台,企业可以收集和分析消费者数据,从而实现个性化营销。个性化推荐、定制化服务和精准广告等手段可以更好地满足消费者需求,提高销售效果。企业可以利用电子商务平台建立和维护客户关系。通过在线客服、问答社区和客户反馈等方式,企业可以与客户进行实时互动,并提供满意的售后服务。

企业电子商务平台产生大量数据,通过数据分析和挖掘,企业可以深入洞察销售、市场和消费者的行为,从而优化业务决策和战略规划。随着科技的不断进步,企业电子商务不断创新。例如,虚拟现实和增强现实技术可以提供沉浸式购物体验,人工智能和机器学习可以实现智能客服和预测分析,区块链技术可以增强交易的安全性和透明度。

企业电子商务的发展为企业带来了许多机遇和挑战。对于企业来说,建立稳定、安全的电子商务平台,提高用户体验,保护消费者数据和隐私,不断创新和优化业务,是实现企业电子商务成功的关键要素。

二、企业电子商务管理

企业电子商务管理是指企业利用电子商务技术和方法,对电子商务活动进行规划、组织、实施和控制的管理过程。它涵盖了企业在电子商务领域的战略制定、运营管理、市场营销、供应链管理等方面的活动。

(一)企业电子商务管理的内容

1. 电子商务战略

企业电子商务管理的核心是制定电子商务战略。电子商务战略确定了企业在电子商务领域的愿景、目标和路线图。它包括企业电子商务的定位、发展方向、资源配置和竞争策略等,涉及企业如何利用电子商务技术和平台来实现商业目标和竞争优势。电子商务战略需要明确企业在电子商务领域的定位,其中包括确定企业的电子商务目标、目标市场、目标消费者和竞争对手。通过定位,企业可以明确自身的差异化优势和核心价值主张,建立独特的品牌形象。

2. 电子商务平台管理

企业需要选择、建立和管理适合自身需求的电子商务平台,其中,包括选择合适的电商平台供应商、搭建和维护电商网站或应用程序、管理电商平台的安全性和稳定性等。它涵盖许多方面,包括商品管理、订单处理、客户服务、市场推广、数据分析和安全性管理等。电子商务平台管理涉及对商品信息的管理和维护,其中包括发布新商品、编辑商品描述和图片、设定价格和库存等。管理者需要确保商品信息准确无误,并及时更新。一旦顾客下单购买商品,管理者需要处理订单,其中包括确认订单、安排包装和物流、跟踪订单状态以及处理退款和售后服务等。高效的订单处理对于提供良好的客户体验至关重要。电子商务平台管理者需要提供良好的客户服务,这包括及时回答客户的问题和解决投诉、处理退换货请求、提供售后支持等。管理者需要建立有效的沟通渠道,确保客户的满意度和忠诚度。

电子商务平台管理者需要进行市场推广活动,吸引更多的潜在客户,其中包括制定营销策略、进行广告宣传、参与社交媒体营销等。管理者需要研究市场趋势,了解客户需求,并制定相应的营销计划。电子商务平台管理者需要通过数据分析来了解平台的运营情况和客户行为,其中包括监测网站流量、销售数据、用户行为等。通过数据分析,管理者可以获取有价值的信息,并做出相应的决策和优化措施。电子商务平台管理者需要确保平台的安全性,其中包括保护顾客的个人信息和支付数据的安全。具体做法为采取安全防护措施,如SSL证书、防火墙等,以及监测和应对潜在的网络安全威胁。

3.供应链管理

企业电子商务管理需要关注供应链的组织和协调。供应链管理是指在产品或服务从原材料采购到最终交付给客户的全过程中,对供应链中各个环节的规划、协调和控制的活动。它涉及从供应商到制造商,再到经销商和最终客户的物流、库存管理、采购和生产等方面。通过优化供应链管理,企业可以提高产品的可及性和交付效率。供应链管理要求管理者具备良好的沟通、协调和决策能力。通过有效的供应链管理,企业可以实现更高的客户满意度、降低成本、提高竞争力,并在市场中取得成功。

4.电子商务市场营销

企业需要通过电子商务平台进行市场营销活动。这包括制定电子商务营销策略、推广和宣传产品、管理在线广告、进行搜索引擎优化(SEO)和搜索引擎营销(SEM)等。

5.数据分析和业务优化

企业电子商务管理需要利用数据分析和业务优化来支持决策和改进。通过收集和分析电子商务平台产生的数据,企业可以了解消费者行为、市场趋势和业务绩效,从而优化营销策略、产品定位和供应链管理等。

6.安全和隐私保护

企业电子商务管理需要重视信息安全和消费者隐私保护。企业需要采取适当的安全措施,保护电子商务平台和消费者数据的安全性。同时,遵守相关的法律法规,保护消费者的隐私权益。

(二)企业电子商务管理的作用

企业电子商务管理对企业电子商务业务的重要性是不言而喻的,具体体现在以下几个方面:

提高运营效率。企业电子商务管理可以通过自动化和集成化的流程,提高企业的运营效率。通过电子商务平台,企业可以实现在线销售、订单处理、库存管理等业务的自动化,减少人工操作和纸质文档的使用,从而提高工作效率。

扩大市场覆盖。电子商务为企业提供了无边界的市场机会,可以突破地域限制,将产品和服务推向全球市场。通过电子商务平台,企业可以轻松地与潜在客户进行互动和交易,拓展新的市场渠道,增加销售额和市场份额。

提升客户体验。企业电子商务管理可以通过提供便捷的在线购物体验和个性化的服务,提升客户的满意度和忠诚度。通过电子商务平台,客户可以随时随地浏览和购买产品,享受快速的交付和灵活的支付方式,同时还可以获得个性化的推荐和客户支持。

数据驱动决策。企业电子商务管理可以通过数据分析和洞察,为企业提供有价值的市场和客户信息。通过电子商务平台收集的数据可以帮助企业了解客户行为、市场趋势,从而做出更准确的决策,优化产品组合、定价策略和市场推广活动。

提供竞争优势。合理有效地进行企业电子商务管理可以为企业带来竞争优势。通过电子商务,企业可以实现灵活的供应链管理、定制化的产品和服务、个性化的营销等,从而更好地满足客户需求,与竞争对手区分开来。

降低运营成本。企业电子商务管理可以帮助企业降低运营成本。通过电子商务平台,企业可以减少传统实体店铺和人工操作的开销,节省人力资源和物流成本。此外,电子商务还可以降低库存成本和销售渠道中间环节的费用。

(三)企业电子商务管理面临的挑战及应对

1. 企业电子商务管理面临的挑战

安全和隐私风险。电子商务平台上的大量数据传输和存储可能存在数据泄露、网络攻击和身份盗窃等安全威胁。这可能导致客户信任度下降、声誉受损以及法律责任。

竞争压力。电子商务的兴起使得市场竞争更加激烈。企业需要投入大量资源来建立和维护在线渠道,同时还要与其他竞争对手竞争,这可能增加企业的成本和风险。

供应链问题。电子商务管理可能导致供应链的复杂性增加。企业需要与供应商、物流公司和其他合作伙伴建立良好的合作关系,以确保产品的及时交付和良好的服务质量。如果供应链中的任何环节出现问题,都可能导致订单延迟、产品缺货或质量问题。

客户服务挑战。电子商务管理可能使客户服务变得更加复杂。虽然在线客服和自动化解决方案可以提高效率,但对于一些复杂问题或不满意的客户,需要人工干预来提供个性化的支持。这可能需要企业投入更多资源来满足客户需求。

法规合规问题。企业电子商务管理需要遵守各种法规和合规要求。例如,数据保护法规、消费者权益保护法律等都会对企业的电子商务活动产生影响。如果企业没有合规或违反相关法律法规,可能面临罚款、诉讼等法律风险。

2. 企业电子商务管理不利影响的应对策略

对于安全和隐私风险,企业应当实施严格的数据安全措施,包括数据加密、访问控制和安全审计等,以保护客户和企业敏感信息的安全。建立灵活的安全策略,及时更新和监测安全系统,以应对不断变化的网络威胁。提供员工培训,加强安全意识,确保员工了解如何处理和保护数据。

对于竞争压力,企业应当制定清晰的电子商务发展战略,包括定位、差异化和市场推广等,以提高企业在竞争激烈的电商环境中的竞争力,不断创新和改进产品和服务,以满足客户需求并提升用户体验。

对于供应链问题,企业应当建立起供应链透明度,通过技术解决方案跟踪和监控物流和库存,提前预测和解决供应链中的问题,以确保订单及时交付和产品可用性,多元化供应商来源,减少对单一供应商的依赖,以应对潜在的供应链中断或问题,此外,还要优化供应链管理,与供应商建立密切合作关系,以确保产品质量和及时交付,降低成本并提高效率。

对于客户服务挑战,企业应当提供多渠道的客户支持,包括在线聊天、电话和电子邮件,以满足不同客户的沟通偏好。利用人工智能和自动化技术,提供快速的自助服务和智能回答常见问题,以解决大部分客户的需求培训和授权客服团队,以提供高质量的人工支持,解决复杂问题和处理不满意的客户。

对于法规合规问题,企业应当了解并遵守相关的法规和合规要求,包括数据保护法规、消费者权益保护法律等。确保企业在电子商务活动中合法合规,成立法务团队或与合规咨询公司合作,确保企业的电子商务活动符合法律要求,并及时更新和调整策略以满足变化的法规环境。

三、企业电子商务管理咨询与诊断流程

企业电子商务管理咨询与诊断是指专业的咨询机构或顾问团队对企业电子商务管理进行系统性的分析、评估和建议的过程。它的目标是帮助企业识别和解决电子商务管理中存在的

问题,优化业务流程和策略,以实现更好的业务成果。

(一)企业电子商务管理咨询与诊断的作用

企业电子商务管理咨询与诊断是一项关键性工作,它可以帮助企业在电子商务领域取得成功。这项工作的重要性体现在以下几个方面:

确定业务需求和目标。电子商务管理咨询与诊断可以帮助企业明确其业务需求和目标。通过深入了解企业的运营情况和市场环境,专业的咨询师可以帮助企业确定适合其业务模式和目标的电子商务策略。这有助于企业在电子商务领域中有一个清晰的方向,不仅提高运营效率,还能为企业带来更多的商机。

优化营销和销售策略。电子商务咨询师可以帮助企业优化其营销和销售策略。他们可以分析市场趋势和竞争情况,为企业提供专业的市场调研和竞争分析报告。通过这些信息,企业可以制定更加精准和有效的电子商务战略,提高市场竞争力。

提升数字化能力。电子商务管理咨询与诊断可以帮助企业提升其数字化能力。咨询师可以评估企业的现有技术和系统,并提供建议以更新和升级现有系统,以满足企业的业务需求。此外,他们还可以培训企业员工,提高他们的数字化技能,使他们能够更好地应对电子商务的挑战。

管理风险和解决问题。在电子商务领域,企业可能面临各种各样的挑战和风险。电子商务管理咨询与诊断可以帮助企业识别和管理这些风险。咨询师可以帮助企业建立有效的风险管理策略,以防范潜在的风险,并提供解决问题的方法。这有助于企业在竞争激烈的市场中取得成功。

企业电子商务管理咨询与诊断对于企业在电子商务领域的成功至关重要。它可以帮助企业明确业务需求和目标,优化营销和销售策略,提升数字化以及管理风险和解决问题的能力。通过专业的咨询和诊断,企业可以更好地应对电子商务挑战,提高竞争力,并实现业务增长。

(二)企业电子商务管理咨询与诊断的流程

确定目标和需求。与企业进行初步接触,了解其电子商务管理的目标、需求和挑战。这可以通过会议、调研、问卷调查等方式来进行。

收集并分析数据。收集企业的相关数据和信息,包括业务数据、市场数据、竞争数据等。同时,进行数据分析,以深入了解企业的现状和问题所在。

诊断问题,基于数据分析结果,对企业的电子商务管理进行诊断,确定存在的问题和挑战。这可能涉及供应链管理、运营流程、技术平台与市场推广等方面的问题。

提供解决方案。根据问题诊断的结果,提供具体的解决方案和建议。这些方案应该是针对企业特定需求和目标的,并且具有可操作性和可实施性。

制订实施计划。与企业合作,制订计划。该计划应明确目标、阐述行动步骤、分配资源、确定时间表等。计划应根据企业的优先事项和可行性来制订。

实施计划。与企业合作,开始实施所制订的计划。这可能涉及战略调整、流程改进、技术升级、组织优化等方面的工作。在实施过程中,可能需要培训员工、协调各个部门、跟踪进展等。

监测与评估效果。持续监测和评估改变的效果。这可以通过关键绩效指标的跟踪、数据分析和客户反馈等方式来进行。根据监测和评估的结果,及时调整和改进方案,以确保最终的业务成果。

反馈和总结。与企业进行反馈和总结,分享整个过程的经验和教训。同时,帮助企业建立长期的电子商务管理机制,以确保持续的改进和成功。

综上,企业电子商务管理咨询与诊断的流程旨在帮助企业全面了解现状、识别问题、制定解决方案,并通过实施和监测来实现电子商务管理的优化和提升。

思考问题
1. 目前企业电子商务管理是否还有不足之处?如何弥补?
2. 企业如何结合自身实际进行电子商务管理咨询与诊断?

第十三章 管理咨询项目成果的验收与管理

第一节 引入案例

咨询项目组总监王总要求大家开展项目收尾工作,把项目过程中相关的文档及资料做好整理。咨询顾问小陈心想,这个简单,不就是把所有的文档装在一个文件夹里面嘛。小陈快速地拖动项目文档和资料,建立了一个文件夹"××咨询项目2018",将所有文件都装在了这个文件夹里。但小陈的这一做法,却让总监王总并不满意。在去客户企业汇报最终项目方案的前一天晚上,咨询项目组内部开了个研讨会,王总问道:"咱们给客户的材料和文档都准备好了吧?"小陈很自信地答道:"准备好了,没问题。"王总:"那打开咱们过一遍吧,咱们先从项目方案开始。"咨询项目组全体成员注视着播放PPT的投影屏幕,小陈将装资料的U盘点开,显示的是一个文件夹"××咨询项目2018"。随后小陈打开这个文件夹,里面显示几十个各种各样的文件夹及文件,密密麻麻地在屏幕上陈列着,小陈仔细核对文档名称,希望能快速找到王总想要看到的文件,时间一点点过去,小陈花了差不多3分钟才找到了王总想要看的报告。在此过程中,大家看到小陈打开某个文档,然后自言自语地说:"不是这个文件,换一个试试……"最后王总大怒:"小陈,你这是开杂货铺吗?难道你打算把这些文件丢给客户,让他们自己找是吗?"

◇ **管理启示**

在咨询项目接近尾声阶段仍然有很多工作需要去做,毕竟咨询项目在操作过程中会产生大量的数据和资料。为了体现咨询项目工作的系统性和工作的充实度,让客户感觉到我们的工作做得扎实,就需要针对项目文档进行系统性的归纳整理,以确保项目的成果符合客户的要求。对于以上的案例,小王犯了一个错误,就是他没有以产品的思维来对待咨询项目的成果。

思考题:

1. 如果你是客户,你看到小陈整理文件的文件夹后,你会满意吗?
2. 如果你是小陈,你觉得应该怎样做既能让客户满意,也能让王总满意呢?

第二节 咨询方案成果管理

咨询项目的成果也是一种产品,是结合客户的实际管理情境和问题所形成的知识聚合后的产品。客户是针对我们的咨询方案以及项目成果支付相关的咨询费用的。既然客户花钱购买咨询服务,那么我们所交付的成果就应当像一个产品,认真地去规划产品的内容。因此,在我们给客户发邮件的时候,不能像平时与客户沟通那么随意。我们需要将项目的成果整体打包分类,并且有条理、有逻辑、系统性地呈现给客户。通常比较专业的做法,是我们将项目完成的资料进行整理,并且将所有的项目成果以清单的形式列出。然后根据列表上所对应的项目成果,编号做相应的文件夹,并且在文件夹里将相应的资料进行归档整理,并将文件夹整体打包发给客户,这样的话就避免了客户有些文件会找不到或者是客户说没有收到的情况出现。

同时,一个专业的咨询项目在结项时,也需要客户对项目成果清单逐一进行验收,并且要客户签字确认。签字确认这一项工作尤为重要,一方面,签字确认这项工作显示了客户对项目成果的审核及核对,确保项目的所有成果材料准确无误地交付到客户手里;另一方面,签字确认这项工作也避免了后续一些不必要的麻烦出现,例如,我们的一些客户在前期沟通都还好好的,在交付项目成果的时候也没有说什么其他的意见或建议,但在项目成果交付之后过了一段时间,客户又提出了这样那样的问题及意见,并且让项目组反复修改,这将大大增加项目组的额外工作量,耗费大量的工时及人员成本。而这样的一些问题往往是由于客户没有及时签字审核确认项目成果所导致的。由此可见,客户审核签字确认这项工作也是非常关键的。

以下是咨询项目成果验收阶段所要开展的核心工作内容:梳理项目成果材料并分类;结合项目成果材料类型,制定项目成果验收清单;电子版项目成果资料进行封装打包,随验收清单一起发给客户签字确认;项目终期报告会上提交纸质版材料及文件,包括正式版的咨询报告。

由于咨询项目存在项目工作多、时间周期长等特点,在项目工作过程中,必然会产生很多资料信息以及数据,这就要求我们对咨询方案成果不同类型的文件和文档进行分类有序的管理。通过以上内容,本书介绍了咨询项目在项目尾声阶段所要开展的核心工作。接下来本书将针对咨询方案成果管理的方法逐一进行讲解,将按照咨询方案产生的不同成果类型提供相应的管理方案。

一、项目数据及信息资料

这部分资料主要是用于撰写项目咨询报告的数据及信息资料,包括通过互联网、各大报纸期刊、企业内部的报刊及文字材料整理出来的关键数据及信息。这些材料一部分是网络公开的材料资源,另外一部分是企业内部较为核心的、保密的数据资源。在我们完成项目工作之后,我们也有必要将这一部分信息数据移交给企业,这是为了与我们的咨询报告方案的关键内容形成对应。例如,我们在分析行业发展走势及行业发展现状的时候,会引用很多行业分析公司的咨询报告,而那些报告及数据不一定是由我们自己完成的。那些报告通常是在我们开展项目之前由很多正式的机构所完成的信息,包括国家统计局和地方统计局发布的统计报告等。我们将此部分信息数据内容打包给客户,是为了便于客户去追溯我们提供的报告内相关内容数据的来源。这种做法真实客观地展现了问题的解决思路,也在一定程度上体现了我们方案的严谨性。

同时,项目工作进度、项目人员工时、项目工作任务报价等费用管理文件及表格,也可以存放在此类文件夹中。

二、咨询项目的照片及工作日志

从咨询项目前期接洽到项目的立项、项目的启动会,再到项目的中期沟通会议等,在这些具有标志性的咨询项目核心任务实施过程中,都将会产生一些重要的信息资料。这些信息资料中,照片是比较重要的,照片可以客观地体现咨询项目的开展情况,同时也体现出对客户企业的尊重(照片里面也会记录与客户沟通交流的工作场景)。咨询项目的照片往往会忠实记录工作过程中的关键内容、事件和场景。例如,去企业的生产流水线做现场观察与调研、针对企业一线员工所开展的访谈、针对企业的重大决策以及组织变革过程中所参与的核心会议,等等。这些关键的照片信息都将体现出咨询项目所开展的核心工作,也反映了我们所开展的工作的工作量。

三、咨询项目的访谈录音文件

在企业做访谈是咨询项目核心的数据来源,我们往往会通过访谈获取到客户最真实和最直观的想法。为了避免关键信息的遗漏或理解偏差,我们需要反复听客户的访谈录音。然后再通过访谈录音的关键信息对我们的方案及观点进行矫正核对,以确保我们的方案与客户真实的问题场景相匹配。必要的时候,对于一些重要的访谈录音,我们还将花时间把它整理成文字。但这项工作比较费时间和人工。例如,我们对公司最高层的领导人(如董事长或总经理)进行访谈,很多时候,他们所传递的信息将会客观真实地反映公司未来的发展方向及规划。这样的一些录音,转换成文字文档就非常重要,它将为我们咨询方案的设计以及问题解决的思路提供方向和指引。我们需要按照公司高层领导人的意愿和偏好去制定我们的咨询方案,以确保我们的方案得到公司最高层领导人的支持和认可。

但值得强调的是,项目访谈的录音文件可以在项目后期完成之后打包存档,这部分资料可以不交给客户,毕竟在客户企业开展访谈属于客观的第三方调研行为。很多企业人士会在访谈过程中说到很多企业的关键核心管理问题,而这些问题并不便于向公司其他人员透露。因此,这部分访谈录音文件只能是打包整理之后,作为咨询项目的内部资料存档。但如果我们基于整个公司的访谈情况得到一些被提炼过并且带有统计分析的结果,那么我们可以将这些结果提供给客户,因为它不再针对公司具体的员工或个人。这也是为了保证我们在实地开展访谈过程中对客户的承诺——"我们会对你们的访谈内容做到保密"——得以实现,所以在这个过程中,我们会将访谈的录音文件留存在咨询公司并做妥善保管,但不会将其作为项目成果交给客户。

四、关键里程碑事件的项目成果

关键事件的项目成果是客户最关心的,这是他们最想看到的项目成果,其中也包括我们想要提交给客户的最终项目咨询报告。通常,针对企业某个具体管理问题所形成的分析报告,或者是针对企业所关注的某一个市场领域展开的市场调研分析报告,这些系统的产品化的报告文档及材料被称为项目关键事件的项目成果。同时,我们也会在前期与客户沟通项目进度的时候,明确在什么时间交付什么样的项目成果,项目成果在具体的时间节点进行交付就构成了项目里程碑任务。例如,我们会告诉客户,在项目启动前期,我们会交付给项目客户"项目工作计划以及内容工作安排表";在项目中期,我们会交付给客户"项目中期汇报 PPT 及咨询方案中期报告"以供客户讨论核对;在项目接近尾声的时候,我们会针对项目中期收集到的客户意见或建议对咨询方案进行优化和完善,并将交付给客户正式版的项目咨询报告。因此,我们会和客户讨论整个项目实施过程中的一些关键时间节点,并且告诉他们在关键时间节点我们将提供怎样的项目咨询成果。通常来看,咨询报告就是一个核心的项目成果,但这也要根据不同的咨询项目类型来定,例如有些咨询项目还会伴随系统的开发软件的设计,这种咨询工作交付的阶段性成果还会包含软件的源代码、软件的架构设计图纸以及软件的使用说明书等。这一部分项目成果也将严格按照正式交付产品的思维进行合理的文档分类及整理,然后将整理规范的电子化文档交给客户,必要的情况下,我们还可以用比较好的印刷工艺印制出精美的纸质的咨询报告。

结合以上的内容,我们提供一套项目成果管理建议方案。值得说明的是,项目成果的文件管理并无标准方案,只要规范合理、文件编排整理有序即可。

第三节 咨询方案有效性的评估

一、引入案例

张强看了看自己即将要交付的项目报告,心想,我的这份报告里面有大量的数据图表信息,同时借鉴了这个行业中几家做得比较好的大公司的管理办法及经验。我花了三天三夜专门做报告的排版设计,并运用了大量的图表及绚丽的画面设计,我相信这份报告肯定会让我们的客户满意,老板也肯定会嘉奖我。将要交付的报告成果打印出来之后,看着厚厚的一本,张强非常开心,他觉得这份报告凝聚了他和项目成员的所有心血,工作也非常扎实。然而,结果却出乎他的意料。

客户在看完他的报告之后,评价道:"这份报告里面的组织架构、设计思路非常理想化,难以落地。"同时,要实现这样的组织架构管理体系,公司还需要招募大量的高素质人才,这将会带来更高的成本投入。公司虽然也想招募高素质的人才,但由于现在的预算限制和公司发展情况的制约,公司没有办法这样做。因此,这份报告虽然做得非常完美,看起来也非常理想,但公司没有办法按照报告写的那样实施操作,精美的报告被放在了公司的陈列柜里。一段时间之后,人力资源咨询项目这件事情在公司变得无人问津。大家都在忙自己的事情,半年之后,咨询项目这个事情就被大家彻底遗忘了。

你认为张强写的这个报告有效果吗?到底怎样去衡量它的有效性呢?

二、衡量方案的有效性

其实,衡量一套咨询方案是否有效也是评定咨询项目是否成功的一个关键。很多咨询项目虽然已经完成,但客户付完钱之后并未觉得咨询方案能够帮到他们,或者是咨询方案过后,由于客户的认知能力、技术条件等因素的限制与制约,导致客户没有办法较好地实施咨询方案。这也是导致很多咨询项目做完却无疾而终的原因。衡量咨询方案的有效性就像给咨询方案打分一样,从各个维度评价咨询方案的优劣,以下提供几个评价咨询方案有效性的维度。

(一)方案能否落地

我们看一个咨询方案是否有效,往往就看这个方案能否落地。换句话来说,就是看客户能否顺利地实施这套方案。很多时候有效的方案并不是最佳的方案,有效的方案需要结合客户具体的问题场景以及具体的管理环境。最佳的方案可能考虑得很全面,很多条件都会比较理想和超前,但是这套方案实施起来的难度会比较大。同时,咨询方案的设计也需要平衡好客户企业中各方的关系及利益。因此,如果一套咨询方案交到客户手里,客户没有把它用起来,那么这个方案的有效性就会比较差;反之,一套方案交到客户的手里,客户能用起来,尽管这个方案有诸多有待优化的地方,或者虽有些不足,但由于方案能够被客户使用,那么客户对方案的整体评价还是满意的,在客户的印象中,这套方案就还是有效的。通常我们会看到很多咨询项目中的咨询顾问有较高的学历,或者是有国外留学的背景。这些顾问,由于他们接受过很好的教育和培训,同时也在比较好的企业环境中实践过,所接触的知识也都比较新和超前,因此他们做出来的方案相对来说会比较理想(比如来自一线城市公司的管理经验给二三线城市的公司借鉴,就显得超前)。但这套方案交给客户之后,客户往往会觉得这套方案不够接地气,客户较难使用(或者实施这套方案需要花费更高的成本)。因此,衡量一套咨询方案是否有效,首要是看这套方案能否落地,这也要求我们的咨询项目顾问从客户的角度来评价方案。

(二)能否体现客户所关心的管理痛点问题

痛点问题不单单是指客户企业中所存在的问题。痛点问题往往是经常困扰客户或者是制约客户业务发展的一些重要核心问题。例如,一家企业常年发现自己很难招到新的员工,同时公司的老员工又很不安定,总想着换个地方工作。在经过实地调研后,发现痛点问题实际上是员工的激励问题:由于这家公司激励机制设计不合理,导致新的人员进不来,而老的人员又觉得不公平。因此,咨询项目的出现往往是客户存在痛点问题,但是客户通常没办法直接表述痛点问题是什么。因此,这一过程就需要咨询公司结合自己的业务专业性和专业知识来帮客户梳理和查找痛点问题。有些优秀的咨询方案很有效,但整套方案甚至只解决了一个痛点问题。但随着对这个核心的痛点问题的深入分析及解决,将会切实地给客户企业带来很大的发展机遇,实现企业发展扭转乾坤的局面,进而体现出咨询方案的价值。有时候我们会看到一些咨询方案,能够帮客户解决很多问题,但是在一段时间之后,客户又会出现新的问题,甚至客户会觉得问题越来越多。那么这个时候很有可能咨询方案没有帮客户解决核心的痛点问题,而是解决了很多表面上的细节问题(如做一些细节上的优化,但治标不治本)。如果没有从关键和根本解决客户的痛点问题,那么问题还将源源不断地出现。通常企业的责任权利划分、激励机制的设计、组织架构的调整、企业盈利模式及商业模式的分析设计等方面都会反映企业的痛点问题。

(三)客户能否举一反三地应用咨询方案解决问题

所谓"授人以鱼不如授人以渔",一方面企业是咨询公司的客户,另一方面咨询公司更多的是帮助企业发展和成长。客户企业往往会因为业务的急迫性聘请咨询公司,有时候咨询公司能扮演"救火队"的角色,帮助客户解决燃眉之急。但一套有效的咨询方案不仅是帮助客户企业解决了问题,还能够帮助客户建立起一套解决问题的体系。在现实的咨询业务场景中,咨询项目组往往会邀请客户企业派一到两名企业人员参与到咨询项目的工作中来,一方面是这两个人员能够帮助咨询项目组做好联络工作,使项目组及时地获取客户企业的最新情况;另一方面则是这两个企业人员将成为应用和实施这套咨询方案的任务主体,甚至在咨询项目完成之后,这两个关键的企业人士还能获得晋升的机会,因为在咨询项目的开展过程中,这两个企业人员能够从公司全局的层面来分析与解决问题,所关注的问题层面和能力要求都比自己原先的岗位要求高很多。因此,一套有效的咨询方案不单单能帮助客户企业解决问题,还能帮助客户企业培养人才,以支持咨询方案后续的落地实施。

(四)咨询方案中的数据资料能否在问题分析过程中形成有效对应

一套完整的咨询方案能够有效地为客户解决问题提供思路,咨询报告中的数据能够支持分析,并且与问题的分析场景形成一一对应。通常,我们所提供的咨询报告中的数据来源有两个,一个是咨询公司自有的数据库(或者是项目组内部顾问进行测算分析而获得);另一个是一些行业调研机构所发布的数据。咨询报告是否有效,也要看咨询报告中所提到的数据资料是否正确、这些数据来源能否追溯。因此,这也要求正式完成的项目咨询报告在涉及关键数据支持的地方注明数据来源,以方便客户进行追溯、求证及延展数据分析应用。

例如,我们会对某个城市未来的餐饮行业市场规模进行预测,而预测的数据来源是地方统计局发布的统计分析报告,报告中的居民可支配消费指数的变化趋势就能够潜在地为未来餐饮行业市场规模的预测提供借鉴。因此,要让客户在看报告的时候觉得有理有据,并且要切实地告诉客户,这些数据来源都是可靠且有效的。

(五)咨询方案中的内容信息是否正确、完整

整个咨询报告编排的内容都应当尽量做到严谨,我们常常会在咨询报告中写到"详见图×",或"详见表×",当我们做这些标注的时候,务必要确保客户按照这些"详见"提示能够找到相应的内容信息。有时候我们会精确到"该模块的问题设计详见附录××页",但按照具体的页码翻过去后发现内容却不能有效对应。出现这种情况,往往是由于我们报告后期优化修改的时候没有做到页码的同步更改。因此,确保咨询方案中所用到的图表信息资料的完整、报告中所涉及的链接真实有效,都将成为衡量咨询方案有效性的关键。为避免出现上述提到的问题,一个比较有效的方法是在咨询报告完成后,每一位顾问都对报告进行核对检查,这样可以纠正错字、格式错误、排版问题等,从而提升咨询方案的有效性。

第四节 咨询方案的调整与优化

咨询项目的方案是为了弄清客户存在的问题及其原因,这为客户后续实施与应用方案提供了方向和思路。但是,只有方向和思路的方案并不能从根本上解决问题,还必须进行与之配套的详细方案内容优化及完善,并以此指导方案的实施及应用,这样才能系统地解决管理问题。

一、调整方案的内容

调整方案的内容是依据项目方案在制定过程中由客户提出的改善方向和重点,重新对业务流程、操作规程和管理制度进行构建或在原有基础上进行修改、补充和完善的过程。这个过程包括对方案的详细构思的修正、必要观点的验证、信息及数据的梳理归类和文本内容的编制、格式调整等环节。

(一)改善方案的设计思路

任何一个咨询方案的设计在正式完成之前,都有一个构思的过程,即把方案的框架结构和重要环节的操作要点逐一描绘出来,并且进行平衡、修改、补充,使之逐步完善。咨询方案也不是一蹴而就的,需要在动态与客户沟通交流过程中不断进行修正和完善。构思出来的咨询方案也需要得到客户的认同,如果客户不认同,那么一开始就决定了咨询方案不会得到客户的支持。

1.详细设计方案的基本内容

由于客户情况不一样,咨询项目的内容不一样,详细方案所包括的内容也会不一样。但是,设计方案一般包括业务操作层面和管理活动层面两个方面的内容。两个层面都涉及有关部门或岗位的权限与责任、质量要求、业务操作或工作流程、管理或操作方法、需要的条件等内容,还涉及阻碍方案执行的因素等其他内容。而这些内容的进一步优化完善,都需要具体针对客户企业的环境来进行详细方案的设计。

2.咨询方案设计思路的来源

(1)在原有做法的基础上梳理和完善。

通常比较稳妥的思路是基于客户的现有做法进行优化,这一方式也由于对客户现状影响小而较容易被客户所接受。具体来说,通过对客户内部已有的做法进行梳理和完善,形成新的解决方案。常用的分析方法有 ECRS[取消(eliminate)、合并(combine)、调整顺序(rearrange)、简化(simplify)]分析法和 5W1H[目的(why)、对象(what)、地点(where)、时间(when)、人员(who)、方法(how)]分析法。

ECRS 是分析问题的一种常用框架,即对客户现有的做法逐一审查:有没有可以排除的?有没有可以合并的?有没有可以调整顺序的?有没有可以简化的?

5W1H 也是一种分析框架和思路,即对客户现有的做法逐一提出问题:在做什么事?为什么要做这件事?应该由谁来做这件事?应该在什么时候做这件事?应该在哪里做这件事?应该怎样做这件事?做这件事的费用是多少(或效率有多高)?

上述提问方式有助于对客户原有做法中不合适的内容进行调整、不足的内容进行补充,使之成为完整的方案。但不论用什么样的方式进行方案的调整,都应当将拟定的方案调整思路与客户进行沟通确认,以确保方案能够满足客户需求。

(2)借鉴标杆企业的成功经验。

尽管不同企业的管理有不同的特性,但仍有许多通用的问题解决思路和做法,只是由于具体企业管理场景的不同,在方案具体操作细节上会有些出入。因此,我们可以结合管理理论的基本知识,吸收和借鉴行业标杆企业的做法,这也是进行方案设计的又一关键思路。像《财富》500 强、全球 500 强的企业,其在管理理念和思路上都是比较先进的,能给方案的优化设计提供借鉴。

(3)整合企业多方管理人员的观点和意见。

对于企业在某个方面存在的管理问题,虽然企业本身并没有形成一套完整可行的解决方案,但许多管理人员及员工对解决该问题有自己的看法,这些来自员工的观点和看法可能并不完整,但是能从某一侧面提供解决问题的思路。因此,在广泛收集和整合多方意见与建议之后,将会形成若干套潜在用于解决问题的方案。在最终方案没有选定之前,这些潜在方案都只是备选方案,它们拥有不同的设计思路,也会给利益主体带来不同的影响,这些备选方案都将成为与客户交流洽谈的讨论内容。需要注意的是,整合多方观点并不是简单地将其叠加,而是要围绕解决问题的核心思路进行创造性的分析,企业客户提供的思路也只能是用来借鉴。这样制定的方案,因为融合了很多人的建议和意见,也更容易得到大家的认可和支持。

在方案整合过程中,也可以采用前述的 ECRS 和 5W1H 分析方法进行优化。

(4)运用创新的方法和思路调整方案设计。

在企业管理咨询方案设计中,做到完全创新的解决方案并不多,但是针对企业一些非常棘手的管理痛点问题,则必须提出创新性的方案。由于中国处在持续而深刻的变革之中,中国的国情又与西方发达国家有很大的差异,国内企业的管理问题也是多种多样的。这些问题在管理理论中没有现成的答案,没有其他企业现成的经验可以借鉴,企业员工也没有很好的思路可以整合。因此,需要咨询人员以管理基本理论为依据,深入分析问题的本质,并通过各种方法创造性地提出解决思路来。

需要指出的是,一个高质量的咨询方案的形成往往需要综合运用上述几种方式。

构思解决方案的时候,应考虑如何用简单、方便、通俗的办法解决实际问题,而不是片面追求解决方案如何具有创新性、如何深奥、如何前沿。

3.构思多套问题解决思路

每个项目应构思三套左右的备选方案,并且要注明每一套方案的限制条件、所需的资源和优缺点。

典型的三套方案包括:第一种是最理想的方案,可能需要较多的资源和成本投入;第二种是投入最小化的方案,投入不多但收效也不很明显;第三种则是两者之间的平衡。但无论任何一套方案,都必须具有可操作性。之所以要构思多个方案,主要是由于客户的资源状况和领导者个性特点等的不同,对方案的选择也可能不同,而改善方案的最终选择权在客户。

同样,也可以制定超前的、持平的以及低于行业标准的三套方案。超前方案为了适应客户在将来有更多布局和发展规划的想法而设计,但需要的资源和面临的不确定性相对最高。持平类的方案相对来说比较中规中矩,不确定性比较低,同时需要的资源较为适中,这是为了应对客户持保守性的管理偏好而设计。低于行业标准的方案,相对来说对资源的限制和要求都很低,这种方案比较容易执行,并且见效快,方案是否有效在短时间内就能得到验证,对于那些比较追求解决问题效率、过多关注成本管理的领导者偏好比较适用。

4.有客户深度参与的方案设计

方案构思的主体应当是咨询项目组的顾问,但整个过程中应让客户充分参与,广泛听取客户的意见及建议。首先,客户有丰富的实践经验,能提出许多有益的参考意见,在实践角度下,客户很有可能比我们更专业、更了解管理问题;其次,方案的执行者是客户,他们对方案理解得越透彻,执行效果就会越好,特别是客户自己提出的方案,由于融合了客户的思路,从个人感情角度也更容易得到客户的认可和支持。

(二)正式咨询方案的验证

咨询方案设计出来之后,需要加以验证,以了解方案的有效性、可行性、实用性。对方案实施过程中暴露出来的问题或不足,应该逐一加以修正和完善。

方案的验证活动全过程为:明确检验的方法——确定检验过程——进行小范围实施检验——实施结果分析。咨询方案小范围测试实施的全过程应由咨询人员主持,同时邀请客户有关人员参加。

需要注意的是,对于那些有可能影响正常生产经营活动的项目方案实施测试,或是需要花费一定资金、材料设备的试验,应请示客户高层主管领导批准,以避免产生负面影响。

(三)正式咨询方案文档的编制

这里的文档是指在改善方案的基础上所形成的完整的文字材料。在咨询方案改善思路设计完成之后,由负责该部分的咨询人员进行整理、加工,形成设计方案文本草案。

1.咨询项目组内部讨论设计方案的构思

在改善方案构思正式确立之前,应先在咨询项目组内部进行讨论。这样做既可以充分听取其他咨询人员的意见和建议、吸收他人的经验、发挥团队作用,又可在咨询团队内部实现资源共享。方案构思是否可行,最终由项目经理决定。

2.设计方案文本的表达形式

(1)采用咨询建议的形式。

咨询建议形式包括设计报告或者直接给出建议两种方式。采用这两种方式一般包括"怎样做""为什么这样做""需要一些什么样的条件"等。如果该方案被采纳,客户将在实施指导期间正式制定管理文件和业务操作规程,或者修改相关的管理文件和业务操作规程。

(2)采用管理文件或操作规程的形式。

现在许多客户要求咨询项目组把改善方案直接写成相应的管理文件(制度)或业务操作规程,或直接对客户原有的上述文件(制度及管理办法)进行修改。

3. 设计方案文本草案的编写

负责该方案设计的咨询人员根据内部讨论意见和方案文本表达形式,起草文本草案。各部分文本草案完成后,由项目经理进行审核。最终由项目经理或其他指定的人员完成方案文本的整合和统稿,形成完整的改善方案文本草案。

二、改善方案的研讨

在整体的咨询建议方案初步形成以后,咨询团队应与客户进行深度的沟通交流和研讨,自下而上地就已经形成的咨询方案征求意见。

(一)方案的研讨内容

研讨内容主要侧重于方案的有效性和可行性。

1. 方案的有效性

改善方案的有效性是指按此方案实施能否解决存在的问题。由于在诊断的时候,已经对存在的问题及其原因进行了透彻的分析并提出了改善的方向和重点,因此,改善方案的构思如果能够紧扣诊断报告所规定的方向和重点,一般能够保证改善方案本身的有效性。

2. 方案的可行性

衡量咨询方案是否具有可操作性,应该考虑以下几个主要因素:客户是否具备实施这一解决方案所需的资源;客户能否接受方案实施的成本;客户是否具备解决这一方案所必要的技能与知识;咨询方案同客户的文化和管理风格是否相适应。

(二)方案的研讨活动

方案研讨和评价活动通常包括如下几个方面:

(1)确定参加研讨的人员。参加人员一般是客户单位相关业务和管理人员的代表,最好有客户企业管理人员参加。

(2)把文本草案发到参加讨论人员手中,请他们预先熟悉方案内容。

(3)召开会议,听取意见。会议期间认真听取客户代表发言,认真做好记录。对与会者提出的疑问,应当场解答,来不及当场解答的,会后一定要单独解答。

(4)根据会上的意见和建议,修改设计方案文本草案,并将优化调整的内容告知客户企业代表。

三、调整后的方案汇报与确认

(一)汇报前的准备工作

汇报前需要准备的内容包括以下几点:其一,详细设计报告并汇编成册;其二,决定汇报的形式;其三,做好演示用的 PPT 文件。

(二)方案的演示和确认

1. 演示

详细设计报告的演示需要注意以下几个要点:做好汇报前的准备工作;叙述要清晰易懂;应根据听众的具体情况,平衡分析、研究、解释推荐方案三大部分内容所耗费的时间;报告要尽量使用图表、幻灯片、投影仪等视觉辅助工具进行说明,通过具体、直观、生动的说明,增强报告的感染力。

2.确认

演示完毕,应认真听取客户领导的意见,并进一步完善详细设计方案。由于改善方案在汇报以前已经与客户中高层及相关人员进行过详细沟通,听取了他们的意见与建议,并进行了适当的改动,因此,汇报时客户一般都会认可改善方案。但由于在之前的沟通中,客户高层可能没有充足的时间去了解所有内容,或者咨询人员没有充分表达改善方案的实质,或者企业内部存在尚未被了解的利益分歧,或者此时客户开始关注如何实施的问题等,这些情况都有可能让改善方案汇报完成后,客户高层一人或多人对方案提出疑问。

在这种情况下,就必须根据现场的情况进行应对,并把握几个关键:一是必须坚持自己提出的核心结论,并有理、有据地向客户阐述;二是对某些非原则性问题可以根据客户的意见进行修改;三是必须争取客户最高决策者的支持。

(三)调整后的正式方案的完成

方案设计阶段的结果是完整版的咨询报告。整个咨询报告书由前期阶段的诊断报告书和方案设计阶段的详细设计报告书两部分组成。

咨询报告最终版方案是在管理咨询报告(讨论稿)的基础上进一步修改后完成的。

(四)咨询报告的展现形式

咨询报告通常以客户"喜闻乐见"的方式来表现咨询报告的内容。需要强调的是,咨询报告可能是咨询项目组呈现给客户的唯一可见的产品,纸质版报告内容的质量及咨询服务的质量都能够对客户体验产生直接的影响,因此咨询方案报告书的表现形式也是影响客户评价的重要方面。

第五节　咨询方案成果的交付与验收

引入案例:

咨询项目到达了尾声,客户方要求咨询项目组把项目材料一起发给客户企业的项目对接人。项目经理陈经理接到了客户的需求后安排小王负责对接这个事情。陈经理对小王说:"小王,你把材料整理好之后尽快发给客户。"小王接到陈经理的命令之后,给客户发了好几个邮件,一份邮件是关于咨询报告的,一份邮件是关于项目的材料和文档的,一封邮件是关于项目团队工作及进度表结果的。在项目后期沟通的时候,客户提出了一个问题,说有些核心的项目成果资料没有收到。但小王执意认为材料已发送给对方,于是小王又在众多的发送文件里面找了半天才找到他当时所发的邮件。客户回复说,他们收到邮件很多,也没有一封一封仔细地去检查。这一过程中带来了很多不必要的麻烦,并且占用了很多时间。

如果你是项目经理,你觉得小王这样的做法合适吗?如果你是小王,你该如何做呢?

其实咨询项目后期的成果交付工作也有很多学问。毕竟整个咨询项目,项目组的全体人员做了很多工作,也形成了很多重要并且关键的项目资料。那么在这个时候,我们将主要思考两方面问题。第一,我们所做的所有工作该如何呈现给客户?第二,我们该如何妥善地把项目成果转交给客户,让他们确认已收到所有文件?应避免客户在项目后期说没有收到某一个文件而产生不必要的纠纷。这项工作也直接关系到了咨询项目组到底能不能收到最后一笔款项。通常我们咨询项目会分三次收到客户的款项,第一次是项目启动的时候,往往客户会支付50%的项目款供项目启动。在项目中期,进行项目中期汇报并且形成一定的讨论稿之后,客户会对讨论稿内容进行确认及评价。如果咨询项目在中期汇报能够让客户满意,客户将继续支付30%的项目款。那么还剩20%的咨询项目尾款,这就要靠咨询方案成果的交付与验收这项重要内容了。往往很多咨询项目组在收尾的时候,并不能让客户满意;或者很多客户会在项目收尾的时候挑出很多毛病,以此作为讨价还价的理由。能完整收回20%项目尾款的咨询公司是幸运的,因为他们对此项工作做得非常完善,甚至是做到了真正的滴水不漏。咨询项目强调过程的善始善终。往往我们开头是比较好的,此时大家都比较有工作热情,信誓旦旦地开始做咨询项目。相比开头,我们更需要一个非常精彩的结尾——一方面给客户留下咨询服务专业性的印象,另一方面也是为了让客户能够满意地付款。

因此,我们在做咨询方案成果交付验收工作的时候,必须得知道这项工作将直接关系到客户是否能够付这20%的项目尾款。咨询方案成果交付与验收工作一方面是为了让客户付尾款,另一方面也是为了避免产生额外的工作量。以IT系统开发业务咨询项目为例。一套IT系统原型开发出来之后,客户会不断地使用这套系统,而在使用过程中,客户就会有很多新的问题和新的想法。他们都希望将这些新问题和新想法加到系统的修改和开发过程中。而客户的这些新的想法和建议,都将导致项目组的额外工作。因为客户不断地提新需求和新想法,不少咨询项目一直都在不断响应这些客户的新需求和新想法,致使咨询项目迟迟不能结项。很多时候,客户的新的需求不能在短时间内得到满足,从而让项目无限制地延期。咨询项目的一个比较核心的管理难题在于项目成本的管控。如果咨询项目成本能够在项目开展期间得到合理的管控,那么就能保证咨询项目盈利。如果项目周期被无限制地延长,一方面将会占用咨询项目组更多的工作时间,而另一方面也会加大咨询项目组的管理成本(人员工资需要继续支付),这将是项目经理不希望看到的局面。那么这个问题该如何解决呢?以下是解决这一问题的核心办法。

其一,让客户签字确认。最好的方式是让客户签字认可你的成果清单,把所有的工作成果和内容在清单上列明,之后最好让客户代表签字确认并盖上他们的公章,如果不能盖章,当然签名也有同等的效力。让客户签字确认也是为了防止客户在收到项目成果之后有新的变化和想法,如果有新的更改要求,可以再签订新项目合同来完成。

其二,让客户签收。让客户对接人签收你提交的成果,以表示收到和认可。让客户正式确认,表示认可你项目做得很好,或是对接人对你的成果很了解,而有些没有能力分辨成果好坏的人,是不敢签字确认的。

其三,让客户表达。主要是高层的表达和认可,只要他们说句话就可以了。比如客户公司的董事长说了某些话,我们把它记录下来,这样就可以作为项目成果的见证。

第六节 管理咨询是一个动态过程

一、管理咨询不能"毕其功于一役"

很多企业希望管理咨询不但可以药到病除,而且能够一劳永逸,但在事实上这是不可能的。为什么呢?因为矛盾是发展变化的,管理咨询既不可能一次性地药到病除,也不可能一劳永逸。在企业管理中,问题总是多发、广发,"摁倒葫芦起来瓢"。企业的主要问题,也随着自身的发展和环境的变化而不断变化,一些内生的矛盾会发展到显性化阶段乃至爆发阶段。

以丰田汽车公司为例。从2010年开始,丰田在全世界进行了大规模的汽车召回。丰田公司向来以提供高质量的汽车产品著称,此次大规模的汽车召回活动显然是其产品质量明显下降的表现。为什么会出现这种状况？原因肯定是多方面的。很多人把大规模召回的责任归咎于曾经担任过公司主要领导的奥田硕和渡边捷昭，管理学界也在对丰田发展模式进行反思。丰田当时的发展模式可以概括为"多、快、好、省"。那么，是不是生产数量越多越好、效率越快越好、质量越高越好、成本越少越好呢？"多、快、好、省"有没有度的规定性？

在企业发展的不同阶段，当我们对于某些指标进行无限度追求的时候，可能致使一些内生矛盾因受到外部因素的诱发而发展到显性化的阶段。广东顺德的一家大型空调企业，过去生产管理一直比较粗放，在外部市场平缓时，粗放生产不是显性矛盾；当遇到市场热销的时候，这种粗放式的生产管理导致产能没有办法释放，大量订单无法准时交货，生产就成为瓶颈。有时专项管理咨询解决了一个瓶颈问题，但是另外一个瓶颈问题接踵而至。比如企业把自己的生产理顺了，对于物料的需求比原来大了或者对于物料的质量要求提高了，这时供应链就有可能成为新的短板。

除了要关注动态多变的企业内生性矛盾，管理咨询还必须具有前瞻性。中医学有一本很经典的书叫《黄帝内经》，其中有一句话叫作"上工治未病，不治已病"，即好医生是治还没有发出来的病，不治已经形成的病。对于管理咨询来说，能将问题扼杀于未生之时，在问题还没有发生时发现苗头并把这个苗头铲除掉，甚至把产生这种问题的土壤都铲掉，这才是管理咨询的高手应该做的工作。

管理咨询应该具有广谱适应性。大部分管理咨询项目具有基础性、结构性的特点，理顺了基础和结构，会导致企业总体上趋于改善。既要"头痛医头"，更要系统治理。如果做不到前瞻性和广谱适应性，管理咨询就只能见招拆招了，这种管理咨询叫作情景应对性的咨询。管理咨询经常面对发展和转型中的客户，其重点与客户企业的种类、所属的行业，以及企业生命周期都有密切的关联。传统企业与新兴企业面对的常见病、多发病是不一样的。传统企业的困扰通常是外部市场受限，内部管理无序，臃肿、低效、成本高、质量差；而新兴企业的困扰通常是战略方向迷茫，管理跟不上发展，受制于技术瓶颈或者法律纠纷，人才不足。因为新兴企业各方面条件比较简陋，要素之间耦合不好，所以经常出现以上问题。另外，大企业和小企业的情况也大相径庭。大企业遇到的问题通常是发展速度降低，机构臃肿，以及大企业病、效率低下、管控难度大、管理费用高、战略方向迷茫等问题；而中小企业通常面对的是市场激烈竞争、市场机会有限、技术落后、人才匮乏等问题。

管理咨询还要注意面对的行业的不同以及企业发展所处阶段的不同。举个例子，石油炼化行业的客户企业一般具有产品刚性和工艺刚性（产品是固化的），例如炼化企业生产乙烯、汽油、柴油等，工艺上采取蒸馏、催化、裂解等，从建厂时产品和工艺就确定了。这些是刚性的，与离散制造业、服务业相比，管理咨询的自由发挥空间就比较小。反观服务业，其自由发挥的空间就比较大，因为它的产品刚性和工艺刚性没那么强。

二、管理咨询的路径依赖

管理咨询实际上也有路径依赖，在不同的阶段要做的事情是不一样的。在企业发展的最早期，管理咨询公司要给企业出什么招呢？就是通过实施基础工业工程，如工作设计、人因工程、5S等这些东西来实现企业的规范化管理；规范化管理实现以后，要对已经规范化的管理进行系统固化，通过企业文化，如制度、流程、标准、规范，把规范化管理的成果系统化、固化；系统固化之后，管理咨询的重点是精益化，就是用价值增值的思想改善关键流程的运营绩效。要注意这是一个循环，精益化改变了原来的流程和运作模式，需要重新规范化和固化，固化以后用精益化再去破坏。多次循环后,用六西格玛管理进行精细化管理,根本性地、持久地去改善系统,再之后才能上升到数字化管理。企业在前面的精益化和精细化没做好之前,如果匆忙地做数字化管理,表面上看起来是跨越式发展,但是实际上埋着很多隐患。这种情况下的原始数据有可能是粗糙的甚至是不真实的,这会使数字化的效果打折扣,甚至会导致失败。经过精益化和精细化阶段并进行数字化管理以后,才可以通过数字技术来实现企业的"广、快、准、深",在这个基础上,才可能实现基于互联网的敏捷化和服务化管理,企业既是结构化的也是有机的,能够通过学习和感知,智能化地对内外部要素及其关系快速重组。管理咨询应该提供面向顾客全生命周期的全面集成的解决方案,其路径就是从规范化开始,到系统固化、精益化、精细化,再到数字化,然后到敏捷化、服务化。

三、如何处理企业中多次复发的旧毛病

在管理咨询中,无论是客户企业还是管理咨询公司,谁都不希望发生但在实践中总是会发生的一个事实是:客户企业的管理水平有反复,旧病容易复发。有些问题已经有解决方案并已经整改完成,但是经过一段时间后,这个问题又出现了。可能的原因是:第一,问题过于复杂,解决难度比较大,靠一次方案实施可能无法做到位;第二,诊断环节可能是静态诊断,或者在诊断定性时有偏差(由于企业中存在着大量的似是而非的问题,管理咨询在对问题进行定性的时候出现偏差是可能的)。

如果从解决方案的角度来看,导致旧疾复发的原因有两种可能性:一是方案设计不全面或者不深入;二是方案实施不到位。

怎么应对旧病复发?根据上述分析,建议如下:

第一,把管理咨询的每一步都做扎实,调查、分析、判断、方案设计、培训和辅导、实施,在任何环节上偷了懒、做了虚功,都可能为旧病复发埋下病根。第二,方案的设计和实施要考虑灵敏度、动态性、目标函数和约束条件的变化阈限。咨询师不能刻舟求剑,必须因地制宜、因时制宜,在方案基本版的基础上进行情境化调适。第三,咨询公司有时会忽略方案实施的自扰性。方案实施的自扰性有时来自时间序列维度上的方案项目实施,有时来自方案实施时间截面维度上的项目间的干扰和影响,针对这两种自忧性,可根据事前对影响程度的估计在方案设计中考虑增加消除或减少的措施。但有的自扰性不是来自方案,而是来自方案实施过程中不同实施主体(企业内部的不同利益单元)的本位主义,这种自扰性的消除或减少,需要企业顶层在实施中通过实施调控加以解决。

旧病复发的问题可以借鉴六西格玛管理的思想来治理。六西格玛管理的目标是要达到更高的标准和实现流程上的改进,其重点是要减少管理过程的波动性,把管理的质量稳定在期望的中心线附近。通过实行六西格玛管理,来保持咨询实施以后的水平不倒退、不反复,持之以恒地执行六西格玛管理的 DMAI[定义(define)、测量(measure)、分析(analyze)、改进(improve)、控制(control)]。即在定义阶段要陈述问题,确定改进目标,规划项目资源,制订进度计划,把管理咨询的需求分析或系统分析做好;在测量阶段要把管理咨询中的关键质量特性尽可能量化,通过收集数据了解现有的工作水平;分析阶段要分析数据,找到影响发展的少数关键因素;改进阶段针对关键因素要确立最佳的解决方案;控制阶段要采取措施以维持改进的结果。然后周而复始地进行 DMAIC 循环,每循环一次,管理咨询的效果就会提升一次,管理波动性就会少一些,离管理质量期望的中心线也就更近一些。

思考问题
1. 管理咨询报告的撰写要求是什么？
2. 为什么要进行咨询方案汇报展示？
3. 咨询方案汇报展示的操作流程及内容有哪些？
4. 如何从管理咨询服务本身出发解决企业"旧病复发"的问题？

第十四章 管理咨询需要有创新性

第一节 引入案例

当你在一个行业里待久了,又有创新的眼光,就会发现自己所处的行业处处都是机会。面对这么多的机会,到底选择哪一个作为新的增长点或者创业项目呢?要知道,很多风险和陷阱是伪装成"机会"出现的。如果风险和陷阱一开始就露出自己本来的面目,谁又会靠近它们呢?它们一定是伪装成"机会",才能对人产生吸引力。这就留给了我们一个重要的问题:如何判断一个机会是真正的良机而不是伪装成"机会"的陷阱呢?

战略思维可以大大提升你的洞察力!

◇ 满眼都是机会

来咨询的是一位来自中国台湾的女士,她于2003年来深圳兴办高端月子会所。经过十多年的努力,公司旗下的会所在高收入人群中赫赫有名。

公司之前采取家族企业的管理方式,2020年拟拆分股份,各自转型为现代化企业,完全依照现代企业的管理制度来运营。

她认为,在行业中孕期护理、孕妇餐、孕妇用品、高危孕产护理等项目上,都有巨大的发展良机。之前因为家族式的管理,部分股东小富即安,对扩大企业经营规模不感兴趣,所以才造成了企业增长乏力。如今,她决定带头二次创业。

"董老师,我们在十多年的经营中,打造了很多特色服务项目。在哪个服务品类上都具有一定的优势。随着月子会所行业竞争激烈,像以前一样以月子会所的方式从事孕期护理的全盘业务投资太大,初步投资高达数千万元甚至上亿元(规模不同,所需投资额差别巨大)。当扩大经营的时候,也是很重的资产模式。如果采取加盟商的模式,当品牌加盟会所数量过多时,又会影响管理水平。所以,此次创业,我希望能选择某一个服务环节,成立以公司模式而不是会所(店面)模式运营的新团队。但难题是,我觉得任何一个环节都有优势,很难取舍。"

"月子会所是随着经济增长而带来的消费升级需求所孕育的产物。高端月子会所费用不菲,却可以缓解女性在生产时受到的压力,同时能很好地帮助女性产后恢复。"

"会所的服务肯定是综合性的。您的意思是说,二次创业不想再以会所的方式展开,而是希望从事综合性服务中的一环,服务更多的女性,是这个意思吗?"

"没错。会所的经营非常综合。专业会所的管理难度甚至高于五星级酒店的管理模式。

酒店只涉及给客人提供良好的居住环节,而我们要照顾孕妇,责任重大。"

"目前,您所有的工作经验都是基于会所的管理形成的吗?"

"是的,我负责具体的运营管理,所以,对相关的服务环节非常熟悉。"

即使客户明确表示自己对会所里相关的服务环节,比如在孕期护理、孕妇餐、孕妇用品、高危孕产护理上积累了一定的优势。但有经验的咨询顾问应该知道,在一家会所里提供相关服务和将这些业务中的一个独立出来单独推广是两回事儿。显而易见,在会所里,客户的支付是一次性完成的,所有的服务环节是以套餐的方式提供给服务对象——孕妇。此时,公司的管理者不需要为每项服务单独定价,只需要确保服务的品质——安全、健康;如果公司管理者要将其中的一项服务独立出来,此时业务的主要对象是其他同类的月子会所或者孕妇家庭,就必须考虑既要确保服务的质量,又要给予合适的定价,让主要客户,也就是月子会所觉得与其自己运营,不如外包给别人。这意味着单项服务的性价比必须很高。同时,从对话中,可以发现客户并没有意识到这一点,顾问必须提醒她思考这些问题。

"您觉得独立出来的服务项目,主要客户是谁?"

"这个问题我想过。因为我们有非常高的护理服务标准,在行业里积累了较好的口碑。所以,其他品牌的月子会所,甚至有一些连锁会所,都会成为我们护理项目的客户。此外,孕妇用品、配餐这些项目,主要客户可能是准妈妈们。"

"护理项目有没有可能直接做成针对孕妇的服务产品?"假设会所的护理项目是向外采购的,那么会所本身就成了一个中介性质的公司。

"这个很难。我们把护理项目分为两类:第一类是一般护理,这种护理服务一般在产后发生。现在很多月嫂可以在产后1~2个月为产妇提供护理服务。第二类是高危护理,比如年纪超过35岁的妈妈,可能在产前半个月到产后3个月需要这种高危护理服务。因为是高危,大多数妈妈选择去会所,而不是在家接受服务。会所里面会提供产后康复、心理咨询、产后塑身等一系列服务,也有相应的器材。比如有些年纪大的妈妈,生完孩子会腰疼,就要用一些中医理疗的办法来缓解。"

"这是否意味着护理项目不适合独立出来?"

◇ **机会中的难题**

"表面上看是这样,可是护理项目才是孕产妇服务最大的刚需,其他都是边缘项目。比如孕妇营养餐,很多人认为家里有个会做饭的老人就可以搞定了。虽然我们提供的是科学餐饮,尽可能保持孕妇营养均衡。很多孕妇是营养过剩,导致胎儿太大,很难顺利生产,产后还要花大力气减肥。但是孕妇餐这个项目,还是被客户认为是可有可无的。孕产妇和婴儿用品项目是个大项目,很多大牌厂商早就在这个领域经营得有声有色了。虽然我们有一些小众产品非常有优势,但很难确保有足够的竞争力和大品牌竞争。我曾经做过调研,来会所的孕产妇,都认为最稀缺的是专业护理服务。有些人生完孩子,有产后心理问题,在家里太吵了就会很烦躁;有些人认为服务水平高的月嫂不好找,就算找到了费用也高,还不如到会所,什么事都不用操心了。特别是金领家庭,丈夫要在外工作的。"

很多时候,优秀的从业者本身有关于解决问题的答案。他们需要的是一个讨论对象以及有效的提问。这些活动,足以帮他们想清楚自己公司的战略选择。

"所以,针对护理项目,会所的存在有非常大的价值。"

"这点无可否认,但我们不想再以会所的模式创业了。"经过分析,对方显然意识到,自己看上去别无选择,只能再做一家会所,但仍不死心。

"为什么您会这么抵触做会所呢?"

"会所投资太大,资产模式太重,而投资回报率不高,很难扩展。"

"您说的这些我可以理解。孕产妇到会所的时间在一次怀孕周期内不会超过3个月,或者说很少超过这个时间。一旦孕产妇离开了会所,便很少与会所的业务产生关联(消费频次低)。另外,会所是有固定地址的。凡是有固定地址的店面,服务的范围不可能太广。假设一个孕妇家住在罗湖区,你很难让她驱车30公里来南山区的会所坐月子。特别是当她家周围5公里范围内就有一家月子会所的情况下,更加不会来南山区。所以,会所模式的客户覆盖范围有限。消费频次低,客户范围有限,长此以往,如果人口不剧烈流动,就没有客户来源了。"

"难道做这行的就找不到新的增长方式了吗?"

她已经认识到,所有她觉得有机会的项目,似乎都没有做大做强的机会,都是一些伪装成"机会"的陷阱。

◇ 排除伪装成"机会"的陷阱

"这没什么,不过是以前大家在思考公司经营时,多数时间只是将精力放在战术思考上,缺乏战略上的思考。所谓战略思考,是指除了对一些战略工具的应用,还要考虑企业如何持续地创造超额利润。这是战略思维的终极价值。会所一开始很赚钱,所以我们就经营月子会所。但从未仔细考虑过,再过5年,会所还能否持续盈利?以什么方式盈利?还能为客户创造什么价值?只要做了这方面的思考,就会发现端倪:消费频次低,覆盖范围窄,限制了月子会所的长期发展。我们还有其他方法吗?"

"有的!无非是选取那些能够提高消费频次、拓展覆盖范围的项目。然后,再看看自己是否在这样的项目上有足够的差异化优势,以及以什么样的方式来把战略落地。"

这句话,让她陷入了沉思。

"消费频次高的主要是我们的优势项目。孕妇餐和母婴用品显然要比护理消费的频次高。从覆盖范围来说,母婴用品覆盖范围最广,甚至可以通过电商渠道卖到全世界。孕妇餐的覆盖范围也可以很广,不过略微要求一些重资产投入。而护理项目因为消费频次低,所以覆盖范围必须广。因此,月嫂就很有优势,月嫂不用考虑服务场所的问题,服务场所就是客户的家。这么一分析,在消费频次和覆盖范围上,母婴用品和孕妇餐显然比护理有优势"。很快,她就对自己的项目做出了分析。

"您分析得很对!接下来,我们就要看在哪个项目上更有优势。不过,谈到优势,我需要先澄清一下。很多人认为自己有优势,是因为在行业里做了很多年,积累了很多经验,这就是优势。还有人认为自己的优势是有丰裕的资金,或者是有相应的人脉关系。其实,这些都不算核心竞争力。做了很多年,不意味着自己对行业形成具有差异化价值的想法。没有差异化价值的想法来支撑的经验是墨守成规,是创新的包袱而不是优势。至于丰裕的资金和人脉关系,往往都是成功者不难拿到的。如今,风险投资会求着那些展现出赚钱能力的企业给他们投资的机会,而不是反过来。人脉关系也是互惠互利的,甚至可以说,你帮助的人越多,人脉就越广。到底是什么优势呢?就是对这些问题的回答:你对自己的项目,有什么独特的看法吗?你觉得现有的做法有哪些不好的地方?你想怎么改进它?客户会因为你的改进而有价值感吗?这些价值感会让客户愿意承受溢价吗?有没有哪些价值能让客户离不开你?对这些问题给出的与众不同的答案,构成了竞争力的来源。然后是执行,从而形成更高级的核心竞争力。核心竞争力是一种能力,而不是实物资产。经过分析,您觉得自己在哪个项目上最有竞争力?"

"董老师,这么一看,好像我们认为自己有优势的地方都不是真正的优势啊!"

"优势一定是有的,只是您还没来得及仔细深挖自身优势的价值!"

受到鼓励,她开始思考上述问题,在笔记本上写写画画。

◇ **寻找真正的优势**

大概过了 20 分钟,这位公司的管理者说道:"按照这些问题,我觉得就目前来说,我们最有可能形成竞争力的项目就是孕妇餐。首先,我对传统的孕妇餐有完全不同的看法。大多数家庭在做孕妇餐时,关注的仅仅是营养是否足够丰富,而忽视孕妇实际的营养需求。很多专业的孕妇餐虽然营养均衡,但口味寡淡,让人难以下咽。怎么改进现状呢? 我们可以提供一款为不同的孕妇量身定制的供餐计划。计划中,我们可以结合客户的实际营养需求(通过观察孕检 B 超报告和孕妇的营养检测报告)、口味偏好、实际年龄、平日的运动量数据等,为孕妇调整餐饮计划。我认为只要能做到这些,客户一定会有价值感的,因此乐意接受一定程度的溢价。但我们也不想赚过多的利润,价格过高就会影响推广。如果前期的客户能够因此在整个孕期中,吃得既有营养,口味需求又得到满足,同时在确保胎儿健康的情况下不至于过大,有利于顺利生产。我相信客户没有理由不接纳我们。我们还可以将月子餐包括在内。那么一位孕产妇大概在一年之内都要成为我们的客户,离不开我们。这既保证了消费频次,又有足够的覆盖范围。"

"您说的真是个好项目!"我鼓励道。

"同时,我们还可以开发一些菜品,寻找一些优质的食材商。如果客户满意,谁又能知道就算她坐完月子就不需要我们了呢? 或许整个哺乳阶段都需要我们照顾。这就看我们能否将这个孕妇餐计划研究清楚,落实下去了!"

说着,她很轻松地笑了起来。显然,她觉得做更专业的孕妇餐是她二次创业可以选择的一个重要方向。

◇ **后续进展**

公司的管理者回去后,推翻了自己在现场得出的结论。经过综合考虑,她决定在母婴用品这个领域里寻找机会。不过,通过这次咨询,她形成了一套具有战略思维的自我判断项目价值的方法。后来,她回到中国台湾,积极寻找小众的母婴用品,去检查落实若要启动母婴用品项目所需要的基本条件。

到本书撰稿时,因为新冠疫情和其他原因,她的项目并没有真正开始。不过,学会判断项目的可行性,学会了解机会背后的风险和陷阱,她未来的路一定会越走越宽。

◇ **管理提示**

(1)管理者要对交易场景的变化有足够的敏感度。

案例中的管理者不想延续月子会所这个与客户发生交易的场景,而是想要将交易变成为其他会所或者为客户直接提供服务。

交易场景发生了变化,却没有敏锐地发现不同交易场景对产品和客户的交易心理有很大影响。同一个服务项目,在会所的交易场景下,属于公司为客户提供的诸多服务中的一环。这一环节略有缺陷时,客户可能会因为其他环节的优良品质而忽视不好的感受。如果一家公司单独从事服务链条上的某一环节,就要对服务产品进行更深入的研究。

交易心理上,客户如果单独为服务链的一环来埋单,就会对该环节更加挑剔;如果对整体打包的服务项目付费,则会考量整个服务链条是否让她满意。

最重要的是,当交易场景发生变化时,客户这一角色可能会发生重大变化。虽然所有服务项目最终针对的可能都是孕妇,但在新的交易场景下,也就是成立公司专门提供一种服务,部分客户可能会转化为其他会所。这些会所型的客户,除了在乎服务质量,还在乎采购服务成本。如果案例中的公司提供的服务没考虑其他会所对成本的要求,可能会遭遇失败。

因此,企业管理者需要结合新的交易场景重新构想自己的战略。

(2)战略思维有助于企业管理者看得更长远。

战术思维能力是否足够优秀,决定了企业下个月的业绩;而战略思维能力是否足够,则会决定企业三年后的命运。很多企业管理者精于战术思维、疏于战略思维,就会兴致勃勃地做一件根本没有前途的事情,或者把一件非常有前途的事情当成投机机会。

(3)企业管理者需要想清楚了再行动。

当时间紧迫,容不得细想就要采取行动时,先把最差的后果想清楚,如果能承担,就行动;承担不了,就立即放弃。如果时间很充裕,要多想想、多看看,列个清单,尽可能地将公司业务落地所需的条件都考察一番,采取行动时,就能更加从容,成功概率也更高。

◇ **咨询提示**

(1)咨询顾问要鼓励客户深思。

在咨询实践中,咨询顾问能给客户带来的最大收益就是激发他思考。

如果他没有思考的方向,你可以提供一个,但不能代替他思考。一个人永远无法真正理解另一个人面临的处境。所以,没人能替他人做出完善的思考。

把这个权力交给客户,咨询顾问尽量提供帮助。

(2)适当地运用沉默。

咨询服务不同于培训工作,要适当地运用沉默。特别是当你成功地激发了客户思考,要给他足够的时间想清楚,鼓励他得出结论。

千万不要以为咨询服务就是客户问什么答什么。不理解客户处境的顾问给出的回答,80%都是错的、不能被执行的、无效的。

(3)学会鼓励客户。

当客户在咨询过程中陷入思考困境或者想出好办法时,咨询顾问要鼓励他们,并激发客户的进一步思考。

有些没有经验的年轻顾问,在咨询过程中总是打击客户,"不对""不是这样""这样不行",他们总是说出这些含有否定意思的话。

第二节 管理咨询的外源性挑战

一、外部技术环境挑战

管理咨询外部技术环境挑战指的是管理咨询公司在面对外部技术环境变化时所面临的挑战和压力。管理咨询行业在外部技术环境方面面临的挑战主要来自新兴技术的发展和变革。具体来说,这些挑战包括:

技术更新换代。随着科技的不断发展,新兴技术如人工智能、大数据分析、云计算等不断涌现,这些技术不断推动着各行各业的变革。对于管理咨询行业来说,需要不断更新技术工具和方法,以适应快速变化的市场环境。

数据安全和隐私保护。随着数字化转型的加速,数据已经成为企业的重要资产,这同时也带来了数据安全和隐私保护的问题。管理咨询公司需要关注数据安全和隐私保护问题,以确保客户的数据安全和隐私得到保障。

技术人才短缺。随着技术的不断更新换代,管理咨询公司需要不断引进和培养技术人才,以满足客户的需求。但是,目前市场上技术人才短缺,管理咨询公司需要加强人才培养和引进。

跨领域合作。随着技术的不断发展,跨领域合作变得越来越普遍。管理咨询公司需要关注不同领域的技术发展,加强与不同领域的专业人士合作,以提供更全面的咨询服务。

全球化竞争。随着技术的不断进步,全球化竞争变得越来越激烈。管理咨询公司需要加强自身的核心竞争力,提高咨询服务的质量和效率,以在全球化的竞争中保持优势。

技术变革带来的挑战。新兴技术的快速发展,例如人工智能、大数据分析和自动化等,给传统的咨询模式带来了巨大的挑战。越来越多的企业可以通过使用这些新技术来获得自我解决问题的能力,进而减少对外部咨询顾问的需求。因此,管理咨询公司必须积极地掌握和应用新技术,以便与时俱进。

总之,管理咨询行业在面对外部技术环境挑战时,需要关注技术更新换代、数据安全和隐私保护、技术人才短缺、跨领域合作、全球化竞争和技术变革等方面的问题。通过不断更新技术工具和方法、加强人才培养和引进、关注不同领域的技术发展、提高咨询服务的质量和效率等措施来应对这些挑战。

二、外部经济环境挑战

管理咨询外部经济环境挑战主要指由于宏观经济环境的变化,如经济全球化、市场竞争加剧、客户需求多样化等因素,给管理咨询行业带来的挑战。管理咨询行业面临的外部经济环境挑战主要包括以下几个方面:

全球经济形势的变化。当前,全球经济面临许多挑战,例如贸易战、地缘政治风险、疫情等。这些因素都可能对管理咨询行业产生影响,例如影响企业的经营策略和投资决策,进而影响管理咨询公司的业务。

市场竞争的加剧。随着管理咨询行业的不断发展,市场竞争也日益激烈。越来越多的管理咨询公司涌现出来,导致市场竞争加剧,管理咨询公司需要加强自身的竞争力和创新力,以保持市场地位。

客户需求的变化。随着经济的发展和市场的变化,客户的需求也在不断变化。客户对于管理咨询公司的服务质量和效率,以及咨询方案的质量和可行性的要求越来越高。这需要管理咨询公司不断提高自身的服务水平和专业能力,以满足客户的需求。

行业监管的加强。随着管理咨询行业的不断发展,监管机构对于行业的监管也在不断加强。管理咨询公司需要遵守相关法律法规和行业规范,加强自身的合规性和规范性,以避免因不合规行为导致的风险。

技术的快速发展。新兴技术的出现和应用也对管理咨询行业产生了重要影响。例如,人工智能、大数据分析等技术的应用可以大大提高管理咨询公司的服务效率和质量,同时也需要管理咨询公司不断更新其技术工具和方法,以适应市场的变化。

总之,管理咨询行业需要密切关注全球经济形势的变化、市场竞争的加剧、客户需求的变化、行业监管的加强以及技术的快速发展等挑战,并采取有效的应对措施,以保持持续稳定的发展。

第三节　创新咨询模式

一、管理咨询的两面性

管理咨询的两面性指的是管理咨询在为企业提供帮助和解决问题的同时,也可能会带来一些潜在的挑战和风险。

(一)管理咨询的正面效果

正面效果主要体现在以下几个方面：

解决问题。管理咨询公司可以为客户提供专业的咨询服务,帮助客户发现问题、分析问题并寻求解决方案,从而改善企业的管理状况。

增强能力。通过管理咨询,企业可以获得新的管理理念、方法和技术,提高自身的战略规划、组织管理和运营执行能力。

提升形象。管理咨询公司通常具有专业知识和丰富的经验,能够为企业提供高质量的咨询服务,进而提升企业的形象和信誉。

(二)管理咨询潜在的风险

潜在的挑战和风险主要体现在以下几个方面：

文化冲突。管理咨询公司通常来自不同的文化和背景,可能会与企业产生文化冲突,从而影响咨询效果。这种文化冲突可能包括价值观、沟通方式、工作风格等方面的差异。

依赖性风险。企业过度依赖管理咨询公司的服务可能会影响自身的成长和管理能力的提升。长期依赖外部咨询,可能会导致企业在面对问题时缺乏独立解决问题的能力。

成本风险。管理咨询公司通常需要支付高额的费用,如果使用不当或过于依赖外部咨询,可能会增加企业的运营成本,影响企业的经济效益。

变革风险。管理咨询过程中可能会涉及企业的组织结构、流程制度等方面的变革,如果处理不当,可能会引起内部员工的抵制和不满,影响企业的稳定性和运营效率。

总之,企业在选择管理咨询公司时,需要充分考虑自身情况和需求,合理利用管理咨询的优势,避免产生负面效应。同时,管理咨询公司也需要不断提高自身的专业能力和服务水平,以更好地满足客户的需求。

二、咨询师如何进步

(一)咨询师不寻求进步的弊端

如果管理咨询师不注重自我专业知识和技能的提升,不寻求自我提升与进步,可能会产生如下弊端：

无法适应市场需求。如果管理咨询师不进步,他们的知识和技能可能会与市场需求脱节,无法满足客户的实际需求。这可能会导致客户流失和业务机会的丧失。

服务质量下降。管理咨询师的专业能力和服务水平对于服务质量至关重要。如果咨询师不进步,他们的服务质量可能无法满足客户的期望,导致客户满意度下降。

竞争力减弱。在管理咨询市场中,具备专业知识和技能的咨询师往往更具竞争力。如果咨询师不注重进步,他们在市场中的竞争力可能会减弱,难以与同行竞争。

信誉受损。管理咨询师的信誉和形象对于业务拓展至关重要。如果咨询师不注重专业知识和技能的提升,可能会让客户对他们的能力和信誉产生怀疑,影响业务拓展。

个人职业发展受阻。管理咨询师的职业发展需要不断学习和实践。如果咨询师不注重进步,他们的职业发展可能会受到阻碍,难以获得更多的职业机会和晋升空间。

因此,管理咨询师应该时刻关注市场变化和客户需求,不断更新自己的知识和技能,以提高专业能力和服务水平,赢得更多的客户和业务机会。

(二)**管理咨询师寻求进步的目的**

在日益变化的环境中,管理咨询师不断进步的目的主要有以下几点:

适应市场变化。随着市场的不断变化,管理咨询师需要不断更新自己的知识和技能,以适应市场的需求和变化。通过不断学习和实践,管理咨询师可以更好地了解市场趋势和客户需求,提供更优质的服务。

提高服务质量。管理咨询师通过不断学习和实践,可以不断提高自己的专业能力和服务水平,从而提高服务质量。通过不断改进服务质量和提高客户满意度,管理咨询师可以赢得更多的客户和业务机会。

增强竞争力。管理咨询行业竞争激烈,要想在竞争中脱颖而出,管理咨询师需要不断提高自己的专业能力和服务水平。通过不断学习和实践,管理咨询师可以更好地了解市场和客户需求,提供更具竞争力的服务方案。

树立行业形象。管理咨询师作为企业与市场之间的桥梁,需要树立良好的行业形象和信誉。通过不断学习和实践,管理咨询师可以更好地了解市场趋势和客户需求,提供更符合实际需求的服务方案,从而赢得客户的信任和认可。

个人职业发展。管理咨询师通过不断学习和实践,可以不断提高自己的职业素养和能力水平,从而获得更多的职业发展机会和晋升空间。同时,随着经验和能力的积累,管理咨询师也可以逐渐向其他领域拓展自己的业务范围。

总之,管理咨询师需要不断进步,以适应市场变化、提高服务质量、增强竞争力、树立行业形象以及促进个人职业发展。

三、咨询创新必须以企业的关键性管理需求作为出发点

咨询创新必须以企业的关键性管理需求作为出发点的原因有以下几点:

满足客户需求。管理咨询公司的目标是为客户提供高质量的咨询服务,帮助客户解决管理问题并提高企业效益。只有了解客户的关键性管理需求,咨询公司才能提供符合客户实际需求的解决方案,提高客户的满意度。

提高咨询质量。了解客户的关键性管理需求有助于咨询公司更准确地分析和评估企业问题,提出更为科学合理的解决方案。这样不仅可以提高咨询质量,还能增强客户的信任度和忠诚度。

实现可持续发展。通过关注客户的关键性管理需求,管理咨询公司能够更好地适应市场变化和行业发展趋势。同时,持续创新和改进咨询服务有助于公司保持良好的竞争地位,实现可持续发展。

增强企业竞争力。管理咨询公司通过满足客户的关键性管理需求,可以帮助企业提高战略规划、组织管理和运营执行等方面的能力。这样不仅可以增强企业的竞争力,还有助于实现长期合作和业务拓展。

促进知识共享和经验积累。关注客户的关键性管理需求有助于咨询公司在实践中不断积

累经验和知识。通过对不同行业、不同企业的咨询案例进行总结和分享,咨询公司可以不断完善自身的知识体系,提高专业水平。

总之,以企业的关键性管理需求作为出发点是实现咨询创新的重要前提。这有助于提高咨询质量、满足客户需求、实现可持续发展、增强企业竞争力和促进知识共享和经验积累。因此,管理咨询公司应始终关注市场变化和客户需求,不断拓展和创新服务模式,以更好地满足客户的实际需求。

第四节　以服务为导向的管理咨询

一、管理咨询公司发展的三个档次

根据管理咨询公司的发展水平和综合实力,可以将它们分为三个档次:初创期、成长期和成熟期。不同档次的咨询公司在市场中的作用和意义也有所不同。

初创期管理咨询公司。这类咨询公司大多是由一些有创业梦想的年轻人创立的,他们通常具有某一方面的专业技能和知识,但资源和经验相对较少。初创期咨询公司的特点是创新意识强,能够提供一些独特的解决方案,但由于经验和能力的不足,可能无法很好地满足客户的所有需求。初创期管理咨询公司的意义在于推动管理咨询行业的创新和发展,为市场注入新的思维和解决方案。

成长期管理咨询公司。成长期咨询公司已经度过了初创期的摸索阶段,开始在市场上逐渐建立自己的品牌和影响力。它们通常拥有较为完善的服务体系和团队,能够提供全方位的咨询服务。成长期咨询公司的特点是在某些领域或行业具有较高的专业能力和经验,能够根据客户的需求提供定制化的解决方案。成长期管理咨询公司的意义在于为客户提供高质量的咨询服务,帮助企业解决复杂的管理问题,促进其快速发展。

成熟期管理咨询公司。成熟期咨询公司是在市场上已经建立了较高声誉和影响力的公司,通常具有丰富的经验和深厚的专业知识。它们拥有庞大的团队和多元化的服务领域,能够为客户提供全面的解决方案。成熟期咨询公司的特点是在多个领域和行业都有深厚的专业知识和经验,能够为客户提供高质量、全方位的咨询服务。成熟期管理咨询公司的意义在于为客户提供全面的解决方案,帮助企业实现战略转型或优化运营流程,推动其长期稳定发展。

总之,不同档次的咨询公司在市场中的作用和意义有所不同。初创期咨询公司推动创新和发展,成长期咨询公司提供高质量的咨询服务,而成熟期咨询公司提供全面的解决方案。这些咨询公司在不同的发展阶段都能够为客户提供专业的咨询服务,帮助企业解决不同的管理问题,促进其持续发展。

二、定制合适的生命周期方案

(一)生命周期方案的定制步骤

管理咨询公司可以采取以下步骤来定制合适的生命周期方案:

了解客户需求。管理咨询公司首先要了解客户的需求和问题,包括客户的业务领域、发展阶段、组织结构、战略目标等。通过深入沟通,咨询公司可以明确客户的需求和期望,为定制生命周期方案提供基础。

分析企业生命周期阶段。根据客户的发展阶段和需求,管理咨询公司可以分析企业所处的生命周期阶段,包括初创期、成长期、成熟期和衰退期等。不同阶段的企业有不同的管理特点和需求,咨询公司要根据企业所处阶段制定相应的解决方案。

确定咨询目标和方案。基于对客户需求和企业生命周期阶段的分析,管理咨询公司可以确定咨询目标和方案。根据企业的具体情况,咨询公司可以制定针对性的解决方案,包括战略规划、组织结构优化、流程再造、人力资源管理和企业文化建设等方面。

制定实施计划。在确定咨询目标和方案后,管理咨询公司需要制定具体的实施计划。实施计划应该包括具体的步骤、时间表和责任人等,以确保方案能够顺利实施。同时,咨询公司还要与客户保持密切沟通,及时调整实施计划,确保方案的有效性。

监控和评估。在实施过程中,管理咨询公司需要定期监控和评估实施计划的进展情况,及时发现和解决问题。同时,咨询公司还要根据实际情况对实施计划进行调整和优化,以确保生命周期方案能够顺利实施并取得预期效果。

持续改进。管理咨询公司应该根据客户的反馈和实施情况,不断总结经验教训,持续改进咨询服务。通过不断优化解决方案和管理方法,帮助企业实现持续发展和长期成功。

总之,定制合适的生命周期方案需要管理咨询公司深入了解客户需求,分析企业所处生命周期阶段,制定针对性的解决方案和实施计划,并持续改进咨询服务。通过这些步骤,咨询公司可以为客户提供高质量的咨询服务,帮助企业实现持续发展和长期成功。

(二)生命周期方案的实施步骤

1. 管理咨询公司实施合适的生命周期方案需要采取的步骤

建立项目组。管理咨询公司需要建立由专业咨询师组成的项目组,负责制定并实施生命周期方案。项目组应该充分了解客户需求和企业状况,并制定相应的咨询计划。

制订计划。项目组需要根据生命周期方案的目标和内容,制订具体的计划。计划应该包括具体的步骤、时间表、责任人和资源投入等,以确保方案能够顺利实施。

沟通与培训。在实施生命周期方案前,管理咨询公司需要与客户进行充分沟通,确保双方对方案的目标、内容和方法有清晰的认识。同时,针对方案中涉及的新理念、方法和工具,咨询公司需要进行相应的培训,帮助客户更好地理解和应用。

实施解决方案。按照实施计划,管理咨询公司需要逐步实施解决方案。在实施过程中,咨询公司应该与客户保持密切沟通,及时反馈进展情况,共同解决遇到的问题。

监控与评估。在实施生命周期方案的过程中,管理咨询公司需要定期对方案的进展情况进行监控和评估。通过收集和分析数据,咨询公司可以了解方案的实际效果,并根据评估结果进行调整和优化。

持续改进。管理咨询公司应该根据客户的反馈和实施情况,不断总结经验教训,持续改进咨询服务。通过优化解决方案和管理方法,帮助企业实现持续发展和长期成功。

2. 管理咨询中判断定制的生命周期方案是否合理需要综合考虑的因素

客户需求。判断生命周期方案是否符合客户需求是首要考虑因素。咨询公司需要充分了解客户的需求和问题,确保所制定的方案能够满足客户的实际需求,解决客户所面临的问题。

方案可行性。在制定生命周期方案时,咨询公司需要充分考虑方案的可行性和实施难度。方案应该具备可操作性,能够在实际中得以实施,并取得预期的效果。

行业标准。参照行业标准和最佳实践,咨询公司可以制定更为合理和可行的方案。通过对比行业内的成功案例和经验,咨询公司可以判断所定制的方案是否符合行业标准和最佳实践。

绩效指标。制定生命周期方案时,咨询公司需要将绩效指标纳入考虑范畴。方案应该能够提升客户的绩效,帮助客户实现可持续发展。通过评估绩效指标的变化,咨询公司可以判断方案的合理性和有效性。

客户反馈。客户反馈是判断生命周期方案是否合理的重要依据。咨询公司需要定期收集客户的反馈意见,了解客户对方案的满意度和实施效果。根据客户的反馈,咨询公司可以及时调整和优化方案,确保其合理性和有效性。

专家意见。咨询公司可以邀请行业专家或资深顾问对所定制的方案进行评估和审核。专家可以从更广泛的角度提供专业意见和建议,帮助咨询公司判断方案的合理性和可行性。

综上所述。判断定制的生命周期方案是否合理,需要综合考虑客户需求、方案可行性、行业标准、绩效指标、客户反馈和专家意见等多个因素。通过综合分析这些因素,咨询公司可以制定更为合理和可行的方案,为客户提供高质量的咨询服务。

第五节　新时代管理咨询的机遇与挑战

随着科技的快速发展和数字化转型的趋势,管理咨询行业将迎来更多的发展机遇,同时也面临着一些风险。

(一)新时代管理咨询的机遇

其一,数字化转型。当前,数字化转型已成为企业发展的趋势,管理咨询公司需要抓住这一机遇,加强数字技术的运用,提高咨询服务的效率和质量。

其二,专业化服务。随着企业需求的不断变化,管理咨询公司需要加强专业化服务,满足企业在不同领域和行业的需求。

其三,可持续性发展。越来越多的企业开始重视可持续性发展,管理咨询公司需要提供可持续性咨询服务,帮助企业实现社会和政治的要求,同时提高自己的商业和品牌价值。

(二)新时代管理咨询面临的挑战

其一,技术更新换代。随着技术的不断进步,新兴技术的出现给传统的管理咨询模式带来了挑战。管理咨询公司需要不断更新其技术工具和方法,以适应快速变化的市场环境。

其二,数据安全和隐私保护。随着数据的不断增加,数据安全和隐私保护问题日益突出。管理咨询公司需要关注数据安全和隐私保护问题,以确保客户的数据安全和隐私得到保障。

其三,技术人才短缺。随着技术的不断更新换代,管理咨询公司需要不断引进和培养技术人才,以满足客户的需求。但是,目前市场上技术人才短缺,管理咨询公司需要加强人才培养和引进。

其四,全球化竞争。随着技术的不断进步,全球化竞争变得越来越激烈。管理咨询公司需要加强自身的核心竞争力,提高咨询服务的质量和效率,以在全球化的竞争中保持优势。

总之,新时代管理咨询的机遇和挑战并存。管理咨询公司需要密切关注市场变化,加强技术更新换代、数据安全和隐私保护、技术人才引进和培养等方面的应对措施,以抓住机遇并应对挑战。

(三)新时代管理咨询对学生的机遇与挑战

作为学生,我们也应该多方面地看待新时代管理咨询的机遇与挑战,可以从以下方面进行考虑。

1. 机遇

丰富的实践学习机会。新时代管理咨询提供给我们实践应用所学知识的平台。通过参与咨询项目,能够接触到真实的商业问题,锻炼解决问题和团队合作的能力。

获得行业洞察和知识。参与管理咨询项目,可以了解不同行业和组织的运营和管理理念,拓宽眼界。这有助于培养专业知识和跨学科能力,提高我们在未来职业发展中的竞争力。

建立人脉关系。管理咨询涉及与不同组织和公司的合作,可以与行业专业人士和企业家建立联系。这些人际关系可以为人们提供职业指导、合作机会和未来就业的引荐。

2.挑战

高度竞争激烈。管理咨询是一个竞争激烈的行业,吸引了许多优秀的专业人士。需要具备卓越的学术成绩、综合素质和软技能,才能突出自己并在咨询领域脱颖而出。

快速适应变化。新时代管理咨询行业发展迅速,涉及新兴技术、数字化转型以及全球化挑战等多个领域。需要具备快速学习和适应变化的能力,持续保持专业知识的更新。

个人压力与挑战。管理咨询工作通常需要处理复杂的问题和高强度的工作压力。需要具备解决问题、承受压力和保持工作效率的能力,同时平衡学业和个人生活。

总的来说,应该积极看待新时代管理咨询的机遇与挑战。通过适应不断变化的环境、提升自己的专业素养和发展人际关系,他们可以在这个行业中实现个人和专业的价值。

思考问题

1. 在数字化时代,如何将信息技术与业务战略相结合,以推动组织的发展?
2. 如何通过改变组织结构和文化提高员工的参与度和工作满意度?
3. 如何利用大数据和人工智能技术,优化业务流程和提高决策效率?
4. 在全球化的背景下,如何制定跨文化沟通策略,以促进国际合作和业务增长?
5. 如何将可持续发展理念融入组织战略和日常运营,以确保经济、社会和环境的三重底线不失守?